DESCRIPTION
DE
L'ÉGYPTE,
RECUEIL
DES OBSERVATIONS ET DES RECHERCHES
QUI ONT ÉTÉ FAITES EN ÉGYPTE

PENDANT L'EXPÉDITION DE L'ARMÉE FRANÇAISE.

SECONDE ÉDITION

DÉDIÉE AU ROI

PUBLIÉE PAR C. L. F. PANCKOUCKE.

TOME VINGT-UNIÈME

HISTOIRE NATURELLE.

MINÉRALOGIE. — ZOOLOGIE.

IMPRIMERIE
DE C. L. F. PANCKOUCKE.
M. DCCC. XXVI.

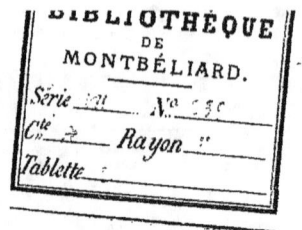

DESCRIPTION

DE

L'ÉGYPTE.

DESCRIPTION

DE

L'ÉGYPTE

OU

RECUEIL

DES OBSERVATIONS ET DES RECHERCHES

QUI ONT ÉTÉ FAITES EN ÉGYPTE

PENDANT L'EXPÉDITION DE L'ARMÉE FRANÇAISE.

SECONDE ÉDITION

DÉDIÉE AU ROI

PUBLIÉE PAR C. L. F. PANCKOUCKE.

TOME VINGT-UNIÈME.

HISTOIRE NATURELLE.

MINÉRALOGIE. — ZOOLOGIE.

PARIS

IMPRIMERIE DE C. L. F. PANCKOUCKE

M. D. CCC. XXVI.

MINÉRALOGIE

(SUITE).

HISTOIRE NATURELLE.

DE LA
CONSTITUTION PHYSIQUE
DE L'ÉGYPTE,
ET DE SES RAPPORTS
AVEC LES ANCIENNES INSTITUTIONS DE CETTE CONTRÉE ;

Par M. DE ROZIÈRE,

Ingénieur en chef au Corps royal des Mines.

QUATRIÈME PARTIE[1].

Description minéralogique du terrain de grès.

La disposition générale de l'Égypte et de ses déserts, ses limites dans les temps anciens, les faits relatifs au Nil et au terrain d'atterrissement dont il a rempli le fond de la vallée, ont été l'objet des parties précé-

---

[1] *Voyez* vol. xx, pag. 211.

dentes. Il reste à faire connaître plus en détail la nature des montagnes et des déserts que traverse cette grande vallée : ce sera l'objet des parties suivantes.

En traçant le tableau de la constitution physique de l'Égypte, je tâche, autant qu'il m'est possible, de développer les faits géologiques qui ont quelque rapport avec l'histoire ou les institutions de ses anciens habitans [1]; en décrivant ses roches, je m'attacherai plus particulièrement à celles qu'ils ont employées dans leurs travaux.

Les Égyptiens furent les premiers qui élevèrent des monumens durables. Ces monumens, qui subsistent encore, ont été l'objet de la curiosité et de l'admiration de toutes les nations civilisées. Les écrivains de tous les âges qui les ont visités, ou qui en ont fait le sujet de leurs méditations, leur ont donné une célébrité qui se réfléchit sur les matières dont ils sont formés; c'est pourquoi leurs relations avec ces monumens et avec l'ancienne industrie de ce pays font une partie essentielle de leur histoire. De plus, les auteurs Grecs et Romains ont souvent parlé des roches et des pierres de l'Égypte : ces notions forment la base des connaissances minéralogiques qu'ils nous ont transmises; et comme leurs écrits seront, dans tous les temps et chez tous les peuples, un terme de comparaison auquel, dans différentes vues, on aimera souvent à recourir, il convient de reconnaître leurs idées à l'égard des matières d'une certaine importance, ainsi que la concor-

---

[1] *Voyez* les premières parties de ce travail, *H. N.*, tom. xx, p. 211, et le Mémoire sur la géographie de la mer Rouge, relativement à l'ancien état de l'isthme de Soueys, *A. M.*, tom. vi, pag. 251.

dance des anciennes dénominations avec les modernes, afin de se préserver des fausses applications qu'il n'est que trop facile d'en faire. Sans embrasser dans son ensemble un sujet aussi vaste et aussi obscur, nous voulons seulement, à mesure que l'occasion se présentera, y donner notre attention, et nous tâcherons d'en éclaircir quelques points.

Ces motifs particuliers d'intérêt qu'offrent les roches de cette contrée, ont fait naître l'idée de les représenter par la gravure le plus fidèlement possible, avec leurs divers caractères, leurs accidens, leurs couleurs, en les accompagnant de descriptions détaillées. Ce travail d'un genre nouveau, et qui forme la partie principale de la description minéralogique de l'Égypte, pourra peut-être un jour, avec ceux qu'on entreprendrait dans la même vue, faciliter l'établissement d'une nomenclature uniforme, lorsque, fatigués des incertitudes et de toutes les discordances qui règnent dans celle des divers pays, les géologues voudront s'assurer d'attacher partout les mêmes idées aux mêmes dénominations. Il peut déjà fournir, pour un certain nombre de roches, des types qui méritent de fixer l'attention. Comme ce travail m'a conduit à examiner les causes de l'obscurité ou de l'insuffisance des descriptions et des nomenclatures géologiques, je soumettrai quelques vues sur ce sujet aux personnes qui s'occupent de cette partie de la science.

J'ai suivi, dans l'examen du sol de l'Égypte, l'ordre adopté dans les autres parties de l'ouvrage, qui est de descendre du sud vers le nord, excepté lorsqu'il a été utile de rapprocher des faits analogues qui se reproduisent dans divers points éloignés de la contrée. Mais, comme le gisement et l'exploitation des granits et des roches primitives des environs de Syène et de la cataracte ont déjà fait l'objet d'un écrit particulier, inséré parmi les *Descriptions d'antiquités*, et que les explications des planches de minéralogie renferment en outre beaucoup de détails sur ces roches [1], je commencerai cette description par le terrain qui succède immédiatement au terrain granitique, dont je compléterai d'ailleurs l'histoire dans les parties suivantes.

CHAPITRE PREMIER.

Des Montagnes de grès.

§. I. *Étendue et nature de ce terrain.*

Les montagnes de grès qui ont fourni aux Égyptiens les matériaux de la plus grande partie de leurs anciens édifices, s'étendent depuis Syène, en descendant la vallée, jusqu'à quelques heures de marche au sud d'Esné.

[1] *Voyez* la Description des carrières de granit, *Appendice aux Descriptions des monumens anciens*, n°. 1, et les planches de minéralogie.

Dans la description de Gebel Selseleh[1], on a déjà
fait connaître les principales carrières, et décrit le
mode d'exploitation employé par les Égyptiens. Il nous
reste quelques observations à exposer relativement aux
montagnes elles-mêmes et aux matériaux qu'elles ont
fournis pour les travaux des anciens.

Cette espèce de grès, qui se rapproche, comme on
l'a déjà fait remarquer, et pour l'aspect et pour la composition, de certains grès employés à bâtir dans plusieurs provinces de France, diffère des grès de Paris
par un grain souvent un peu plus gros, plus anguleux;
par une abondance plus grande de parcelles de mica,
un ciment moins calcaire, et des nuances de couleur
un peu plus variées, sans être jamais bien intenses;
par une consistance plus égale, qui permet de tailler
de grands blocs exempts de pailles et de fissures[2] : elle
se rapporte au psammite à grains fins, légèrement micacé. Je la désignerai communément sous le nom de
grès monumental, pour la distinguer de quelques autres espèces de psammites que l'on trouve aussi dans
les montagnes de l'Égypte.

Ces renseignemens sur la nature des anciens édifices
de l'Égypte s'accordent mal sans doute avec les idées
de plusieurs voyageurs qui ont prodigué aux constructions égyptiennes les matériaux précieux, dont l'emploi semblait rehausser la pompe de leurs descriptions;
mais nous avons déjà relevé cette erreur. C'est par
d'autres conditions que les édifices anciens excitent

---

[1] Description d'Ombos et des environs, *A. D.*, chap. IV, p. 215.

[2] *Voyez* la planche 4 des dessins de minéralogie.

l'admiration. Les grès présentaient aux constructeurs de grands avantages par la situation de leurs carrières, par leur facilité à s'exploiter, à se tailler, à se couvrir, sous le ciseau des artistes, de ces bas-reliefs et de ces caractères hiéroglyphiques dont sont décorées toutes les surfaces des temples. La conservation de ces édifices, ainsi que celle de leurs ornemens, justifie assez la préférence accordée à cette matière par les anciens.

§. II. *Relations des grès avec les terrains voisins.*

L'aspect des montagnes de grès diffère tout-à-fait de celui des montagnes de Syène, où, malgré la nudité du sol, les sites sont variés et pittoresques. Il diffère moins de celui du terrain calcaire qui leur succède au nord, et dont les couches sont aussi horizontales ou peu inclinées; mais l'élévation beaucoup moindre des collines de grès, leurs crêtes moins découpées, leur teinte grise ou jaunâtre dans les parties escarpées, et partout ailleurs leur couleur plus sombre, leurs formes encore plus émoussées, suffisent pour les faire distinguer de loin des couches calcaires.

Des deux côtés de la vallée, c'est quand les montagnes viennent à s'approcher tout près du fleuve, qu'elles présentent des escarpemens. Quand elles s'en éloignent, c'est un aspect différent. Là où le grès est friable, les grains de quartz désagrégés et accumulés forment de longs amas au pied des collines, quelquefois les masquent elles-mêmes jusque vers leur sommet: ainsi noyées dans les sables, on les prendrait pour de grandes dunes, si l'on ne voyait saillir çà et là quelques pointes de rocher plus consistantes, qui ont résisté à la désagrégation. Dans d'autres parties, les couches supérieures déchirées et leurs débris épars sur les pentes inférieures offrent un aspect ruiné et tout démembré, comme on peut le voir représenté dans les vues de la Thébaïde.

Ces montagnes viennent s'appuyer, au sud, sur le granit et les autres roches qui l'accompagnent: mais jamais les variétés de grès monumental ne reposent immédiatement sur la roche primitive; elles en sont toujours séparées par des couches intermédiaires d'un poudingue grossier et sans consistance, formé de grains de quartz blancs ou d'une légère teinte rose, quelquefois de la grosseur d'une petite noix, et souvent beaucoup plus petits. Ces grains, qui paraissent avoir été long-temps roulés, sont noyés dans une pâte feldspathique blanchâtre, à demi décomposée. Leur grosseur diminue communément en allant vers les couches supérieures.

Souvent les poudingues sont recouverts d'un kaolin grossier ou de couches d'argile, et, ce qui est remarquable dans un terrain feldspathique, cette argile est quelquefois d'une très-grande pureté; elle forme même une excellente terre réfractaire, dont on fait grand usage en Égypte de temps immémorial: aussi y trouve-t-on d'immenses exploitations souterraines, qui paraissent remonter à une haute antiquité.

Les couches de grès monumental reposent au-dessus de toutes les autres. En descendant un peu vers le nord, on cesse d'apercevoir les couches de poudingue; mais probablement elles existent dans la profondeur.

C'est un fait singulier, mais pourtant très-général, que, lors de la superposition immédiate des terrains secondaires et tertiaires aux terrains primitifs, des couches de poudingue quartzeux ou des grès très-grossiers recouvrent immédiatement les granits et les gneiss, et sont ensuite recouverts eux-mêmes par une autre espèce de grès fin, d'une formation toute différente. Ce fait avait frappé Saussure, qui, le premier, en a remarqué la généralité dans les Alpes et dans l'intérieur de la France.

« Un sujet d'observation bien important, à ce que je crois, dit-il, pour la théorie de la terre, et qui pourtant n'avait point encore été observé, c'est que presque toujours, entre les dernières couches primitives et les premières couches secondaires, on trouve des bancs de grès et de poudingue...... Ce fait est même encore plus universel; car j'ai vu que le passage des montagnes secondaires aux tertiaires est aussi marqué par des couches de brèche et de grès...... Les couches du grès le plus grossier reposent immédiatement sur la roche primitive; ensuite un grès moins grossier est déposé sur celui-ci.» Fortis faisait vers le même temps des observations semblables en Dalmatie. Ce fait est très-fréquent dans les déserts de l'Arabie, où les poudingues à grains quartzeux recouvrent immédiatement les porphyres.

« Si cette observation, dit Saussure, est aussi générale que je le pense, elle prouve que tous les grands changemens dans les causes génératrices des montagnes furent précédés par des secousses du globe, qui réduisirent en fragmens plus ou moins grossiers différentes parties des montagnes qui existaient alors; que ces fragmens furent déposés par couches sur la surface de ces montagnes dans un ordre relatif à leur pesanteur; que là, des sucs de différentes natures les agglutinèrent et les convertirent en grès ou en poudingue, et qu'ensuite de nouveaux dépôts ou de nouvelles cristallisations produisirent de nouvelles couches qui, par le changement arrivé dans les causes génératrices des montagnes, se trouvèrent être d'une nature différente des premières. »

Ces observations, qui sont bien confirmées par ce qu'on voit en Égypte, ont une application si fréquente, que j'ai cru utile de les remettre sous les yeux des lecteurs. Il est digne de remarque, que la marche de la nature ait été la même dans des contrées aussi distantes.

Vers le nord, à cinq lieues au-dessus d'Esné, se trouve, sur la rive orientale du Nil, la jonction de ces grès au calcaire. La zone des montagnes de grès se dirige du nord-est au sud-ouest. Sa limite est très-irrégulière : elle forme plusieurs saillies et plusieurs enfoncemens considérables, occupés par les montagnes calcaires, de sorte qu'on voit se succéder, à plusieurs reprises, soit dans le désert, soit sur les bords de la vallée, les deux sortes de terrains; alternatives que rendent encore plus remarquables les sinuosités du Nil. Sur la rive gauche, ces alternatives sont plus prononcées, et le retour du calcaire se prolonge sur une plus grande étendue : on le voit reparaître jusqu'au-delà d'Edfoû. C'est un calcaire compacte, à tissu serré, extrêmement dur et semé de petites camérines. Ces collines calcaires ont leurs couches sensiblement inclinées vers le Nil, et quelquefois on les voit surmontées dans l'éloignement par un couronnement en grès.

Voici l'ordre de superposition des deux sortes de terrains : le calcaire compacte, à petites discolithes, est inférieur au grès; un calcaire compacte plus récent, renfermant des camites et des pectinites, lui est aussi inférieur ; tandis que le calcaire grossier arénacé (psammite calcaréo-quartzeux) lui est supérieur, ou alterne avec lui. Le calcaire étant évidemment la roche la plus ancienne, cette alternative fait voir que les grès remplissent seulement des lacunes ou des vallées préexistantes à leur formation.

Ce dernier terrain a peu de largeur vers ses extrémités. Nous ignorons comment il se comporte dans la partie moyenne, où nous n'avons pas eu l'occasion de le traverser; mais sa largeur ne doit pas être considérable, puisqu'il ne forme que le remplissage d'une ancienne vallée, et que la chaîne calcaire située derrière jette, à travers les collines de grès, des rameaux qui s'avancent jusqu'au terrain cultivé.

De cette superposition constante de grès à toute espèce de calcaire compacte et coquillier, et de la manière dont ils s'y adaptent, on doit conclure qu'ils sont d'une formation non-seulement postérieure, mais qui n'a pas même succédé immédiatement à celle des terrains secondaires. Leur alternation avec les calcaires psammitiques ou sablonneux en est la preuve : car ces derniers, composés de débris arrachés aux couches secondaires, indiquent par toutes leurs circonstances un mode de formation qui n'a dû avoir lieu que long-temps après que la cause qui a produit les calcaires compactes a cessé d'exister, c'est-à-dire après l'abaissement du niveau de la mer, après que les terres découvertes et abandonnées par elle ont été livrées à l'action des eaux pluviales et aux courans qui ont amené les grands amas de débris quartzeux dont sont formées les montagnes de grès.

On ne voit nulle part le calcaire compacte reposant sur le grès; ce qui, au surplus, n'aurait rien de bien étrange : mais on n'y voit jamais de ces superpositions anomales si fréquemment observées en Saxe, en Norvége et en divers autres points des deux continens, où les roches de transition, et même les roches primitives les plus anciennes, les porphyres, les syénits, et quelquefois les granits, recouvrent et le calcaire coquillier, et les grès et les poudingues de différens âges, et jusqu'à des couches de bois fossile, etc.; ordre de superposition si extraordinaire, qu'on dirait la croûte du globe retournée sur elle-même. En Égypte, vous ne trouvez sur les grès, de quelque espèce qu'ils soient, que des couches de formation analogue, qui ne diffèrent du grès inférieur que par un mélange de quelques matières étrangères et quelques accidens de stratification[1]. Des grès plus grossiers et ferrugineux, des

---

[1] Quelquefois par des noyaux ferrugineux amygdaloïformes, et assez rarement par quelques petits grains de feldspath en partie décomposés, interposés entre les grains de quartz.

poudingues quartzeux, quelques couches de graviers imparfaitement agglutinés, ou des couches d'argile, peuvent recouvrir leurs sommités, ou s'adosser au pied et aux flancs des collines, ou même se trouver interposés entre leurs couches, mais jamais une roche qui présente les caractères d'une ancienneté plus grande que la leur. Cette observation n'est pas particulière au grès monumental; elle s'applique à toutes les autres espèces, fort nombreuses et fort étendues, qui existent dans ces montagnes et dans les déserts voisins. J'insiste sur ce fait, parce que sa constance et sa généralité le rendent remarquable.

Le grès monumental ne renferme aucun débris d'animaux marins ou terrestres. Je n'y ai remarqué qu'une seule empreinte végétale bien reconnaissable; elle était dans un grès très-fin : elle représentait une feuille d'arbre intacte, bien développée, laissant voir toutes ses nervures, et tout-à-fait semblable aux feuilles du sycomore égyptien (ou figuier de Pharaon). Comme ce fait est unique, il est utile d'ajouter que le fragment qui renfermait cette empreinte, quoique bien semblable au grès monumental, n'a pas été détaché de la roche même, mais trouvé fortuitement à la surface des montagnes qui sont au sud-est de Syène, et sans que l'on connût son origine; de sorte qu'il pourrait rester quelque doute sur le terrain auquel il appartient : toutefois j'ai reconnu aussi, dans des échantillons que j'ai détachés moi-même de la montagne, deux ou trois vestiges de corps organisés, mais dont il est impossible de déterminer avec précision la nature.

§. III. *Considérations sur les probabilités de quelque dépôt de combustible fossile.*

Outre l'absence des débris végétaux et des empreintes qui sont le caractère le plus ordinaire des terrains à houille, ce que je puis assurer encore, c'est qu'aucune des variétés de ce grès que j'ai examinées, ne renferme la moindre trace de matière charbonneuse; qu'on n'y voit jamais ni parties imprégnées de bitume, ni couches très-micacées, ni gros grains de quartz, ni fragmens de roches primitives. Il diffère par ses caractères de toutes les espèces de grès houillier connues.

Ce serait pour l'Égypte un objet d'un immense intérêt, que la rencontre d'une mine de charbon fossile. Manquant de bois, dénuée de toute espèce de combustible (car à peine la tige du dattier peut-elle être comptée pour quelque chose comme combustible); réduite, pour les usages domestiques et pour ceux de l'industrie, à brûler la fiente des animaux, la paille et les tiges des plantes annuelles; éloignée de plus de mille lieues des grands centres d'exploitation, et obligée, pour les établissemens que le gouvernement actuel cherche à y créer, de tirer, par la voie de Marseille, du milieu de la France, la petite quantité de charbon de terre qui leur est indispensable, on peut juger de quelle importance serait une pareille découverte dans son territoire.

C'était un point d'archéologie assez curieux, de reconnaître si les Égyptiens, qui ont exploré avec un soin si particulier leur contrée et toutes celles qui l'environnent, n'avaient pas reconnu et employé quelque combustible fossile; mais je n'ai rien trouvé chez les auteurs de l'antiquité qui pût le faire soupçonner. Plusieurs faits montrent au contraire que la pénurie de combustible a existé dès les temps les plus anciens. La culture des arbres était, il est vrai, beaucoup moins négligée, et pouvait fournir un peu de bois; néanmoins on voit très-bien qu'on employait, en général, les mêmes matières qu'on emploie aujourd'hui pour les usages industriels. En décrivant l'incubation artificielle [1], j'ai fait voir que dès-lors c'était au moyen d'un feu alimenté avec de la paille et de la fiente d'animaux qu'elle était pratiquée, aussi bien que de nos jours. Ce singulier mélange semble plutôt fait pour être employé comme fumier que comme combustible: aussi Aristote, qui n'avait point voyagé en Égypte, s'était imaginé que l'incubation artificielle s'opérait par la chaleur dégagée du fumier [2]; et cette opinion, toute singulière qu'elle est, avait été généralement adoptée jusqu'ici : cependant Pline a indiqué le procédé tel qu'il se pratique aujourd'hui.

Quelques autres faits, quoique assez indirects, conduisent aux mêmes conséquences, et il paraît bien que les choses n'ont pas changé sous la domination des Grecs et sous celle des Romains. Si à aucune époque ancienne on eût fait usage de combustible fossile, il est bien vraisemblable qu'il en serait resté quelque souve-

---

[1] Mémoire sur l'art de faire éclore les poulets en Égypte par le moyen des fours, *É. M.*, tom. xi, pag. 401.
[2] C'est cette méprise d'Aristote qui a engagé Réaumur dans de si nombreuses tentatives pour faire éclore les œufs par la chaleur qui se dégage du fumier.

nir. D'un autre côté, lorsqu'on vient à considérer le développement de l'industrie ancienne; lorsqu'on se représente que l'art de fondre et de travailler les métaux était poussé loin en Égypte; que l'on y fabriquait avec une perfection inconnue ailleurs différentes espèces de verres et d'émaux, et même une sorte de porcelaine; qu'il existait des fabriques où l'on imitait par des compositions artificielles toutes les pierres précieuses, le lapis lazuli, les vases murrhins, etc.; que la fabrication des poteries et des vases de toute espèce était multipliée à l'infini; qu'il y avait des fonderies pour le traitement des mines de cuivre et de plomb, dont on trouve encore des vestiges dans les déserts; que d'autres arts, qui exigent un degré de chaleur considérable, y étaient pratiqués avec succès, on s'étonne qu'on ait pu suffire à de pareils travaux avec les combustibles dont je viens de parler: mais la difficulté est résolue par ce qui a lieu encore maintenant. Les Égyptiens modernes fondent et travaillent les métaux, cuisent la chaux, les briques, et des poteries de toute sorte; chaque fabrique de sel ammoniac a sa verrerie, et pourtant ils n'emploient pas d'autre combustible. Chacune de ces fabrications est, il est vrai, très-limitée, quant à la quantité des produits; elle a dû l'être moins dans les temps anciens: peut-être y employait-on aussi, dans certains cas, le bois des arbres; mais son emploi, comme combustible, a dû toujours être très-borné, à cause des autres usages qui le réclamaient.

On conçoit, d'après cela, que l'on doit attacher plus de prix en Égypte qu'en tout autre pays aux légers indices qui pourraient révéler l'existence d'un combustible fossile. Rien ne devait être négligé à cet égard. Les terrains de grès étaient au nombre de ceux qui pouvaient le plus naturellement laisser quelque chose à espérer ; c'est une raison pour s'étendre davantage sur les circonstances de leur gisement, afin que l'on puisse mieux juger du degré de probabilité que peut offrir cette découverte.

§. IV. *Disposition des couches.*

Les collines sont stratifiées d'une manière fort distincte. Vers le milieu des chaînes, dans les grandes carrières de Gebel Selseleh, où le grès est d'une qualité supérieure, il se montre en bancs épais. Ses divisions sont indiquées par des lignes grises ou jaunâtres qui forment la tranche de couches argileuses fort minces : en outre, dans l'épaisseur même des bancs, la pierre a un fil suivant lequel elle se divise avec facilité parallèlement aux plans des couches ; c'est pourquoi les Égyptiens, qui coupaient ou sciaient les blocs sur toutes leurs faces verticales dans le banc même de la carrière, ne les coupaient jamais dans ce sens, se bornant, comme on le pratique chez nous, à les faire éclater avec des coins, soit pour les détacher du rocher, soit pour refendre les masses d'une trop grande épaisseur. Dans certains endroits, surtout vers le nord, et communément dans toutes les parties les plus élevées, les couches sont plus minces et moins adhérentes entre elles.

Lorsqu'on examine les longs escarpemens qui sont parallèles au Nil, c'est-à-dire qui vont du nord au sud, on croit les couches parfaitement horizontales, comme le sont en effet les lignes qui marquent leur séparation; mais ce n'est là que leur direction. Dans le sens transversal, on les voit inclinées et s'abaissant un peu vers le Nil. Cette inclinaison n'est pas la même partout; il est même des endroits où elle a lieu dans un sens inverse: mais ce sont des exceptions, et il m'a semblé que, dans leur ensemble, les couches ont une déclivité marquée vers l'intérieur de la vallée; ce que confirme l'abaissement progressif des montagnes dans ce sens, abaissement qu'on ne doit pas entièrement attribuer aux dégradations qu'elles ont subies.

J'entre dans des détails qui paraîtront peut-être minutieux: mais, outre les motifs que j'ai déjà exposés, ils ne sont pas sans utilité pour celui qui voudrait rechercher quels ont pu être l'origine et le mode de formation de ces montagnes; problème intéressant sous plusieurs rapports, dont la solution précise peut avoir des applications étendues, et servirait en même temps à fixer les idées sur la probabilité de rencontrer quelque dépôt de combustible dans l'intérieur de ce terrain.

Derrière les collines basses les plus rapprochées du Nil, on en voit d'autres de même nature, un peu plus élevées; mais, dans toute l'étendue des deux chaînes, on peut juger, malgré les coupures et les gorges qui les partagent, que les sommités principales se rapportent à peu près au même plan horizontal. Nous n'avons aucune mesure exacte de l'élévation de ce plan, qu'il serait intéressant de connaître. Je l'ai estimé par approximation à 60 ou 80 mètres au-dessus du Nil; mais, vers les deux extrémités nord et sud, la hauteur des collines est beaucoup moindre. Les montagnes calcaires et les montagnes primitives qui entourent ce terrain sont infiniment plus élevées, de sorte qu'il se trouve enfermé entre elles comme dans un bassin.

§. V. *Grès ferrugineux, etc.*

Nous avons dit déjà que les couches supérieures ne présentent pas toujours autant d'homogénéité que celles de la partie inférieure : mais ces couches, de nature un peu différente, n'existent pas partout; on n'en retrouve point aux environs de Syène, sur les grès qui recouvrent le terrain primitif; les grands escarpemens de Gebel Selseleh n'en offrent pas non plus. Elles sont, en général, assez rares sur les collines basses les plus avancées vers le Nil; mais, pour peu que l'on s'enfonce dans la chaîne et que l'on atteigne quelques sommités éloignées, on trouve le grès ordinaire mêlé d'une certaine quantité d'argile et d'oxide de fer. Il est en couches assez minces, entre lesquelles sont interposées les autres couches distinctes dont je parle; quelquefois elles forment seules le chapeau de la colline. Voici les matières que j'ai notées, tant aux environs de Gebel Selseleh que dans quelques autres points, et principalement d'après des blocs détachés des parties supérieures :

1°. Grès noir, compacte, pesant, beaucoup plus dur que celui des monumens. Il renferme quelques petits noyaux formés de plusieurs grains de quartz réunis, autour desquels se dessinent des zones circulaires de nuances différentes. Outre l'oxide de fer, cette roche contient aussi de l'oxide de manganèse[1].

2°. Grès rouge foncé, analogue au précédent : celui-ci ne contient que de l'oxide de fer.

3°. Une troisième variété, d'un tissu rude et âpre au toucher, offre quelquefois l'aspect de l'émeri. Ces trois espèces de grès ne sont pas abondantes : ce sont des masses accidentelles, plutôt que des couches suivies.

4°. Psammite tigré à taches noirâtres, de la largeur d'une lentille, formées par l'oxide de fer uni à un peu d'argile[2].

5°. Psammite parsemé de petits globules sphériques, noirs à l'extérieur et grisâtres, formés d'un grès plus compacte que la masse qui les enveloppe, et d'un tissu plus fin.

6°. Poudingue assez consistant, composé de quartz et de grains ocracés d'un assez beau jaune ou d'un rouge foncé.

7°. Quelques couches de psammites semblables au grès monumental, renfermant des noyaux aplatis, argilo-ferrugineux, très-nombreux, qui ont la forme d'une amande, et quelquefois des noyaux solitaires de la même matière, de la grosseur d'une noix : en général, les psammites qui renferment ces grains, son bigarrés de petites taches brunes ou jaunâtres[3].

J'ai employé le mot *grès* pour désigner les matières dont les grains intimement unis semblent soudés et ne faire qu'une masse compacte, et le nom de *psammites* pour celles à grains distincts et susceptibles de se désagréger par la pression. Le grès monumental n'est donc lui-même qu'un psammite. Si je ne l'ai pas communément désigné par ce nom, c'est parce que celui de *grès* se trouve consacré, dans la *Description de l'Égypte*, par l'emploi constant qu'en ont fait tous les collabora-

[1] Un des échantillons de ce grès a été gravé planche 4, fig. 6.
[2] *Voyez* planche 4, fig. 7.
[3] *Voyez* planche 4, fig. 8 et 9.

teurs en décrivant les monumens anciens, et qu'il convenait, dans les diverses parties de cet ouvrage, de conserver la même dénomination à une matière d'un si grand usage et si fréquemment citée. Il suffit d'en prévenir pour écarter toute équivoque. Je suis loin de partager l'opinion de ceux qui croient superflu le mot *psammite*; je regarde au contraire comme une vue très-juste d'avoir ainsi distingué les roches arénacées des roches quartzeuses compactes, où toutes les parties sont si intimement unies, qu'on peut les croire, avec quelques naturalistes, le résultat d'une précipitation chimique [1].

Comme ces couches de la partie supérieure des collines sont peu caractérisées, n'ont rien de bien suivi, et qu'elles changent souvent de nature et d'aspect dans de courts intervalles, on ne peut rien établir quant à l'ordre qu'elles observent. La seule induction générale à tirer de là, c'est que l'argile et le fer, qui n'existent qu'en très-petite quantité dans les couches moyennes

---

[1] Peut-être même cette classe de roches encore nombreuses, désignée par le mot *psammite*, aurait-elle besoin d'être divisée. On restreindrait cette dénomination uniquement à celles qui sont formées de grains quartzeux susceptibles de se désagréger par un effort mécanique, telles que les grès de Paris, ce qui serait aussi plus conforme à l'étymologie du mot (ψάμμος, *arena*), et l'on introduirait quelques dénominations nouvelles pour distinguer les roches formées de matières différentes, telles que les grès houilliers de certaines contrées, etc. On ne saurait trop préciser et par conséquent trop restreindre la signification des noms. On ne doit pas craindre de les multiplier un peu davantage : c'est le seul moyen de diminuer la confusion qui règne encore dans plusieurs parties de la nomenclature; son défaut principal est d'embrasser sous un même nom beaucoup d'objets qui diffèrent par leur nature et leur mode d'agrégation, aussi bien que par leur origine. Une dénomination géognostique n'est parfaite qu'autant qu'elle s'applique à une seule espèce de roche bien définie.

et inférieures, ont été plus abondans dans les derniers dépôts ; circonstance assez commune dans les terrains de cette espèce. L'oxide de fer et l'argile unis ensemble et tenus en suspension dans les eaux où ont été amenés les sables quartzeux, ne se sont déposés que vers la fin de la précipitation, ou pendant ses intermittences; et ce qui vient à l'appui de cette opinion, c'est que les bancs réguliers et horizontaux du grès monumental sont séparés quelquefois eux-mêmes par une couche mince d'argile ferrugineuse; quelquefois la partie voisine de la couche située au-dessous est aussi plus argileuse et de moins bonne qualité que le reste : de plus, certaines crevasses sinueuses ou espèces de filons étroits et très-irréguliers sont remplies d'une terre argileuse fortement ocracée et manganésée, analogue à celle des dépôts qui couronnent les montagnes. Cette circonstance se remarque même dans les collines basses, sur lesquelles on ne trouve point de dépôts ferrugineux; et c'est un indice qu'ils y ont existé autrefois. Ces observations expliquent la médiocre qualité et le peu d'homogénéité des grès dans la partie supérieure.

§. VI. *Formation des montagnes de grès.*

Lorsque l'on considère la grande étendue des montagnes de grès, et, dans toute cette étendue, l'uniformité de nature et de grosseur des grains qui composent leurs couches, on est surtout frappé de ne jamais y rencontrer ni gros grains de quartz, comme dans les poudingues et les brèches des localités voisines, ni aucun fragment des roches primitives qui les entourent, ou de celles qu'amènent jusqu'en Égypte les courans des vallées transversales. Les agens actuels qui dégradent les montagnes, bien qu'ils ne produisent pas des effets comparables quant à l'étendue, en produisent de bien supérieurs quant au volume des fragmens qu'ils transportent, et laissent des traces bien différentes de leur action. Sans remonter même à ces temps de crises et de convulsions où leur puissance paraît avoir été si énergique, nous voyons les pluies rares et de peu de durée qui tombent dans les déserts, détacher de nombreux blocs du sommet et des flancs des montagnes, les entraîner avec impétuosité, en joncher les plaines, les accumuler en amas considérables dans le lit des torrens et dans les bassins, où leur vitesse vient s'amortir; quelquefois même transporter à vingt lieues de leur origine des blocs arrondis, du poids de plusieurs kilogrammes. Comment n'en ont-ils pas mêlé quelques-uns à ces vastes dépôts de sable dans une étendue de plus de vingt-cinq lieues, et peut-être de plus de cent, si l'on y comprend ceux qui s'étendent en Nubie, dont la nature et l'origine paraissent absolument les mêmes? On voit bien que les montagnes de grès, par leur mode de formation, ont été soustraites à l'influence des courans latéraux qui charrient par les vallées transversales ces fragmens de toute dimension enlevés aux montagnes de la Troglodytique, ou à celles du désert Libyque.

Cette formation par couches horizontales et bien homogènes indique un dépôt dans une eau tranquille, dans un vaste bassin, qui devait avoir pour limites celles que nous trouvons au terrain de grès. Il était donc fermé au nord par les montagnes calcaires sur lesquelles ces couches viennent s'appuyer; à l'est et à l'ouest, par les montagnes de diverse nature qui les encaissent: vers le sud, nous ne connaissons pas ses limites; les montagnes granitiques de Syène interrompent le terrain de grès et ne le terminent pas. Ses lambeaux se voient superposés au syénit et aux autres roches primitives : nous les retrouvons également au-dessus de la cataracte; ils remplissent les lacunes du terrain primitif et les anfractuosités des rochers qui les ont défendus contre les causes de dégradation. Ils se prolongent dans la Nubie, couverte également d'anciens édifices en grès ; et, d'après les observations recueillies dans cette contrée[1], le même fait géologique que nous observons au-dessous de la première cataracte, se reproduit de nouveau au-dessous de la seconde, c'est-à-dire que de longues chaînes de montagnes de grès se représentent des deux côtés du Nil en approchant de cette cataracte formée aussi par des montagnes granitiques.

Il est probable que, bien que les granits règnent seuls pendant quelque temps au-dessus de la seconde cataracte, les grès reparaissent plus loin dans le sud. Les voyageurs en Nubie, qui, en général, ne donnent que fort peu d'indications sur la nature du sol, ne le

---

[1] *Voyez* l'extrait des voyages de M. Burckhardt, qui vient d'être publié par M. Malte-Brun dans l'intéressant recueil des *Annales des voyages*, tome v. M. Cailliaud confirme aussi ce fait.

disent pas; mais nous le conjecturons d'après plusieurs circonstances : d'abord, d'après l'immense quantité de sables qui, selon eux, recouvrent le sol, et du milieu desquels s'élèvent quelques rochers isolés; plus particulièrement d'après la nature des anciens édifices encore subsistans. A l'exception d'un seul petit temple en pierre calcaire, les édifices de la Nubie sont tous en grès : de plus, des temples sont creusés dans le roc vif des montagnes; et ce roc n'est certainement pas du granit: les Égyptiens, dans tout leur luxe monumental, n'ont jamais pratiqué vers Syène et Philæ la plus petite grotte dans le granit. Les grottes étaient pour eux des carrières d'où ils tiraient les matériaux de leurs édifices; et puisque là tous les édifices sont en grès, les grottes doivent être dans le grès. Nous voyons aussi dans le grès de la Thébaïde des grottes et de petits temples, tels que ceux dont parlent les voyageurs, et leur décoration est la même [1].

---

[1] Ce n'est pas qu'il soit absolument impossible de pratiquer des grottes dans le granit; mais la difficulté de l'entreprise n'aurait aucun motif et ne serait compensée par rien. Difficilement on pourrait obtenir d'une pareille exploitation des matériaux de formes et de dimensions convenables pour les édifices; ce qui était le principal objet qu'on avait en vue en creusant les grottes et les temples souterrains.

Pour nous, sans doute, qui avons l'usage de la poudre, les difficultés de pareilles excavations dans le granit ne seraient pas comparables à celles qu'auraient trouvées les Égyptiens avec leurs procédés d'exploitation par les coins et la scie, tels que nous les avons fait connaître dans le Mémoire sur les carrières de Syène (ou par celui qui est exposé dans la Description des antiquités du même lieu, pour l'extraction du colosse d'Osymandyas, et qui n'était qu'une méthode de scier par petits traits alternatifs); mais encore quelles difficultés ne trouverions-nous pas pour dresser et polir les parois des excavations, et pour les couvrir de bas-reliefs comme faisaient les Égyptiens? De plus, les matériaux que nous extrayons avec la poudre ne pourraient fournir des blocs considérables et propres à la construction.

Les grès de la Nubie, dont j'ai vu quelques échantillons provenant des édifices de la partie inférieure, sont absolument semblables à ceux de la Thébaïde, et, comme eux, tendres, homogènes, composés de petits grains de quartz assez égaux et semés aussi de menues paillettes de mica. Ainsi cette formation se prolonge sans perturbation, quant à la composition de la roche, jusqu'à la seconde cataracte du Nil, et probablement beaucoup plus haut encore. Comme elle n'admet aucun élément étranger, elle doit avoir été produite par un courant unique, venant de très-loin, et ayant déjà, dans son long trajet, abandonné tous les fragmens, tous les grains d'un certain volume, qu'il avait entraînés d'abord.

Ce courant, qui descendait du sud, c'est-à-dire des montagnes de l'Abyssinie, ne pouvait être et n'était effectivement que le Nil. Ce fleuve charrie pendant ses débordemens, en grande abondance, un sable composé de petits grains quartzeux, assez égaux, très-purs et mêlés seulement de quelques lamelles de mica de diverses couleurs[1]. Ces sables, comparés avec les *detritus* du grès monumental, sont exactement semblables, et il n'y a aucun moyen de les distinguer sur le lieu même où les sables provenant des montagnes viennent se confondre avec ceux que le fleuve a déposés sur ses bords. La seule différence consiste dans le ciment presque insensible qui unit ses grains; encore paraît-il avoir quelquefois manqué (ou du moins il est *indiscernable*),

---

[1] Quelquefois le Nil charrie aussi une certaine quantité de paillettes de fer micacé, qu'il étend en couches minces sur quelques parties du rivage.

et les grains de quartz ne semblent unis que par l'adhérence qu'une forte pression leur a fait contracter.

Cette explication de l'origine des grès ne doit pas être regardée comme une de ces conjectures hasardées, difficiles à concevoir, impossibles à prouver; car, si aujourd'hui le cours du Nil était barré par le rapprochement des montagnes calcaires, comme à l'époque dont nous parlons, les sables s'accumuleraient de nouveau dans la partie supérieure, et y formeraient, en se liant, des couches semblables à celles qu'on y voit. Cet ancien barrage ne saurait être contesté, et, malgré les immenses dégradations qui ont changé l'état des montagnes calcaires, on ne peut méconnaître l'identité des couches qui règnent des deux côtés du Nil. C'est partout la même nature, le même tissu; elles renferment les mêmes coquillages, et offrent, en un mot, aussi peu de différence qu'il est possible d'en voir dans les mêmes couches à de pareilles distances. Dans quelques points où elles se rapprochent davantage, cela devient encore plus manifeste, comme au lieu nommé *Gibleyn* (les deux montagnes), entre Thèbes et Esné : ces deux montagnes sont tellement rapprochées, qu'elles ne laissent au fleuve que l'espace nécessaire à son cours, et qu'on ne peut communiquer avec la partie inférieure qu'en passant par le désert; là, surtout, se manifestent leur commune origine et leur ancienne continuité.

L'ancien état des lieux ainsi conçu, il est aisé de se rendre compte de l'homogénéité des couches de psammites. Le bassin ou les bassins dans lesquels elles sont situées, étant remplis par les eaux du Nil, dont le trop-plein s'échappait en nappe par-dessus ses digues naturelles, tous les sables un peu gros que le fleuve entraîne pendant ses débordemens, et qui sont tenus en suspension dans la partie moyenne ou inférieure du courant[1], se déposaient dans ces bassins, au fond desquels il ne pouvait y avoir d'agitation; ils y formaient, et même assez rapidement, des masses bien uniformes, tandis que le limon, qui a la propriété de rester longtemps en suspension dans les eaux tranquilles ou faiblement agitées, était entraîné par-dessus les barrages et allait combler la partie inférieure de la vallée et le Delta, qui, selon le témoignage des prêtres égyptiens, n'avait pas toujours existé.

Pendant cette époque, les courans transversaux ne continuaient pas moins sans doute d'entraîner vers l'Égypte, comme aujourd'hui, une immense quantité de débris de roches de toute espèce et de toute dimension : mais, la vitesse de leurs eaux se trouvant subitement diminuée ou anéantie, dès qu'elles venaient se mêler à celles du Nil, qui remontait alors très-haut dans toutes les vallées transversales, ces fragmens ne pouvaient être portés plus loin. Ils s'accumulaient et formaient de vastes amas sans adhérence, des poudingues et des couches de gros graviers mal agglutinés. C'est une chose remarquable, en effet, que la quantité de matières de transport dans la partie inférieure des grandes vallées. Malgré ce que les courans qui les dégradent journellement en ont emporté, elles forment

---

[1] *Voyez* la iie partie, *H. N.*, tom. xx, pag. 323.

encore des collines considérables. Leur origine, difficile à concevoir dans l'état actuel des choses, s'explique bien par l'ancien état que nous considérons, et sans rien supposer que le barrage de la vallée à une époque reculée, si toutefois on peut appeler supposition une circonstance aussi manifeste.

Ces courans transversaux n'ont donc rien pu mêler aux dépôts sablonneux qui formaient les grès, si ce n'est quelques matières terreuses tenues en suspension dans leurs eaux et qui ont concouru à former le ciment : aussi n'est-ce que par ce ciment qu'ils diffèrent du sable pur amené par le Nil. Ces sédimens terreux qui se déposaient dans l'intervalle des débordemens du Nil, pénétraient peu à peu entre les grains de sable, dont ils remplissaient les intervalles, et en formaient une masse d'une certaine consistance. Les bandes de diverses nuances, les couches minces et presque insensibles qui séparent les bancs de grès, les délits qui les rendent plus faciles à être divisés dans le sens horizontal, les feuillets qu'on y remarque quelquefois et qui facilitent la décomposition de la pierre, sont principalement l'effet de ces sédimens étrangers.

Ainsi toutes les circonstances du local s'expliquent bien comme conséquence du même principe, et l'on reconnaît aisément l'impossibilité d'admettre une autre cause. Considérez que l'immense quantité des sables fins qui ont été accumulés, suppose un courant tout-à-la-fois d'un volume prodigieux, d'une vitesse médiocre, d'un cours constant et régulier, non pas une débâcle qui aurait tout mêlé et tout confondu ; que ce courant, ayant dû parcourir, avant d'entrer en Égypte, ou même en Nubie, un espace considérable, ne pouvait être formé d'une multitude d'affluens qui le grossissaient dans sa route et à peu de distance du bassin ; car ils lui auraient apporté des matières de nature fort différente : vous jugerez alors que la médiocre étendue des déserts situés entre le Nil et la mer Rouge n'a jamais pu donner naissance à un pareil courant; que la disposition du sol de la rive gauche ne s'y prête pas davantage, puisqu'il existe dans le désert Libyque de grandes dépressions parallèles à la vallée d'Égypte[1]; de sorte que le versant qui laisse couler ses eaux dans cette vallée, est peut-être moins étendu que celui de la chaîne arabique, et lui fournit dans les orages une quantité d'eau moins considérable. Si à toutes ces raisons on ajoute encore l'identité des sables du Nil avec ceux des grès, on trouvera, je crois, dans cette explication, ce caractère de vraisemblance qui remplace en géologie la rigueur des démonstrations que cette science comporte rarement. Il ne restera d'autre doute que celui qu'admet le sentiment de réserve et de circonspection qui doit accompagner en général les déductions des faits géologiques, afin de tenir l'esprit des observateurs accessible aux nouveaux moyens d'examen.

Le peu de probabilité de l'existence de couches de combustible dans ce terrain se trouve bien confirmé par cette origine, le Nil n'ayant jamais dû apporter que des sables quartzeux, dont les dépôts annuels s'ac-

---

[1] *Voyez* la 1ʳᵉ partie, chap. IV, §. III, *H N*., tom. XX, pag. 276.

cumulaient d'une manière uniforme et sans mélange de matières étrangères.

Ces considérations sur les grès de l'Égypte peuvent s'appliquer à beaucoup de dépôts analogues qu'on trouve en d'autres pays, et faciliter l'explication de leur origine, qui a beaucoup embarrassé. En examinant ces terrains sous ce point de vue, on pourra souvent reconnaître, quand ils sont homogènes, qu'ils ont été formés dans un bassin où affluait un courant principal, qui, débarrassé, dans son trajet antérieur, des fragmens d'un certain volume, n'y apportait que les sables menus qu'il avait encore la force de soutenir et qu'il y laissait déposer. Quand le ciment a manqué, il ne s'est formé que des amas ou des couches de sable sans adhérence, recouvertes ensuite par d'autres dépôts dus à des courans chargés de matières différentes, qui sont venus se mêler avec celui-ci, ou lui ont succédé. De là ces alternatives si fréquentes de couches de sable, de couches d'argile, de psammite, de marne, de calcaire sablonneux, de gypse, etc. Nous pourrions justifier ce que nous avançons par plusieurs exemples, si les discussions où il faudrait entrer et qui se rattachent à un ordre de faits très-étendu, ne s'écartaient trop de notre objet principal.

CHAPITRE II.

Observations sur les carrières.

Nous allons exposer quelques observations sur l'ensemble des carrières de grès, et nous examinerons ensuite l'emploi de cette matière dans les monumens anciens.

On rencontre assez souvent, et principalement dans la partie septentrionale, vers la jonction des grès au calcaire, des bancs qui se subdivisent en feuillets minces. Ces bancs donnent des matériaux de médiocre ou de mauvaise qualité; et quand les feuillets ne sont pas apparens dans les couches, ils se manifestent ensuite, par l'effet d'une longue exposition à l'air, dans les blocs employés, et en facilitent la destruction : c'est ce que nous avons aperçu dans quelques monumens.

Les Égyptiens ont fait diverses tentatives pour exploiter les grès vers leur limite au nord, mais sans beaucoup de succès. Ces travaux, dont on voit encore les vestiges, ont peu d'étendue, et un grand nombre de blocs sont abandonnés sur le lieu même, à demi taillés. La qualité de ces matériaux était, sans doute, trop inférieure à celle des parties de la chaîne situées plus au sud, et l'avantage de leur plus grande proximité pour les édifices du nord s'est trouvé plus que balancé par cet inconvénient : mais, comme ces bancs feuilletés n'occupent que la partie supérieure, on les a quelquefois exploités pour mettre à découvert ceux qui existent dessous; c'est pourquoi ces excavations ne portent pas dans leur partie supérieure les traces du travail en forme de réseau que l'on voit dans les grandes carrières.

Ainsi, quoiqu'il existe des carrières dans toute l'étendue des montagnes de grès, c'est-à-dire sur une distance d'environ vingt-cinq lieues, le long des rives du Nil, ce n'est que vers la partie moyenne des deux chaînes que les Égyptiens ont donné une grande suite à leurs travaux et formé de vastes exploitations : mais probablement celles qui sont situées vers les extrémités sont du nombre des plus anciennes, comme les plus favorablement situées ; au midi, pour les monumens de Syène, d'Éléphantine, etc., et au nord, pour ceux de la partie inférieure de la Thébaïde.

Les couches de grès sont d'une qualité bien meilleure aux environs de Syène que vers leur extrémité septentrionale; mais aussi l'on ne peut pas dire que leur limite soit réellement à Syène, puisqu'elles reparaissent à quelque distance au sud de Philæ, s'appuyant sur les montagnes primitives, et que là aussi se trouvent de vastes carrières qui ont fourni des matériaux pour les monumens de la Nubie.

Plusieurs Français ayant trouvé l'occasion de remonter dans la Nubie, à quatre ou cinq lieues au-dessus de Philæ, nous ont remis quelques fragmens pris dans des édifices anciens et dans les rochers qui bordent la rive droite du fleuve. Ces grès sont d'un gris très-clair un peu jaunâtre, d'une dureté médiocre, et assez semblables à celui du grand temple de Philæ, dont nous parlerons dans le chapitre suivant.

Quelque considérables que soient les exploitations que nous avons rencontrées, comme nous n'avons vu qu'un certain nombre de points dans les deux chaînes, que nous n'avons pas visité les vallées et les gorges nombreuses dont elles sont entrecoupées, il en est beaucoup sans doute qui ne nous sont pas connues; il en est probablement aussi dont les traces ont disparu pour toujours, parce que des rochers isolés et de petites collines ont été entièrement rasés par les travaux anciens, comme il est arrivé pour les exploitations de granit et celles de pierres calcaires. Quelques vestiges de ces rochers isolés, anciennement exploités, se voient encore sur les deux rives dans la plaine située entre le Nil et les montagnes. Vis-à-vis des grottes d'el-Kâb, près de l'emplacement de l'ancienne ville d'*Elethyia*, à un myriamètre au-dessous d'Edfoû, on a exploité tout à l'entour un énorme rocher séparé de la montagne, afin d'en dresser les côtés. Il est percé à jour dans son épaisseur, de manière à figurer une porte colossale, et fait de loin une illusion complète. Nous avons indiqué ailleurs un rocher semblable, isolé de la montagne et taillé en forme de colonne, qui atteste l'existence d'une ancienne colline[1]. Les Égyptiens n'ont laissé subsister que ces témoins de l'ancienne élévation du sol; mais d'autres rochers sans doute ont été enlevés sans qu'il en reste aucun vestige.

Je m'abstiens de tout détail sur les carrières et sur les procédés d'exploitation, que l'on peut voir dans les

---

[1] Description de Gebel Selseleh, *A. D.*, chap. *IV*, sect. II.

Descriptions d'antiquités[1]. J'ajouterai seulement une réflexion, c'est que la méthode anciennement employée par les Égyptiens de couper des blocs réguliers dans la montagne même, quoique plus longue d'abord que celle que nous suivons communément, de les arracher pour les tailler ensuite en entier, abrégeait pourtant l'ouvrage en somme totale, puisqu'elle évitait la peine de dresser ces blocs et de les équarrir. En coupant un premier bloc, on formait en même temps le parement de ceux que l'on détachait ensuite, et les parois se trouvaient toujours dans l'état le plus favorable pour en continuer facilement l'exploitation. Par ce moyen, il y avait très-peu de déchet de la pierre : aussi ne voit-on pas dans ces carrières, comme dans les nôtres, ces amas considérables de débris qui encombrent les exploitations. Quand on était tombé sur un banc de bonne qualité, on l'employait en entier.

CHAPITRE III.

Observations sur les diverses variétés de grès employées dans les anciens édifices.

En rapprochant des constructions anciennes les échantillons pris dans les carrières, on reconnaît bientôt l'extrême difficulté de déterminer avec précision de

---

[1] Description d'Ombos et des environs, *chap. IV*, sect. II.

quel endroit proviennent les matériaux de chaque édifice, parce que leur nature varie dans un même édifice, et qu'elle varie aussi dans des carrières très-voisines; de plus les diverses couches de grès superposées dans une même carrière offrent aussi des différences : j'ai cru toutefois pouvoir hasarder quelques aperçus sur ce sujet. L'intérêt de ces rapprochemens consiste moins dans la solution précise de cette question, que dans les moyens qu'ils peuvent fournir pour comparer entre eux les matériaux des principales constructions, pour apprécier leurs légères différences, et l'influence que ces différences ont pu avoir sur l'exécution des détails et la conservation des édifices. Cet examen comparatif, qui ne pouvait entrer dans le plan des descriptions des monumens et que je n'ai pu qu'ébaucher, servira peut-être un jour à diriger des recherches plus précises ou plus complètes sur un point qui n'est pas sans utilité pour l'histoire des édifices de l'ancienne Égypte : il importe de distinguer les causes particulières qui ont contribué à leur état actuel, afin de mieux apprécier les effets qui tiennent aux causes plus générales de dégradation.

§. I. *Apollinopolis parva.*

C'est des montagnes situées entre Edfoù et Esné, c'est-à-dire de la partie septentrionale du terrain de grès, que paraissent provenir les matériaux des anciens édifices situés au nord de Thèbes, tels que ceux d'*Apollinopolis parva,* à en juger par les faibles restes que l'on y voit encore.

Quant aux temples de Denderah, je remettrai à en parler dans un autre paragraphe, ayant à exposer quelques observations qui seront mieux placées de cette manière.

§. II. *Thèbes.*

A Thèbes, où il existe des monumens nombreux, qui forment un ensemble presque aussi considérable que ceux qui se trouvent dans le reste de la Thébaïde, et qui sont aussi d'époques fort différentes, presque toutes les variétés de grès ont été employées. La plus commune est de couleur grise et assez tendre; la plus abondante après celle-là est d'une teinte jaunâtre dans les cassures nouvelles, et un peu plus dure que la précédente : toutes deux sont assez semblables, surtout la seconde, aux bancs exploités qu'on voit dans les grands escarpemens du Gebel Selseleh. Il est probable que la majeure partie des matériaux de Thèbes a été tirée de cette localité.

La pierre du monument d'Osymandyas, sur la rive gauche du Nil, est d'un grain plus sec et d'un ton jaunâtre plus clair que celle d'aucun autre monument de Thèbes. Quoique l'édifice soit assez ancien et que de grandes parties aient disparu, ce qui en reste paraît plus neuf que la plupart des autres édifices de l'Égypte. Ses dégradations ne peuvent être attribuées à la qualité de la pierre.

Le palais de Qournah, situé sur la même rive, et qui doit être beaucoup plus ancien que le tombeau d'Osymandyas, est construit avec un grès à peu près semblable. Sa teinte plus sombre à l'extérieur paraît être l'effet du temps.

Les monumens de Louqsor, sur la rive droite du Nil, et surtout sa longue colonnade, ont une teinte plus claire que le précédent, et un grain un peu moins sec que celui de la pierre du tombeau d'Osymandyas. Ces trois édifices, malgré ces légères différences, peuvent être rapportés à la seconde variété indiquée ci-dessus.

A Karnak, le grand palais, et particulièrement les énormes colonnes de la grande salle hypostyle, sont construits avec un grès un peu plus blanc et peut-être un peu plus compacte que la plupart des autres monumens du même quartier.

La plupart de ces derniers sont d'un gris cendré, aussi bien que le bel édifice de Medynet-abou sur la rive gauche. Tous les grès de cette couleur sont, en général, plus tendres que ceux de nuances plus claires, et communément aussi d'un grain un peu plus fin; leur ciment paraît plus argileux. Ils renferment des paillettes de mica plus abondantes, et, par places, de petites taches jaunes ou noirâtres d'oxide de fer.

Je ne pousserai pas plus loin ces détails; la multitude des édifices de Thèbes rendrait les distinctions fastidieuses, quand même les données ne manqueraient pas pour les établir : d'ailleurs, le même monument renferme quelquefois des variétés de grès différentes pour le tissu, comme pour la nuance des teintes. Cela ne se distingue guère aujourd'hui à l'extérieur, où le temps a mis en harmonie toutes les nuances. Quand les monumens étaient nouvellement construits, quelque légères que fussent ces différences, elles auraient produit sans doute un effet désagréable à l'œil, si les surfaces étaient restées parfaitement lisses; mais, comme elles étaient découpées par une multitude de bas-reliefs et de légendes hiéroglyphiques, qui, malgré leur peu de saillie, formaient une infinité de petits accidens de lumière et rompaient l'uniformité du fond, la différence des nuances devait être presque insensible. Il est encore incertain, au surplus, si les Égyptiens ne revêtaient pas de couleurs les surfaces des monumens : cela est constant au moins pour l'intérieur, et l'on en retrouve encore les traces en beaucoup d'endroits.

§. III. *Causes particulières de dégradation.*

Dans un des pylônes de Karnak, qui s'est écroulé et n'offre plus aux regards qu'un vaste monceau de pierres taillées, j'ai remarqué qu'une partie de ses matériaux, qui, en général, sont d'un médiocre volume, était de ce grès fissile ou feuilleté qu'on trouve dans la partie septentrionale des montagnes et dans les couches supérieures des carrières. C'est à leur emploi, sans doute, qu'il faut attribuer sa destruction; car ces sortes de constructions, par leur forme pyramidale, doivent, malgré leur grande hauteur, se conserver plus intactes que les autres.

Ces accidens font sentir que la longue durée des monumens est due moins encore aux qualités conservatrices du climat qu'au choix bien entendu des matériaux, ainsi qu'à l'énormité des blocs placés à propos dans les parties les plus exposées aux dégradations, ou qui, par leur situation, devaient influer sur la stabilité des autres. Quand les Égyptiens ont négligé ces précautions, leurs monumens ont cédé aux efforts du temps.

Les édifices des autres peuples qui ont dominé si long-temps en Égypte, et qui étaient renommés aussi dans l'art de construire, quoique sous le même climat, quoiqu'ayant à peine la moitié ou le tiers de l'âge des édifices égyptiens, n'ont pu braver, comme eux, l'action lente et destructive des siècles; et le peu qui en reste ne présente pas le même caractère de solidité. Il est vrai qu'il n'y avait pas parité entre ces gouvernemens étrangers et l'ancien gouvernement du pays, pour la position, pour les ressources et pour l'esprit qui devait les animer : ils ne pouvaient pas songer, comme lui, à imprimer à leurs ouvrages ce caractère d'éternité auquel il semblait prétendre dans tous les siens.

Chez les Égyptiens mêmes, cette grande attention pour la solidité était le résultat d'une très-longue expérience; et sans doute ils ne l'avaient pas apportée dans tous les temps, à en juger par la grande quantité de matériaux employés pour la seconde fois dans les édifices qui subsistent aujourd'hui : mais il y a pour ce fait, il faut le remarquer, une autre raison plus puissante dont nous parlerons plus loin.

Une cause particulière de destruction, indépendante du mode de construction et des efforts des hommes, agit encore sur les monumens existans aujourd'hui;

elle tient à l'action chimique du sol et de l'atmosphère. Elle s'exerce spécialement sur le pied des murailles et des colonnes, qui, dans quelques endroits, est rongé et dégradé d'une manière remarquable : il s'y est formé des excavations de deux à trois décimètres de profondeur sur trois à quatre de hauteur ou davantage. Les surfaces ainsi rongées présentent quelquefois de légères efflorescences salines : tantôt c'est le salpêtre qui domine, comme l'indique leur saveur fraîche et piquante; tantôt elles sont formées d'un mélange de muriate, de carbonate et de nitrate de soude.

On conçoit sans peine la présence des sels à base de soude, quand on voit les emplacemens des anciennes villes en Égypte, et particulièrement celui de Karnak, de Medynet-abou et de quelques autres parties de Thèbes, imprégnés d'une quantité notable de sel marin. Ce sel s'y décompose lentement, et donne naissance à du carbonate de soude. La quantité de ces deux sels est si grande dans la vaste plaine, jadis cultivée et maintenant aride, qui est au sud-est de Karnak, qu'elle est l'objet d'une exploitation de la part des *felláh* [1].

Le muriate de soude provient, au moins en partie, des montagnes voisines : son existence est un fait assez fréquent dans la partie calcaire des deux chaînes. En outre, c'est une propriété remarquable de l'atmosphère en Égypte, comme dans beaucoup d'autres parties de l'Afrique, d'être chargée de particules salines pendant

[1] *Voyez* le Mémoire sur les localités de l'Égypte qui renferment du natron.

une grande partie de l'année : aussi les terrains qui, comme celui des environs de Karnak, cessent d'être baignés par les inondations et d'être cultivés, se couvrent, au bout d'un certain temps, d'efflorescences de muriate de soude, et cela a lieu même dans les îles du Nil. Lorsque ce sel est mêlé de poussière calcaire, une portion se convertit en carbonate de soude, qui s'effleurit à la surface de la terre, ou grimpe sur les corps qui s'élèvent au-dessus; il augmente l'action destructive de l'atmosphère; il pénètre entre les grains des pierres pendant qu'il est encore humide, les écarte et les désagrége. Cette action est très-faible sur les grès quartzeux, à moins qu'ils n'aient un ciment calcaire un peu abondant, et que des alternatives d'humidité et de sécheresse ne la favorisent; mais, avec les siècles, elle devient une cause puissante de dégradation : il en est de même de la formation du nitrate calcaire dans certains endroits. Ces causes menacent aujourd'hui d'une entière destruction plusieurs des plus beaux édifices de Thèbes, et sans doute elles ont déjà produit cet effet sur plusieurs autres. Une nation amie des arts, qui posséderait l'Égypte, préviendrait cette destruction avec de bien légères réparations; mais rien n'est plus éloigné des idées de ses habitans actuels.

§. IV. *Esné*.

Le beau portique qui se voit à Esné, et qui renferme l'un des zodiaques découverts en Égypte, est d'un grès fin, très-homogène, bien consistant sans être dur : les surfaces de l'extérieur et de l'intérieur de ce monument sont absolument noires, tant il est enfumé; mais, dans ses cassures fraîches, la pierre est d'un gris clair.

§. V. *Temple du nord d'Esné.*

Un petit temple situé à trois kilomètres au nord d'Esné, dont la construction est bien plus négligée que celle du précédent, offre une autre variété de grès; par sa nuance d'un gris jaunâtre et la qualité de son grain, elle se rapproche de celle du tombeau d'Osymandyas. Ce temple, intéressant par son zodiaque et par son antiquité, plus grande peut-être que celle d'aucun autre édifice égyptien (ceux de Karnak exceptés), a aujourd'hui son sol presqu'au niveau de la plaine où il est construit, et inférieur au niveau des hautes eaux [1]. D'après l'exhaussement séculaire de la vallée, que j'ai estimé à six pouces ou six pouces et demi pour la haute Thébaïde, et d'après l'opinion très-probable que les Égyptiens élevaient, de leurs temps, au-dessus des hautes eaux, les plateaux factices sur lesquels ils asseyaient leurs constructions, d'une quantité égale à la hauteur des crues, c'est-à-dire à seize coudées du pays, dites *coudées belady* [2], il résulte que le sol s'est exhaussé de près de vingt-huit pieds depuis la construction de ce monument; ce qui porte son antiquité à plus de cinquante siècles. D'après les mêmes principes,

---

[1] A en juger par le niveau de ces monumens, comparé à celui du Nil.

[2] Ou coudées nilométriques de 360 au stade, ou de 21 pouc. 4 lig.

le temple d'Esné serait postérieur à celui-ci de quelques siècles.

La règle que je suppose avoir été suivie par les Égyptiens, d'élever le sol de leurs édifices à seize coudées au-dessus des plus hautes eaux, ou de trente-deux coudées au-dessus des plus basses, est le résultat de rapprochemens et de comparaisons qu'il serait trop long de rapporter : mais elle coïncide d'une manière remarquable avec les faits les plus concluans qui me soient connus ; et comme c'était précisément là le terme extrême que les Égyptiens admettaient pour l'élévation des crues, celui qu'ils avaient consacré pour la division de l'échelle nilométrique, c'est une raison de croire, d'après le génie particulier de ce peuple et son constant usage de tout ramener à des nombres communs, qu'on avait adopté ce terme précis, de préférence à tout autre terme voisin.

Si l'on admettait seulement que les monumens fussent élevés, lors de leur construction, d'une quantité constante au-dessus du niveau des hautes eaux, on arriverait au résultat que j'indique, par la seule considération de l'exhaussement du sol, en comparant le niveau actuel du temple de Denderah avec celui des temples d'Esné. Cette question, au surplus, sera résolue quelque jour avec certitude, lorsqu'on aura multiplié davantage les nivellemens du sol des anciens édifices, comparativement avec le niveau du fleuve, comme on l'a déjà fait pour quelques-uns [1]. C'est un

---

[1] On doit principalement à MM. Jollois et Devilliers les nivellemens faits dans cette vue.

genre d'observations qu'on ne peut trop signaler à l'attention des voyageurs qui visiteront l'Égypte : l'ancienneté relative des divers monumens qu'elles serviraient à établir, est peut-être ce qui reste de plus important à connaître dans ce pays pour les progrès de l'archéologie. Cet exhaussement progressif et régulier de la vallée forme un excellent chronomètre, en ce qu'il peut s'appliquer à tous les édifices anciens, et les mettre, pour ainsi dire, tous en rapport les uns avec les autres, d'où résulterait, avec le concours des autres données, des moyens pour déterminer leur ancienneté, et résoudre bien d'autres questions qui sont subordonnées à celle-là.

Il faut faire attention qu'il ne suffit pas, pour la parfaite exactitude, de constater l'élévation du sol d'un monument, relativement à la plaine voisine, parce que des circonstances locales modifient souvent le rapport de son élévation avec le niveau général de la vallée : il faut prendre pour terme de comparaison le Nil, en rapportant par le calcul tous les nivellemens à un état fixe et connu, soit le niveau moyen des basses eaux, soit celui des hautes eaux, par les raisons qui sont développées dans la seconde partie de cet ouvrage[1].

§. VI. *Emploi d'anciens matériaux.*

Malgré la grande antiquité du petit temple qui est au nord d'Esné, il est constant que l'on a employé dans

---

[1] Plusieurs autres voies peuvent conduire sans doute aussi à ce résultat, principalement l'examen des bas-reliefs astronomiques et des quatre zodiaques qui ont été dessinés; sujet qui ne peut manquer

sa construction des débris de monumens plus anciens et déjà renversés à cette époque. Comme on a voulu faire servir jusqu'aux plus petits morceaux, malgré la défectuosité de leurs formes, il en est résulté, dans l'appareil des pierres, des irrégularités singulières. Sans parler de l'obliquité des joints, les assises, au lieu d'offrir des lignes continues, forment une multitude de ressauts et de crochets; une même pierre assez petite en contient quelquefois plusieurs. Ce genre d'appareil se représente dans plusieurs autres édifices, mais nulle part avec autant d'irrégularités ni avec d'aussi petites pierres [1].

L'emploi de matériaux provenant d'édifices déjà détruits, qui se reconnaît également dans d'autres monumens d'une grande antiquité, semble bien reporter l'origine de la civilisation en Égypte à une époque extraordinairement reculée : mais on ne doit se livrer qu'avec circonspection aux conséquences qui semblent découler de ces faits. Quoique l'expérience alors moins grande des Égyptiens dans l'art de bâtir pût faire penser qu'ils n'avaient pas donné à ces premiers édifices la solidité de ceux qui existent aujourd'hui, ce n'est pas là toutefois la véritable cause de leur ruine : il est naturel de croire que, les architectes égyptiens ne connaissant pas bien, dans ces premiers temps, le phéno-

---

d'être traité avec une grande supériorité par M. Fourier. Mais ces moyens très-précieux ne s'appliquent qu'à un petit nombre de monumens : il est utile d'ailleurs qu'ils soient confirmés par des moyens d'une autre nature.

[1] Toutefois, ces irrégularités dans l'appareil des pierres se trouvent principalement dans des parties où elles ne pouvaient pas nuire d'une manière grave à la solidité de l'édifice.

mène de l'exhaussement progressif du sol de la vallée et des inondations, ou ne considérant les premiers effets qu'ils en avaient remarqués, que comme un événement accidentel et sans conséquence pour l'avenir, les temples n'étaient pas placés alors à une élévation aussi considérable que celle où ils ont été portés depuis; ce qui est d'ailleurs confirmé par l'histoire[1] : de sorte qu'au bout d'un petit nombre de siècles, leurs fondations se trouvaient atteintes par les eaux pendant les débordemens; ce qui en amenait la prompte destruction.

Je ne puis admettre que ces temples soient tombés de vétusté : car, comme ils étaient entretenus et soigneusement réparés par les prêtres qui les avaient fait construire et qui les habitaient, leur durée, sans une cause de destruction semblable, aurait été presque éternelle sous un pareil climat. Un espace de plus de cinq mille ans n'a pas suffi pour ruiner entièrement les monumens actuels, livrés à bien des dégradations qui n'auraient pas eu lieu sous la surveillance des prêtres. Pourrait-on raisonnablement supposer une existence seulement aussi longue à ceux dont ils renferment les débris ? C'est donc au peu d'élévation des terres factices où étaient placées anciennement les villes, qu'il faut attribuer la grande quantité d'édifices déjà renversés dans toutes les parties de la Thébaïde, à l'époque où l'on a construit ceux que nous voyons aujourd'hui. Le style des bas-reliefs, dans ces anciens débris, offre

---

[1] L'histoire rapporte, en effet, qu'un des Pharaons fit exhausser tous les plateaux factices sur lesquels on bâtissait les villes, afin que par là elles n'eussent plus à redouter les effets des inondations.

une conformité si parfaite avec celui des monumens actuels, qu'on les croirait du même temps, si l'on ne connaissait l'immutabilité des usages de l'Égypte.

§. VII. *Edfoû.*

Les pierres employées dans les magnifiques temples d'Edfoû [1] m'ont présenté trois variétés assez distinctes : l'une presque semblable à la variété grise de Selseleh ; une autre à grains très-fins, principalement employée dans l'intérieur et très-favorable à l'exécution des détails délicats de la sculpture : la troisième est de fort médiocre qualité ; le voisinage des carrières qui l'ont fournie, ou le désir d'employer d'anciens matériaux, pouvait seul la faire préférer. Sa couleur est le gris de cendre souvent pointillé de lamelles de mica et de petites taches brunes d'oxide de fer. Une petite quantité d'argile répandue dans ce grès a affaibli l'agrégation des grains de quartz qui le composent. Cette pierre est non-seulement tendre et facile à égrener, mais sujette à se déliter ; défaut d'autant plus facile à remarquer, que l'appareillage des pierres est assez négligé dans quelques parties de l'enceinte et des entre-colonnemens du grand temple [2] : la plus grande partie cependant est

---

[1] *Voyez* la Description des antiquités d'Edfoû, *A. D.*, *chap. V*.

[2] Ces pierres ne sont pas toujours posées dans le sens de leurs lits, et il est des assises où les joints naturels sont situés très obliquement ; circonstance que j'indique comme un écart de la méthode habituelle des Égyptiens, qui avaient en général l'attention de placer les pierres dans le sens de ces délits, et dans une position semblable à celle qu'elles occupaient dans les bancs de la carrière. Il est probable que cette exception tient à ce que ces matériaux sont employés pour la

construite avec des matériaux choisis et se trouve dans un bel état de conservation, notamment le portique, les chapitaux et toutes les corniches, où les pierres ne sont pas moins remarquables par leur intégrité que par leurs dimensions.

En général, si, dans les monumens égyptiens, quelques parties, surtout dans les pans de mur, sont négligées, soit pour le choix, soit pour le volume ou l'appareillage des pierres, en revanche toutes les parties essentielles, toutes celles qui devaient présenter des saillies et recevoir des sculptures d'un grand relief, ont été choisies avec le plus grand soin : aussi sont-elles bien conservées, et leurs dégradations proviennent moins des altérations naturelles de la pierre que des outrages des hommes.

§. VIII. *Ombos.*

Quant aux monumens d'Ombos, quoique très-voisins des carrières de Selseleh, leurs matériaux sont certainement tirés d'ailleurs, et sans doute des carrières qui sont un peu au sud sur la rive droite du Nil, où

seconde fois; qu'ils proviennent d'édifices plus anciens et dont les pierres ont été retaillées : économie peu digne d'un si bel édifice, mais qui se remarque dans beaucoup d'autres monumens. J'ai déjà cité le petit temple au nord d'Esné; j'y ajouterai le grand temple de l'île de Philœ et l'un des pylônes de Thèbes à Karnak. Dans l'intérieur de ce pylône, on voit des pierres couvertes de bas-reliefs incomplets et dans une position renversée. Un de ces bas-reliefs présentait des détails que je n'ai remarqués nulle part ailleurs : on y voit un âne, animal assez rare dans les bas-reliefs; il est occupé à boire; et dans le voisinage s'élèvent plusieurs palmiers *doum*, dont la représentation est également fort rare dans les édifices égyptiens.

l'on voit des couches d'un grès semblable. Il est, en général, fort dur, d'un tissu serré, cassant, un peu écailleux, et rebelle au ciseau; ce qui a pu contribuer à donner aux hiéroglyphes et aux petites figures leur caractère roide. Il est difficile à égrener; aussi les sculptures et les arêtes des pierres sont, en général, très-bien conservées : mais il paraît que les grands blocs renferment plus souvent que les autres de ces fissures intérieures qui en déterminent la rupture, soit qu'elles y existent naturellement, soit qu'elles s'y développent à la longue par l'action alternative de l'humidité des nuits et de la chaleur du jour [1].

Le genre de dégradation qu'a subi ce monument est conforme à cet exposé : des ruptures fréquentes dans les grandes masses, quelquefois des éclats détachés spontanément, mais presque partout de l'intégrité dans les détails délicats de la sculpture. Cette pierre, blanchâtre ou d'un gris clair dans les cassures récentes, offre aussi quelques tons rose avec un certain éclat qu'on ne remarque pas dans les autres variétés. Quant aux surfaces anciennes, leur teinte est fort inégalement altérée; quelque cause accidentelle les a noircies par places considérables, qui tranchent d'une manière singulière sur les autres parties du monument où la teinte blanche s'est parfaitement conservée : on croirait que ce monument a éprouvé l'action du feu [2]. Des traces

---

[1] Peut-être aussi cela tient-il à l'inégalité des grains de quartz, qui déterminerait ici un phénomène analogue à celui qui a lieu dans les blocs de brèche agatifère, et qui sera expliqué lorsqu'on traitera de cette brèche.

[2] Plusieurs personnes ont fait aussi cette conjecture; et ce qui l'appuie, c'est que, dans l'enceinte

semblables se voient aussi dans plusieurs autres édifices, notamment dans le petit temple de Contra-Lato, sur la rive droite du Nil, à l'opposite d'Esné : l'origine que nous leur attribuons s'accorderait assez avec les renseignemens de l'histoire. Sans parler des Perses qui mirent le feu à tous les temples, plusieurs incendies eurent lieu sous les Romains, lorsqu'ils châtièrent la rébellion des villes.

§. IX. *Éléphantine, Syène.*

Dans les monumens d'Éléphantine, dans les constructions hydrauliques élevées pour contenir le Nil, et dans les débris d'édifices égyptiens qu'on trouve à Syène, la pierre est d'un blanc un peu jaunâtre, d'un grain fin ; mais sa dureté est beaucoup inférieure à celle de la pierre d'Ombos. Les couches qui sont à l'orient de Syène et qui recouvrent le terrain primitif, présentent les mêmes caractères ; et comme elles renferment des vestiges d'exploitation, il est vraisemblable que c'est de là qu'ont été tirés les matériaux de ces monumens.

§. X. *Philæ.*

L'île de Philæ est couverte de grands édifices, qui, frappés d'une vive lumière, paraissent presque blancs, au milieu des montagnes sombres qui s'élèvent de tous les côtés ; le grès dont ils sont construits est, à la nuance près, tout-à-fait semblable au précédent, à l'exception du petit temple non achevé, qui offre une pierre analogue pour la dureté à celle d'Ombos, mais

en briques crues qui environnait les temples, quelques parties très-irrégulièrement disposées ont été cuites et colorées par l'action de la chaleur.

d'un grain plus fin et plus uni. Elle est de même difficile à égrener, et s'éclate aussi aisément[1]. C'est de toutes les variétés employées la plus susceptible de prendre un certain poli, ou du moins un aspect brillant.

Tout porte à croire que ces divers matériaux proviennent des carrières qui se trouvent dans la partie inférieure de la Nubie.

Comme en général la pierre des édifices de Philæ est d'une teinte très-claire, ces monumens, que leur situation a défendus contre diverses causes de dégradation, paraissent plus neufs que les autres, et l'on serait porté à les regarder comme étant d'une date moins ancienne. Il en est de même des monumens de la partie septentrionale de la Nubie, d'après divers témoignages; ils doivent en effet provenir des mêmes carrières, et, comme eux, avoir été moins exposés aussi aux dégradations que les édifices de la Thébaïde. On doit donc se tenir en garde contre ces apparences pour juger de leur ancienneté. C'est principalement du niveau actuel de ces monumens et de l'examen de leurs sculptures qu'on pourra obtenir quelques données sur leur âge, qu'il est intéressant de connaître.

§. XI. *Ancienneté des temples.*

C'est une très-grande question pour les antiquités de ces contrées, de savoir si l'origine des institutions

---

[1] L'appareil des pierres y est extrêmement soigné, et les joints sont exécutés avec la plus grande précision : cependant beaucoup de petits éclats se sont détachés des pierres, probablement par suite de l'influence météorique, qui produit plus particulièrement cet effet singulier sur les grès durs.

orientales appartient à l'Égypte même ou à l'Éthiopie. J'ai déjà émis l'opinion, que l'Égypte a reçu ses premières institutions de l'Éthiopie[1]; et je crois pouvoir établir sur des preuves positives que c'est vers Axum, entre le 12e et le 15e degré de latitude boréale, que les institutions de l'Orient ont pris naissance, notamment la division de l'année en trois saisons, qui subsiste encore aujourd'hui en Égypte, et qui est une des bases principales des institutions primitives de l'Orient. Je ne prétends pas nier, pour cela, que plusieurs branches des premières institutions n'aient été développées ou modifiées en Égypte; la différence des climats, plusieurs phénomènes importans de l'état physique du pays, et le progrès naturel des connaissances, en faisaient même une obligation, et il y a des institutions secondaires qui n'ont pu être établies que sur des points inférieurs du cours du Nil, principalement à Méroé, à Philæ ou Éléphantine, et surtout à Thèbes.

Cette digression, à l'occasion d'une variété de grès, peut paraître singulière : mais, dans l'Égypte ancienne, tous les genres d'observations se trouvent liés; les faits les plus insignifians en apparence ont quelquefois des conséquences pour des questions d'un grand intérêt. Il est donc utile de remarquer que cet aspect particulier, cet air de jeunesse, si l'on peut s'exprimer ainsi, des édifices de Philæ et de la Nubie, tient pour beaucoup à la nature de leurs matériaux et à des circonstances qui ont favorisé leur conservation, afin de prévenir des

---

[1] 1re partie, chap. III, §. III, et IIe partie, chap. VI, §. II.

déductions trop précipitées sur leur âge, relativement à ceux de la Thébaïde.

Le grand temple de Philæ est bâti en partie avec des matériaux d'anciens édifices; et loin que cette circonstance soit un préjugé contre son antiquité, elle prouve plutôt en sa faveur : car, en général, c'est dans les édifices les plus vieux qu'on voit ces sortes de matériaux. Je n'en ai pas vu et je ne sache pas qu'on en ait vu dans aucun des monumens des dernières époques du régime égyptien, tels que le petit temple non terminé de Philæ, les temples de Denderah, etc. Remarquez que c'est précisément le contraire qui aurait lieu, si les édifices détruits sous le gouvernement égyptien fussent tombés de vétusté; opinion que j'ai déjà combattue, et qui tendrait à reculer infiniment l'ancienneté de la civilisation. Mais, d'après le peu d'élévation de ces premiers édifices au-dessus du niveau des inondations, il est naturel que leur chute ait eu lieu de très-bonne heure et qu'elle ait été universelle dans un certain laps de temps. Ces accidens ne se sont plus renouvelés lorsqu'on eut pris le parti de porter le sol des édifices à un niveau très-élevé. Leur conservation était le but de cette mesure; il a été rempli, et dès-lors il ne s'est plus trouvé de matériaux anciens à employer dans les nouvelles constructions.

§. XII. *Denderah.*

Un fait qui peut surprendre, c'est que la pierre du temple de Denderah, l'un des plus admirables pour l'exécution des ornemens de sculpture, est précisément la plus grossière de toutes. Il s'y trouve bien aussi quelques variétés de grès fin; mais communément son grain est assez gros, inégal, et l'action de l'ongle suffit pour le désagréger. Sa teinte tout-à-fait jaune est due à un peu d'oxide de fer qui entre dans le ciment de la pierre, et qui, plus abondant, lui eût communiqué de la dureté. J'ai examiné ces faits avec d'autant plus d'attention, qu'il était naturel de croire que le tissu plus ou moins lâche, plus ou moins serré, des matériaux, devait influer beaucoup sur le fini des bas-reliefs : ces exceptions méritent d'être signalées.

En général, cette variété de grès paraît exempte des défauts qui ont accéléré la destruction de plusieurs édifices, surtout des veines et des fissures qui ont fait éclater ailleurs les grands blocs. Elle ne se décompose ni ne se délite point spontanément, comme il arrive à d'autres, soit que ces qualités tiennent à plus d'égalité dans la nature même de la pierre, ou à un choix mieux entendu dans les blocs employés.

Le temple de Denderah étant, suivant l'opinion unanime, un des derniers construits, on a pu profiter de la longue expérience acquise jusque-là; et c'est peut-être une preuve de cette expérience, de n'avoir pas craint d'employer dans un édifice d'une construction aussi soignée une pierre d'un tissu assez grossier. Sans doute on avait reconnu que la promptitude et la perfection même du travail dans l'exécution des bas-reliefs dépendaient moins de la finesse du grain de la pierre que de la manière dont elle se laissait entamer par le ciseau [1].

Le sol du grand temple de Denderah est élevé maintenant de 15 pieds au-dessus de la plaine, et il doit l'être de 12 ou 13 au-dessus des hautes eaux. En appliquant ici la règle des Égyptiens, d'élever le sol de 16 coudées (ou près de 28 pieds et demi) au-dessus du niveau des crues, il en résulte que ce niveau doit s'être exhaussé de 15 à 16 pieds depuis l'érection de ce monument, à raison de 6 pouces par siècle; ce qui indique pour cette époque une antiquité de trois mille à trois mille deux cents ans. Le temple de Denderah est donc postérieur de vingt siècles au moins à celui qui est au nord d'Esné. Comme on ne peut accorder aux édifices de Denderah une antiquité moindre de trois mille ans, on voit que le principe attribué aux Égyptiens, d'exhausser le sol des édifices jusqu'à 16 coudées au-dessus des crues, n'est point exagéré.

---

[1] Une dureté médiocre, une égale adhésion dans les grains, et une parfaite homogénéité dans toute l'étendue des blocs, en assurant à l'édifice une longue conservation, facilitaient en même temps le travail du sculpteur, parce qu'alors la pierre, au lieu de se lever par petits éclats sous le ciseau (comme cela doit arriver quand son grain est fin, sec et serré), se laisse, pour ainsi dire, couper à volonté; le travail se conduit plus rapidement, et les figures, dans leurs détails délicats, doivent présenter aussi plus de grâce et de liberté d'exécution.

§. XIII. *Considérations générales.*

Depuis Philæ jusqu'à Denderah, espace d'environ cinquante lieues qui renferme les plus importans édifices de l'ancienne Égypte et les mieux conservés, presque tous sont en grès. Encore bien que les montagnes calcaires règnent des deux côtés de la Thébaïde dans plus des trois-cinquièmes de cet intervalle, à peine y rencontre-t-on quelques ruines qui soient en pierre calcaire, et elles sont peu importantes. Cela seul prouve assez la préférence que les architectes égyptiens donnaient à ce grès sur toutes les belles et nombreuses variétés de calcaire que renfermait leur pays [1]. Quelque peu recommandable que semble cette matière au premier coup d'œil, elle leur a paru posséder des qualités précieuses pour la construction ; en effet, elle a merveilleusement secondé leur passion pour ces vastes et magnifiques monumens qu'ils consacraient à honorer les dieux, à éterniser leurs découvertes dans les sciences, ou à embellir le séjour de leurs princes.

Outre la facilité de son exploitation, le peu de distance de ses carrières au Nil, qui permettait de la transporter à peu de frais jusque dans les parties de l'Égypte les plus éloignées, on avait l'avantage d'y choisir à volonté, pour les plafonds des édifices et les architraves de leurs vastes portiques, les grands et pesans blocs indispensables dans l'architecture égyp-

---

[1] Il est vrai que quelques monumens en pierre calcaire ont pu être détruits par les Égyptiens modernes, qui sont dans l'usage d'exploiter ces édifices comme des carrières de pierre à chaux.

tienne, où les voûtes étaient inconnues. Mais ce qui avait dû principalement déterminer cette prédilection, était son extrême facilité à se couper au ciseau, sa docilité, si je puis employer ce terme, à céder dans tous les sens aux efforts de l'outil et à recevoir sur ses diverses faces les figures sans nombre, et avec divers reliefs, dont l'architecture égyptienne s'était imposé l'obligation de décorer toutes les parois de ses grands édifices.

L'étendue de ce travail est inconcevable. Un coup d'œil sur les planches qui représentent les grands monumens de Philæ, d'Edfoû, de Thèbes ou de Denderah, fera mieux juger de son immensité que tout ce que nous pourrions dire. On y verra non-seulement toutes les parois, mais les plafonds, les colonnes, les embrasures des fenêtres, et jusqu'aux murs d'enceinte, décorés dans toute leur étendue de légendes hiéroglyphiques et de bas-reliefs allégoriques d'une exécution aussi soignée que le permettait le style égyptien; et l'on peut dire, sans beaucoup d'exagération, qu'il n'existe peut-être pas dans les monumens anciens un seul bloc de grès qui ne soit recouvert de sculptures.

Par des moyens d'approximation, j'ai estimé que les seuls édifices en grès encore subsistans pouvaient présenter une surface totale d'environ un million et demi de mètres carrés, couverts de bas-reliefs, en y comprenant les colonnes, les pylônes, les murs d'enceinte, mais sans compter les monumens détruits dont on voit encore quelques vestiges, et ceux dont on peut soupçonner l'ancienne existence, qui formeraient peut-être un total aussi considérable, et sans comprendre la Nubie, où les monumens en grès ne sont guère inférieurs en nombre et en étendue à ceux de la Thébaïde.

Par une recherche analogue, j'ai estimé à plus d'un million de mètres cubes la solidité totale des monumens en grès encore subsistans. Ceux qui ont disparu ne doubleraient pas ce calcul, parce qu'une partie de leurs matériaux est entrée dans les édifices qui leur ont succédé. Si l'on tient compte ensuite des matériaux employés dans les fondations, dans le sol des édifices, dans les chaussées anciennes, dans les quais et les constructions hydrauliques, on peut juger par aperçu qu'il a dû sortir des anciennes carrières au moins trois à quatre millions de mètres cubes de grès taillé, pour les seules constructions dont on peut encore soupçonner l'existence dans la Thébaïde. Quelque considérable que soit cette quantité, elle n'équivaudrait pas encore à la moitié des matériaux qui existent dans les seules pyramides de Gyzeh, ou dans celles de Saqqârah.

Tout cela, je le répète, n'est que le résultat d'une supputation très-grossière, mais qui peut néanmoins donner quelque idée de l'étendue des travaux des Égyptiens sur cette seule matière, et faire mieux juger de quelle importance il était pour eux de construire avec une pierre commode à exploiter et à travailler [1]. Ces aperçus peuvent devenir utiles, relativement à d'autres questions.

---

[1] La même quantité de main-d'œuvre et de dépense employée à construire et à décorer les édifices en grès n'aurait pas suffi pour en terminer la moitié en pierre calcaire d'une dureté moyenne, le quart en marbre tel que celui de Carrare, et la vingtième partie en syénit.

CINQUIÈME PARTIE.

Des déserts situés à l'est du terrain de grès.

CHAPITRE PREMIER.

Description minéralogique du banc de syénit au nord et à l'est de Syène.

Il eût été utile de traverser en divers points la chaîne de grès pour reconnaître sa largeur, les montagnes qui l'encaissent et celles qui s'étendent à l'orient ; mais nous n'avons pu visiter que les vallées qui se trouvent à ses extrémités. Elles nous fourniront déjà sur ses déserts quelques notions ; nous exposerons ensuite celles que nous avons acquises par d'autres moyens.

Les montagnes au nord et au nord-est du terrain de grès sont entièrement calcaires [1] ; celles du sud-est, presque entièrement primitives. La roche dominante au sud, connue de toute antiquité sous le nom de *granit oriental* ou *syénit*, se lie vers l'orient avec les gneiss et les granits qui leur sont subordonnés, les schistes micacés, les phyllades [2], les roches d'eurite et de kératite

---

[1] *Voyez* la iv⁰ partie, ainsi que la description des diverses localités de l'Égypte qui renferment du natron, page 1ʳᵉ de ce volume.

[2] Je n'applique le nom de *phyllade* qu'aux roches à feuillets plans. *Voyez* planche 9, explication de la figure 2.

(ou *hornstein*), le feldspath compacte, lamelleux et grenatifère; plus loin succèdent les roches amphiboliques schisteuses, celles d'amphibole vert, les diabases, les roches de diallage, les mica-schistes; et encore plus à l'est, on trouve les serpentines, les stéatites, les roches talqueuses, la dolomie, la trémolite en masse : ces dernières se montrant à découvert dans des montagnes qui en sont entièrement formées, les autres recouvertes quelquefois par des couches plus ou moins épaisses de psammites, par des grès durs et compactes de diverses variétés, des poudingues quartzeux, des brèches siliceuses, etc. Une grande partie des roches que je viens d'indiquer, sont représentées dans les planches 1, 2, 3, 4 et 7 de minéralogie, et décrites dans les explications qui les accompagnent : elles seront plus tard le sujet de quelques observations; nous nous attacherons seulement dans ce chapitre à faire connaître celles qui ont des relations avec le banc de syénit, ou qui lui succèdent immédiatement [1].

§. I. *Variétés de syénit rose.*

En pénétrant dans les déserts au-dessous de Syène, par une petite vallée qui porte dans le pays le nom de *Senalgo*, on cesse bientôt d'apercevoir ce beau granit,

---

[1] On a vu déjà, dans la description des carrières de Syène, que le syénit est composé essentiellement de feldspath très-dominant, de mica et d'un peu de quartz (*voyez* pl. 1); qu'il admet quelquefois dans sa composition une petite quantité d'amphibole, et plus rarement encore quelques grenats. Ces grenats se trouvent en plus grande quantité dans les filons et les masses étrangères que le syénit renferme.

ou syénit rouge, qui constitue le sol de la rive droite du Nil; les collines où il se montre encore, l'offrent très-modifié dans sa composition, sa contexture et ses couleurs. Plusieurs variétés cependant méritent d'être distinguées par leur bel aspect, par leurs relations géognostiques et par l'emploi qu'en ont fait quelquefois les Égyptiens.

a. SYÉNIT ROSE TALQUEUX.

Le syénit talqueux joue un rôle assez remarquable dans la partie que nous décrivons, parce qu'il est, en quelque sorte, le passage de la formation granitique à la formation magnésienne, qui commence à se manifester vers l'est, et qui se montre parfaitement caractérisée à environ sept heures de marche à l'orient du Nil. On le trouve aussi dans quelques autres points du banc de syénit, mais moins prononcé. Au surplus, cette variété, qui paraît tenir ses caractères de l'advention d'une petite quantité de terre magnésienne, passe, par nuances insensibles, à la variété ordinaire. Il n'est pas rare, quand on examine les grands monolithes avec un peu d'attention, d'y remarquer la tendance du syénit commun au syénit talqueux.

La roche où ces caractères se manifestent le plus, et que nous décrivons ici comme variété particulière, diffère du syénit ordinaire par une quantité de mica plus considérable, par sa contexture sensiblement veinée, par l'absence presque totale des cristaux de quartz, par l'addition d'une matière stéatiteuse, qui se mêle au mica et donne à sa couleur noire habituelle une nuance verte assez intense. Quand elle s'introduit dans le feldspath, elle lui donne aussi un ton verdâtre et quelquefois bleuâtre ; mais le mélange de cette matière lui fait perdre sa contexture lamelleuse, et lui communique un aspect lisse et gras qui le rapproche un peu du jade[1]. Une des variétés du syénit talqueux est gravée planche 1, figure 2.

La même roche admet une quantité de mica et de matière talqueuse plus considérable ; et les cristaux de feldspath, moins grands, sont comme noyés au milieu de la partie verdâtre formée de talc et de mica. Cette variété a moins de consistance que la précédente, avec laquelle elle se lie d'ailleurs par des passages insensibles. On y remarque quelquefois de très-petits cristaux bruns de titane calcaréo-siliceux ; ses fissures offrent quelques traces d'épidote vert : matières qui se rencontrent aussi, mais plus rarement, dans plusieurs autres variétés.

b. SYÉNIT A CRISTAUX ENCADRÉS.

Cette variété est remarquable par les dimensions des cristaux de feldspath, qui ont jusqu'à deux pouces de longueur, et surtout par l'encadrement très-net et de couleur blanche qui règne alentour, tandis que l'intérieur est d'une belle couleur rose. Le quartz y est rare ;

---

[1] Toutefois, ce n'est que dans les petits cristaux que ce mélange se remarque : les grands cristaux restent très-purs ; leur couleur rouge est même plus intense que dans le syénit commun, et ils sont, en général, de forme plus allongée.

le mica, en petites lames noires, est sans mélange de matière stéatiteuse. Les intervalles des grands cristaux sont remplis par de petits cristaux de feldspath blanc, irrégulièrement disséminés [1].

Ce phénomène de cristallisation, dont on peut voir les circonstances dans la gravure que je viens de citer, mérite l'attention des naturalistes qui aiment à réfléchir sur les causes et le mode de formation des roches. On ne saurait, ce me semble, trop curieusement rassembler et comparer entre elles les particularités de cristallisation des roches [2] : c'est une des voies ouvertes pour remonter à leur origine. Par des observations précises et des raisonnemens exacts, on peut espérer, sur ce point comme sur tout autre, d'arriver à quelque résultat positif, mais non par des hypothèses gratuites, ni en raisonnant sur des analogies vagues ou imaginaires, telles que la précipitation des sels dans une dissolution aqueuse.

c. SYÉNIT PORPHYRIQUE.

Une troisième variété se distingue par son aspect porphyrique. Les cristaux de feldspath, moins grands que dans la précédente, n'excèdent guère un pouce. Ils sont rarement encadrés; mais les petites lames blanches et couleur de rose répandues dans les intervalles sont encore plus abondantes. Le mica noir ou brun est

---

[1] *Voyez* planche 1, figure 3.
[2] J'ai cherché, dans cet écrit, dans le choix des roches représentées et dans les explications qui les accompagnent, à diriger l'attention vers ce point, dont plusieurs circonstances m'ont conduit depuis long-temps à m'occuper.

aussi en lamelles, mais accumulées d'une manière plus inégale. On distingue quelques cristaux d'amphibole. Le ton général des masses a quelques chose de bleuâtre.

Cette variété, aussi bien que la précédente, ne forme pas des couches étendues, mais des rochers de peu de hauteur, qui saillent au milieu du sol, dans la vallée qui conduit à la montagne de Baram ; les bancs au sud-est de Syène, vers l'emplacement des grandes carrières anciennes, l'offrent en masses plus considérables, mais moins bien caractérisées : elle a été exploitée aussi par les anciens. Les fragmens d'un des obélisques brisés, que l'on voit dans l'île de Philæ, auprès du grand temple, se rapprochent de cette variété. Le seul morceau de sculpture que j'aie vu en syénit porphyrique bien caractérisé, est une petite statue de demi-grandeur naturelle, qui a été exposée quelque temps dans le musée de Paris, venant des musées d'Allemagne : elle représentait une figure d'Isis accroupie.

d. SYÉNIT ROSE ET JAUNE.

Le feldspath d'un rose pâle tourne par endroits à la couleur jaune; le mica, assez abondant, suit des lignes ondulées et parallèles : cette roche passe au gneiss. L'échantillon représenté planche 1, fig. 4, est traversé par une bande de feldspath lamelleux d'un beau rose; accident qui se rencontre aussi dans d'autres variétés. Cette matière a été employée dans la sculpture. M. Wad la cite sous les n°[s]. 179 et 382 du *Cabinet Borghèse* [1].

---

[1] Wad. 179 et 382. *In eodem apparet vena feldspathi rubri.*

Ces quatre roches sont, sous plusieurs rapports, les plus intéressantes de celles qui terminent, au nord et à l'est, le terrain de syénit rouge qui a fourni tant de monumens aux anciens Égyptiens. On peut voir, pour les autres variétés, la description des carrières de Syène et les explications des planches 1, 2 et 3.

Un peu plus vers l'est, se trouve un véritable granit rouge, c'est-à-dire tout-à-fait dénué d'amphibole. Le feldspath y est en cristaux plus petits que dans la roche de Syène, le mica en lames grises et moins abondantes; il contient beaucoup plus de quartz. Ce granit se désagrège aisément : aussi n'a-t-il été employé dans aucun monument ancien. Les collines assez étendues qui en sont formées vers l'orient, ne laissent voir nulle trace d'exploitation, si ce n'est dans un endroit où le rocher paraît avoir été entaillé pour élargir la route et rendre le passage plus praticable.

OBSERVATIONS.

Toutes les circonstances indiquées dans la description du syénit talqueux se retrouvent dans la protogyne ou granit du mont Blanc, à la couleur près des grands cristaux de feldspath. La matière talqueuse qui remplace le mica dans la protogyne, pénètre quelquefois le feldspath, et lui communique, comme dans la roche de Syène, une légère teinte verdâtre et un aspect un peu gras. La protogyne renferme aussi une petite quantité d'amphibole disséminée; elle a de même cette double tendance à la contexture porphyrique et à la contexture veinée ; ses relations avec les terrains talqueux et stéatiteux complètent l'analogie : mais, dans le mont Blanc, ces caractères appartiennent à toute la masse ; à Syène, ils sont l'apanage exclusif d'une variété peu abondante. Ce n'est qu'une altération causée par la présence d'un principe nouveau (la matière talqueuse) dans la roche commune ; altération qui se remarque surtout à la partie supérieure du banc, et dans l'extrémité qui se dirige vers un système de roches magnésiennes.

Ce syénit protogyne appartient donc à la dernière époque de la formation de la roche de Syène, qui elle-même, d'après sa composition et ses relations géognostiques, appartient à la dernière époque de la formation granitique. Ainsi, loin d'être la plus ancienne des roches granitiques connues, comme l'indiquerait le nom de *protogyne*, le granit talqueux en est au contraire une des plus récentes. Voilà ce qui est constant pour la localité de Syène. Des observateurs très-habiles, qui ont traité d'une manière spéciale de l'ancienneté des roches d'après leur gisement, MM. Brochant et de Buch, ont émis, comme résultat de leurs recherches, la même opinion touchant la protogyne même du mont Blanc ; et des observations faites ailleurs confirment encore cette règle, que les granits dans lesquels la matière talqueuse se mélange au mica ou le remplace, sont les moins anciennes des roches granitiques. Le nom de *protogyne* exprime donc une idée inexacte ; il formerait ici un contre-sens ; et, encore bien qu'il soit très-utile de distinguer le granit talqueux du granit ordinaire, qu'on ne saurait trop isoler, il convient, ce me semble, de rectifier cette dénomination [1].

Le syénit talqueux, souvent employé dans les monumens anciens, n'est ni moins beau ni moins solide que la variété commune, et n'en diffère, quant à l'aspect, que par sa disposition veinée assez prononcée et par une teinte verdâtre mêlée à celle des grands cristaux rouges de feldspath. On trouve de cette matière un grand nombre de fûts de colonne d'un travail grec ou romain.

Malgré leur beauté, les variétés porphyrique et encadrée ne pourraient que faire un assez mauvais effet, employées en statues de petite proportion. Elles conviennent peu en général pour de petits objets : la bigarrure que forment ces grandes taches, la régularité même des grands cristaux encadrés, leurs formes trop symétriques, toutes curieuses qu'elles sont pour les naturalistes, ne sont pas aussi propres à satisfaire le goût des artistes, comme on peut en juger par la petite statue citée plus haut : aussi les Égyptiens, sensibles à ces convenances, comme l'attestent tous leurs monumens, n'ont que rarement employé ces matières à faire des statues.

Ils ont manifesté le même goût dans d'autres circonstances. Ainsi, quelque remarquable que soit la brèche de Qoçeyr par la richesse et par la variété de ses couleurs, ils ne l'ont guère employée qu'en grandes masses, et pour des objets où cette diversité de nuances

---

[1] *Voyez* la Dissertation sur la nomenclature.

n'offrait rien de bizarre ¹. Ils ont même choisi presque toujours, à en juger par les fragmens qui existent dans les musées et les cabinets de minéralogie, les variétés les plus uniformes, où les fragmens de granit et de porphyre sont peu abondans ², et où l'on ne voit presque que des fragmens de roches homogènes, qui, malgré la grande diversité de leurs nuances vertes, forment un fond agréable à l'œil.

§. II. *Syénit gris.*

Après le granit rouge oriental, le syénit gris est la plus abondante de toutes les matières dures sur lesquelles s'est si laborieusement exercée l'industrie ancienne. Il se montre ici, comme dans la partie méridionale, enclavé quelquefois dans le banc de syénit rouge, et plus souvent formant des mamelons et des rochers distincts ³. On en distingue plusieurs sortes, que nous décrirons avec quelque détail.

---

¹ Parmi un grand nombre de monumens égyptiens, on ne cite, à ma connaissance, qu'une seule statue en brèche universelle ; et le choix du sujet, qui n'est point une divinité égyptienne, est heureux pour l'emploi de cette matière : il confirme plutôt qu'il ne contredit ce sentiment de convenance qui guidait les artistes égyptiens. Cette statue, qui est à la ville Albane, représente un roi étranger captif en Égypte.

² Le grand sarcophage de la mosquée des *Mille colonnes* à Alexandrie, qui est maintenant dans le musée de Londres, peut être cité comme exemple. C'est assurément, quant au choix, l'un des plus beaux monumens qui restent de l'antiquité.

³ Comme il est parlé de ces roches dans la Description de Syène et des cataractes, je décrirai seulement les variétés principales du nord et de l'est de Syène, en indiquant leurs légères différences de celles de la partie méridionale.

a. SYÉNIT GRIS COMMUN.

La variété appelée par les Italiens *granito bigio* se trouve dans cette localité. Elle est analogue à celle qui est figurée planche 3, n°. 1ᵉʳ, et qui se trouve en abondance aux environs de la cataracte : ses élémens sont de moyenne grosseur; le feldspath blanc est toujours la substance dominante; le mica noirâtre, gris de fumée ou jaunâtre, s'y voit, tantôt répandu d'une manière uniforme, tantôt suivant des lignes ondulées; le quartz varie de proportion, sans y être jamais abondant, et s'y montre plutôt en grains informes qu'en cristaux réguliers. La teinte générale des masses est un peu plus foncée que celle de la variété commune, dont les Grecs et les Romains ont fabriqué une si grande quantité de fûts de colonne. On y voit aussi, mais moins fréquemment, ces grandes taches sombres et irrégulières formées par l'accumulation des lames de mica.

b. SYÉNIT BLANC ET NOIR.

Une variété analogue à la précédente est d'une teinte encore plus sombre. Le mica, plus constamment noir, y est plus abondant; les cristaux blancs de feldspath sont plus inégaux, et l'amphibole, en petits cristaux rares et lamelleux, s'y distingue avec difficulté du mica. De petites masses d'apparence spathique, d'un noir foncé et terne, pourraient être prises, à leur aspect, pour de l'amphibole; mais, touchées avec une pointe d'acier, elles décèlent, par leur fragilité, leur poussière grise, ou le luisant des écailles qui s'en détachent, la nature du mica. Si l'on s'y trompe souvent sans le secours de cette épreuve, cela tient à ce que les lamelles de mica noir accumulées et qui se montrent sur la tranche, ne donnent aucun reflet; que, fracturées inégalement, elles semblent avoir la contexture spathique ou striée; et que, serrées entre les autres cristaux, elles apportent une certaine résistance à se rompre. En général, l'amphibole est moins abondant dans les roches travaillées par les Égyptiens qu'on ne le croit communément.

Les anciens qui ont exploité cette variété, en ont fabriqué des sarcophages, des sphinx, des monolithes de diverses dimensions, et quelques statues colossales, dont on retrouve les débris à Thèbes et dans d'autres parties de l'Égypte. Le poignet d'un grand colosse, trouvé à Memphis et qu'on voit dans le musée de Londres, est à remarquer pour ses proportions. La statue dont il faisait partie était, sans contredit, un des plus grands monolithes fabriqués en syénit gris ou noir : on soupçonne que c'était la statue de la divinité adorée dans le temple de Vulcain.

Selon les écrivains anciens, ce temple était situé au milieu d'un petit lac que l'on retrouve encore dans la partie nord de l'emplacement de Memphis, et au sein duquel sont entassés des blocs considérables de syénit ornés de bas-reliefs. Les Grecs, qui ont transporté aux divinités égyptiennes les noms de celles qu'ils adoraient et qu'ils regardaient comme ayant une même origine, ont consacré à Vulcain un temple où était précédemment honorée une divinité égyptienne, peut-être Sérapis[1]. Si je hasarde cette conjecture, c'est qu'elle peut diriger vers un objet intéressant les recherches des antiquaires qui exploreront par la suite le sol de l'Égypte. Lorsque je visitai l'emplacement de Memphis, ces débris, les seuls de quelque importance qu'on aperçoive dans l'immense plaine de décombres où fut cette grande cité, attirèrent mon attention. Il me semblait que cette position était convenable aussi pour le nilomètre de cette ville : c'était d'ailleurs la coutume des Égyptiens de placer leurs nilomètres dans les dépendances de leurs temples; et la consécration de celui-ci à Sérapis, divinité qui présidait au mesurage des crues du Nil, appuierait cette conjecture. Si des recherches faites dans cette vue venaient à faire découvrir ce monument, il fournirait des données nouvelles pour vérifier les déterminations des mesures égyptiennes employées dans cette localité, et celles de l'exhaussement du sol de l'Égypte; deux points d'un grand intérêt pour l'archéologie.

c. SYÉNIT BLANC ET NOIR PORPHYRIQUE.

Cette troisième variété, intéressante aussi par son usage dans les arts, diffère de la précédente par la

---

[1] On sait que certaines couleurs étaient affectées à certaines divinités : ainsi le blanc était la couleur d'Osiris; le bleu, et principalement le vert, étaient celles de Sérapis : mais, à défaut de matières de cette dernière couleur, dont il n'était pas facile de se procurer des masses propres à faire des statues colossales, le gris mêlé de noir, tel que

grandeur de certains cristaux hémitropes de feldspath blanc, qui, dispersés, lui donnent l'aspect irrégulièrement porphyrique. Le quartz, disséminé en petits grains irréguliers, n'y forme pas la vingtième partie de la masse; le mica en lames et en petites écailles noires et grises, beaucoup plus abondant, produit sa tendance à la contexture veinée.

Outre ses usages dans la statuaire, elle a été quelquefois employée dans les constructions. A Thèbes, elle forme le revêtement intérieur d'une partie du palais de Medynet-abou. On peut voir un échantillon de cette variété, planche 2, fig. 2. Une autre variété, employée aussi à Medynet-abou, est gravée planche 1, fig. 6, sous la dénomination de *syénit blanc et noir* : l'aspect porphyrique y est moins prononcé que dans la précédente.

Parmi les fragmens détachés de ce revêtement, quelques-uns sont singulièrement altérés. Ce n'est jamais par les faces polies que l'altération a commencé, mais par les faces brisées, et conséquemment les plus récentes. Elles ont pris un aspect terne et terreux, et offrent quelques légères efflorescences salines. Ces masses, remplies de fentes irrégulières, se divisent très-facilement, et la pression du doigt suffit souvent pour en isoler tous les élémens. Le seul indice d'altéra-

---

l'offrait la roche dont je parle, paraît l'avoir remplacée dans quelques circonstances.

D'après des recherches sur les rapports de la mythologie grecque avec la théogonie égyptienne, Sérapis est la divinité qui, indépendamment de ses autres attributions, m'a paru avoir des relations avec le Vulcain et le Pluton des Grecs. Mais ce point, je l'avoue, est un des plus obscurs.

tion que l'on aperçoive dans les surfaces polies, consiste en de petits vides formés aux places qu'occupaient les lames de mica; cette matière, plus tendre que les autres, semble avoir été usée par la poussière que les vents projettent. Quelque lente que soit cette action destructive, le grand nombre de siècles écoulés l'a rendue sensible.

d. GNEISS PORPHYRIQUE.

C'est la même roche, que sa contexture veinée, beaucoup plus prononcée, convertit en un véritable gneiss. Les grands cristaux de feldspath blanc y sont abondans, allongés dans le sens des feuillets, et très-inégalement répartis. On connaît un gneiss noir porphyrique, exploité aux environs de Rio-Janeiro, absolument semblable à celui-ci. La conformité est si grande, que les échantillons des deux roches ne sauraient être distingués, si ce n'est par de petits grenats transparens, d'un beau rouge, que contient le gneiss porphyrique du Brésil, tandis que celui de Syène renferme seulement de petits grenats bruns opaques et beaucoup plus rares.

e. SYENITELLE GRIS ET ROSE VEINÉ.

Ce qu'il y a de particulier dans cette roche, ce sont les bandes alternatives de nuances différentes. Dans quelques-unes, le feldspath en petites lames offre souvent un ton rose; le mica est le plus souvent gris, le quartz extrêmement rare. Je n'y ai jamais remarqué d'amphibole, non plus que dans la plupart des variétés de syénit gris; mais j'y ai vu quelquefois de très-petits cristaux de titane calcaréo-siliceux. L'épaisseur de ces bandes et l'ordre dans lequel elles alternent, varient de bien des manières. C'est plutôt comme accidens de contexture que comme variété constante que cette roche peut être considérée; mais, comme cet accident se répète, quoiqu'avec des aspects un peu différens, et qu'il forme un des passages du syénit au gneiss, il était bon de le signaler. (*Voyez* planche 2, fig. 3, f.) On trouve fréquemment aussi cette roche aux environs de la cataracte.

Considérations sur l'emploi des monolithes dans l'architecture.

Quoique le syénit gris et le syénit noir soient moins abondans au-dessous des cataractes que la variété de couleur rouge, qu'ils aient bien moins d'éclat et n'offrent pas des tons aussi agréables à l'œil, les Égyptiens en ont fait un grand usage dans leurs travaux [1]. Ce mélange de sculptures de différentes couleurs, employé avec discernement, pouvait produire des effets heureux dans l'architecture; mais sur ce point comme sur plusieurs autres, nous en sommes réduits aux conjectures.

Les ravages que tant de siècles, tant de conquérans, tant de générations barbares, ont exercés sur les monumens de l'Égypte, en ont fait disparaître des traits bien essentiels. On retrouve, à la vérité, les anciennes

---

[1] Les Grecs les ont imités en cela, du moins pour le syénit gris, à en juger par la multitude de colonnes de toute dimension qu'ils ont fabriquées et qui subsistent encore.

constructions, ou l'on en restaure les plans; mais les monolithes ont souvent disparu sans laisser de traces, ou bien leurs débris épars, enfouis, sont maintenant étrangers aux plans dont ils faisaient le plus bel ornement. On ne saurait donc juger aujourd'hui que bien imparfaitement de l'effet que les grands édifices devaient produire d'après le dessein primitif, et avec tous les accessoires dont ils étaient décorés, précédés, et, pour ainsi dire, annoncés au loin : cependant, malgré ces destructions, ce que l'on a retrouvé donne encore, sous ce rapport, la plus haute idée de l'état ancien.

Les grands monolithes égyptiens, tels que les obélisques, étaient tous en syénit rouge, de même que les colosses de la plus grande dimension; il y a à cela peu d'exceptions : mais en même temps beaucoup de statues de moindres proportions, beaucoup de groupes de figures, de sphinx et d'autres monumens emblématiques de formes et de dimensions diverses, en syénit gris et noir, sans parler des autres matières, concouraient à la décoration extérieure des temples et des palais des rois; subordonnés en quelque sorte aux précédens par leur volume, leur position, leurs teintes plus sombres, ils ne pouvaient manquer de varier heureusement la scène, et d'ajouter à la richesse comme à l'effet imposant de l'ensemble.

C'est sous ce rapport peut-être que l'art était le plus admirable en Égypte, et qu'il mérite le plus d'être médité de nos grands artistes. Aucun des peuples qui ont brillé dans l'architecture n'a connu, comme les Égyptiens, ce genre d'effets pittoresques, ces moyens de produire des impressions graves et profondes, par l'emploi de monolithes placés à l'extérieur des grands édifices, en harmonie avec leurs masses, leur caractère et leur destination. Cette nation laborieuse eut pour ce genre d'ornement une prédilection toute particulière : elle y a porté un luxe, une profusion, des efforts et une persévérance avec lesquels nul autre pouvoir humain n'était capable de rivaliser. Ce n'était pas seulement par les dimensions prodigieuses de ces monolithes qu'on n'a jamais pu égaler et dont quelques-uns ont près de cent pieds de hauteur, ce n'était pas seulement par la beauté et la solidité de la matière, par le travail immense et les sculptures précieuses dont elle était revêtue, c'était aussi par les idées historiques, religieuses ou astronomiques que retraçaient tous ces monumens symboliques, c'était encore par leur nombre, qui est inconcevable, que les Égyptiens produisaient les grandes impressions dont je parle et que de faibles restes suffisent à renouveler sur ceux qui les voient aujourd'hui.

On pourrait croire qu'il y a dans ceci quelque exagération ; mais un seul trait éloignera cette idée. Dans les dépendances du palais de Karnak, l'un des plus magnifiques édifices de Thèbes, les sphinx de dimensions colossales, emblèmes des crues du Nil, qui bordaient d'un double rang d'anciens canaux, ou formaient de longues allées devant ses grands portiques, étaient jadis au nombre de seize cents. C'étaient les moins importans des monolithes qui décoraient les approches de ce palais, et le moindre d'entre eux serait encore chez nous un monument remarquable.

Ces considérations pourront peut-être justifier les détails minutieux où nous entrons, en décrivant les matières employées par les Égyptiens. Tout arides qu'ils sont, on les pardonnera dans un sujet qui a des rapports aussi intimes avec ce qui nous reste de plus curieux de l'antiquité.

§. III. *Syénit noir*.

Les variétés de syénit noir sont très-abondantes dans les montagnes situées au-dessus de Syène, et elles y jouent un rôle important par leurs relations avec d'autres espèces de roches, principalement avec celles qu'on a appelées *basaltes égyptiens*; matières fréquemment employées dans la sculpture ancienne, et que beaucoup de naturalistes regardent encore aujourd'hui comme volcaniques. Nous examinerons particulièrement cette question en parlant des déserts situés au-dessus de Syène. Ce sont les roches de la partie du nord que nous décrivons maintenant; et nous nous bornons à l'indication des seules variétés que nous y avons remarquées.

a. SYÉNIT NOIR A PETITS GRAINS.

C'est le mica qui, réparti également dans toute la masse, lui donne sa couleur noire. Probablement l'amphibole s'y trouve mêlé en certaine quantité, mais tellement disséminé et enveloppé, qu'on ne le distingue que bien rarement. Le feldspath, en très-petits cristaux blancs ou grisâtres, est distribué aussi d'une manière très-égale. Le quartz s'y trouve en assez grande quantité, mais en très-petits grains ; et sa transparence, qui le fait paraître d'un gris obscur, contribue à la teinte sombre de la roche. Malgré l'abondance du mica, cette roche est fort compacte.

Dans certaines masses, les petits cristaux de feldspath ont une légère teinte rose. L'aspect de ces roches est assez variable ; il l'est encore davantage aux environs de la cataracte : l'échantillon gravé planche 2, fig. 5, vient de cette localité.

Ces montagnes sont stratifiées d'une manière bien plus distincte que toutes celles qui renferment les roches précédemment décrites. Elles pourraient être regardées dans leur ensemble comme des montagnes de gneiss : elles sont communément recouvertes par des couches de schistes très-micacés.

b. SYÉNIT NOIR PORPHYRIQUE.

Sur un fond à peu près semblable à la roche précédente, on voit épars de grands cristaux de feldspath blancs, et, dans certaines masses, de grands cristaux couleur de rose. Ces derniers sont rarement assez abondans pour donner à la roche l'aspect porphyrique : néanmoins, pour peu qu'ils soient multipliés, ces taches rose, au milieu d'un fond noir brillanté par les reflets des petits cristaux feldspathiques et des lames de mica, font un très-bel effet. Ces grands cristaux sont toujours maclés d'une manière très-visible : une ligne déliée les partage dans leur longueur et sépare les cristaux simples, que distinguent d'ailleurs les différens angles sous lesquels ils réfléchissent la lumière. Les angles aigus du rhombe qu'offre leur section, sont constamment tronqués par plusieurs facettes qui les font paraître arrondis. Cette circonstance est commune dans les grands cristaux de feldspath ; mais elle se remarque beaucoup mieux quand ils sont isolés sur un fond d'une couleur sombre.

Ces variétés ont été employées dans la sculpture par les Égyptiens : on en trouve différens monolithes, principalement des sarcophages.

c. SYÉNIT NOIR A FELDSPATH JAUNE.

Plusieurs variétés de couleurs noire et blanche, et d'autres de couleurs noire et rose, contiennent en assez grande quantité un feldspath très-lamelleux d'un jaune de cire : c'est un accident que l'on retrouve aussi ans les déserts au sud de Syène et dans les rochers qui bordent l'île de Philæ.

§. IV. *Observations sur la dénomination de* syénit.

Le syénit, ou le *marmor syeniten*, le *syenites lapis* des anciens, est, comme nous l'avons déjà indiqué dans la Description des carrières de Syène [1], cette même roche connue sous le nom de *granit rouge oriental,* dont sont formés les obélisques qu'on voit encore dans

[1] *Voyez* la Description des carrières de Syène, Appendice aux descriptions des monumens anciens, n°. 1.

cette contrée, et ceux que les Romains ont enlevés pour en décorer Rome et Constantinople. C'était aussi le *pyropœcilon* (pierre variée de couleur de feu), ainsi nommé à cause des taches rose et brillantes de feldspath dont il est tout parsemé; mais cette dernière dénomination n'a pu s'entendre que de la variété de couleur rose, tandis que celle de *syénit* a pu être appliquée aux variétés de toute couleur que fournit la même localité.

Une erreur grave s'est accréditée sur la composition de cette roche. Un minéralogiste qui a rendu à la science d'éminens services et fondé une école à jamais célèbre, M. Werner, a jugé indispensable d'établir quelque distinction entre les diverses roches granitiques, et de restituer au granit de Syène le nom que lui avaient donné les écrivains de l'antiquité, tels que Diodore de Sicile, Pline, etc.; en cela nous nous conformons à son opinion. Mais il regarde le syénit comme essentiellement composé de hornblende et de feldspath, et le range parmi ces roches d'apparence imparfaitement granitique, qui appartiennent aux dernières époques de la formation porphyrique : voilà ce qui n'est point exact. Quelque circonstance accidentelle a induit en erreur le savant professeur de Freyberg; c'est sans doute d'après l'examen de quelques échantillons provenant de monumens antiques de style égyptien et qui se trouvent en Italie ou en Allemagne, qu'il aura formé son opinion sur cette roche : mais il faut faire attention que les Romains ont fabriqué divers monumens de sculpture, à l'imitation du style égyptien,

avec des roches provenant d'autres contrées que l'Égypte ;
telle est notamment une assez belle roche de la montagne
de Falsberg, près de Mayence, où l'on remarque encore
des vestiges considérables d'exploitations anciennes. La
matière qui en a été extraite en grande abondance,
dont il existe en effet divers monumens de sculpture
dans les musées d'Italie et d'Allemagne, et des échantillons, sous la désignation de *granit antique*, dans les
collections de minéralogie des autres contrées de l'Europe, est uniquement formée, comme celle que décrit
M. Werner, de hornblende et de feldspath, tous deux
en grands cristaux. Elle est connue chez les Italiens
sous la dénomination de *granito antico, nero e bianco,
a macchie grande*. Elle a été regardée par les antiquaires et par les voyageurs qui ont écrit sur les monumens de Rome, comme provenant de l'Égypte :
c'est là, je crois, ce qui aura occasioné la méprise dont
nous parlons [1].

Cette roche, travaillée très-anciennement par les
Romains, est fort différente de toutes celles qui existent
à Syène, ou aux environs : d'après les échantillons qu'a
bien voulu me communiquer M. Faujas, qui en a retrouvé le gisement, elle paraît identique avec la roche
de Falsberg ; aussi M. Faujas avait déjà la persuasion
que les monumens antiques de granit noir amphibolique qu'on voit en Italie, venaient des anciennes exploi-

---

[1] Peut-être aussi sera-t-il tombé entre les mains de M. Werner quelques échantillons des roches de Syène, renfermant une certaine quantité de hornblende ; mais ces fragmens sont des accidens parti-culiers de ces roches, et ne peuvent être présentés comme les types de leur composition ordinaire.

tations romaines de Falsberg, et non pas de l'Égypte. Non-seulement cette espèce de roche est étrangère à la localité de Syène, mais elle appartient à un système de montagnes absolument différent de celui qui y règne. Les descriptions que nous donnons dans cet écrit, ainsi que la collection des roches de cette contrée qui sont gravées, suffisent pour en convaincre. On peut voir que les montagnes primitives de Syène appartiennent aux granits proprement dits, qu'elles se lient aux montagnes de gneiss, de schistes micacés et autres roches qui se rattachent au système granitique, tandis que la syénite de M. Werner appartient essentiellement à la formation porphyrique, se trouve mélangée avec les porphyriques, et leur est même souvent superposée.

Quelqu'évidente que soit cette opinion d'après les échantillons gravés provenant de Syène, nous pouvons encore l'appuyer d'autorités d'un grand poids dans cette question. Dolomieu et M. Cordier, qui ont eu occasion de voir au Kaire, à Alexandrie et dans toute la basse Égypte, une immense quantité de monumens en syénit de diverses variétés, ont très-bien reconnu que cette roche, par sa contexture et tous ses caractères, ne diffère pas du granit proprement dit, composé de feldspath, quartz et mica, si ce n'est quelquefois par une très-petite quantité d'amphibole qui ne peut être regardée comme essentielle. Beaucoup d'autres minéralogistes également distingués, qui suivent les principes de l'école de Werner, et dont l'autorité, par cela même, doit être décisive dans cette question,

MM. Brochant, de Humboldt, Daubuisson, etc., ont examiné dans mes collections la série des roches d Syène, et en ont pris la même opinion : ils ont reconnu que le granit oriental différait essentiellement de la syénite des Allemands, dans laquelle le quartz et le mica n'entrent que comme parties accidentelles, et qui, d'ailleurs, ne s'écarte pas moins de la roche de Syène par sa superposition fréquente aux porphyres et ses relations habituelles avec les roches de cette formation, que par sa composition. La méprise leur a paru manifeste. La roche de Syène n'est donc qu'une espèce, ou, si l'on veut, une variété particulière de roche granitique; et l'intention même de Werner, qu'il convient de considérer ici avant tout, n'était pas de séparer cette variété d'avec les roches granitiques, et de la confondre avec les roches essentiellement amphiboliques, qui appartiennent spécialement à la formation porphyrique, et même à ses derniers temps.

Cette méprise jette un nouvel embarras dans la nomenclature. Faut-il, à cause de cela, effacer la division déjà établie entre des roches si différentes, et tout confondre de nouveau sous le nom de *granit*? Faut-il donner sans distinction le nom de *syénit* à toutes les roches granitoïdes qui contiennent de l'amphibole, afin de les isoler du granit, qui resterait alors composé seulement de trois substances, feldspath, quartz et mica ? Ce parti aurait un avantage ; on saurait au moins alors ce que l'on doit entendre par le mot de *granit :* mais l'intention de Werner, qui était de distinguer par un nom particulier les roches granitoïdes de la formation porphyrique, ne serait remplie que bien imparfaitement.

Il me semble qu'il est un troisième parti qui concilie tout, sans s'écarter des vues de Werner : c'est de partager en deux la série des roches qui contiennent de la hornblende; de maintenir le nom de *syénit*, comme nom de sous-espèce, à tous les granits bien caractérisés, qui peuvent en contenir une quantité accidentelle, comme celui de Syène, qui sera toujours le type de cette sous-espèce; d'appliquer ensuite aux roches amphiboliques de la formation porphyrique le nom de *sinaïte*, dérivé d'une localité non moins intéressante que celle de Syène, qu'on sera toujours porté à rapprocher et à comparer avec elle, et qui, par-là, semble plus convenable que toute autre pour fournir le type de cette seconde sorte de roches amphiboliques. (Un grand nombre de roches des déserts du Sinaï sont gravées dans cet ouvrage et décrites avec beaucoup de détails.) Par ce moyen, les vues de l'illustre professeur de Freyberg se trouveront suivies, ses distinctions maintenues, ainsi que son principe de prendre les types des nouvelles classes dans des localités de tout temps célèbres, et de faire revivre des dénominations anciennes. Nous ne faisons donc que rendre plus précise l'application qu'il avait faite : on y trouvera l'avantage d'isoler complètement, comme il en avait le dessein, le granit proprement dit, composé de trois substances, qu'il est utile de distinguer de toutes les autres roches.

La terminaison du mot *syénit* étant la même que

celle du mot *granit*, deviendra en quelque sorte le signe de leur identité de contexture : ainsi le granit stéatiteux ou protogyne prendrait le nom de *stéanit*. Cette voie, une fois ouverte, pourra être suivie : elle fournira un moyen simple et commode pour dénommer les autres roches granitiques auxquelles ou jugerait utile, pour plus grande précision, d'appliquer une dénomination particulière; ce dont on reconnaîtra de plus en plus la nécessité à mesure que les observations se multiplieront.

Je me borne à ces réflexions. J'exposerai plus en détail, dans une dissertation particulière, les motifs et les avantages du parti que je propose.

CHAPITRE II.

Des roches qui avoisinent le syénit.

En s'enfonçant davantage vers le nord et vers le nord-est, au-delà de l'endroit où sont les tombeaux modernes de Syène, l'aspect des montagnes change tout-à-fait. Disposées le long des vallées et des gorges qui traversent ces déserts, on les aperçoit en chaînes continues assez régulières, offrant souvent des sommités élevées et très-découpées. La stratification, qui n'était point apparente ou qui était fort peu régulière dans le banc de syénit, devient ici très-marquée, et les couches fortement inclinées sont souvent feuilletées.

Quelques pointes de rocher qui se dégagent des graviers et s'élèvent au-dessus du sol de remplissage qui recouvre le sol ancien, offrent encore différentes variétés de syénit veiné et de gneiss porphyroïde. Je citerai la roche représentée planche 3, fig. 2, sous la dénomination de *syénitelle noir veiné*. Un de ces rochers m'a présenté quelques parties composées presque uniquement de feldspath grenu et d'amphibole. Tel est l'échantillon figuré planche 2, n°. 7. Le feldspath à petites lames blanches ou rosées en forme à peu près les quatre-cinquièmes, et l'amphibole en cristaux lamelleux d'un beau noir très-brillant forme la majeure partie du reste; le mica est rare, et à peine y discerne-t-on quelques cristaux de quartz. J'ai détaché de ce rocher quelques échantillons qui ont assez bien l'aspect de la syénite des Allemands; mais je n'ai plus rien retrouvé de semblable dans cette partie. C'est un accident de composition rare dans toute l'étendue du banc de syénit, ou du moins qui ne s'y présente que très-circonscrit et formant des espèces de nœuds au milieu des variétés de syénit; encore dans ces nœuds le mica se trouve toujours en abondance et semble la substance dominante, tandis que le feldspath y est disséminé en grains pour ainsi dire imperceptibles.

On voit régner ici les gneiss à petits grains et les gneiss porphyriques: les montagnes que l'on aperçoit plus au nord dans l'éloignement, annoncent par leur structure que ce genre de roches continue d'y dominer; ce que confirment les fragmens épars sur le sol. Nous avons retrouvé ces roches formant des collines assez étendues, mais moins élevées dans la partie du désert qui se prolonge vers l'est. Quelques-unes de leurs variétés se rapprochent beaucoup de celles qui sont gravées planche 3, fig. 5 et 8; mais ces dernières proviennent de l'intérieur de ces déserts, à environ six à sept heures de marche à l'orient de Syène.

Plusieurs de ces montagnes sont recouvertes de couches épaisses de schistes micacés, le plus souvent à feuillets minces, assez faciles à séparer; les couleurs grise et noire sont les plus communes. L'amphibole en petites aiguilles très-déliées entre aussi dans leur composition, ainsi qu'on le remarque dans les schistes qui forment des montagnes entières à l'orient de la cataracte. Les phyllades gris, à tissu grenu ou écailleux, et contenant à peu près les élémens du gneiss et du syénit, mais en grains presque imperceptibles, remplacent quelquefois les chistes micacés.

Les couches sont inclinées souvent de 50° à 60°; et vers le sommet des hautes montagnes, elles le sont davantage encore et approchent de la verticale. Leur direction n'offre rien de bien constant; seulement il m'a semblé qu'elle était à peu près la même dans les couches d'une même colline, et le plus souvent dirigée du sud au nord, c'est-à-dire parallèlement à l'axe de la chaîne et aux grandes vallées longitudinales.

Ces gneiss, ces schistes micacés, qui forment les plus hautes montagnes de cette localité, présentent un grand nombre de modifications produites par la proportion plus ou moins grande du mica, par ses couleurs noire, brune, grise, rougeâtre, dorée et quelquefois verdâtre, par la manière dont il y est distribué. Ils diffèrent aussi par l'épaisseur et la disposition de leurs feuillets, par la facilité à se diviser. Souvent ces feuillets sont droits et parallèles, quelquefois infléchis, rarement repliés ou très-contournés, du moins dans tout ce que j'ai pu voir. Toutes ces roches sont principalement feldspathiques ; le quartz ne s'y rencontre qu'en médiocre quantité : jamais il n'y remplace entièrement le feldspath, et il est rare qu'il fasse la partie dominante.

D'assez grands cristaux de feldspath enveloppés dans ces feuillets font prendre quelquefois au gneiss un aspect porphyrique. Certaines variétés renferment des grenats microscopiques ; dans d'autres, on remarque quelques endroits rougis par la matière du grenat très-disséminée. L'amphibole entre dans quelques-uns, et quelquefois même en très-grande abondance ; mais il manque dans le plus grand nombre. Comme aucune de ces roches n'a eu d'emploi dans les arts, je ne m'arrêterai pas plus long-temps à les décrire. Deux variétés de ces gneiss sont représentées planche 3, fig. 5 et fig. 8.

Les masses granitiques et les couches de gneiss sont coupées par plusieurs filons d'une espèce particulière de granit, souvent à cristaux plus grands et plus distincts que le granit ordinaire. Quelquefois le quartz, en partie cristallisé et en partie en masses informes, est presque uniquement associé avec le mica d'un blanc argentin, dont les lames en hexagones réguliers, larges d'environ un centimètre, et multipliées, forment des prismes courts hexaèdres. Le nom d'*hyalomicte*, employé par M. Brongniard, exprime très-bien sa composition, et doit, à tous égards, être préféré au nom allemand *graisen*.

Le quartz et le mica sont quelquefois accompagnés d'un peu de feldspath en grandes lames et de quelques substances accidentelles [1]. Le quartz formant aussi la principale substance se trouve associé quelquefois avec le feldspath en cristaux distincts. D'après l'analogie du nom précédent et la méthode que nous avons adoptée à l'égard des roches à contexture granitique, on pourrait désigner celle-ci par le nom d'*hyalonit*, qui indiquerait à-la-fois sa composition, sa contexture granitique, et la distinguerait suffisamment de la roche précédente [2].

Le feldspath forme aussi de petits filons dans les masses de syénit et dans les gneiss : il est quelquefois presque pur, blanc, ou rose, ou rouge de brique, ou de couleur fauve; d'autrefois accompagné de mica gris, brun ou argentin. Ces filons, larges d'un à trois pouces, se prolongent souvent sur une grande étendue très-uniformément. Les couleurs de ce feldspath, aussi bien que celles des cristaux de syénit rose et jaune, disparaissent promptement quand on les chauffe au chalumeau, et long-temps avant que la matière entre en

---

[1] *Voyez* planche 7, fig. 3.
[2] On ne pourrait objecter que, dans certains cas où le feldspath ou le mica se trouvera réuni au quartz à peu près en égale quantité, on sera embarrassé pour se décider sur le choix de ces deux noms; car alors la roche serait un vrai granit plus ou moins quartzeux, ou un xénit, si elle était reconnue pour une roche de filon. *Voy*. la description de la pl. 1re, fig. 8, relativement au mot *xénit*.

fusion : aussi donne-t-elle toujours un verre blanc, et dont la transparence n'est troublée que par une infinité de petites bulles microscopiques. On trouve quelquefois des grenats dans ces filons. Il est à remarquer que, dans tous ces déserts, les grenats des filons et même ceux des roches sont tous d'un rouge-brun, opaques et remplis de petites fissures. Je n'en ai pas vu un seul qui fût transparent. Ils agissent sur l'aiguille aimantée. Les plus gros ont moins d'un centimètre de diamètre. Quand les filons ont une certaine largeur, et surtout qu'ils contiennent des grenats, le mica se trouve ordinairement en lames argentines.

On voit aussi, mais plus rarement, les roches coupées par des filons de quartz. Ce qui attire surtout l'attention est un grand rocher de quartz isolé qui s'élève de vingt-cinq à trente pieds au-dessus du sol, sur une longueur à peu près double : il paraît le reste d'un ancien filon ; les roches qui l'encaissaient, moins dures et faciles à se désagréger, auront sans doute été détruites. Son élévation au-dessus du sol est un témoignage de l'ancien état de ce terrain, qui, par l'effet de quelque cause particulière, paraît avoir subi de grandes dégradations. Ce quartz est d'un blanc éblouissant, et l'on n'y découvre aucun mélange, aucun indice de matières étrangères. Il est situé à environ une demi-lieue au nord-nord-est de Syène. On l'avait indiqué à mon collègue M. Descostils et à moi comme un rocher calcaire : ce qui avait lieu de nous surprendre ; car dans toute cette contrée il n'existe rien de calcaire, si ce n'est à plusieurs lieues au sud-est de Syène, où se trouve enclavé un terrain calcaire fluviatile, entremêlé de sel marin [1].

Parmi les matières qui recouvrent quelquefois les roches primitives dans le nord de Syène, je ne parlerai ni du psammite à grains fins, ou grès monumental, qui constitue les montagnes voisines, ni des poudingues grossiers et des couches de kaolin et d'argile, déjà indiquées dans la partie précédente, ni des brèches siliceuses, qui feront l'objet d'un chapitre particulier : mais je dois mentionner, 1°. un grès quartzeux, dur, écailleux, tantôt d'un beau vert foncé, tantôt marbré de grandes taches d'un vert clair, qui s'unissent très-irrégulièrement avec de grandes parties blanches ou grisâtres ; ce grès est superposé au poudingue feldspathique dont j'ai parlé ; il a été exploité par les Égyptiens pour des monolithes d'un petit volume [2] ; 2°. un autre grès quartzeux à grains moyens, d'une couleur jaune de rouille, qui diffère des brèches siliceuses, non-seulement par sa contexture, mais aussi par l'absence des gros grains du quartz, des silex et des agates, qui abondent dans ces brèches. Les Égyptiens ont fabriqué avec cette matière, qui est d'une grande dureté, divers monumens, et principalement plusieurs statues colossales, dont on voit encore les débris dans l'île d'Éléphantine, à Thèbes sur la rive gauche, près du colosse de Memnon, et, sur la rive droite, parmi les monumens de Karnak, etc.

---

[1] Il existe aussi aux environs de la montagne de Baram, à huit lieues à l'est de Syène, des couches de calcaire primitif, principalement des couches abondantes de dolomie.

[2] Ce grès est représenté pl. 4, fig. 12.

J'ai trouvé aussi sur le sol d'une de ces vallées quelques fragmens d'un grès à petits grains rouge de sang, dont je fais mention, parce que cette matière a été travaillée par les anciens. Plusieurs échantillons semblables ont été recueillis parmi les ruines des monumens qui existent dans la Nubie, au-dessus de Philæ; l'un se trouvait parmi quelques objets d'antiquité rapportés par le général Belliard[1]. J'ignore le gisement précis de cette matière; mais je pense qu'elle doit exister au nord de Syène, et peut-être aussi dans les montagnes de la Nubie.

§. UNIQUE. *Des granits.*

Quelques roches granitiques sans amphibole se trouvent dans la même localité.

a. GRANIT BLANC.

Cette variété est principalement formée de feldspath blanc et de quartz transparent; il s'y joint un peu de mica jaune ou de mica argentin, et quelques grenats très-petits, de couleur brune. Nous ne l'avions d'abord vue qu'en fragmens roulés; mais nous l'avons retrouvée formant des collines entières à quelques lieues dans les déserts qui sont à l'est. Une roche de cette espèce, recueillie dans la route de Syène à la montagne de Baram, est représentée planche 7, fig. 1re.

[1] Un autre m'a été remis par M. Nectoux, membre de la Commission des sciences, qui a eu occasion de remonter dans la Nubie, à une journée de Syène, et qui m'a donné diverses roches recueillies dans ces lieux.

b. GRANIT QUARTZEUX.

Dans la partie la plus au nord, on remarque un granit d'un blanc sale, très-abondant en quartz et semé de paillettes rares de mica jaunâtre. Outre sa couleur peu agréable à l'œil, cette roche, quoiqu'assez dure et bien agrégée, renferme des fissures qui la rendent susceptible de se diviser, et ne permettent guère de l'employer dans la sculpture. L'intérieur de ces fissures est quelquefois tapissé de dendrites jaunâtres très-légèrement marquées.

Une autre roche analogue offre un feldspath rouge, des cristaux de quartz plus gros, très-réguliers, et presque pas de mica. Elle renferme aussi des fissures intérieures.

Dans une troisième variété, le feldspath est d'un jaune pâle, et les fissures sont garnies de dendrites plus marquées que dans la première. Aucune de ces trois roches ne renferme d'amphibole; mais il faut remarquer que ce sont des couches ou des masses subordonnées et encaissées dans les gneiss.

Nous avons indiqué déjà, à la suite des variétés de syénit rouge, un granit de même couleur, mais qui offre, outre l'absence de l'amphibole, des différences très-prononcées avec la roche de Syène. Nous aurions pu multiplier davantage ces indications; mais nous nous bornons à ce qu'il y a d'essentiel, pour faire connaître les relations géognostiques du banc de syénit dans sa partie septentrionale.

CHAPITRE III.

Aperçu sur la géographie physique des déserts à l'orient du Nil.

§. I. *Disposition générale du terrain.*

La chaîne arabique, élevée entre l'Égypte et la mer Rouge, forme une bande de terrains arides et montueux, qui descend depuis le tropique jusqu'au trentième degré de latitude, espace de cent soixante lieues de longueur, variable en largeur de vingt-cinq à cinquante lieues. La côte de la mer Rouge, droite et peu découpée, décline vers le nord-ouest; et le méridien qui passe par Héroopolis, à l'extrémité de ce grand golfe, vient passer à l'ouest de Syène, coupant diagonalement toute cette chaîne. Le Nil a une direction bien moins constante que la côte de la mer, et c'est ce qui produit les variations de largeur de la chaîne arabique. Depuis Syène jusqu'à l'extrémité du terrain de grès, vers laquelle sont situés les bourgs de Redesyeh, d'Edfoû, et l'ancienne *Elethyia*, il se dirige exactement vers le nord. De là un pli profond dans l'ouest le porte, par Esné et le Gibleyn, jusqu'à l'ancienne ville de *Tuphium;* il revient, en traversant Hermonthis et Thèbes, reprendre sa première direction, qu'il abandonne de nouveau après avoir dépassé les villes de Qous, de Coptos et de Qené, points où il est le plus rapproché de la mer. Alors il se dirige à l'ouest pendant plus de cinquante lieues, traversant Girgeh, Qâou el-Kebyr, Syout; il se courbe vers Antinoé, et décrit ainsi, à partir de Coptos, un arc de cent vingt lieues de développement, qui le ramène vers Memphis et le Kaire, à vingt-cinq lieues de la mer Rouge : distance presque égale à celle où il en était à Qené ou à Coptos. La flèche de cet arc, à partir d'Antinoé ou d'Achmouneyn, est aussi de vingt-cinq lieues; de sorte que la traversée de ces villes à la mer Rouge, vers le Ghâreb, aussi bien que celle de Syout et de Minyeh, serait double de celles du Kaire à Soueys ou de Qené au vieux Qoçeyr.

Si la flèche qui part d'Antinoé, et qui, prolongée d'une quantité égale, arrive au mont Ghâreb, sur la côte de la mer, on ajoute une troisième fois sa longueur, elle tombera au mont Sinaï; et ce centre de la presqu'île de l'Arabie pétrée est aussi le centre du cercle auquel appartient le grand arc que décrit le Nil : de sorte que les villes que nous venons de nommer, depuis Qous et Coptos jusqu'au Kaire, sont toutes à la même distance du mont Sinaï. Si l'on prolongeait davantage cet arc vers le nord, il rencontrerait l'ancienne Péluse, et au nord-est l'extrémité méridionale de la mer Morte. Je cite ce dernier point, parce qu'il complète le demi-cercle dont l'extrémité opposée porte sur Coptos, et qui a pour centre le mont Sinaï. Par ce moyen, on se représentera facilement tout le cours du Nil, depuis la cataracte jusqu'à Péluse, ainsi que la configuration des déserts qui sont à l'orient, et la situation respective des points principaux auxquels on peut rapporter tous les autres.

Quoique le nom de *chaîne arabique* appartienne plus spécialement à la ligne de montagnes qui borde la vallée du Nil, on l'applique aussi, par extension, à toute la bande de déserts montueux comprise entre le fleuve et la mer Rouge; elle n'a même pas d'autre nom dans son ensemble. On désigne ses différentes parties par le nom des vallées qui les traversent, ou des tribus d'Arabes qui les occupent. Dans l'antiquité, le nom de *Troglodytique* s'appliquait à la partie orientale de ce désert, depuis la vallée de Qoçeyr jusqu'au-delà du tropique. Les anciens Troglodytes, ou les peuplades ichthyophages dont parle Strabon, se sont maintenus jusqu'aujourd'hui le long de la côte, et ont conservé en partie les habitudes et la manière de vivre que les anciens écrivains attribuent aux peuplades ichthyophages de l'Afrique : on connaît fort peu cette tribu misérable, qui est sans relation avec l'Égypte. Elle est peu nombreuse et circonscrite par les *Abâbdeh*, avec lesquels elle a quelque alliance : elle est à leur égard à peu près ce que la peuplade ichthyophage des *Derarmeh*, dans l'Arabie pétrée, est à la tribu puissante des Arabes *Mahazeh*, qui la resserrent près de la pointe de la presqu'île. Tous les déserts au midi de la vallée de Qoçeyr sont habités aujourd'hui par deux races d'Arabes très-distinctes, qui forment deux tribus considérables, riches et puissantes. Les *Bicharyeh* habitent la côte vers le tropique, et s'étendent beaucoup au-delà, vers le sud; ils viennent faire quelque commerce à Syène, à Edfoû et à Esné. Les *Abâbdeh* occupent presque tout le reste de ces déserts : ils ont beaucoup de relations avec l'Égypte, dont ils occupent, sur la rive droite du Nil, deux bourgades importantes : Daraoueh, un peu au sud de l'ancienne Ombos; et Redesyeh, située presqu'en face d'Edfoû : l'importance de ces deux positions tient à ce que plusieurs grandes vallées qui traversent les déserts en différens sens, viennent y aboutir. C'est par l'entremise des *Abâbdeh,* et sous leur protection, que se fait tout le commerce de la Thébaïde avec la mer Rouge.

§. II. *Vallées transversales.*

L'intérieur de la chaîne arabique est partagé par des coupures ou vallées de différentes sortes. Les *vallées transversales* sont celles qui descendent perpendiculairement sur le Nil ou sur la mer Rouge : les plus grandes d'entre elles, ou *vallées principales,* remontent jusqu'à l'axe de la chaîne. Communément les vallées principales, situées sur les deux versans, se correspondent et s'unissent par leur extrémité supérieure, de manière à offrir pour les caravanes une communication continue et facile depuis l'Égypte jusqu'au golfe Arabique; l'on est dans l'usage de considérer chacune de ces grandes communications comme une seule et unique vallée : c'est dans ce sens que l'on dit, *la vallée* de *l'Égarement, la vallée des Chariots* ou *de Saint-Antoine, la vallée de Syout, la vallée de Qoçeyr, la vallée de Redesyeh;* car ces grandes traversées du Nil à la mer, comme nous le verrons plus en détail, sont formées par la réunion des deux vallées principales, qui, partant du même point de l'axe, se rendent l'une en Égypte, l'autre vers le golfe Arabique.

J'appelle *axe du désert* la ligne de partage des eaux, suivant laquelle s'unissent les deux versans de la chaîne; c'est ce qu'on appelle ailleurs *le faîte :* mais cette dernière expression pourrait donner lieu à une idée inexacte, en faisant penser que les sommités les plus élevées se trouvent sur cette ligne; ce qui n'est pas. Les points de rencontre de deux vallées sur l'axe de la chaîne sont de véritables cols. Ce sont ordinairement les parties les plus étroites, les plus sinueuses et le plus souvent bordées d'escarpemens.

§. III. *Vallées longitudinales.*

Indépendamment des vallées transversales qui coupent la chaîne de l'est à l'ouest, il en est d'autres qui la partagent du sud au nord, c'est-à-dire parallèlement à son axe. L'une d'elles règne à peu de distance de l'Égypte [1].

[1] C'est ce que j'ai reconnu en traversant ces déserts sur trois lignes différentes; c'est ce qu'on peut conclure des observations recueillies par plusieurs personnes et des renseignemens des Arabes *Abábdeh*, à qui ces vallées servent de route habituelle, par préférence à celles de l'Égypte, soit qu'ils veuillent dérober leur marche aux Égyptiens, soit parce que ces voies leur sont commodes et très-familières.

Derrière Syène, la première vallée longitudinale n'est distante de l'Égypte que de deux heures et demie de marche; sa largeur est considérable. Elle est bordée des deux côtés par des montagnes primitives, dont les sommités, disposées en amphithéâtre et qui ont une grande élévation, se développent dans l'éloignement, malgré leur nudité, d'une manière assez pittoresque. Son sol est très-uni. Plusieurs sentiers battus attestent qu'elle a été fréquemment pratiquée. C'est la voie ordinaire des Arabes de Daràoueh pour se rendre en Nubie; elle fait partie de la route qui conduit jusqu'à Sennâr en Abyssinie. Les gneiss, les schistes micacés, les kieselschiefers, les phyllades, règnent dans cette partie, et le sol abonde en fragmens de lydienne. Ces roches se prolongent très-loin en descendant vers le nord, comme l'indiquent les fragmens roulés que les torrens charrient jusqu'en Égypte par les grandes vallées transversales. Les roches d'eurite et de kératite y sont également communes.

Nous savons qu'à une journée de Daràoueh, dans l'intérieur du désert, se trouve un système de roches magnésiennes, comme celui qui existe vers la montagne de Baram. Les *Abâbdeh* y exploitent une pierre ollaire d'un vert-gris argentin, un peu plus compacte que celle qu'on tire des carrières de Baram; elle n'est pas tachée d'oxide de cuivre, comme l'est communément cette dernière. Ils en fabriquent des vases d'une forme très-grossière, qu'ils vendent dans les marchés de la Thébaïde. Parmi les fragmens provenant de cette localité, j'en ai vu qui étaient accompagnés de petits filets d'amiante; d'autres ont beaucoup de rapports avec la pierre ollaire travaillée par les Grecs et les Romains, et dont on faisait un très-grand usage de leur temps, à en juger par les débris trouvés dans les décombres des anciennes villes [1].

Les gens du pays assurent que cette grande coupure, qui fait partie de la route de Sennâr, se continue non-seulement jusque vers Darâoueh, ce qui est bien avéré, mais bien plus au nord et jusqu'à la vallée de Qoçeyr. Peut-être une autre vallée longitudinale qui passe derrière Redesyeh, se dirige vers le nord jusqu'au parallèle de Coptos : il en est une du moins qui traverse la vallée de Qoçeyr, aux puits de la Gytah. De là, en suivant de l'œil cette longue coupure, on la voit, conservant toujours sa grande largeur, se prolonger vers le sud; direction qui la porte en effet du côté de Redesyeh et dans le prolongement de la vallée qui passe derrière Darâoueh et fait partie de la route de la Nubie, dont nous avons parlé [2].

Ainsi, depuis la vallée de Qoçeyr jusqu'à la hauteur

---

[1] Cette dernière variété est pourtant un peu plus compacte que celle qui est exploitée par les *Abâbdeh*. Les anciens, qui travaillaient la pierre ollaire au tour, en faisaient des vases d'assez grande dimension d'environ deux lignes d'épaisseur : il se peut qu'elle provienne du même lieu. Il est naturel que les *Abâbdeh*, qui n'ont pas l'usage du tour, choisissent de préférence les variétés les plus tendres et les plus faciles à tailler. Les auteurs arabes parlent aussi de la pierre ollaire; l'usage a dû en être commun dans tous les temps et par toute la haute Égypte, où les vases vernissés ne sont pas en usage, et où l'on manque de vases imperméables.

[2] Comme ce désert n'avait été visité par aucun Européen, on a été réduit à des indications nécessairement un peu vagues. On porte cette route beaucoup trop à l'est, en la faisant passer presque au pied des collines de Baram; elle se trouve à peine au tiers de la distance du Nil à cet endroit.

de la cataracte, cette grande coupure se trouverait à peu près parallèle à l'axe de la chaîne arabique. Sa rencontre avec la vallée de Qoçeyr vers les puits de la Gytah est remarquable par l'étendue de la plaine qu'elle forme, et par l'immensité des graviers quartzeux et des collines de grès friables dont se compose tout le terrain des environs. C'est une chose si commune, dans certaines parties des déserts, que ces amas de matières quartzeuses, qu'on cesse bientôt d'y faire attention : cependant, quand on cherche comment elles ont été apportées et d'où elles peuvent provenir, on reconnaît là un des faits géologiques qui surprennent et embarrassent le plus.

Le grand pli que fait le Nil entre Coptos et *Elethyia* est occupé par un terrain calcaire; les montagnes qui, au sud de la Gytah, bordent la vallée longitudinale, sont également calcaires; plus à l'est et en approchant de l'axe de la chaîne, commencent les montagnes primitives et de transition. Nous avons fait connaître, dans la Description de la vallée de Qoçeyr, la nature de celles qu'on trouve suivant cette direction; les fragmens roulés qui arrivent dans cette vallée du côté du sud, indiquent que les roches magnésiennes, les serpentines dures, les stéatites, quelques roches granitiques, les gneiss, les phyllades, abondent dans ces déserts. Les vallons qui descendent de ce côté amènent aussi quelques fragmens d'actinote ou amphibole vert, de diallage couleur de bronze, et des nœuds de picrite enfermés dans un schiste magnésien.

Les déserts au nord-ouest de la vallée de Qoçeyr, ou,

pour mieux dire, des vallées de Qoçeyr (car il y en a trois ou quatre très-rapprochées et à peu près parallèles), sont très-arides jusqu'à la vallée de Syout. D'après tous les renseignemens que nous avons, le versant qui regarde l'Égypte paraît être principalement calcaire; mais les roches primitives et de transition règnent en s'approchant de l'axe de la chaîne. Parmi les fragmens roulés qu'amènent dans la vallée de Qoçeyr les gorges et les vallons qui coupent sa paroi septentrionale, les roches porphyriques sont les plus abondantes; et dans la partie la plus orientale, à environ trois lieues de la mer, nous avons vu quelques chaînes granitiques se diriger vers le nord. Les grands blocs qui ont roulé de leur sommet, montrent des granits à petits grains et à grains moyens, extrêmement quartzeux [1] mais dénués d'amphibole.

Les montagnes de calcaires grossiers, renfermant des couches de silex qui recouvrent les montagnes primitives à cette distance de la mer, se prolongent avec elles parallèlement à la côte, ainsi que les couches gypseuses qui enveloppent leur pied. Dans les embouchures des vallées qui se rendent en Égypte au nord de Qené, on trouve aussi les roches primitives en quantité dominante, comme on peut le voir par les gravures [2].

Nous exposerons dans les parties suivantes le peu de renseignemens positifs que l'on a sur la nature des

---

[2] *Voyez* la Description minéralogique de la vallée de Qoçeyr.
[1] Plusieurs de ces roches sont gravées dans la collection des dessins de minéralogie, pl. 8. *Voyez* la description de cette planche.

montagnes qui existent plus au nord. Nous avons seulement aperçu la chaîne qui borde la mer dans cette partie, mais à une distance de plusieurs lieues et de l'autre côté du golfe Arabique. A ses formes, à son aspect tout semblable à celui de la chaîne des montagnes de Tor, on pouvait déjà présumer qu'elles avaient beaucoup de rapport entre elles; mais, d'après les collections recueillies dans la vallée de Syout par M. Bert, officier d'artillerie, et qu'il a bien voulu me communiquer, il résulte que la partie orientale de ces déserts, c'est-à-dire tout le versant de la mer Rouge, est formée de montagnes analogues à celles que l'on trouve de l'autre côté du golfe Arabique. Les roches de cette dernière localité, qui sont gravées dans l'ouvrage[1], peuvent donner quelque idée de celles-ci. D'après l'analogie de forme et d'aspect des montagnes qui bordent la côte de la mer au nord et au sud du mont Ghâreb et du Gebel el-Zeyt, il y a tout lieu de penser que la même formation s'étend de part et d'autre à de très-grandes distances. A défaut de renseignemens précis, nous sommes forcés de donner quelque importance à de simples aperçus; mais on se rappellera que notre but est seulement de présenter une idée générale de ces déserts.

L'espace entre la vallée de Syout et celle de Qoçeyr est fréquenté par les Arabes *Beny-Ouâsel*, et passe pour le plus aride : aussi ces Arabes n'y séjournent pas constamment, du moins en grand nombre; mais ils le traversent de temps à autre, et arrivent sur divers points

[1] *Voyez* planches 12 et 13.

de la vallée de Qoçeyr, pour attaquer les convois escortés par les *Abâbdeh* [1] : ceux-ci, de leur côté, font des incursions jusqu'à la vallée de Syout. Cela suppose, dans la direction du sud au nord, des vallées longitudinales d'une grande étendue.

Ainsi, malgré certaines différences qu'offre la chaîne arabique, sous le rapport de la géographie physique, avec les autres chaînes de montagnes, cependant, à considérer l'ensemble des observations, des renseignemens et des inductions, on reconnaît que tout ce grand terrain désert n'est pas un amas confus de montagnes, entrecoupé au hasard par quelques gorges et quelques vallées, comme on serait porté à se le représenter d'abord, mais qu'il est partagé dans son intérieur par de grandes vallées longitudinales, qui le séparent en plusieurs chaînes parallèles. Cette disposition importante à constater pour la géographie physique n'est pas encore appuyée sur des observations immédiates assez nombreuses ; mais elle est reconnue déjà sur un certain nombre de points. Je consigne donc cette indication comme une chose qui doit être vérifiée plus complètement par les personnes qui visiteront ces lieux. L'expérience fait sentir combien il est utile que l'attention des voyageurs soit dirigée par des aperçus et des discussions qui fixent à l'avance les observations à faire, les incertitudes à dissiper. L'opinion que je viens d'é-

---

[1] Ces attaques sont fort rares, et le plus souvent sont une supercherie des Arabes qui conduisent les caravanes, pour en détourner à leur profit quelque partie, ou pour se donner de l'importance et se rendre indispensables.

mettre sur la disposition de ces montagnes en chaînes parallèles, a pour elle encore quelques raisons d'analogie, tirées de ce qui existe dans les déserts situés à l'orient du golfe de Soueys, qui, par leur nature, présentent des conformités remarquables avec ceux-ci. Depuis le Râz Mohammed, ou la pointe de la presqu'île de l'Arabie pétrée, jusqu'au mont Sinaï, et même jusqu'aux environs de Nasb, j'ai pu traverser tout le désert, tenant toujours la ligne centrale parmi les montagnes primitives et très-élevées qui couvrent cette contrée, et sans rencontrer, si ce n'est dans deux ou trois points, de pentes un peu pénibles. D'après les indications des Arabes, il existe aussi, tant sur le versant qui regarde l'Égypte, que sur celui qui est en face de l'Arabie déserte, d'autres vallées parallèles à celle que j'ai suivie.

On sent bien que dans tout ceci il n'est jamais question d'une régularité parfaite. Cette disposition est sujette, au contraire, à beaucoup d'exceptions, beaucoup d'écarts : ce sont uniquement des vues d'ensemble qu'on doit chercher ici. Nous avons déjà fait remarquer, dans le chapitre 1er, que les couches des montagnes les plus anciennes ont ordinairement leur direction parallèle à celle des vallées longitudinales. Sans nous livrer à aucune conjecture sur l'origine de ces grandes vallées, nous dirons seulement qu'on ne saurait la rapporter à l'action des eaux courantes, que la pente générale du terrain appelle au contraire vers l'ouest et suivant la direction des vallées transversales. Quant à ces dernières, quelle que soit leur origine, on reconnaît au moins que les courans les ont modifiées et ont concouru pour beaucoup à leur état actuel.

§. IV. *Disposition des montagnes vers la mer.*

Le versant qui laisse couler ses eaux vers la mer Rouge, présente une disposition analogue à celle du versant qui est tourné vers l'Égypte; de grandes vallées, dirigées du nord au sud, coupent, sous des angles presque droits, les vallées transversales qui descendent vers le golfe : mais les montagnes primitives sont beaucoup plus rapprochées de la mer que celles de l'ouest ne le sont de l'Égypte; elles ont aussi plus d'élévation; circonstances qui influent sur la topographie du désert, et qui contribuent à donner à la chaîne arabique un caractère différent de celui de la plupart des autres chaînes.

Ce rapprochement des montagnes primitives de la mer n'est pas un fait conjectural : nous l'avons observé sur une grande étendue de pays; d'abord à Qoçeyr, où nous avons fait [1], avec les *Abâbdeh*, quelques excursions le long des côtes. Là, et vers le sud, autant que la vue peut s'étendre, on aperçoit la chaîne primitive se prolongeant à une lieue de la côte, comme un grand rempart hérissé de pics aigus, bruns ou verdâtres, très-élevés. Autant qu'on peut se fier aux inductions tirées des formes et de l'aspect des montagnes, la même nature de terrain doit régner dans toute l'étendue que l'on aperçoit à plusieurs lieues vers le sud. Je n'ai sur

[1] Le général Belliard, MM. Denon, Girard et moi.

la hauteur de ces montagnes que des estimations faites à vue et par comparaison, mais qu'un peu d'habitude doit faire approcher de la vérité. J'ai évalué les sommités les plus élevées à six ou sept cents mètres au-dessus de la mer.

Aux environs de Qoçeyr, les montagnes sont formées de schistes et de phyllades primitifs et de transition, de kératite et de roches porphyriques, parmi lesquels on remarque aussi quelques roches granitiques. Au pied de la chaîne, et dans la partie voisine de la côte, se trouvent quelques terrains calcaires, des terrains gypseux et des poudingues quartzeux et calcaires, souvent mélangés de matières fort différentes et mal agglutinées. Ces terrains s'étendent en collines arrondies, bien plus basses que les montagnes primitives qui s'élèvent derrière. La ville et le fort de Qoçeyr sont bâtis sur un terrain calcaire, et l'on voit quelques mamelons de même nature aux environs. Les récifs qui bordent certaines portions du rivage, sont communément des bancs et des roches de madrépores[1]. C'est un fait assez frappant que la grande quantité de ces rochers de madrépores dans toute l'étendue des côtes de la mer Rouge. Les uns sont entièrement pétrifiés, et leurs cellules, remplies par des infiltrations de matière calcaire, se distinguent à peine; d'autres offrent les madrépores presqu'à leur état naturel. Quelquefois le même rocher

---

[1] La chaîne des montagnes primitives se prolonge vers le nord, et borde la mer d'assez près. Je l'ai aperçue, et j'en ai souvent dessiné les cimes dans un espace de près de cinquante lieues, mais à une grande distance de Soueys et de la rive opposée du golfe.

présente les deux cas réunis, comme on le remarque dans le promontoire qui couvre le port du Râs Mohammed, à l'extrémité de la péninsule de l'Arabie pétrée. On peut voir deux échantillons pris dans le même rocher, représentés dans la planche 15, fig. 7 et 8, et offrant ces deux états différens.

Quant à la partie méridionale et au-delà des points que j'ai pu reconnaître, les cartes modernes de la mer Rouge, les renseignemens récens et quelques indications des anciens, font penser que les montagnes primitives continuent de s'approcher assez près de la mer, non-seulement jusqu'au *Smaragdus mons* de Ptolémée, où se trouvaient les anciennes exploitations d'émeraudes, mais encore jusqu'à la hauteur de Syène, et probablement beaucoup plus loin.

Cette grande élévation des montagnes sur les côtes du golfe Arabique semble déroger à une loi assez générale de topographie, qui fait regarder le bassin des mers comme faisant partie des grandes déclivités qui partent des hautes chaînes des continens, et se continuent uniformément depuis leur pied jusqu'aux rivages, et même jusqu'au fond des mers. Cette règle, au surplus, souffre de nombreuses exceptions, et l'on sait que la plus grande partie des côtes orientales de l'Afrique rentre dans ce cas. Nous nous bornons donc à l'indication du fait, et nous laissons au lecteur à examiner quelles conséquences on peut en tirer relativement aux causes qui ont donné naissance au golfe Arabique.

§. V. *Routes qui traversent obliquement le désert.*

Il est encore, relativement à la direction des vallées, un point important à examiner. On sait que certaines voies qui ont été pratiquées dès les temps anciens et qui sont encore aujourd'hui suivies, traversent ces déserts très-obliquement depuis l'Égypte jusqu'à la mer Rouge, c'est-à-dire dans la direction du nord-ouest au sud-est. On pourrait croire que de grandes vallées bien régulières coupent le désert dans cette direction ; ce qui serait contre toutes les analogies et contre les règles ordinaires de la topographie : ce fait mérite d'être discuté. Les Égyptiens et les Arabes parlent, il est vrai, d'une grande vallée ouverte, dans la chaîne arabique, vis-à-vis de la ville d'Esné, passant derrière Redesyeh, à l'opposite d'Edfoû, et de là dirigée obliquement pour aller rencontrer la mer Rouge vers le tropique. Je ne prétends point nier la communication directe entre ces divers points ; elle est bien attestée, et elle est pratiquée aujourd'hui par les Arabes de Redesyeh : les événemens de la guerre contre Haçan-bey, l'un des anciens chefs réfugiés dans le Sa'yd, la confirment encore. Pressé par les troupes françaises, et retiré avec ses Mamlouks dans ces déserts, Haçan était parvenu jusqu'à une petite *oasis*, située vers le parallèle de Syène. Ce petit terrain fertile est dans la dépendance des Arabes *Bicharyeh* : il abonde, dit-on, en dattiers, en herbages ; et ce corps de Mamlouks, d'environ deux cents chevaux, trouva à y subsister pendant plus d'un mois. La question à décider n'est donc pas s'il existe une communication dans cette direction, mais si elle peut être considérée précisément comme une vallée; distinction qui pourrait paraître minutieuse ailleurs, mais qui est essentielle pour ce sujet.

Tous ceux qui ont fait quelqu'une des traversées de l'Égypte à la mer Rouge, savent qu'en s'éloignant du Nil on monte constamment, par une pente uniforme et presque insensible, jusque vers le milieu de l'espace à parcourir : s'il y a quelques pentes un peu roides, c'est vers cette partie centrale qu'elles se trouvent [1].

Malgré les irrégularités et les nombreux accidens du terrain, si, abstraction faite des matières d'origine récente, on considère seulement les montagnes anciennes et contemporaines qui encaissent ces vallées, on reconnaît que la grande largeur qu'elles ont à leur embouchure, va toujours diminuant à mesure que l'on avance vers la partie centrale. Les renflemens considérables, les plaines que l'on rencontre, sont produits par l'intersection des vallées qui les croisent; et une remarque essentielle, c'est que les plus vastes de ces plaines intérieures ont toujours lieu à la rencontre des grandes coupures perpendiculaires, ou dirigées du nord au sud : celles qui s'y jettent obliquement ont peu de largeur, n'y produisent pas de grands vides, et souvent elles s'y terminent, au lieu de les traverser comme les précédentes.

Vers la partie centrale, les montagnes anciennes (car

[1] Il en est de même dans la presqu'île de l'Arabie pétrée.

les collines de poudingues et de grès récens n'existent plus dans cette partie) se trouvent assez rapprochées l'une de l'autre ; elles présentent des deux côtés des faces escarpées, et il est ordinaire de trouver quelques défilés où plusieurs chameaux peuvent à peine passer de front.

En continuant de s'avancer vers l'est, les mêmes circonstances se représentent dans un ordre inverse ; on descend par une pente également douce et uniforme ; la vallée prend plus de largeur à mesure qu'elle approche vers la mer, offrant aussi divers renflemens formés par la rencontre des coupures longitudinales. Le lit des torrens, plus large, offre des galets plus multipliés ; les collines de cailloux roulés, les collines de poudingues et de grès récens, y deviennent aussi plus abondantes.

Les embouchures très-élargies des vallées principales forment des anses dans lesquelles la mer s'avance ; de sorte qu'une baie plus ou moins profonde répond à l'ouverture d'une vallée : cela se remarque de même sur la côte orientale de cette mer. Ainsi la baie de Corondel, la baie de Faran, les plus remarquables de cette côte, se trouvent à l'embouchure des grandes vallées de même nom. Du côté de l'Égypte, ces embouchures répondent aux coudes que fait le Nil vers l'est, et la plaine éprouve un renflement considérable dans cet endroit. Voilà ce qui a lieu presque toujours, soit qu'il y ait quelque relation d'origine entre toutes ces cavités, soit que la tendance des eaux à suivre la ligne de plus grande pente ait amené à la longue les choses à cet état.

D'après ces considérations, et sans qu'il soit nécessaire d'entrer dans de plus grands développemens, on jugera que l'existence de grandes vallées régulières qui couperaient obliquement tout ce désert, pour se rendre depuis Esné, ou depuis Edfoû, jusqu'aux bords de la mer sous le tropique, n'est pas un fait vraisemblable. Il est plus naturel de penser que cette communication s'opère en passant successivement des vallées transversales dans celles qui les coupent à angles droits, et que c'est d'une suite de rencontres de portions de vallées différentes que résulte une voie praticable et continue pour arriver depuis les environs d'Esné ou d'Edfoû jusqu'aux déserts des *Bicharyeh*.

La route ancienne, munie de stations, suivant laquelle on se rendait, par un voyage de douze jours dans le désert, de Coptos à Bérénice sous le tropique, avait lieu sans doute par une voie semblable, c'est-à-dire formée par le raccordement de diverses portions de vallées transversales et longitudinales. La partie de cette route que j'ai pu voir, l'indique déjà. Depuis Coptos jusqu'aux puits de la Gytah, que l'on croit une des stations de l'ancienne route de Bérénice, on suit une de ces vallées transversales dirigées de l'est à l'ouest. Nous avons vu plus haut qu'à la Gytah une immense coupure longitudinale la traverse dans la direction du nord au sud. Il est probable qu'à quelques heures de marche au sud de la Gytah, elle rencontre d'autres vallées transversales, par lesquelles se dirigeait la route de Bérénice. Le zèle éclairé des voyageurs qui explorent maintenant ces déserts, ne peut manquer de résoudre cette difficulté; et sans doute ils constateront l'existence de cette ancienne voie, où subsistent peut-être encore les *mansions* indiquées par Pline et figurées dans les Tables de Peutinger.

A l'époque où j'ai fait le voyage de Qoçeyr, les *Abâbdeh* parlèrent effectivement à M. Girard et à moi d'une route munie de puits et de constructions anciennes, qui se rendait à la mer Rouge, vers la hauteur de Syène. J'ajoutai alors peu de confiance à leur récit, où ils mêlaient plusieurs circonstances peu vraisemblables. La découverte que l'on fit peu de temps après d'une ancienne voie, avec des stations fortifiées, munies de puits, qui part de la Gytah et aboutit au port du vieux Qoçeyr; la reconnaissance déjà faite d'un grand port à deux journées au nord, qui est incontestablement le *Myos-hormos* des anciens, et, joint à cela, le silence des auteurs, qui ne parlent que d'une seule route garnie de puits et de stations fortifiées, me firent penser qu'il fallait s'en tenir aux renseignemens de Strabon, qui place du côté de la mer Rouge *Myos-hormos* et Bérénice, en opposition avec deux villes d'Égypte, *Coptos* et *Apollinopolis parva*, distantes seulement de quatre lieues l'une de l'autre [1]. Toutefois, un concours de renseignemens imposans place aussi une ville du nom de *Bérénice* sous le tropique, comme Syène; et plus on examine ce que les anciens nous ont laissé sur l'Égypte, plus on compare leurs indications avec l'état des lieux à mesure qu'ils sont mieux connus, et plus on est forcé de reconnaître leur exactitude. Mais un

---

[1] Mémoire sur la géographie comparée et l'ancien état des côtes de la mer Rouge, IIe partie, *A. M.*, tom. VI, pag. 331.

commerce aussi considérable que celui de l'Égypte avec l'Inde, sous les Grecs et surtout sous les Romains, n'a pu se faire entièrement par une route de douze journées au travers de déserts aussi arides : les objections que j'ai présentées à cet égard, subsistent donc toujours, et la principale question relative à ce sujet reste encore à décider [1]. Plusieurs villes sur la côte de la mer Rouge ont porté, dans l'antiquité, le nom de *Bérénice :* on en compte trois de ce nom. Il est constant que l'une d'elles, fréquentée pour la chasse des éléphans, était encore plus méridionale que la Bérénice du tropique; mais la troisième était située au nord, et il serait fort embarrassant d'assigner sa position. D'une autre part, il n'est pas permis de croire qu'une situation aussi opportune pour le commerce de Coptos que Qoçeyr, ou le vieux Qoçeyr, ait été complètement et constamment négligée dans l'antiquité. Reste donc à savoir quelle ville ancienne correspondait à cette importante position. Ces deux questions n'auraient-elles pas une même solution ? La troisième

---

[1] Sans doute la nécessité d'entretenir des communications suivies et régulières avec les mines d'émeraudes, où étaient employés un grand nombre d'ouvriers, et les grands établissemens qui avaient dû se former par suite de cela dans le voisinage, pouvaient faciliter les relations de l'Égypte avec la Bérénice du tropique; mais, quoi qu'il en soit, ces relations ont dû toujours être étroitement limitées par les difficultés, les fatigues, les dangers, la durée du trajet par terre, et l'énormité des dépenses; toutes choses qui croissent dans une proportion bien plus grande que la longueur des routes.

Les difficultés de toute espèce, trois fois moindres par la route de Coptos au vieux Qoçeyr, et de plus la route ancienne garnie de stations fortifiées, dirigée de Coptos sur ce port, seront toujours de puissans motifs pour penser que cette position du vieux Qoçeyr n'est pas restée inconnue ni négligée par le commerce ancien.

ville du nom de *Bérénice* et le vieux Qoçeyr ne seraient-ils pas la même chose ? Je me borne à ces indications, difficiles à bien éclaircir par les seules données des écrivains anciens[1]. Si je suis entré dans cette discussion, c'est moins pour rendre plus précise mon ancienne opinion relativement aux voies que suivait au travers des déserts le commerce des anciens, que parce qu'elle touche à un point de géographie physique important pour notre sujet actuel.

§. VI. *Observations sur l'intérieur de ces déserts.*

Nous avons déjà donné quelques notions sur la nature des déserts qui avoisinent le Nil depuis Syène jusqu'à la vallée de Qoçeyr : l'intérieur de cette contrée est fort peu connu ; mais, comme les montagnes primitives règnent à l'orient et vers le couchant de la chaîne arabique, jusqu'à la plus grande profondeur à laquelle on ait pénétré, il y a tout lieu de penser qu'elles occupent également la partie centrale. S'il y existe quelques espaces calcaires, comme en effet cela est déjà constaté pour une localité au sud-ouest de la montagne de Baram, ce ne doit être que des terrains de peu d'étendue,

---

[1] Je ferai observer que l'opinion que j'ai développée ailleurs avec de grands détails, n'exclut pas nécessairement la position d'une des trois villes de Bérénice sous le tropique ; et que cette ville, à laquelle se rapportent les renseignemens des astronomes anciens, tels qu'Ératosthène et Ptolémée, a pu faire aussi une partie du commerce de l'Inde et de l'Arabie sous les Grecs, et probablement pendant le temps qu'a duré l'exploitation des mines d'émeraudes. Mais je répète qu'il y a impossibilité qu'un commerce très-étendu, tel qu'on nous représente celui des anciens, se soit fait principalement par la route de Coptos au tropique.

des bassins enclavés au milieu du terrain primitif, lesquels seraient formés de calcaires très-récens, du moins à en juger par le petit terrain calcaire que je viens d'indiquer, dans lequel se trouvent des couches de sel gemme, exploité pour l'usage des habitans de Syène.

MINES D'ÉMERAUDES.

Les matières précieuses que les anciens ont connues dans ces déserts, et principalement les mines d'émeraudes et de béryls dont parlent Strabon, Pline, Ptolémée et d'autres auteurs, doivent avoir leur gîte dans des montagnes primitives. On voit aussi, par les écrivains arabes, que ces mines ont été exploitées jusque sous les khalifes, et même plus tard. Les *Abâbdeh* recueillent encore quelques-unes de ces pierres; j'ignore si c'est dans les anciennes exploitations ou dans les escarpemens des montagnes du voisinage : il se pourrait qu'elles provinssent des décombres des anciens puits. Ces Arabes m'en ont fait voir et m'en ont vendu quelques-unes à Qoçeyr; c'est l'émeraude primitive. Il s'en trouve d'une belle eau et d'un vert très-intense; mais le plus grand nombre de ces émeraudes sont remplies de glaces : une d'elles était adhérente à un morceau de gangue de nature talqueuse.

Un manuscrit arabe, de la Bibliothèque du roi (n°. 969), intitulé *des Pierres précieuses,* par Aboul-A'bbâs el-Teïsachi, renferme des détails assez précis sur les mines d'émeraudes. Elles étaient exploitées vers la côte de la mer Rouge, dit-il, et apportées à

Coptos : il s'en trouvait également au sud du parallèle d'Asouân (Syène), dans les déserts de la Nubie. La roche de la partie supérieure du terrain était, selon le rapport du chef des mineurs égyptiens, qui fournit ces documens à el-Teïsachi, une espèce de stéatite ou de talc noirâtre, semée, par endroits, de pyrites cuivreuses. Ce renseignement est d'autant plus vraisemblable, que le terrain magnésien des environs de Baram, qui doit avoir quelque analogie avec celui des mines d'émeraudes, contient aussi du cuivre en quantité notable. Suivant le même chef des mineurs, Ibn-Misr, on trouvait quelquefois, dans les mines, une matière humide, semblable à du vert-de-gris. La présence de ce métal rappelle la stéatite imprégnée d'oxide de cuivre, qui est si commune aussi dans les exploitations de Baram [1].

Il parle, en outre, de cristaux blancs et jaunâtres, qui semblent avoir été formés, selon lui, pour être émeraudes, mais qui étaient moins durs et qui étaient même fragiles : c'est de la pycnite très-probablement qu'il a voulu parler. Cette pierre offre effectivement ces deux couleurs, le blanc et le jaune, et se trouve dans des terrains analogues à ceux que je viens de citer. Son peu de dureté et sa fragilité ne conviennent pas moins que ses couleurs avec ce qu'en dit notre auteur. Sa forme assez ordinaire en prisme hexaèdre semble justifier aussi le rapprochement que fait de cette pierre avec l'émeraude le chef des mineurs. Les minéralogistes allemands regardent la pycnite comme une

[1] *Voyez* les explications de la planche 7.

variété de béryl tendre ou fragile. Elle s'en distingue cependant par sa composition, sa plus grande pesanteur et son infusibilité, qui la rapprochent de la topaze ; mais ces caractères n'étaient guère pris en considération par les Arabes, et l'on ne doit pas s'étonner, de leur part, d'un rapprochement qui a été fait également par une grande partie de nos meilleurs minéralogistes.

Ibn-Misr ajoutait : « C'est dans la roche située au-dessous de la précédente que se trouve le talc friable, ou mica, qui sert de gangue aux émeraudes. Elles sont souvent enveloppées d'un talc ou mica rouge pulvérulent et doux au toucher. Il en est d'autres que l'on tire en coupant la roche même. Les petites émeraudes se trouvent dans le sable que l'on crible. Vient ensuite la terre grossière, qu'on lave comme celle où se trouve l'argent, après avoir ramassé l'une après l'autre toutes les pierres qu'elle renferme.

« On trouve quelquefois du sable noir comme du kohil, et dont les grains sont fins comme la graine de moutarde, ou même un peu plus gros que celle de l'*arnieh*. » Nous ne saurions deviner quelle matière étaient ces petits grains noirs, à moins que ce ne fussent de petits cristaux de titane calcaréo-siliceux ; substance qui se rencontre quelquefois dans les roches des côtes méridionales de l'Arabie, comme je l'ai reconnu dans des fragmens apportés par les vaisseaux arabes.

Anciennement, suivant les auteurs arabes, on rencontrait dans la même mine, avec l'émeraude, le *zeberdjed*, qui est évidemment notre aigue-marine ou béryl : Strabon en fait aussi mention. Cette pierre se trouvait dans la mine en quantité bien moindre que l'émeraude[1]; et quoiqu'elle fût quelquefois d'un assez grand volume, elle était bien moins estimée que l'émeraude, surtout que la variété appelée *dabbâni*. Sa couleur variait du vert mélangé ou foncé au vert très-clair : la pierre présentait quelquefois une limpidité presque parfaite ; cette dernière était la plus estimée. L'écrivain arabe ajoute cette phrase assez remarquable relativement au rapprochement et à l'identité de nature de l'émeraude et du béryl, qu'on a été si long-temps sans soupçonner chez nous : « Le *zeberdjed* se forme comme le *zemroud* (l'émeraude), ainsi que nous l'avons dit : il était même destiné à être *zemroud*; mais le défaut de chaleur et de cuisson a mis obstacle à sa formation. » (C'est la théorie d'Aristote et des écrivains anciens, adoptée par les Arabes.) « Il est demeuré moins parfait, moins dur, sans couleur; enfin, il n'est que *zeberdjed*. »

Tous ces renseignemens des Arabes justifient pleinement ceux des écrivains grecs qui citent le béryl comme venant de l'Égypte, des mêmes localités que l'émeraude, et se trouvant dans les mêmes mines. L'existence de la pycnite dans ces montagnes semble aussi justifier leurs indications sur la topaze.

Abou-l-A'bbâs distingue plusieurs espèces d'émeraudes; mais il est douteux que toutes soient véritable-

---

[1] A l'époque où écrivait el-Teïsachi (l'an 640 de l'hégire), on ne rencontrait plus de *zeberdjed* dans les mines d'émeraudes; ceux qui étaient dans le commerce venaient des fouilles que des joailliers d'Alexandrie faisaient faire dans les décombres de l'ancienne ville, où l'on en trouvait une certaine quantité.

ment des émeraudes : la plus belle était le *dabbâni*, d'un beau vert foncé, et qui tirait son nom de la ressemblance de sa couleur avec celle des mouches cantharides [1]. L'auteur entre dans de grands détails sur les prix, les qualités et les usages de chaque espèce d'émeraude : nous en donnerons un extrait dans les chapitres suivans.

Il assure que les mines de Qous étaient si considérables, qu'il ne faudrait pas moins de dix jours pour les parcourir en entier. Quelqu'extraordinaire que paraisse l'étendue de pareils travaux, si l'on fait attention que cette exploitation remonte au temps des plus anciens rois d'Égypte; qu'elle a duré plusieurs milliers d'années; que l'on devait y entretenir un poste assez considérable d'ouvriers, ne fût-ce que pour leur sûreté, celle des travaux et des produits de l'exploitation; que, de plus, c'est l'Égypte qui avait fourni la plus grande partie des émeraudes en circulation avant la découverte des Indes-Occidentales; on concevra que ces travaux doivent en effet avoir été très-considérables. Les Indes-Orientales ne donnaient pas de véritables émeraudes, suivant Chardin et Tavernier, qui pouvaient en juger mieux que personne, et qui assurent avoir fait à ce sujet les plus exactes perquisitions. En effet, la pierre appelée par les joailliers *émeraude orientale* est d'une espèce très-différente : c'était la télésie verte de M. Haüy; c'est-à-dire, comme l'a prouvé depuis peu M. le comte de Bournon, une variété de corindon.

[1] *Debbán* ou *dabbán*, qui, en arabe, signifie *mouche*.

Les mines dont je viens de parler étaient anciennes à l'époque où écrivait el-Tcïsachi. Il ajoute que l'on en avait ouvert plusieurs autres, que l'on fouillait de son temps (l'an 640 de l'hégire), et qui portaient les noms de *Karchinda*, *Tekeyou*, *Ferea-Ghari;* que la plus grande de toutes était appelée *Ouâdy el-Byr;* qu'enfin il y en avait une que l'on nommait *Ouâdy el-Chât*, parce que l'on y avait découvert la statue d'un roi en cuivre.

D'après le même auteur, on trouvait quelquefois dans ces mines des émeraudes en prismes coudés ou articulés, qu'il appelle *émeraudes tortues;* ce qui semblerait convenir davantage à la variété appelée *béryl :* mais, à ce sujet, il fait expressément mention du *dabbâni*, ou émeraude couleur de cantharide.

Ces renseignemens fournis par les auteurs arabes, et principalement par Abou-l-A'bbâs Ahmed ebn Yousef ebn Mohammed Tcïsachi, paraissent assez précis, et, venant du chef des mineurs, chargé de la conduite de ces exploitations, ils méritent quelque confiance. On voit par-là que le terrain talqueux et micacé doit avoir une certaine étendue dans cette partie; terrain que nous avons déjà reconnu dans d'autres parties de ce désert fort éloignées tant au nord qu'à l'ouest et au sud-ouest; et il y a même quelque raison de penser qu'il règne jusque dans les îles qui avoisinent la côte de la mer Rouge, entre les parallèles de Syène et d'Esné, comme nous le dirons plus bas.

DE LA CONSTITUTION PHYSIQUE

ANCIENS VOLCANS.

Il est une conjecture assez plausible, que nous avons eu quelque temps l'espoir de pouvoir vérifier [1]; nous l'indiquons aux recherches des voyageurs qui nous suivront : c'est qu'il doit exister vers le parallèle de Syène, dans le voisinage de la mer, d'anciens volcans éteints. On pouvait déjà le penser d'après un passage très-précis de Pline, qui décrit l'émeraude et ses usages d'une manière fort exacte. Il y a de plus un fait très-positif qui confirme ces renseignemens, auxquels nous n'eussions osé nous arrêter sans cela. Les Arabes *Bi-charieh*, qui occupent les déserts situés le long de cette côte, et qui fréquentent les villes de la partie supérieure du Sa'yd, apportent, parmi divers objets de curiosité, des fragmens d'obsidienne. Lorsque nous les vîmes à Syène, ils nous dirent qu'ils les avaient recueillis près de la mer, et nous leur en achetâmes plusieurs morceaux pendant notre séjour à Syène, M. Descostils et moi.

L'existence d'anciens volcans sur cette côte est d'autant plus vraisemblable, qu'il existe, sur la côte opposée de l'Arabie heureuse, de vastes terrains volcaniques. Quoique Nieburhr, qui a visité cette contrée, ne le dise pas expressément, la description qu'il fait du sol, et de

---

[1] J'avais été chargé, à mon retour du mont Sinaï, par le général en chef Menou, de faire, avec le colonel du génie Thouzard, la reconnaissance de toute la côte occidentale de la mer Rouge, depuis Soueys jusqu'au tropique. Ce voyage allait s'exécuter, lorsque la descente des Anglais à Abouqyr fit abandonner tous les projets.

ses rochers basaltiformes, ne permet pas d'en douter; de plus, les vaisseaux qui partent de cette côte, et qui se rendent dans les ports de Qoçeyr, de Tor et de Soueys jettent sur le rivage, surtout à Soueys, où le commerce est plus actif, des quantités considérables de matières volcaniques très-variées et très-bien caractérisées, qui leur servaient de lest; même des fragmens de lave poreuse, dont les cavités sont tapissées de cristaux de mésotype et de stilbite. Ces vaisseaux portent quelquefois, au lieu d'ancres, de longs morceaux de lave, percés d'un trou au milieu pour y passer un câble. Les matelots arabes s'en servent pour s'accrocher le soir, dans quelque anse, aux bancs de madrépores dont est remplie cette mer, sur laquelle ils se hasardent rarement à naviguer pendant la nuit. J'ai trouvé également quelques fragmens volcaniques bien caractérisés sur le rivage du port de Râs Mohammed, à la pointe de l'Arabie pétrée, où les vaisseaux arabes se réfugient dans les mauvais temps. Ces fragmens ne peuvent avoir d'autre origine; car il n'existe aucune autre trace de matières volcaniques dans toute cette contrée.

On fait mention d'une mine de soufre dans le voisinage du tropique, vers les confins du pays habité par les *Bicharyeh* : mais ce fait, quoiqu'il ait souvent des rapports avec l'existence des volcans, peut cependant avoir lieu aussi dans des contrées où il n'en a jamais existé; les côtes de la mer Rouge nous en fournissent un exemple. Sur la rive orientale du golfe de Soueys, à trois heures au sud des sources thermales d'Hammam Fara'oun, j'ai rencontré aussi une mine de soufre dans un terrain calcaire dont les environs n'offrent aucun indice de volcanicité. Il se dégage seulement, des cavités où l'on trouve les cristaux de soufre, une forte chaleur.

§. VII. *Des golfes et des îles de la mer Rouge.*

La mer de Soueys, ou le *sinus Heroopolites,* n'a que deux golfes remarquables; ils sont situés vers ses extrémités : l'un, d'environ trois lieues d'ouverture, est à l'embouchure de la vallée de l'Égarement, entre les puits de Touârek et les restes d'anciennes constructions, où l'on croit que fut jadis la ville de *Clysma;* l'autre, vis-à-vis de la pointe de l'Arabie pétrée, d'une figure très-allongée et dirigée du sud au nord, est formé par une longue presqu'île, parallèle à la côte, et laissant entre elles un canal, ou plutôt un petit bras de mer fort étroit, de six à sept lieues de longueur.

Les montagnes de cette presqu'île m'ont paru les plus élevées de toute la côte depuis Soueys. Elles se distinguent très-bien du rivage de Tor, situé à l'opposite. La plus haute est appelée par les Arabes *Gebel el-Zeyt* (montagne de l'Huile), à cause d'une source de pétrole qui se trouve à son pied. Les cheykhs arabes qui nous accompagnaient dans notre voyage au mont Sinaï, M. Coutelle et moi, ne voulurent pas nous conduire au Gebel el-Zeyt, dans la crainte des Arabes *Beny-Ouâsel,* qui fréquentent assez souvent cette localité [1].

---

[1] Du Râs Mohammed on n'aperçoit plus ces montagnes, ni aucune des îles dont nous parlons plus bas; mais on voit très-distinctement les

A l'extrémité de la péninsule, sont éparses cinq ou six îles, dont la plus méridionale, qui est aussi la plus grande de toutes, porte le nom de *Chedouan*. Ces îles, avec trois autres petites qui, plus au sud, couvrent le grand port de *Myos-hormos*, sont les seules un peu remarquables que l'on connaisse sur cette côte jusqu'au parallèle d'Esné.

De ce dernier point jusqu'au tropique, la côte est formée par deux larges golfes ou baies contiguës, semées d'îles nombreuses. La plus intéressante pour la minéralogie est distante d'une journée de navigation de Qoçeyr : elle doit se trouver dans la première de ces baies, non loin du *Smaragdus mons* de Ptolémée, sous le même parallèle que les mines d'émeraudes, et probablement le terrain qui la constitue est de même nature. Une montagne isolée, de forme conique, s'élève au centre de l'île, que les *Abâbdeh* appellent *Gezyret-Uzzumurud*, l'île des Émeraudes. Bruce, qui l'a visitée, a trouvé d'anciennes exploitations, qui doivent remonter au temps de la domination grecque, à en juger par différens vestiges antiques, tels que des lampes semblables à celles dont faisaient usage les anciens. Il est difficile de ne pas admettre qu'on ait exploité des émeraudes dans cette île, comme l'attestent son nom et les renseignemens des *Abâbdeh* : toutefois, aucun écrivain grec ou romain n'en fait mention [1].

îles des Pirates, situées à l'entrée du golfe Élanitique, et dont les montagnes paraissent granitiques. Il en est une surtout plus rapprochée qu'on ne la marque sur les cartes.

[1] Ces mines doivent être abandonnées depuis long-temps, puisque les écrivains arabes ne les citent pas parmi celles qui étaient encore exploitées au treizième siècle.

L'île *Ophiodes* ou *Topazos*, dans laquelle, suivant Diodore de Sicile, on exploitait les topazes sous le règne des Ptolémées, n'est pas connue aujourd'hui d'une manière certaine. Dans un autre écrit [1], j'ai émis l'opinion que cette île pourrait être la même que celle d'Uzzumurud. L'existence de la pycnite dans les mines d'émeraudes du continent ajoute à la probabilité de cette association dans l'île *Topazos*. Je conviens cependant que les renseignemens obscurs et peu concordans des anciens laissent bien des incertitudes sur ce point de géographie comparée [2], ainsi que sur plusieurs autres qui appartiennent à cette côte.

Sans doute les voyageurs qui explorent maintenant cette contrée peu connue et bravent les dangers attachés à ces recherches, dissiperont bientôt par des observations positives les difficultés qui nous arrêtent encore.

---

[1] Mémoire sur la géographie comparée et l'état des côtes de la mer Rouge, IIe partie, chap. VI, §. 1, *A. M.*, tom. VI, pag. 331.

[2] Les géographes modernes, qui placent l'île *Topazos* fort près du tropique, et qui pensent que la Bérénice Troglodytique était l'entrepôt de tout le commerce des anciens par le golfe Arabique, ne font pas assez attention que *Topazos* se trouverait alors en face de Bérénice, et presque contiguë avec elle; cependant cette île est indiquée par les anciens écrivains comme difficile à trouver, et à l'écart des voies fréquentées par les vaisseaux qui naviguaient sur cette mer.

CHAPITRE IV.

Des matières amenées en Égypte par les courans.

§. I. *Terrains d'alluvion.*

Dans toute l'étendue des montagnes de grès, aussi bien que dans le reste de la haute Égypte, les deux chaînes qui bordent la vallée du Nil sont coupées par des gorges et des vallées transversales multipliées : quelques-unes y forment des lacunes considérables. Au-dessous des plus larges et des plus profondes, se trouvent presque toujours de grands attérissemens, dus en partie aux débris des montagnes voisines, et en partie à ceux qu'ont charrié les torrens du désert. Tantôt ce sont des matières meubles et sans adhérence, tantôt des couches de poudingues et de psammites friables, les uns purement quartzeux, les autres mêlés de diverses matières étrangères. Ces couches forment quelquefois des collines isolées, et le plus souvent sont adossées contre les chaînes principales dont elles enveloppent le pied.

Au-dessous des embouchures des grandes vallées, se trouvent aussi des dépôts argileux et des dépôts marineux fort épais. Quelques-uns ont leur surface au niveau du sol; d'autres, dans la profondeur, ont été mis à découvert par les fouilles que font de temps immémorial les habitans, pour extraire différentes sortes de terres qu'ils emploient soit à la fabrication des vases réfrigérans, dont la consommation est immense dans toutes les provinces de l'Égypte, soit à d'autres usages économiques. A en juger par ce qui s'offre à la vue, ces dépôts sont très-multipliés, et des recherches ultérieures ne pourront sans doute que confirmer la généralité de ce fait [1].

Aux environs des petites vallées et de ces gorges étroites et rapides dont les embouchures multipliées découpent les deux chaînes, les grands attérissemens dont nous venons de parler n'existent pas, non plus que les fragmens de roches primitives. Quand on pénètre dans leur intérieur, on voit seulement le sol jonché des débris des montagnes voisines. Vers le milieu du terrain de psammites, ce sont des sables quartzeux, dans lesquels sont noyés quelques nodules ferrugineux et quelques fragmens de grès dur provenant des couches supérieures du voisinage [2]. Si les grandes vallées, au contraire, vers leurs embouchures ou dans leur intérieur, sont recouvertes de cailloux étrangers à tout le terrain environnant, et souvent de roches primitives très-diversifiées, cette différence tient à ce

---

[1] Nous parlerons ailleurs des usages anciens et actuels de ces terres, qui sont d'une grande utilité pour les Égyptiens.

[2] Cependant, vers l'extrémité septentrionale, dans la petite vallée au nord d'*Élethyia*, où s'exploite le natron, on trouve de grandes quantités de cailloux calcaires, à cause du peu de profondeur de la chaîne de grès dans cette partie.

qu'elles pénètrent très-avant dans l'intérieur des déserts, et qu'il s'y rend de part et d'autre une multitude de vallons et d'affluens, qui y portent, ainsi que leurs eaux, les matières arrachées aux montagnes où ils prennent naissance. Ces cailloux, qui sont quelquefois en quantité prodigieuse, semblent s'être accumulés de préférence dans certains embranchemens. Je me sers de ce terme, parce que les vastes coupures de la chaîne arabique ne sont pas toujours libres et accessibles dans tous leurs points; depuis qu'elles existent, il s'y est formé des collines qui en réduisent beaucoup la largeur, ou qui les divisent en plusieurs branches. Ces terrains, de formation récente, ne sont donc pas les vraies parois des vallées; ils offrent plusieurs circonstances singulières, aussi bien que l'accumulation des cailloux sur certains points : mais notre but, pour le moment, n'est que de faire remarquer l'existence des matières étrangères qui doivent nous fournir un moyen de suppléer à l'insuffisance des observations directes sur la constitution de l'intérieur de ces déserts.

§. II. *Nature des fragmens roulés.*

Le long de la chaîne libyque, dans les points que nous avons pu visiter, les matières de transport sont principalement des cailloux roulés de quartz, des silex, des agates d'un tissu grossier, des galets d'un calcaire plus ou moins compacte, et quelques fragmens de poudingues siliceux. Il s'y trouve très-peu de fragmens de roches primitives; cependant nous avons remarqué, dans la partie méridionale, des fragmens de gneiss, et plus au nord, au-dessous de Thèbes, vers Denderah, quelques fragmens de roches porphyriques. Il est probable que le terrain primitif s'écarte de plus en plus du Nil, en descendant vers le nord; et c'est par cette raison, sans doute, que les fragmens de roches primitives y sont si rares.

Du côté de la chaîne arabique, on trouve au contraire des fragmens de roches primitives très-variées, épars sur le sol, ou enveloppés dans les atterrissemens formés par les courans des vallées transversales[1]. Depuis Syène jusqu'à Redesych, et même jusqu'à Koum Omboû, les matières primitives qui existent vers les embouchures des grandes vallées, indiquent que les montagnes de gneiss, de schistes micacés, le micaschiste, les phyllades, les diabases, l'amphibolite, les basaltes primitifs noirs et verts (ou basaltes égyptiens), doivent principalement régner dans les déserts voisins. On y trouve aussi quelques fragmens de roches granitiques, mais tout-à-fait différentes de celles de Syène. J'en ai noté spécialement cinq sortes; savoir :

1°. Un granit composé de feldspath blanc en cristaux de grosseur médiocre, de quartz gris ou transpa-

---

[1] N'ayant pu visiter qu'un petit nombre de points qui n'étaient pas toujours les plus voisins des grandes et profondes vallées où les torrens charrient de très-loin les matières de transport, et amènent par cela même une grande diversité de roches, je ne pourrai donner qu'une esquisse de celles qu'on y trouverait, si l'on s'occupait spécialement de cette recherche. Depuis, j'ai senti que cet examen aurait eu plus d'intérêt que je ne lui en supposais alors : il suppléerait, jusqu'à un certain point, aux voyages qu'il est toujours difficile et souvent dangereux de faire dans l'intérieur des déserts, et fournirait au moins des indications sur la nature de leurs montagnes.

rent, de mica en paillettes jaunes et argentines : il renferme aussi de très-petits grenats.

2°. Un granit d'un rose pâle, à grains moyens, différant de celui de Syène par sa contexture, et n'offrant aucune trace d'amphibole.

3°. Diverses espèces de diabase verte, et la même roche à grains très-petits, passant au basalte vert des anciens, matière souvent employée dans leurs monolithes.

4°. Une roche granitoïde composée de feldspath gras ou céroïde et de cristaux lamelleux de diallage verte, presque aussi abondante que le feldspath. Cette roche ne diffère des variétés ordinaires d'euphotide que par une quantité plus considérable de diallage et par une contexture plus grenue. Le feldspath y passe, comme dans la belle roche de Corse, dite *verde di Corsica*, à l'état de jade. Il est remarquable que les modifications que prennent certaines substances dans leur association avec une autre, soient les mêmes dans tous les pays. On peut, il est vrai, douter si la substance associée à la diallage est bien réellement un feldspath. Ce prétendu feldspath, dur et tenace, est bien plus difficile à fondre que le feldspath ordinaire; il est aussi beaucoup plus pesant. En un mot, il diffère du feldspath ordinaire par presque tous ses caractères, et n'en diffère pas moins par sa composition. La magnésie qu'il contient manque au feldspath commun, et la potasse de celui-ci ne se trouve pas dans l'autre. On se demande sur quels motifs on a pu faire d'une telle matière un feldspath. Ces sept caractères, une dureté et une compacité bien plus grandes, une pesanteur spécifique supérieure dans le rapport de 4 à 3, un aspect gras, la difficulté à se fondre, la présence de la magnésie, et l'absence de la potasse, qui est quelquefois remplacée par une petite quantité de soude, établissent, ce me semble, une distinction bien marquée entre cette substance et le feldspath compacte. De Saussure lui donne le nom de *jade;* elle a en effet plus de rapport avec cette pierre, et semble en être une variété, plus siliceuse que le jade de Chine et de Suisse.

5°. Granit vert trouvé près d'Ombos. Le feldspath qui domine dans ce granit est lamelleux et d'une très-belle couleur verte, tirant un peu sur le bleu. Les cristaux de quartz, grands et transparens, montrent dans leur cassure transversale une forme hexagonale bien prononcée; quand ils sont isolés, on leur trouve la forme d'un décaèdre composé de deux pyramides hexaèdres opposées base à base. Le mica en grandes lames éclatantes et argentines offre des hexagones très-réguliers. Cette roche, dont nous ignorons l'origine et qui semble provenir d'un morceau travaillé par les anciens, peut avoir été apportée d'une localité éloignée; et nous pensons, d'après tous ces caractères, que c'est un granit de filon. Comme il importe de distinguer soigneusement les roches de filon, des roches qui constituent les couches des montagnes, et de ne pas confondre des modes de formation aussi différens, nous avons cru nécessaire de séparer ces sortes de roches des granits proprement dits, et de les distinguer par un nom particulier, dans les descriptions des planches de minéralogie, où plusieurs ont été représentées; nous les avons désignées sous le nom *xénit* (ξένος, *étranger*, *hôte*), en leur conservant toutefois la même terminaison qu'au granit pour indiquer leur similitude de contexture.

§. III. *Lydienne, basanite.*

La plus commune de toutes les roches qui se trouvent vers l'embouchure des vallées méridionales, surtout aux environs de la vallée de Redesych, est la lydienne, espèce de pierre de touche. Ses seuls débris sont aussi nombreux que tous les autres fragmens de roches primitives ensemble, et presque toujours en galets oviformes un peu aplatis; la pierre prend de préférence cette figure, parce qu'elle résiste plus dans un sens que dans l'autre aux causes de dégradation [1].

Parmi ces fragmens de lydienne, on distingue deux et même trois variétés : l'une d'un noir grisâtre, une autre d'un noir pur, et la troisième, qui est la plus abondante, d'un noir bleuâtre; toutes trois opaques, d'un grain fin, très-égal, et, malgré leur dureté, qui les rend difficiles à entamer, elles se brisent sans beau-

---

[1] C'est la même cause qui occasione la quantité considérable de galets qu'on rencontre dans les grandes vallées de tous les pays. J'ai remarqué, en Égypte comme en France, que les grandes faces de ces galets sont parallèles aux couches de la pierre, quand ces couches sont distinctes. Souvent les pierres homogènes prennent la même forme, parce qu'elles ont ce qu'on appelle un fil qui les rend plus faciles à être divisées dans un certain sens. Si la pierre est plus fragile dans deux sens que dans le troisième, les fragmens roulés ont alors une forme allongée ou ovoïde; les roches également dures et résistantes dans tous les sens, cas assez rare, prennent par un long transport la forme globuleuse; la diabase verte ou basalte vert oriental est dans ce cas. J'entre dans ces détails, parce que je n'ai jamais vu ce fait expliqué, et qu'il embarrasse d'abord, quoique sa cause soit fort simple.

coup d'efforts par la percussion. Les plus gros fragmens sont à peu près de la grandeur d'un œuf, mais moins épais : tout annonce qu'ils sont transportés de fort loin, leur abondance fournit déjà des indications certaines sur la constitution des montagnes dont ils proviennent, bien qu'on n'ait pu observer immédiatement leur gisement. On sait qu'en général la lydienne ne forme pas des couches suivies, mais se trouve enveloppée dans les schistes ou phyllades siliceux (*kieselschiefer* des Allemands), avec lesquels elle s'unit et se confond, ou bien elle forme des nœuds plus durs que la roche qui l'enferme, quoique de nature à peu près semblable. Les schistes dégradés par l'influence atmosphérique laissent isolés ces nœuds qui se divisent bientôt, et les eaux arrondissent les fragmens en les transportant au loin. Ces *kieselschiefers* ou phyllades siliceux qui les renferment sont souvent unis aux schistes micacés ou gneiss, système de roche qui paraît dominer à l'orient du terrain de grès; et c'est vers les vallées qui correspondent à cette partie, que j'ai principalement remarqué leurs fragmens : je dis principalement, parce qu'on en trouve de petits cailloux isolés dans une grande partie de l'Égypte; sans doute ils y sont charriés par le Nil pendant les inondations.

En traversant ces déserts, un peu au-dessous de Syène, j'ai reconnu beaucoup de montagnes de kieselschiefers, de schistes et de phyllades primitifs [1],

---

[1] Je ne donne le nom de *phyllade* qu'aux roches fissiles à feuillets droits, et celui de *schiste*, qu'à celles dont les feuillets sont infléchis, contournés, cunéiformes : ces deux contextures si différentes méritent d'être distinguées.

qu'on voit se prolonger dans l'éloignement, suivant les grandes vallées parallèles à la chaîne. Ces roches abondent aussi dans les environs de la montagne de Baram.

La partie orientale de ces mêmes déserts, d'après les renseignemens qu'on a sur cette contrée, renferme aussi des montagnes du même genre : ainsi l'on voit qu'un concours d'inductions très-fortes, tirées des matières amenées par les torrens qui suivent les grandes vallées de la chaîne arabique, et les observations déjà rapportées dans les chapitres précédens, confirment que les terrains de phyllades, de schistes micacés et de micaschistes, jouent un grand rôle dans ce désert. De plus, on trouve aussi parmi les fragmens de lydienne, d'autres fragmens plus petits de schistes durs, des kieselschiefers, des *cos* ou espèces de schistes coticules; ce qui appuie les indications précédentes[1].

La lydienne est reconnue généralement pour être la même pierre que le *lapis lydius* de Pline. On ne peut guère douter que ce ne soit la pierre de touche des anciens, ou l'une de leurs pierres de touche : car plusieurs pierres qui sont propres à cet usage, paraissent y avoir été employées dans l'antiquité; mais aucune ne l'emporte à cet égard sur la lydienne. Son grain est très-égal, et, quoiqu'assez fin, a le degré d'âpreté nécessaire pour que l'or qu'on y frotte y laisse une trace

---

[1] Ces notions sur le gisement de la lydienne ne sont pas très-directes; mais la plupart du temps c'est de cette manière qu'on la trouve : car son gisement dans les schistes la rend difficile à observer, même au milieu des montagnes qui la recèlent. Malgré son abondance en fragmens roulés, on ne la voit que rarement en place.

légère et bien uniforme. Les différentes traces sont bien comparables entre elles; condition essentielle et qui n'aurait pas lieu avec une pierre d'un grain rude ou inégal [1].

Outre le témoignage positif de Pline sur l'emploi de la lydienne, celui de Théophraste, quoiqu'il ne nomme pas cette pierre, est assez remarquable par les indications qui l'accompagnent. En parlant des pierres de touche, il dit : « On trouve toutes ces pierres dans la rivière *Tmolus* : leur texture est unie et polie comme celle des cailloux; leur forme n'est pas globuleuse, mais large et aplatie. Elles ont une grosseur double des plus gros cailloux [2]. » Ces notions, toutes vagues qu'elles sont, conviennent encore mieux aux cailloux de lydienne qu'à toute autre pierre : les basaltes roulés et homogènes auxquels on pourrait être tenté de les appliquer, ont une forme plus globuleuse.

Que le basanite des anciens soit aussi la lydienne, et rien autre chose que cette pierre, comme l'ont soupçonné quelques écrivains, voilà ce qui me semble bien moins prouvé; il y aurait du moins quelque distinction à faire. Je suis loin de contester qu'il ait servi, aussi bien que le *lapis lydius*, de pierre de touche. Pline, dans un des deux passages où il fait mention du basanite, indique cet emploi dans une certaine expérience : *Experimentum ejus esse in cote ex lapide ba-*

---

[1] Comme l'acide nitrique ne peut enlever aucune partie de la pierre, son action sur l'alliage du métal est facile à discerner : une grande partie de nos pierres de touche sont des lydiennes.

[2] Il ajoute qu'on faisait, pour la vertu de la pierre de touche, une différence entre la surface qui reposait sur la terre, et la surface tournée vers le soleil, parce que cette dernière est la plus sèche, et que l'humidité de l'autre l'empêche de retenir aussi bien les métaux.

sanite[1]. Le mot βάσανος, d'où l'on a dérivé celui de βασανίζειν, *examiner, éprouver,* semble même indiquer que c'était le nom de la pierre de touche par excellence, ou peut-être le nom générique donné à toutes les pierres qui servaient au même usage; toutefois, nom industriel, plutôt que nom minéralogique. Les anciens disaient *un basanite,* comme nous disons *une pierre de touche,* sans avoir égard à sa nature particulière, c'est au moins tout ce qu'exprime ce mot βάσανος; tandis que le *lapis lydius* était vraiment pour eux un nom d'espèce minéralogique et qui s'appliquait à une pierre particulière. Je ferai la remarque, à cette occasion, que ces noms, dérivés d'une localité, quoique souvent vagues, deviennent quelquefois assez précis chez les anciens, et les matières qu'ils désignent faciles à reconnaître, pour peu qu'ils soient appuyés de quelques autres renseignemens, surtout quand la matière est consacrée à un usage particulier, comme celle-ci, parce qu'il est rare que la même localité offre à-la-fois deux pierres de nature et de formation différentes, ayant le même aspect et propres au même usage. Le basanite et le *lapis lydius* étaient donc tous deux des pierres de touche, et rien ne les distingue sous ce premier rapport.

Voyons si quelque autre usage du basanite n'exclut pas la lydienne. Pline, parlant des pierres employées à faire des mortiers, dit que les médecins se servent de ceux de basanite : *Medici autem et basaniten,* etc.[2];

---

[1] Plin. *Hist. nat.*, lib. xxxvii.   [2] *Hist. nat.*, lib. xxxvi, cap. xxii.

ce qui suppose que cette pierre se trouvait en masses assez grosses, compactes, bien intègres et capables de résister à une longue percussion. C'en est assez pour exclure le *lapis lydius*, qu'on ne trouve qu'en fragmens de médiocre grosseur, ou dont les masses cachées dans les schistes ne sont pas faciles à découvrir, sont sujettes à se diviser aisément, et ne seraient pas capables de résister à la percussion.

On a pensé que le basanite et le basalte égyptien devaient être la même matière, parce que Strabon parle de mortiers en basalte (notez qu'il parle seulement des mortiers en pierre thébaïque, dont la nature est fort équivoque); et Pline, de mortiers en basanite [1].

Mais on a pu faire des mortiers en basalte égyptien; on en a fait même en brèche siliceuse, peut-être en syénit, sans que tout cela prouve rien sur la nature du basanite.

Ce qu'on peut déduire touchant la nature du basanite, de son double usage de pierre de touche et de pierre à fabriquer des mortiers, c'est qu'il avait les caractères suivans :

1°. Un grain assez fin, très-uniforme;

2°. Une parfaite homogénéité, car il ne contenait ni grains ni cristaux de matières étrangères;

---

[1] Le savant Caryophyllus a voulu corriger des passages de Ptolémée et de Cosmas, qui, en assurant que le basanite était une pierre compacte de la couleur du fer, emploient l'expression λίθον βασάνιτον: il pense qu'il faut lire βασαλίτην λίθον, parce que Pline emploie ailleurs le mot *basalte*. Il est impossible de proposer une correction plus malheureuse : Pline lui-même parle deux fois du basanite, qu'il ne confond pas avec le basalte; la construction de la phrase ne permettrait pas d'ailleurs une pareille méprise, parce qu'il aurait fallu faire plusieurs changemens dans le même mot et intervertir l'ordre de plusieurs autres.

5°. Il était inattaquable par l'acide nitrique, et probablement de nature siliceuse;

4°. Il se trouvait quelquefois en blocs d'assez grandes dimensions, et au moins d'un pied cube;

5°. Ses masses avaient une grande dureté;

6°. Elles étaient dépourvues de fissures, et n'étaient pas susceptibles de se déliter, de se fendre ou de se corroder par la percussion constamment répétée.

Ces caractères ne conviennent pas au basalte égyptien, qui est une roche primitive, composée de substances différentes à petits grains, et semée surtout de cristaux de feldspath, de quartz, d'amphibole, de mica, etc. Les auteurs anciens ne disent pas que le basanite appartînt particulièrement à l'Égypte.

Les basaltes volcaniques homogènes de la Grèce et de l'Italie présentent tous ces caractères, et par conséquent ne diffèrent pas de ce que nous connaissons du basanite des anciens; on emploie même le basalte comme pierre de touche en divers pays, et les Italiens lui donnent le nom de *paragone,* pierre de touche. Les ouvrages de sculpture et les vases faits avec cette matière montrent qu'elle pouvait bien être employée à faire des mortiers.

Ainsi nous regardons le basanite comme étant un basalte homogène à grains fins, non égyptien, et très-probablement d'origine volcanique. Comme on avait pensé que cette pierre appartenait à l'Égypte; qu'on l'avait prise pour le basalte oriental, pour la lydienne; que les Grecs et les Romains l'ont employée à divers objets, et que ce nom de *basanite* a été introduit dans la nomenclature nouvelle, il nous a paru utile d'éclaircir ce point de minéralogie ancienne.

§. IV. *Basalte vert antique.*

Parmi les substances trouvées dans ces localités, nous devons faire mention particulièrement de la diabase verte ou d'un gris verdâtre, à petits grains. Cette roche, intéressante dans l'histoire des arts de l'Égypte, appartient aussi aux déserts situés à l'orient des montagnes de grès; nous l'avons trouvée en place à une heure au nord-est de Syène, superposée à des roches granitiques verdâtres, un peu stéatiteuses, semblables à celle qu'on voit gravée dans la planche 8, mais en cristaux plus petits.

Nous en avons rencontré aussi divers fragmens parmi ceux qui sont amenés par les vallées qui coupent les montagnes calcaires au nord de Qené. Elle doit être assez abondante dans tous ces déserts. Elle est composée de petites lames de feldspath, entremêlées de grains d'amphibole vert ou grisâtre. Elle contient très-peu de quartz et point de mica. Elle présente plusieurs variétés qui diffèrent par la ténuité de leurs grains, et passent même à l'état compacte; c'est alors le basalte vert des anciens, ou basalte vert oriental des Italiens, qui, comme je l'ai déjà indiqué, est bien réellement une roche primitive.

Les Égyptiens ont travaillé ces diverses variétés: nous en avons vu quelques monumens et beaucoup de fragmens. Le plus remarquable était un sarcophage d'environ sept pieds de longueur, parfaitement conservé, et décoré, dans sa partie supérieure, d'une bande d'hiéroglyphes du plus beau travail. On l'avait transporté au Kaire pour le conduire en France; il est tombé au pouvoir des Anglais [1] avec beaucoup d'autres monumens antiques, rassemblés dans la même vue, et qui décorent aujourd'hui le musée de Londres. La Bibliothèque royale de Paris possède un monument bien conservé de la même variété que ce sarcophage, et ayant à peu près la forme d'un candélabre. M. de Caylus, qui a fait don de ce beau monument à la collection royale des antiques, le regarde comme un autel égyptien : il est décoré également d'une bande circulaire d'hiéroglyphes. J'ai vu, dans différentes collections, à Paris, des fragmens de statues égyptiennes en basalte vert oriental; on en cite divers monumens remarquables à Rome.

Les Italiens donnent à la variété à grains distincts le nom de *granitello verde d'Egitto,* et à l'autre celui de *basalte vert oriental.* Plusieurs statues de l'une et de l'autre sorte se voient au Capitole et à la villa Albane. Lorsque la masse, étant généralement compacte, laisse cependant apercevoir quelques petites lames ou quelques points de feldspath blanc, les Italiens distinguent cette variété par le nom de *basalte vert oriental pouilleux* (*pedochioso*). Nous avons représenté un échantillon de cette variété, planche 7.

---

[1] *Voyez* planche 23, *A.*, vol. v. Une copie exacte de ce sarcophage, exécutée en plâtre, est déposée à la galerie d'architecture de l'École des beaux-arts de Paris.

Le basalte noir égyptien n'appartient pas à la même localité que le vert : nous avons déjà indiqué son gisement dans les environs de la cataracte. Il y en a encore une autre sorte, d'un gris cendré, dont les antiquaires parlent quelquefois, et dont nous avons vu divers monumens en Égypte, des sarcophages, des fragmens d'obélisque, un petit temple monolithe vers Qous (l'ancienne *Apollinopolis parva*), et divers débris. Nous n'avons rien remarqué qui nous fît penser qu'il s'en trouvât dans la même localité que le basalte vert ; mais on voit de semblables roches à l'est de la cataracte et de l'île de Philæ. Nous parlerons ailleurs, d'une manière plus détaillée, de ces diverses sortes de basaltes noirs antiques.

Ce basalte vert oriental à petits grains pourrait être choisi comme le type du *grünstein* primitif des Allemands, afin de fixer d'une manière plus précise l'acception de ce mot et prévenir les écarts trop grands dans sa signification. L'extension indéfinie qu'on est entraîné, par la disette de noms et le défaut de types précis, à donner aux termes de la nomenclature, en y comprenant peu à peu de nouvelles roches assez différentes les unes des autres, finit par rendre ces termes vagues et presque insignifians. Il serait donc utile de choisir des types remarquables et généralement connus, afin d'avoir des termes certains de comparaison auxquels on pût toujours se rallier ; cela rendrait impossibles les trop fortes déviations de l'acception première, qui sont si communes aujourd'hui, que la plupart des auteurs ne conviennent point ensemble sur la signification des noms, et qu'ils y attachent souvent des idées plus ou moins différentes. Les roches antiques nous ont semblé propres à remplir ce but : leur célébrité, et les monumens qui sont répandus presque partout, les feraient facilement adopter pour types. La déférence qui est due d'ailleurs à l'antériorité de l'emploi des noms et des matières, se concilierait avec cette méthode; par-là on se mettrait d'accord, au moins sur beaucoup de points, avec les anciens auteurs grecs, romains, arabes, et même avec quelques auteurs du moyen âge et bien des écrivains modernes de divers pays, qui parlent fréquemment des roches de l'Égypte ainsi que de leur emploi dans les arts, tant sous les Égyptiens que sous les successeurs d'Alexandre et sous les Romains : tous ces peuples rivalisèrent dans l'usage de travailler les diverses roches de l'Égypte, et les prirent souvent pour les types de leurs dénominations.

On remarque, en général, que les ouvrages exécutés avec les diverses variétés de basalte vert antique ont un grand degré de perfection. Les hiéroglyphes y sont tracés avec une pureté, une hardiesse et même une élégance qui ne le cèdent à aucun des autres monumens de l'Égypte. Tous ces ouvrages semblent être sortis des mains des sculpteurs égyptiens pendant l'époque la plus brillante de leurs arts.

CHAPITRE V.

Observations minéralogiques sur l'émeraude d'Égypte.

L'émeraude est trop célèbre dans les antiquités égyptiennes pour ne pas avoir un article dans cet ouvrage. J'ai déjà rapporté, d'après les écrivains arabes, les notions qui concernent son gisement dans les déserts de l'Égypte[1]. En discutant divers points d'archéologie relatifs à cette gemme, j'ajouterai quelques observations minéralogiques et commerciales puisées dans les mêmes sources : elles offrent plusieurs circonstances peu connues, et pourront en même temps donner une idée de la méthode des auteurs arabes dans la description des substances minérales.

Aucune pierre n'a été plus vantée et plus recherchée des anciens que l'émeraude. Elle occupe pourtant parmi les gemmes un rang très-inférieur, sous le rapport de la dureté; elle est sujette (surtout celle d'Égypte) à une multitude de défauts, d'accidens, d'inégalités qui diminuent beaucoup son prix : mais, quand elle en est exempte, il n'est pas de pierre précieuse qui l'emporte sur elle par l'agrément de sa couleur et la beauté de son éclat. Pline lui assigne le troisième rang parmi les pierres précieuses, quant à l'ensemble de ses qualités.

Les anciens se plaisaient à la porter en bague, afin

[1] *Voyez* ci-dessus le chap. III.

de pouvoir y jeter fréquemment les yeux, qu'elle récréait par son doux éclat et par la suavité de sa couleur. On lui donnait une forme hémisphérique pour favoriser le jeu de la lumière; on la taillait en table pour la réfléchir d'une manière uniforme, et souvent on rendait sa surface concave, pour en faire une sorte de miroir qui représentait les objets en petit. C'est ainsi que l'empereur Néron avait coutume de voir les combats des gladiateurs.

Beaucoup d'écrivains versés dans la connaissance des pierres précieuses, tels que Tavernier, Chardin, Dutens, ont nié l'existence de l'émeraude dans l'ancien continent; suivant eux, elle appartenait exclusivement au nouveau monde. Ils appuyaient principalement cette opinion sur ce que les anciens parlent d'émeraudes de sept et même de dix coudées de longueur, qui doivent être effectivement des pierres étrangères à cette espèce. Mais, si les anciens ont désigné quelquefois sous le nom de *smaragdus* plusieurs sortes de pierres très-différentes, il ne résulte pas moins de l'examen attentif de leurs écrits, qu'ils ont connu aussi la véritable émeraude; et l'on serait tenté de croire que les auteurs qui leur refusent la connaissance de cette pierre, ne s'étaient pas donné la peine de lire la description que Pline en a faite. Pline, si bref en parlant des autres pierres, s'étend avec une singulière complaisance sur l'aspect et la beauté de celle-ci. Aux traits dont il l'a peinte, il serait difficile de la méconnaître. Voici la traduction de ce passage presque mot à mot :

« Il n'est pas, s'écrie-t-il, de couleur qui soit plus

agréable : nous contemplons avec ravissement le vert des prairies, le vert naissant des feuillages ; mais le vert de l'émeraude enchante encore plus nos regards : aucun autre vert ne lui peut être comparé ; lui seul satisfait l'œil sans jamais le rassasier. La vue, déjà fatiguée, se délasse quand elle se porte sur une émeraude ; nulle autre gemme ne la récrée comme elle par la suavité de sa teinte. L'air semble coloré des reflets qu'elle lance au loin : qu'on la voie aux feux du soleil, dans l'ombre, ou à la pâle lueur des lampes, elle conserve toujours la douceur, la vivacité de son éclat et la pureté de sa nuance ; elle brille, elle plaît de même, quand elle est plongée au sein des eaux [1]. »

A ces motifs de croire que les anciens connaissaient cette gemme, ajoutons qu'il est de très-belles émeraudes dont l'existence est constatée historiquement dès les temps antérieurs à la découverte du nouveau monde. D'une autre part, les détails sur les mines de cette gemme, que nous avons extraits des auteurs arabes du XII⁰ siècle, suffiraient également pour établir cette vérité.

On trouve encore des émeraudes en beaucoup d'en-

---

[1] *Nullius coloris aspectus jucundior est : nam herbas quoque virentes frondesque avidè spectamus ; smaragdos verò tantò libentiùs, quoniam nihil omnino viridius comparatum illis viret. Præterea soli gemmarum contuitu oculos implent, nec satiant. Quin et ab intentione alia obscurata, aspectu smaragdi recreatur acies. Scalpentibusque gemmas non alia gratior oculorum refectio est ; ita viridi lenitate lassitudinem mulcent. Præterea longinquo amplificantur visu, inficientes circa se repercussum aëra : non sole mutati, non umbrâ, non lucernis, semperque sensim radiantes et visum admittentes, ad crassitudinem sui facilitate translucidâ : quod etiam in aquis nos juvat.* (Plin. Hist. nat. lib. XXXVII, cap. V.)

droits de l'Égypte, dans les décombres des anciennes villes : elles sont cristallisées en prismes hexaèdres réguliers, souvent très-bien conservés. Le diamètre des plus gros est de 12 à 15 millimètres, mais le plus ordinairement de 7 à 8. La plupart sont d'un très-beau vert; quelques-uns, d'un vert pâle et qui varie dans le même cristal, au point que quelques parties sont entièrement décolorées. Les *felláh*, qui, dans certains endroits du Sa'yd, s'occupent à passer au tamis les terres dont sont formées ces anciennes buttes de décombres, pour les employer comme engrais, rencontrent quelquefois aussi, parmi la multitude de débris de monumens antiques qui y sont enfouis, des fragmens travaillés et de petites idoles égyptiennes en émeraude, notamment des scarabées, qu'ils vendent aux voyageurs et aux curieux. Les caractères hiéroglyphiques qui couvrent le plateau sur lequel l'animal est posé, attestent suffisamment l'antiquité de ces ouvrages.

Les *Abâbdeh*, comme je l'ai indiqué ailleurs, recueillent encore quelques émeraudes dans les décombres des anciennes exploitations. Celles que j'ai eu occasion de voir parmi eux présentent quelques différences, non dans la forme, qui est constamment le prisme hexaèdre régulier, mais dans la couleur, dont les nuances varient, dans la pureté des cristaux, dans les accidens, les glaces et les autres défauts qui s'y rencontrent; c'est sous ce rapport aussi que les auteurs arabes les distinguaient. Voici la traduction littérale de l'article de l'émeraude d'el-Teïsachi, qui a pour titre *Beautés et Défauts*.

BEAUTÉS.

« Les émeraudes, dit-il, sont de quatre espèces, le dabbâni, le rihani, le selongi et le sabouni : mais la plus belle et la plus estimée est le dabbâni ; sa couleur est inaltérable, et ne se mêle jamais avec une autre couleur ; elle est belle, son eau est admirable. On l'appelle *dabbâni* à cause de la ressemblance de sa couleur avec celle des mouches cantharides : elle surpasse tout ce qu'il y a de plus éclatant en vert. Toutes les autres émeraudes sont des dérivés ou des diminutifs de celle-ci. Le rihani ressemble à la feuille du myrte ; le selongi, à celle de la poirée ; le sabouni offre la couleur du savon. »

C'est, en effet, ce qu'expriment ces différentes dénominations.

« Ces espèces n'ont point de prix réglé. La plus belle de celles qui approchent du blanc sale, est appelée l'*arabe* : elle se trouve dans les déserts de l'Arabie, du côté de l'Hegâz.

« Nous avons dit que la plus belle des émeraudes, la plus pure, la plus brillante, celle qui ne change jamais de couleur, était le dabbâni ; si elle réunit encore la grosseur, l'égalité des fibres, le défaut d'aspérités, elle sera parfaite, et se vendra très-cher. »

DÉFAUTS.

« Un des plus grands défauts du dabbâni, c'est le mélange de nuances opposées. Le défaut d'égalité lui est aussi commun avec l'hyacinthe et toutes les pierres transparentes, qu'elles soient de prix ou non. Il faut ajouter encore les *cheir*, qui sont de légères fentes, mais qu'on fait disparaître. »

QUALITÉS.

« Parmi les qualités inhérentes, on distingue la mollesse, la rareté de ses pores ; la légèreté de son poids, qui tient de ces deux qualités ; le degré de poli, d'uni et de doux ; l'intensité de sa couleur, l'abondance de l'eau. L'émeraude se fond et se calcine dans le feu ; elle n'y résiste pas et ne s'y durcit pas comme l'hyacinthe.

« Celui qui a la vue fatiguée, se sent soulagé en la regardant souvent. Celui qui la portera en collier ou en anneau, sera guéri de l'épilepsie tant qu'il la portera ; c'est pourquoi des médecins ont conseillé aux souverains d'ordonner que, dans leurs états, tous les enfans porteraient des colliers d'émeraudes. »

Je crois devoir passer sous silence plusieurs autres vertus médicales non moins étranges que celles-là.

« Parmi les pierres qui ressemblent à l'émeraude, il y a l'*el-mazat*, qu'on tire des mêmes mines : il en réunit toutes les qualités pour la couleur, la mollesse, la légèreté. On peut cependant l'en distinguer lorsqu'on est exercé. Lorsqu'il est monté sur le *ventre*, son eau est diminuée, et il approche de la couleur noire et jaune. L'émeraude montée de même est, au contraire, plus abondante en eau et plus belle. Il y a encore le *yebb*, le *yesem* vert, le *zeberdjed* et l'hyacinthe verte. »

PRIX ET VALEUR.

« Le dabbâni pur, du poids d'un dirhem, vaut quatre *dynâr* le karat. Le prix augmente suivant la grosseur ou la petitesse de la pierre, et la réunion des qualités indiquées plus haut. Son prix ne peut pourtant descendre plus bas que celui des autres pierres, à cause de son éclat et des précieuses et utiles qualités qui existent dans tous les *dabbâni*, gros ou petits, droits ou tortus. Les trois autres variétés d'émeraude n'ont pas, à beaucoup près, autant de valeur que le dabbâni.

« Ibn-Misr, le chef des ouvriers, m'a raconté que dans une mine d'émeraudes, connue sous le nom de *Ouâdy Echaha* (c'est la plus grande des mines situées entre Qous et Aidel), il trouva un cristal d'émeraude selongi qui, étant tombé des mains d'un ouvrier dans la fouille, se brisa : on en ramassa les fragmens ; ils pesèrent ensemble 88 *dirhem*. J'ai trouvé, ajouta-t-il, vers l'endroit où s'était cassé ce cristal, une autre émeraude pesant 6 *dirhem*, et je l'ai portée aussitôt au trésor illustre, royal, impérial (que Dieu augmente la puissance de son sultan !). J'ai acheté à

Qous, d'un homme qui venait un jour de Baha, une émeraude qu'il avait trouvée dans la mine de son pays, de l'espèce du rihani ; elle pesait, après avoir été taillée, polie et éclaircie, 12 *mitqál*. Je l'avais achetée informe 34 *dirhem* noirs du Kaire, et je la portai au trésor royal de Damas, où elle fut estimée 30,000 *dirhem*.) »

Suivant Pline, on ne gravait point sur l'émeraude ; mais c'était une coutume sujette au moins à beaucoup d'exceptions. Nous venons de voir des émeraudes taillées et gravées par les Égyptiens ; celles qui ont été travaillées par les artistes grecs, sont encore plus communes. La plus remarquable parmi celles que j'ai vues en Égypte, est une tête d'Amour en relief, recueillie par M. Castex, un des membres de la Commission des sciences. Cette pierre, de 5 à 6 lignes de diamètre, est de la couleur la plus vive, la plus égale, et exempte de nuages et de gerçures, défauts si ordinaires dans les émeraudes d'un certain volume.

Les pierres gravées en creux sont encore plus nombreuses. Théophraste remarque qu'on faisait souvent des bagues avec l'émeraude, et qu'on lui donnait une forme concave pour favoriser le jeu de la lumière. Il parle aussi du respect qu'on était convenu d'avoir pour cette pierre, et qui empêchait de la graver ; et pourtant il rapporte qu'on en faisait aussi des cachets, ce qui suppose bien qu'elle était gravée.

Si l'on en croit Clément d'Alexandrie, la fameuse bague du tyran Polycrate était une émeraude gravée par Théodore de Samos. On sait que quand Lucullus vint à Alexandrie, Ptolémée lui offrit, comme le présent le plus capable de le flatter, une émeraude sur laquelle était gravé le portrait de ce prince.

Pline, qui semble nier qu'on gravât sur l'émeraude, fait mention ailleurs de deux de ces pierres sur chacune desquelles était représentée Amymone, l'une des Danaïdes [1] ; et, plus loin, il rapporte la gravure des émeraudes dans la Grèce à une époque qui coïncide avec le règne du dernier des Tarquins.

La Bibliothèque royale de Paris possède plusieurs émeraudes antiques gravées.

Les Arabes, à différentes époques, ont travaillé et gravé les émeraudes. On en voit beaucoup au Kaire, aussi bien que dans la plupart des villes principales de l'Orient. Elles sont souvent montées en bagues sur lesquelles on a gravé des versets du Qorân. On voit aussi au Kaire une multitude de meubles, d'instrumens et surtout des armes de toute espèce, ornés d'émeraudes. Les lames et les montures des sabres, des poignards et d'autres armes apportées de Syrie, de Perse et de Constantinople, sont incrustées de fragmens de cette gemme, tantôt en forme d'étoile et de rose, tantôt figurant des caractères arabes ou différens ornemens : mais il est rare, parmi les pierres incrustées, d'en trouver de fort belles ; presque toujours elles sont d'une couleur terne, fendillées et remplies de nuages et de glaces qui leur ôtent presque tout leur prix. On remplace très-souvent l'émeraude par d'autres pierres sans valeur, de couleur verte, ou par des pâtes ou des verres qui imitent cette gemme.

[1] *Hist. nat.*, lib. xxxvii.

SIXIÈME PARTIE.

Des brèches et poudingues siliceux exploités par les anciens.

CHAPITRE PREMIER.

Brèche siliceuse agatifère de Syène.

§. I. *Composition, emploi de cette roche.*

Il existe en Égypte une brèche siliceuse remarquable par sa dureté et la grandeur des blocs qu'elle a fournis aux travaux des anciens : elle est connue sous la dénomination de *brèche égyptienne* chez les antiquaires et les artistes de l'Italie, dont les musées en renferment plusieurs monumens transportés d'Égypte.

Cette brèche est composée de grains de quartz de toute grosseur, tantôt anguleux, tantôt arrondis, noyés dans une pâte formée des plus petits grains de quartz très-adhérens entre eux. Ses cassures, largement conchoïdes, ont un aspect un peu écailleux; sa couleur, tantôt d'un jaune obscur, tantôt d'un brun foncé, est due à l'oxide de fer répandu dans toute la masse, et qui contribue, en même temps qu'il la colore, à lier fortement les grains qui la composent. Une grande quantité de silex d'un tissu lisse et de différentes nuances, quelques agates d'un brun foncé, ou de couleur orangé sombre, souvent veinées d'un rouge de sang, sont irrégulièrement semés dans la plupart des blocs [1].

Les Égyptiens, attentifs à tirer parti des nombreuses roches que renfermaient leurs montagnes, habiles à appliquer chacune à l'objet auquel elle convenait le mieux, avaient consacré celle-ci, que son extrême dureté semblait rendre indestructible, à fabriquer des statues colossales, et divers monolithes qui décoraient leurs édifices : quelques-uns subsistent encore, et présentent un grand intérêt pour l'archéologie. De cette pierre sont formées deux statues colossales érigées au milieu de la plaine de Thèbes, sur la rive gauche du Nil, de près de dix-sept mètres de hauteur, quoiqu'assises, et sans compter le piédestal. L'une est d'un seul bloc; l'autre, dont la partie supérieure a été détruite par Cambyse, mais qu'on a restaurée depuis, est cette fameuse statue vocale de Memnon, qui a donné lieu à tant de conjectures, à tant de dissertations, de la part des voyageurs et des antiquaires.

Les détails précédens sur la matière dont est formée cette statue, montrent l'erreur où l'on est tombé sur sa nature. Pline, en parlant du colosse de Memnon, appelle cette pierre un basalte : et c'est probablement sur son autorité qu'on a prétendu qu'il était d'une matière volcanique [2]. La méprise de Pline a d'autres exemples chez les écrivains de l'antiquité qui ont parlé des roches

---

[1] *Voyez* la pl. 4 de minéralogie.
[2] Bernardin de Saint-Pierre veut même que ce soit une lave caverneuse, et il cherche à expliquer d'après cela le son que rendait la statue au lever de l'aurore.

de l'Égypte. La pierre à faire des mortiers, dont il est plusieurs fois question, et qu'ils appellent aussi un basalte, était le plus souvent un trapp ou amphibolite, roche assez commune aux environs de Syène, mais, dans bien des cas aussi, cette même brèche siliceuse que sa dureté et sa couleur obscure ont pu naturellement faire prendre pour du basalte : il est constant du moins, comme on le verra plus loin, qu'on en fabriquait quelquefois aussi des mortiers.

De toutes les roches dures employées dans la sculpture par les Égyptiens, cette matière est, après le syénit, celle dont ils ont fait le plus grand usage; ce qui nous engage à donner son histoire avec détail. Parmi les anciens monolithes en brèche agatifère, épars dans l'Égypte, nous pourrions citer encore plusieurs autres statues colossales et des fragmens de colosses de diverses proportions, dont quelques-uns avaient dix à douze mètres de longueur; des blocs considérables équarris et chargés aussi d'hiéroglyphes; des fragmens de niches à enfermer les oiseaux sacrés; de grandes pierres carrées, garnies de rebords peu saillans, et creusées circulairement au milieu, dont on ne connaît pas la destination; des fragmens de vases qui, d'après leurs formes et leurs proportions, paraissent avoir été des mortiers; et beaucoup de débris dont la forme n'est plus reconnaissable, mais qui portent encore l'empreinte du travail des anciens. Les Égyptiens modernes détruisent journellement les restes de ces monumens antiques; ils les convertissent en meules de moulin, ou les appliquent à d'autres usages analogues.

§. II. *Gisement.*

C'est dans les montagnes au nord de Syène, sur la rive droite du Nil, et sur la limite du terrain primitif, que j'ai retrouvé le gisement de la brèche agatifère. On la voit aussi dans la partie opposée de la chaîne libyque, et, suivant quelques renseignemens qui m'ont été communiqués, elle se rencontre aussi plus au nord; ce fait n'a rien que de vraisemblable, et j'ai remarqué, dans divers points de cette chaîne, des fragmens d'une brèche tout-à-fait semblable.

A Syène, elle ne repose pas immédiatement sur le granit; elle en est séparée par des couches de ce même poudingue à fragmens quartzeux, mal agrégés, et à pâte de feldspath décomposé, dont j'ai parlé, lequel s'appuie généralement sur le terrain primitif, et aussi par des couches d'un grès assez fin, analogue à celui de la variété dure et cassante indiquée parmi les grès à construire. Elle me paraît postérieure aussi à un grès siliceux, compacte, de couleur verte, dont j'ai parlé dans la cinquième partie.

Ses couches ou ses masses, car elle ne laisse pas toujours distinguer des assises bien régulières, ont une épaisseur considérable, et peuvent fournir des blocs de grandes dimensions dans tous les sens. Le gisement de cette roche, dont la formation est, dans cet endroit, assez circonscrite, est un fait géologique curieux, qui se reproduit avec de légères modifications dans plusieurs autres points des deux chaînes de montagnes qui bordent l'Égypte, et au milieu de terrains de nature fort différente. Le *Gebel-Ahmar,* ou montagne Rouge, situé près du Kaire, est formé d'une brèche siliceuse également agatifère, qui a beaucoup de rapport avec celle de Syène. Le Gebel-Ahmar, dont nous parlerons par la suite plus spécialement, a fourni de même aux Égyptiens la matière d'un grand nombre de monolithes, dont on retrouve encore les débris, soit dans la contrée voisine, soit dans toute l'étendue de la basse Égypte, soit aux environs d'Alexandrie; mais, malgré la ressemblance des deux matières, certaines différences dans les couleurs et surtout dans les substances qu'elles renferment, permettent de distinguer promptement duquel des deux endroits proviennent les blocs travaillés qu'on rencontre dans les anciennes ruines.

L'existence de montagnes de brèche agatifère aux deux extrémités de la chaîne arabique, et la rencontre de divers fragmens roulés de même nature dans l'intertervalle qui les sépare, lesquels, nécessairement, proviennent de contrées peu éloignées, autorisent à penser que leur formation dépend d'une cause assez étendue, et qui paraît avoir agi aussi dans les déserts situés de l'autre côté du Nil, dans la chaîne libyque : nous verrons plus loin d'autres faits analogues. Cette formation est fort récente, comparativement à celles des autres terrains environnans; elle paraît postérieure à l'existence de la végétation; car on remarque au pied de ces montagnes de nombreux fragmens de bois pétrifiés, qui doivent appartenir à la même époque : ce sont principalement des fragmens de palmier, et nous en verrons bientôt aussi auprès des grandes collines de poudingues, qui servent de matrices aux cailloux d'Égypte, et qui sont liés à des brèches fort analogues à celles dont nous parlons.

Ces bois pétrifiés et quelquefois agatisés ont conservé toutes les apparences de l'organisation végétale : on peut en juger par les gravures, qui en donnent la représentation exacte [1].

§. III. *Exploitation.*

Aucune des montagnes de brèche ne laisse voir ces traces d'outil si communes dans les carrières de grès, et fréquentes aussi dans les carrières de granit : une matière aussi dure, aussi rebelle aux outils tranchans, n'était pas susceptible en effet de s'exploiter par les mêmes méthodes que le grès ordinaire, pas même par celles qu'on employait pour le granit. On trouve au pied de ces montagnes des débris considérables qui paraissent provenir du dégrossissage des blocs exploités par les anciens; car il est naturel de penser qu'ils détachaient ces blocs en les faisant éclater par l'action des

---

[1] Planche 6 des dessins de roches.
On remarquera surtout le dessin qui représente le bas d'une tige de palmier, où tous les détails de l'organisation de cet arbre sont aussi faciles à distinguer que dans le végétal même. Ce grand échantillon de palmier pétrifié, l'un des plus beaux que l'on connaisse, m'a été procuré à Syène par un habitant du pays, qui l'avait recueilli comme un objet précieux. Ses renseignemens n'étaient pas assez précis pour en constater l'origine; mais c'est un fait si ordinaire, si général, dans les déserts voisins de l'Égypte, que l'existence du palmier pétrifié dans les sables qui enveloppent les poudingues siliceux, que je ne saurais douter que ce fragment n'ait la même origine.

coins, et que, par le même procédé, ils en séparaient les parties superflues pour l'objet qu'ils voulaient fabriquer ; toutefois, les entailles de coins n'étant pas reconnaissables, comme dans les autres carrières, nous n'oserions rien affirmer sur ces procédés.

Ce qui étonne le plus en voyant ces éclats de pierre si anciennement détachés de la montagne, ce sont leurs cassures presque aussi fraîches que des cassures récentes ; c'est leur contraste avec les surfaces intactes du rocher, sur lesquelles le temps a imprimé son coloris particulier : et cela n'est pas réservé exclusivement à cette matière ; la même chose se voit dans les carrières de granit et à l'égard des hiéroglyphes tracés sur le roc même par les Égyptiens. Quand on vient à comparer avec le nombre de siècles écoulés depuis que ces surfaces ont été mises à découvert, le faible changement qu'elles ont éprouvé, on est déjà effrayé de la longueur du temps qu'il a fallu pour donner aux surfaces des rochers leur teinte rembrunie ; combien plus le sera-t-on du temps qu'il a fallu pour les émousser, les arrondir, pour dégrader de tant de manières les montagnes entières, et les amener à leur état actuel ! quelle échelle pour mesurer l'ancienneté du monde ! Que les géologues qui n'accordent qu'un petit nombre de siècles à la nature pour tous ses grands travaux, veuillent bien peser ces données ; ils sentiront que leurs limites sont trop resserrées, quelque puissance qu'on veuille accorder aux anciens agens dont ils invoquent le secours, aux catastrophes dont ils admettent l'existence. Mais ces condidérations nous entraînent hors de notre sujet; bornons-nous à examiner ce qu'ont fait les Égyptiens.

Les traces d'exploitation qu'on retrouve, ne sont pas en rapport avec la quantité de monolithes en brèche agatifère que les anciens ont dû fabriquer; mais, outre que nous ne connaissons sans doute qu'une partie de leurs carrières, il y a encore à cela une autre cause; c'est que, pour s'épargner les pénibles travaux de l'exploitation et les chances de la réussite, ils devaient prendre souvent les rochers détachés naturellement des montagnes, dont l'intégrité avait été éprouvée par le temps, et dont la forme naturelle s'éloignait le moins possible de celles qu'ils voulaient leur donner, ainsi qu'ils l'ont fait pour le granit.

Nous ne savons rien de leurs procédés pour équarrir les blocs de cette roche, pour en dresser les surfaces, et leur donner ce beau poli qu'on observe encore dans quelques parties; mais, si nous ne pouvons juger des moyens, nous ne sommes pas moins forcés d'admirer les résultats. Rien n'est plus propre à donner une haute idée de l'avancement des arts mécaniques dans l'antiquité, que la belle exécution des figures et la pureté des hiéroglyphes gravés sur cette matière, dont la dureté et la difficulté à être travaillée l'emportent sur celles du granit. Tout cela ne rebutait pas les Égyptiens, que les obstacles ne semblaient jamais embarrasser; la liberté du travail n'en est pas même altérée. S'est-il rencontré sous l'outil du graveur, au milieu d'un caractère hiéroglyphique, un silex ou quelqu'une des agates dont cette brèche est semée, le trait ne s'en trouve pas moins continué avec toute sa pureté, et jamais ni l'agate, ni la partie de la pierre qui l'enveloppe, ne sont le plus légèrement éclatées. Cela porte à croire que les Égyptiens se servaient, pour la sculpture sur les pierres d'une grande dureté, telles que celles-ci, d'une espèce de touret, non de la pointe et du ciseau, et qu'ils formaient leurs traits en usant la pierre par frottement, au lieu de la réduire en petits éclats par la percussion. Sans cela, comment cette liberté, cette netteté dans les contours, sur une matière aussi rebelle au ciseau et aussi peu homogène ? Cette conjecture acquiert de la force, quand on songe qu'il est douteux que les Égyptiens, bien qu'ils aient connu de bonne heure le fer et l'acier, en aient eu déjà l'usage à l'époque très-reculée où ils ont commencé à sculpter avec une grande perfection les roches les plus dures.

§. IV. *Genre de dégradation dont cette pierre est susceptible.*

Malgré la dureté et la force d'agrégation de la brèche agatifère, qui devaient la rendre, pour ainsi dire, indestructible, elle est sujette à un genre d'altération qu'il convient de faire connaître, puisque ce travail a principalement pour objet l'application des sciences minéralogiques à la connaissance des travaux des Égyptiens et des matières qu'ils y ont employées. Je réclamerai quelque attention dans ces développemens un peu minutieux, mais utiles pour plusieurs questions relatives à la conservation des édifices anciens.

Cette altération, propre à la brèche siliceuse, consiste en ce que, par le laps de temps et par l'action alternative de l'humidité des nuits et de la chaleur du jour, elle est exposée à se fendre; que ces fentes, à la longue, se propagent dans les blocs à de grandes profondeurs, les rompent, ou en détachent, en forme de tables ou d'écailles, des portions plus ou moins considérables. Les colosses de la plaine de Thèbes, et spécialement celui du nord, qui rendait autrefois des sons, le trône sur lequel il est assis, le piédestal même, ont été par-là prodigieusement dégradés. Ils sont sillonnés de fentes et de crevasses multipliées, qui ne sont pas des fissures naturelles de la pierre, et dont quelque-unes ont une assez grande largeur. Quant aux écailles qui se lèvent près de la surface, comme leur écartement n'est limité par aucune autre résistance que l'adhérence de la pierre dans la profondeur de la fente, il devient quelquefois assez considérable. A mesure que ces fentes se propagent, les plaques se voilent en s'écartant du bloc; si l'on frappe légèrement dessus avec un marteau, on sent un frémissement, une vibration dans la pierre, qui est l'indice d'un certain degré d'élasticité : c'est ce que j'ai constaté en cassant, dans l'une de ces plaques qui se détachaient de la plinthe du piédestal du colosse, plusieurs fragmens[1], dont l'un est représenté dans les gravures de minéralogie, planche 4, fig. 2. Cette élasticité de la pierre, cette faculté de se voiler qui sup-

---

[1] Il ne sera pas inutile de faire observer que c'est dans la face qui regarde le levant, et de laquelle ces échantillons ont été détachés, que ce monument est le plus dégradé.

pose celle de se contracter dans une de ses surfaces et de se distendre dans l'autre, sont importantes à remarquer. L'élasticité très-sensible d'une certaine variété de grès est bien connue des minéralogistes[1]. Cette propriété n'appartient pas tout-à-fait exclusivement à cette variété : l'on en trouve aussi quelques indices dans plusieurs autres et dans diverses espèces de roches; plusieurs marbres la possèdent à un certain degré, et les grès durs, comme la pâte de la brèche d'Égypte, l'ont à un degré suffisant du moins pour être capables de vibration quand on les frappe.

C'est encore une propriété de certains grès et de plusieurs autres roches, de s'imbiber lentement par l'effet de l'humidité qui mouille leurs surfaces, d'éprouver par là une légère dilatation, et d'être ramenés ensuite à leur premier état par la chaleur et la dessication. C'est à cela qu'il faut principalement attribuer l'action exercée sur ces roches par les alternatives d'humidité et de sécheresse, qui finissent, à la longue, par les dégrader; cette action est plus forte, plus prompte sur celles qui n'ont pas été polies, ou qui ont perdu leur poli. Les monumens en granit en offrent des exemples que nous avons déjà fait remarquer.

On a vu aussi que les élémens de la brèche agatifère sont unis très-intimement; cette adhérence est si forte,

---

[1] Dans plusieurs collections, on voit même un petit appareil destiné à montrer qu'un prisme de ce grès élastique, de sept à huit pouces de longueur, dont une extrémité est fixée sur une tablette, peut être soulevé par l'autre extrémité, et parcourir, en se courbant, un arc de plusieurs degrés, sans se rompre; flexion qu'on peut réitérer autant de fois qu'on veut, sans que la pierre perde son élasticité.

que, quand on casse la pierre, les grains de quartz, ainsi que les agates, se rompent dans le sens de la cassure, au lieu de se désagréger et de sortir de leurs alvéoles; de sorte que les fragmens offrent des surfaces presque unies.

CHAPITRE II.

Explication d'un ancien phénomène relatif à la brèche agatifère.

Les observations précédentes vont avoir leur application dans l'examen d'un phénomène qui, de tout temps, n'a pas moins excité la curiosité des hommes instruits que celle des amis du merveilleux : je veux parler de cette surprenante faculté qu'avait la statue de Memnon de rendre des sons spontanés, au lever du soleil. Dans toute l'histoire ancienne, rien de plus étrange et pourtant rien de mieux attesté que ce fait. La physique de ce temps, ou la mythologie l'expliquait à sa manière. « Memnon, disait-elle, fils de l'Aurore, ravi de revoir sa mère, la saluait tous les matins en poussant, à son apparition sur la terre, un long cri mélodieux. » La physique de nos jours n'admet pas cette explication poétique : mais le fait n'en reste pas pour cela moins avéré; toutes les données de l'histoire concourent pour l'établir, aussi bien que les nombreuses inscriptions grecques et latines dont les témoins du fait ont recouvert toute la partie inférieure du colosse. Voyageurs grecs et romains (et à des époques très-distantes), préfets d'Égypte, personnages consulaires, princes, empereurs même, tribuns des légions romaines, centurions, et une foule de témoins de tout rang, et la plupart d'une grande autorité, attestent tous, dans ces inscriptions, qu'ils ont entendu clairement la voix de Memnon à la première heure du jour, ou un peu après. J'ai recueilli plusieurs d'entre elles; mais je ne les rapporte pas ici, parce qu'on peut consulter Pococke, Jablonski, et surtout la Description générale de Thèbes[1], par MM. Jollois et Devilliers, où presque toutes les inscriptions encore lisibles sont citées.

Suivant les auteurs anciens, cette voix de la statue frappée des rayons du soleil était une espèce de craquement sonore, accompagné de vibration. Voilà donc ce qu'il s'agit d'expliquer; et je crois qu'en ne s'appuyant que sur des observations précises, on peut le faire d'une manière naturelle et satisfaisante. Cette question curieuse d'archéologie, de physique et de minéralogie, tient trop au sujet dont je m'occupe pour être négligée. Je tâcherai d'être aussi bref que possible.

Le lecteur se rappellera nos observations sur le mode d'agrégation de cette brèche, ses propriétés physiques, et le genre d'altération dont elle est susceptible. Chaque matin, les rayons du soleil, venant à frapper le colosse, sèchent l'humidité abondante dont les fortes rosées de la nuit ont couvert ses surfaces, et ils achèvent ensuite de dissiper celle dont ces mêmes surfaces dépolies s'étaient en quelque sorte imprégnées.

---

[1] *A. D.*, *chap. IX*, sect. ii.

Il serait inutile, pour notre but actuel, de discuter longuement si, en continuant leur action sur ces surfaces, ils devaient y produire une dilatation, ou plutôt s'ils ne les obligeaient pas à se contracter, à mesure qu'ils en chassaient les dernières portions d'humidité : car les deux effets pouvaient produire le même résultat, celui d'opérer une tension dans quelques parties de la masse seulement; ce qui suffisait pour y occasioner une rupture. Laissant donc à des recherches ultérieures à décider de laquelle des deux manières le fait avait lieu, j'adopterai toutefois, pour rendre l'explication plus facile à saisir, la dernière supposition, qui ne me paraît pas la moins probable pour une matière dont les surfaces dépolies et altérées par le temps devaient laisser accès, jusqu'à un certain point, à l'humidité[1]. Pour simplifier encore, je considérerai cet effet sur une de ces plaques ou écailles qui tendent à se détacher du bloc. En la séchant, en l'échauffant à l'extérieur, l'action du soleil sera donc de la forcer à se contracter de ce côté, et à se voiler un peu davantage, d'où naîtra un effort à l'intérieur pour augmenter la fente déjà commencée. Si la matière, parfaitement homogène, était composée de particules fines, la fente se prolongerait doucement sans secousses, et par conséquent sans vibrations sensibles; mais, comme elle est semée de grains très-inégaux, durs, bien agglutinés, capables de se rompre plutôt que de se désagréger, les plus gros

---

[1] *Voyez* plus bas comment l'humidité exerce son action sur les pierres qu'elle dégrade; elle traverse quelquefois les blocs les plus durs : ainsi les basaltes, les laves des anciens volcans, renferment quelquefois de l'eau très-limpide dans leur intérieur.

de ces grains doivent résister plus que le reste à l'écartement qui tend à les rompre, et supporter seuls alors tout l'effort de la tension. Cet effort croissant, ou se renouvelant perpétuellement, ils cèdent enfin; ils éclatent tout-à-coup. Cette rupture subite cause dans la pierre rigide et un peu élastique un ébranlement, une vibration rapide, et c'est là ce qui produisait ce son particulier que faisait entendre la pierre au lever du soleil. Ainsi la corde d'un instrument, s'échappant subitement après avoir été tendue, vibre, et produit un son harmonieux, auquel précisément les anciens écrivains comparent celui que rendait le colosse. Cette explication peut donner lieu à quelques objections, et nous allons les parcourir comme un moyen de la développer davantage.

1°. L'élasticité de certains grès ne sera point contestée; mais une matière aussi rigide que la brèche memnonienne peut-elle avoir la même propriété? Je l'ai dit, cette qualité n'y existe qu'à un degré très-faible : mais la pierre est pourtant susceptible d'un léger frémissement lorsqu'on la frappe, comme le prouve l'observation; et c'est précisément sa rigidité qui, rendant les vibrations rapides, les rend sonores. L'acier trempé le plus sec, par conséquent le plus dur, le plus incapable de fléchir, est aussi le plus sonore. L'airain ou l'alliage dont on fait les cloches devient d'autant plus sonore qu'on augmente davantage sa rigidité, en augmentant la proportion d'étain. Si la rigidité de la pierre était moindre, même en supposant son élasticité plus grande, l'effet n'aurait pas lieu, ou n'aurait lieu que bien faiblement. La condition essentielle ici pour la vibration, c'est que les grains de quartz qui résistent, ne se désagrègent pas; il faut que leur rupture soit subite, et c'est ce qui a lieu.

2°. Les sons que rend la pierre provenant d'une cause de dégradation lente, à la vérité, mais dont l'action s'est continuée long-temps et s'exerce peut-être encore aujourd'hui, c'est une nécessité que maintenant la statue soit prodigieusement dégradée, mutilée par la multitude de ses fentes et par les nombreux éclats détachés de ses surfaces; or, son état actuel est bien conforme à cette conséquence. On peut dire de la statue de Memnon ce qu'on disait jadis de la statue de Glaucus, qu'elle conserve à peine la forme humaine, tant sont nombreuses les parties détachées de ses surfaces; et remarquez que ce ne sont pas uniquement les parties les plus saillantes, les plus fragiles, par leur position, qui sont ainsi dégradées, mais celles aussi que leurs formes, leur étendue, leur situation, garantissaient le mieux des causes ordinaires d'altération, telles que la poitrine, le corps, les jambes. Au surplus, sans s'en tenir à mon seul témoignage, qu'on voie, dans l'Atlas de Thèbes, les dessins qui représentent l'état actuel du colosse, et ce qu'en disent les descriptions, qui ne peuvent être suspectes de prévention ni d'aucune vue systématique, puisqu'on n'y cherche pas à expliquer le phénomène : on verra que le mode et l'état des dégradations prouvent bien qu'elles proviennent d'une multitude d'éclats détachés spontanément, et non d'une simple érosion.

3°. La nature du son que rendait la pierre doit attirer l'attention des personnes qui, avec de Paw et beaucoup d'autres, soupçonnent, dans ce fait, quelques supercheries des prêtres de Thèbes : ce point est véritablement le nœud de la difficulté; car on conçoit très-bien qu'autre chose serait la voix émanée de la statue, après lui avoir été transmise par un conduit secret, et autre chose le son résultant d'une vibration de la pierre. Or, les auteurs anciens sont d'accord sur la nature du son : Strabon le compare à celui que produirait un léger coup donné sur la pierre; Denys le géographe, Tacite, Juvénal, se contentent de dire que la statue rendait un son au lever du soleil; Pausanias en parle à peu près comme Strabon, ajoutant que ce son ressemblait à celui des cordes d'une lyre qui, trop tendues, viendraient à se casser. Les témoignages de ces auteurs, cités ou analysés dans la Description de Thèbes, nous dispensent de toute discussion relativement à ces passages : on y verra que, d'après les auteurs de l'antiquité, « la statue de Memnon faisait entendre seulement une sorte de craquement, un son semblable à celui d'une corde d'instrument qui se rompt. »

Bien que le merveilleux du fait dût naturellement porter à l'exagération, les écrivains anciens ne varient pourtant pas sur cette circonstance. La superstition vint par la suite, il est vrai, se mêler à ceci, et la statue rendit des oracles : mais ces oracles n'étaient pas articulés; on les interprétait en bien ou en mal, suivant la qualité du son plus ou moins clair, plus ou moins sourd. Jamais on n'alla jusqu'à supposer sérieusement à la statue la faculté de proférer des paroles : l'examen de deux passages anciens établira suffisamment cette opinion propre à éloigner toute idée de supercherie ou de fraude pieuse,

Dans la vie d'*Apollonius de Tyane*, qui contient sur cet oracle le dernier témoignage de l'antiquité, et où assurément le merveilleux n'est point épargné, on voit très-bien, malgré l'expression équivoque employée dans le texte, que, dans son voyage à Thèbes, cet illustre imposteur et ses compagnons entendirent de simples sons, et non des paroles de la statue : or, pour peu qu'à cette époque elle eût déjà parlé, on juge bien qu'Apollonius n'aurait pas manqué d'être favorisé d'un tel honneur ; et, si l'espèce de bruit qu'il entendit eût eu la moindre analogie avec des sons articulés, il était trop subtil pour ne pas le distinguer et en tirer parti, lui qui, selon Philostrate, son historien, sut discerner dans les yeux de la statue un sentiment de joie à l'aspect du soleil naissant, et qui la vit même sur le point de se lever pour rendre un respectueux hommage au dieu de la lumière [1].

Lucien seul paraîtrait contredire le sentiment que je défends, si l'on ne faisait pas bien attention au motif de ses paroles; Lucien, le moins crédule de tous les hommes, fait mention, dans ses Dialogues, de l'oracle de Memnon, qu'il traite comme les autres oracles, c'est-à-dire assez légèrement. Un certain Eu-

---

[1] Philostrate, *de Vita Apollonii Tyanei*.

cratès raconte, dans le *Philopseudes,* ou Dialogue des menteurs, « qu'envoyé jeune encore en Égypte par son père pour s'y instruire, il se rendit par le Nil à Coptos, et qu'il poussa jusqu'à Thèbes : là, il entendit Memnon, mais non pas à la manière ordinaire; non pas proférant un son inarticulé, *comme l'entendait le commun des hommes;* la statue lui parla, et de sa propre bouche prononça distinctement sept vers, qu'il rapporterait si ce n'était chose superflue. » En mettant dans la bouche d'un menteur cette risible hyperbole, l'intention de l'auteur est manifeste. J'accorderai, si l'on veut, que Lucien, qui était enclin à se railler des superstitions de son temps, ait voulu profiter de l'occasion pour tourner, selon sa coutume, l'oracle en ridicule; mais, quoi qu'il en soit, son passage ne prouve pas moins qu'alors tout le monde, hors le menteur Eucratès, reconnaissait que la statue rendait seulement *des sons inarticulés :* ainsi son témoignage confirme encore tous les autres.

4°. La critique doit s'attacher encore à d'autres circonstances. Le son étant le résultat d'une cause naturelle, et dépendant d'un concours de conditions nécessairement variables, il ne pouvait pas exister dans la reproduction du phénomène l'exacte régularité qu'y aurait mise sans doute la supercherie, si telle en eût été la cause : or, il est bien constaté par les inscriptions gravées sur le colosse, que ce ne fut souvent qu'après plusieurs jours d'attente que leurs auteurs parvinrent à l'entendre résonner; et le soin même qu'ils ont mis à constater ce fait prouve que ce n'était pas une chose tout-à-fait commune : beaucoup d'autres voyageurs, sans doute, n'avaient pas eu cet avantage.

Le son variait pour son intensité et pour le moment auquel il avait lieu; et cela devait être, en raison de la résistance plus ou moins grande que les grains opposaient à la rupture : cependant, comme effet de quelque mécanisme secret, il eût été constamment le même.

Vu la multiplicité des fentes et des dégradations qui s'opéraient en même temps, ce son pouvait se répéter plusieurs fois le même jour; et c'est ce qu'attestent plusieurs inscriptions [1]. La supercherie aurait eu sans doute plus de discrétion pour ne pas se déceler.

5°. Voici ce qui me paraît encore plus décisif; c'est que l'émission du son, comme effet de quelque mécanisme particulier, aurait toujours eu lieu par le même endroit de la statue et probablement par sa bouche, tandis que, provenant d'une cause naturelle, il devait partir et partait en effet de différens points de la pierre, quelquefois du siége ou même du piédestal, suivant le témoignage de Strabon : aussi, lorsque Cambyse, par un sentiment de jalousie, eut fait couper par le milieu du corps la statue pour la réduire au silence, ce qui en restait ne continua pas moins, après cette opération, de se faire entendre comme auparavant.

6°. On demandera peut-être pourquoi depuis si long-temps le phénomène ne se reproduit plus; et cette objection a du poids. La cause en est-elle tout-à-fait épuisée? ne se forme-t-il plus de nouvelles dé-

---

[1] Entre autres, celles de Vibius Maximus, de Pétrone, d'Ulpius Primianus, successivement préfets d'Égypte.

gradations? ou bien, le son étant moins fréquent et le lieu tout-à-fait abandonné, a-t-on cessé de le remarquer? Ce dernier cas me semble le plus probable : ce n'est pas le phénomène, je crois, qui a entièrement cessé, mais son observation; et peut-être une observation assidue le constaterait de nouveau. Combien de faits naturels, non moins dignes d'attention, et bien plus à la portée des observateurs, mais négligés par l'ignorance ou dédaignés par incrédulité, sont demeurés comme inaperçus pendant des siècles entiers, qui, cependant, une fois remarqués, ont été depuis lors fréquemment constatés!

Au surplus, à défaut d'observations directes, nous avons, pour confirmer notre explication, d'autres observations presqu'aussi concluantes, et qui en sont une conséquence si naturelle, que le silence, à cet égard, fournirait contre elle l'objection la plus grave. Ne serait-on pas en droit de nous dire : « Puisque la rupture instantanée des gros grains de quartz épars dans la brèche, au milieu d'autres matières moins résistantes, est ce qui produit la vibration ou ces sons spontanés que rend la pierre, lorsqu'après l'humidité de la nuit elle vient à être frappée des rayons du soleil levant, les granits de Syène, matières rigides et capables de vibration, abondantes aussi en grains de quartz isolés, plus durs que le reste de la pierre, et bien adhérens comme dans la brèche, ne devraient-ils pas, offrant les mêmes circonstances, produire le même effet, et rendre quelquefois au lever du soleil des sons spontanés, aussi bien que la statue de Memnon? » Or, voilà précisément ce qui a été constaté par divers témoins.

Je visitais à Syène, au lever du soleil, les traces d'exploitations anciennes qu'on voit sur des rochers de granit, un peu au-dessus de la ville, et j'en avais détaché un fragment : aussitôt un craquement brusque et sonore se fit entendre, comme si la pierre se fût éclatée d'elle-même. Ce bruit, que j'attribuai à l'ébranlement causé par la percussion, excita peu mon attention : mais long-temps après j'appris de M. Redouté, que, dans la Thébaïde, au lever du soleil, il était lui-même occupé, avec un autre dessinateur, à copier un bas-relief antique sous le portique d'un temple, lorsqu'au milieu du silence qui régnait autour d'eux, ils entendirent tout-à-coup un bruit assez fort, une espèce de craquement prolongé et très-sonore, qui semblait partir du plafond, et qui se répéta deux ou trois fois de suite; effrayés de ce bruit inopiné, les deux artistes se retirèrent avec précipitation, croyant que c'était le signe précurseur de l'écroulement de quelques parties de l'édifice. D'autres personnes encore ont été témoins de pareils faits, et des observations semblables se trouvent rapportées dans la Description générale de Thèbes [1]. C'est dans un appartement en granit, qui fait partie du grand édifice de Karnak, que les sons furent entendus; le soleil était levé depuis peu de temps, et le bruit est comparé au son d'une corde vibrante. Plusieurs membres de la Commission des sciences, MM. Costaz, Cou-

[1] *A. D.*, chap. IX, sect. VIII.

telle, Le Père, architecte, Delile, Jomard et Jollois, sont cités comme témoins de ce fait.

CHAPITRE III.

Brèche du Kaire, etc.

Le Gebel Ahmar, ou montagne Rouge, situé à près de trois kilomètres à l'orient de la citadelle du Kaire, au sein de la chaîne arabique, est une colline entièrement isolée qui s'élève au milieu d'une plaine sablonneuse. Par sa nature, elle se rapproche beaucoup de la brèche de Syène. Sa figure est celle d'un cône émoussé et fort dégradé dans sa partie supérieure, qui laisse discerner des traces d'exploitations anciennes. Sa hauteur est peu considérable et n'excède guère 20 à 25 mètres; mais sa forme, son isolement, sa nature quartzeuze, et sa couleur d'un rouge obscur, la rendent remarquable au milieu des montagnes blanches et toutes calcaires qui l'environnent. Elle ne laisse pas voir une stratification bien régulière; toutefois, les indices de lit qu'on peut distinguer, sont à peu près horizontaux : elle est entourée de fragmens et de grands éclats tranchans, débris manifestes d'anciennes exploitations. On reconnaît, en effet, sur plusieurs de ses faces, qu'il en a été enlevé des portions considérables. Quelques fragmens de palmier pétrifiés, de 9 à 10 pouces de diamètre, gisent à son pied, ou sont à demi enterrés dans le gravier quartzeux dont est formé le sol environnant.

Malgré la grande analogie de la brèche de la montagne Rouge avec celle de Syène, on peut encore, à quelques différences d'aspect et de composition, distinguer les grandes masses qui proviennent de l'un et de l'autre endroit. La brèche du Kaire, gisant au milieu d'un terrain calcaire, d'une formation antérieure, renferme quelques fragmens de coquilles marines, et même des coquilles entières (fort rares, il est vrai, mais qu'on n'aperçoit jamais dans la brèche de Syène, entourée uniquement de montagnes primitives et d'un vaste terrain de psammite à grain fin). Les coquilles qu'on remarque dans la brèche du Kaire, du genre des cames, des peignes, des manteaux, ne sont pas entièrement pétrifiées : elles conservent encore la blancheur et même l'éclat un peu nacré des coquilles naturelles. On peut voir un échantillon qui en renferme, planche 4 de minéralogie, fig. 1.

Outre les couleurs jaune, brune et rouge foncé, qui sont les plus communes dans la brèche du Kaire, on y voit aussi de grandes parties tout-à-fait blanches, qui ont fait prendre certains fragmens pour du marbre, notamment un gros bloc enclavé dans le massif qui supporte la grande colonne de syénit, dite vulgairement *colonne de Pompée*. Olivier, dans son *Voyage en Orient*, tom. III, pag. 39, l'indique comme un bloc d'un beau marbre blanc, chargé d'hiéroglyphes. D'autres masses offrent un léger ton rose, ou diverses nuances de rouge clair; le brun y tire quelquefois sur le violet, ou prend une couleur chocolat très-marquée. Souvent ces diverses couleurs s'unissent par nuances insensibles : d'autres fois elles sont tranchées nettement. La brèche de Syène, plus uniforme dans sa couleur, n'offre guère, comme on a vu, que le jaune, le brun et le rouge-brun. Une cassure un peu plus grenue, et des agates plus rares et d'un tissu plus grossier, sont encore un caractère pour distinguer les blocs qui proviennent du Gebel Ahmar. C'est à ces différences qu'on reconnaît que les colosses de Thèbes ont été tirés de Syène. J'ai rapproché de ces monumens les fragmens recueillis dans ces montagnes : l'identité est parfaite ; même composition, mêmes tons de couleurs, texture absolument semblable, analogie complète dans les agates : je n'ai pu voir aucune différence. Ajoutez qu'il était plus naturel de faire descendre de Syène par le Nil ces immenses blocs dans un espace de quarante lieues, que de leur en faire remonter cent cinquante pour les amener du Kaire.

MONTAGNE DE GRAYBOUN.

On rencontre aussi, vers le milieu de la vallée de l'Égarement, une montagne qui a quelque analogie avec la précédente. Cette montagne, haute d'environ 20 mètres, et connue des Arabes sous le nom de *Grayboun*, est, comme le Gebel Ahmar, isolée au milieu d'une plaine sablonneuse, bordée d'escarpemens calcaires ; comme lui aussi, elle est de figure conique et bien plus sensiblement encore. A sa forme, à son isolement, à ses surfaces noires et comme brûlées, on la prendrait de loin pour un ancien volcan : mais cette illusion cesse bientôt lorsqu'on en approche. Le tissu de la pierre est moins écailleux que celui de la brèche de la montagne Rouge ; les fragmens de quartz empâtés y sont moins gros, moins abondans, et je n'y ai remarqué ni coquilles ni agates. La disposition des couleurs est à peu près la même ; mais les nuances claires y sont bien plus rares. La couleur la plus ordinaire de ce grès, dans les cassures nouvelles, est le brun foncé, tirant quelquefois sur le violet. Certaines masses sont d'un noir-bleuâtre. Le mélange des oxides de fer et de manganèse en différentes proportions produit ces différentes *nuances*.

On ne remarque ici aucune trace d'exploitation, pas même des éclats de blocs dégrossis, comme autour de la montagne Rouge ; quelques masses éparses sur le sol sont des fragmens détachés naturellement.

Par sa composition et la rareté des cailloux empâtés, cette montagne a plus de rapport avec les longues collines de grès siliceux qui règnent dans la partie méridionale de l'isthme de Soueys, qu'avec le Gebel Ahmar ; j'en ai parlé ici à cause de l'analogie de gisement que présentent ces deux montagnes. Leur forme, leur élévation, qui sont les mêmes, surtout leur isolement au milieu d'une plaine environnée de montagnes calcaires, sont des circonstances qui méritent d'être rapprochées.

CHAPITRE IV.

Poudingue jaspoïde de la vallée de l'Égarement; cailloux d'Égypte.

§. I. *Vallée de l'Égarement.*

La vallée qui porte le nom de *l'Égarement*, et qui a son embouchure à environ 8 kilomètres au-dessus du Kaire, est une de ces grandes coupures qui traversent tout le désert compris entre l'Égypte et la mer Rouge, sur laquelle elle vient déboucher à 25 kilomètres au sud du port de Soueys. M. Girard, de l'Académie des sciences, qui l'a parcourue à la même époque que moi, en a donné une description topographique, à laquelle nous renvoyons le lecteur.

Dans toute sa longueur, qui est de vingt-six heures de marche, cette vallée traverse un massif de montagnes calcaires, où les variétés sont nombreuses, mais toutes en couches horizontales, et qu'on peut considérer comme postérieures au calcaire du Jura. Les formations les plus anciennes sont caractérisées par les camérines, dont elles renferment, comme presque tous les terrains calcaires de l'Égypte, différentes espèces. Cette formation est la moins abondante. Celles qui dominent sont en partie les mêmes qui recouvrent ailleurs le calcaire à camérines, et qui seront décrites dans un autre écrit, et, en partie, différentes variétés de calcaire coquillier très-compacte, et d'un calcaire grossier, particulier à cette localité, qui alterne souvent avec des couches minces d'argile, de chaux sulfatée fibreuse et de sel gemme. Mon objet actuel n'étant pas la description du terrain calcaire, je me borne à ces indications, qui tendent à faire connaître à peu près l'époque à laquelle ce terrain appartient; j'ajouterai seulement que, dans toute la vallée, je n'ai rencontré ni terrains de craie, qui, d'ailleurs, semblent étrangers à l'Égypte, ni aucune couche renfermant des silex, mais seulement un calcaire tendre et fissile, analogue à celui qui, dans la haute Égypte, en contient en abondance.

Une heure ou deux après être entré dans la vallée, on voit épars sur le sol, des silex, la plupart d'un tissu assez grossier, et la quantité s'en accroit à mesure qu'on s'avance. On trouve également quelques fragmens de bois agatisés, comme M. Girard en a déjà fait l'observation; l'abondance de ces cailloux augmente surtout vers les embouchures de quelques vallées transversales qui aboutissent à celle que l'on suit.

§. II. *Collines de poudingue.*

Vers le milieu de la vallée, de longues collines à couches horizontales élevées de 20 à 30 mètres, sont entièrement formées d'un poudingue siliceux à pâte quartzeuse, grise ou jaunâtre, enveloppant une immense quantité de silex de la grosseur et à peu près de la forme d'un œuf. On n'aperçoit jamais, ni dans les couches de ce poudingue, ni dans les amas de cailloux, ni épars sur le sol, aucun fragment de roches primitives ou de transition. Le quartz en fragmens de toutes grosseurs forme la partie la plus considérable du poudingue ; cependant les gros cailloux de cette nature sont bien moins abondans que les silex, et leur forme, au lieu d'être ovoïde, comme la leur, est plus communément sphérique. Quelquefois, dans des espaces assez étendus, on n'aperçoit pas un silex ; d'autres fois ils forment eux seuls plus des trois quarts de la masse, et la pâte quartzeuse suffit à peine pour les lier.

Les silex les plus communs sont d'un gris-bleuâtre ou d'un gris de fumée, demi-transparens, ayant un peu d'éclat, une cassure légèrement écailleuse ou conchoïde, ou même un peu vitreuse, selon qu'ils se rapprochent plus ou moins du quartz. Ils ont la dureté du silex pyromaque, sans en avoir l'aspect ni le tissu. Leur croûte noire ou d'un gris foncé n'est jamais ni altérée ni farineuse, comme celle des nodules siliceux qu'on trouve dans les craies. Je fais particulièrement cette observation pour cette variété qui est éminemment siliceuse, et qui a un caractère fort différent de celles dont je vais parler. C'est aussi celle sur l'origine de laquelle il est le plus difficile de former quelques conjectures.

Après ceux-ci, les silex cornés d'un gris-roux ou

jaunâtre sont les plus fréquens. Leur tissu compacte est souvent lisse, quelquefois céroïde; d'autres fois leur aspect devient mat et même terreux; et, en observant la série des gradations successives, on voit qu'ils se rapprochent, par degrés insensibles, du néopètre de Saussure, et l'on y distingue, sans le secours de la loupe, des points calcaires. Quelques-uns de ces cailloux offrent des zones à peu près parallèles à la surface de la pierre; ce qui indique que ce ne sont pas des fragmens de rochers mis en pièces et arrondis par le transport, mais de petites masses naturellement globuleuses. Ces variétés, assez nombreuses, ont en général bien plus d'analogie que les premières avec les silex des couches calcaires, surtout avec ceux qu'on trouve dans les calcaires argileux.

D'autres fois la pâte du silex devient beaucoup plus fine et se colore en brun, à l'exception du centre, qui reste toujours d'une nuance claire, grise, fauve, ou feuille-morte; le fer devient plus abondant, et la pierre prend en partie l'aspect du jaspe. C'est aussi dans ce poudingue, où elle est mêlée à ces silex de nature variée, que gît cette pierre si remarquable par un mélange de zones colorées et de dendrites qui figurent des espèces de paysages, et qu'on appelle *jaspe égyptien*, ou vulgairement *caillou d'Égypte*.

§. III. *Observations sur le caillou d'Égypte.*

La grandeur de cette espèce de caillou varie entre 6 et 10 centimètres; il est rare du moins d'en trouver au-dessus ou au-dessous de ces dimensions. Le poudingue qui lui sert de matrice, ne renferme point d'agates bien caractérisées, comme les brèches siliceuses de Syène et du Kaire ; et, d'une autre part, ces dernières n'offrent point de cailloux d'Égypte [1]. La présence de cette pierre forme donc un des caractères distinctifs de ces roches ; c'est pourquoi je donnerai le nom de *poudingue jaspoïde* à celle qui sert de matrice au caillou d'Égypte, pour la distinguer des brèches agatifères, avec lesquelles on pourrait quelquefois la confondre.

Quoique rangé parmi les jaspes, le caillou d'Égypte diffère beaucoup d'autres pierres qui portent ce nom ; il diffère surtout de quelques-unes de couleur verte, jaune ou rubanées, qu'on trouve dans le Nil en petits cailloux, ou qui ont été travaillées par les anciens, et dont on rencontre, soit en Égypte, soit dans les collections d'antiquités, de petites idoles, des scarabées et d'autres petites antiques ; mais ces matières, quoique désignées sous le nom de *jaspes*, sont la plupart des fragmens de roches primitives ou de transition, d'apparence homogène.

Quelques détails sur le caillou d'Égypte et sur la roche qui le renferme pourront appuyer les observations, qui seront rapportées ailleurs [2] avec plus de détails, sur le mode de formation des silex.

Un assez grand nombre de cailloux présentent quel-

---

[1] Je ne crois pas qu'on en ait vu un seul dans les blocs travaillés par les anciens, qui paraissent tirés principalement de ces deux localités, ni même aucun fragment d'aussi grande dimension.

[2] Description de la vallée des tombeaux des rois de Thèbes.

ques zones, et approchent par degrés du jaspe égyptien : mais les exemplaires bien caractérisés sont rares; à peine en rencontre-t-on un sur deux ou trois cents cailloux. Cette pierre est un accident parmi les silex, ou, si l'on veut, le dernier terme d'une série dont certaines variétés approchent par degrés. Bien que les figures que présentent les zones et les dendrites, semblent varier à l'infini, elles sont pourtant soumises à de certaines règles. En brisant ces cailloux, on peut s'assurer qu'ils sont formés, à l'intérieur, d'un grand nombre de couches successives, brunes, jaunes et noires, généralement plus foncées et plus multipliées à mesure qu'elles approchent de la surface. On discerne souvent plusieurs centres de couleur claire, autour desquels sont disposées les veines colorées. Les zones de ces différens systèmes se pénètrent et se troublent comme les cercles qui se forment au sein d'un liquide où sont tombés plusieurs corps voisins; ce qui les rend souvent fort irrégulières. A l'extérieur règne toujours une enveloppe générale d'une teinte très-sombre, large de trois ou quatre lignes dans les plus grands cailloux, et formée de couches minces et sinueuses qui distingue l'intensité de leur nuance. Au-dessous plusieurs filets bruns, à peu près concentriques, alternent avec les couches claires et plus larges qui forment le fond. C'est autour des bandes les plus foncées que pendent ou s'enveloppent, en forme de guirlande, les petits rameaux ou dendrites d'un noir velouté ; et comme l'intérieur de la pierre est toujours d'un ton pâle beaucoup plus clair que la bande extérieure, il semble qu'on aperçoive, au* travers d'une voûte sombre ou d'une grotte percée à jour, garnie de mousse, ou décorée de feuillages, un espace lointain bien éclairé : mais cet intérieur, formé simplement de zones concentriques, ou entre-croisées, est communément insignifiant et ne répond pas à l'effet pittoresque de l'encadrement [1].

La dureté de ce caillou est inférieure à celle du silex pyromaque, et plus grande que celle de la plupart des jaspes : il donne d'abondantes étincelles par le choc de l'acier.

Au chalumeau, il est ordinairement infusible [2]. Si on ne le chauffe pas avec beaucoup de précaution, il pétille et saute au loin avec beaucoup de violence. Les parties faiblement colorées blanchissent par la chaleur : les portions très-noires conservent leur couleur; quelquefois elles se frittent légèrement. Fondue dans le creuset d'argent avec trois fois son poids de sous-carbonate de soude, la masse prend une belle couleur verte. La matière qui colore les veines en noir, est l'oxide de manganèse mêlé à l'oxide de fer; ces portions noires sont d'une pâte très-fine, complètement opaque. Les zones brunes sont translucides sur les bords, surtout celles qui ont un aspect céroïde; la partie claire du centre a souvent un tissu moins serré que le reste.

---

[1] Pour peu cependant que l'art s'y joignît, on tirerait souvent de ces pierres des effets heureux et capables de produire quelque illusion.

[2] J'ai trouvé cependant qu'un atome finit quelquefois par se couvrir d'un émail sur le charbon : mais probablement la cendre qui se forme, lui sert de fondant; car il est inaltérable dans la cuiller de platine.

Mais ce qui paraît surprenant dans les cailloux où cette pâte est la plus grossière, ce sont des points blancs et même de petits disques de nature calcaire, dans lesquels on reconnaît quelquefois, à l'aide de la loupe, l'organisation cloisonnée des camérines. Il n'est pas sans vraisemblance que quelques-uns des globules plus petits sont de même sorte. J'ai vu plusieurs cailloux dont l'intérieur était creux et tapissé de pyramides de quartz diaphane.

La croûte, ou, pour mieux dire, la surface extérieure de ces cailloux, est d'un brun obscur sale ou un peu jaunâtre, légèrement chagrinée, comme la surface des agates qu'on trouve sur le sol des anciennes villes; mais le tissu du silex n'est jamais altéré et n'offre aucun indice de décomposition. On serait porté d'abord à croire que tous ces cailloux ont conservé leur forme originelle, et qu'ils n'ont éprouvé dans le transport aucune altération : mais, en les examinant, on s'aperçoit que la plupart sont usés d'une manière notable; que les zones extérieures ne correspondent pas parfaitement avec leur surface actuelle, et sont coupées de manière à dénoter qu'une portion de l'ancienne surface a été enlevée. On ne peut donc pas admettre que cette forme de galet qu'ils ont presque tous aujourd'hui, soit exactement celle qu'ils avaient à leur origine. Certains méplats semblent indiquer dans quelques-uns, que des protubérances ont été détruites ou détachées dans le transport; et ce qui pourrait le confirmer, c'est que la zone noire enveloppante a, dans ces parties, sa convexité tournée vers le centre de la pierre.

De l'ensemble de ces circonstances on peut déduire que les cailloux d'Égypte ne sont autre chose que des silex chargés d'argile, colorés partiellement par de l'oxide de fer et de manganèse, et formés, à la manière des silex ordinaires, dans des couches d'un calcaire grossier. Les globules discernables de nature calcaire, et les petites camérines qu'ils renferment quelquefois, appuient fortement cette opinion.

Si l'on rapproche de cela les détails qui seront exposés ailleurs, touchant les silex de Bybân el-Molouk [1], on reconnaîtra le même mode de formation, c'est-à-dire que ces masses semblent également avoir pris naissance par le rapprochement des molécules siliceuses éparses dans le calcaire grossier, et qui se sont groupées, par un jeu particulier d'affinité, autour d'un centre commun [2]. Plusieurs centres existent quelquefois à de petites distances, comme dans les silex de Bybân el-Molouk; de là les zones concentriques à différens noyaux, et qui s'entre-croisent quelquefois [3]. Les observations que pourront faire d'autres naturalistes sur la formation des nodules siliceux que renferment les couches calcaires, confirmeront ou recti-

---

[1] Description d'un terrain calcaire.

[2] Les molécules métalliques, dont l'intervention donne au silex, dans quelques parties, les caractères du jaspe, ont formé, en vertu de leur tendance à s'unir de préférence entre elles et avec les molécules d'argile, les veines colorées concentriques d'une pâte plus fine qui enveloppent ces cailloux.

[3] Quant aux dendrites, la cause en est la même que pour toutes celles qui existent dans les jaspes et les agates : elles sont toujours d'une couleur plus intense que le reste de la pierre, par conséquent plus chargées de parties métalliques; ce qui est une suite de leur tendance particulière à se grouper et à s'unir entre elles de préférence.

fieront cette explication ; j'ai cru utile d'appeler leur attention sur cet ordre de faits importans en géologie. Je ne prétends pas que tous les silex des couches calcaires aient le même mode de formation; mais je crois que celui que j'indique est le plus ordinaire. D'après cela, la dénomination qui conviendrait à ces cailloux serait, ce me semble, celle de *silex jaspés*.

Dans les couches de poudingue où la pâte siliceuse est abondante, la roche est très-solide, très-dure, et les cailloux y sont très-adhérens; mais, dans quelques endroits où elle s'est trouvée en trop petite quantité, les silex qu'elle renfermait se sont désagrégés. Accumulés au pied des collines, ils y forment de longs amas d'un aspect assez singulier : on croirait même qu'ils les composent uniquement, parce que les eaux pluviales en séparent à la surface tous les menus graviers qui s'y trouvaient mêlés ; et, dans certains points où elles descendent des montagnes voisines avec impétuosité, elles entraînent les cailloux mêmes, et les dispersent jusqu'à de grandes distances dans tous ces déserts. Les couches ainsi détruites doivent être considérables, à en juger par la quantité de cailloux accumulés dans le lit des torrens, ou disséminés sur la plaine.

Les silex jaspoïdes, plus faciles à fendre que les autres variétés, se divisent souvent d'eux-mêmes, lorsqu'ils sont roulés par les eaux ; ce qui fait que, parmi les cailloux épars au loin, leur proportion semble plus grande que dans les amas qui encombrent le pied des collines. Les localités où j'en ai remarqué épars sur le sol, sont, outre la vallée de l'Égarement, plusieurs des routes qui conduisent du Kaire à Soueys[1]; les environs du *Birket el-Hâggy*, ou lac des Pélerins; la plaine de la Koubeh, où est la ville des tombeaux du Kaire; quelques autres parties du désert voisin; j'en ai vu jusque sur l'emplacement de l'ancienne Héliopolis.

De l'autre côté du Nil, on en trouve aussi vers le pied de la chaîne libyque, sur le sol où sont assises les pyramides de Gyzeh et dans tous les environs de l'ancienne Memphis; on en a rencontré aussi plus au nord, dans les déserts au couchant du Delta. Ils ne paraissent guère moins abondans de ce côté que dans les déserts situés à l'orient du Nil; mais, aux environs de Syène et dans toute la haute Égypte, je n'en ai vu aucun, et je n'ai jamais ouï dire que personne en eût rencontré.

Il serait difficile de rendre raison de l'existence des montagnes de poudingue au milieu d'un terrain entièrement calcaire. Les causes qui ont amené ces amas de matières siliceuses, sont la suite sans doute de ces grandes et dernières catastrophes qui ont laissé dans tout le globe des traces multipliées et dont l'existence a été reconnue par tous les naturalistes qui ont observé ces sortes de terrains. Quant à leurs causes, quant à la manière dont elles ont agi, et à la voie que les matières ont suivie pour arriver où nous les voyons, les données sont trop faibles et le champ des conjectures est trop vaste pour qu'on ose émettre aucune opinion. On voit seulement que ces terrains sont postérieurs à

---

[1] Je n'en ai point vu dans la partie orientale de l'isthme, que j'ai parcourue.

tous les terrains qui les environnent, et que des couches calcaires, aujourd'hui détruites, ont fourni au moins une partie des silex dont ils sont formés.

CHAPITRE V.

Bois fossiles.

Dans les déserts voisins de l'isthme de Soueys, et surtout dans les parties de l'isthme où règnent ces montagnes à couches friables dont nous venons de parler, le sol est principalement formé d'un gravier quartzeux provenant de leur destruction. Ce qu'il y a spécialement à remarquer, c'est que ce sol de gravier, qui enveloppe le pied des montagnes, renferme beaucoup de fragmens et même des troncs d'arbre pétrifiés, de plus de 10 à 12 pieds de longueur. On voit facilement que ces bois appartiennent à plusieurs espèces différentes : mais les palmiers se font ordinairement reconnaître à leurs longues fibres droites et tubulaires, et le seyâl, ou acacia des déserts, à ses éclats chargés de nœuds, à ses fibres soyeuses, serrées et infléchies ; toutes les autres espèces offrent des caractères trop équivoques pour qu'on puisse déterminer leur nature.

Je n'ai remarqué nulle part des fragmens de bois agatisés bien reconnaissables, empâtés dans les poudingues ; mais j'ai ouï assurer que d'autres personnes, qui ont aussi visité la vallée de l'Égarement, en avaient vu. Ce fait, s'il est vrai, doit au moins être fort rare. Non-seulement j'ai examiné de longues suites d'escarpemens sans y apercevoir aucun vestige de bois pétrifiés, mais les fragmens que j'ai rencontrés, toujours isolés, ne m'ont jamais paru, d'après leur forme et leur volume, avoir fait partie d'un poudingue, du moins à la manière des cailloux qui le composent habituellement. Cependant, comme le fait contraire, s'il venait à être vérifié, fournirait une donnée intéressante touchant le mode de formation de ce terrain, je crois toujours bon de le signaler à l'attention des voyageurs, en faisant observer que c'est dans les couches mêmes des montagnes de poudingue qu'il serait important de constater l'existence de ces fragmens de bois fossiles, et non pas seulement parmi les cailloux épars à leur pied, car ce dernier gisement est très-ordinaire en Égypte ; et, dans d'autres localités où existent des poudingues analogues, il est bien moins commun de voir les fragmens de bois pétrifiés, roulés et arrondis, faire partie du poudingue. On ne saurait guère admettre non plus qu'ils aient été amenés par les mêmes causes que les cailloux qui constituent ces roches. Il est plus probable que ce sont des arbres entiers et préexistans à l'arrivée des cailloux, qui se sont trouvés enveloppés dans ce terrain lors de sa formation et sur la place même où ils croissaient, comme l'indiquent l'état de parfaite conservation et la grandeur des tronçons enveloppés dans les sables : non-seulement tous les cailloux qui composent les couches solides sont très-arrondis et paraissent avoir subi un long transport, mais leur volume est à peu près le même, et les plus grands n'excèdent guère la grosseur du poing, tandis que les bois pétrifiés ne sont ni arrondis ni usés, même à leur surface, où l'on distingue très-bien l'organisation végétale, et beaucoup mieux encore que dans leur intérieur, qui n'offre souvent que l'aspect d'un grès siliceux compacte. Des tronçons intacts de plusieurs pieds de longueur, et même des troncs presque entiers, n'ont certainement pas été charriés par les eaux. Ce phénomène géologique d'arbres pétrifiés, enveloppés sur place par les dépôts de cailloux arrivés de très-loin, et ayant, au milieu de cette irruption de matières étrangères, conservé leurs formes, leur tissu, et quelquefois même leur situation naturelle, comme on le remarque dans la grande vallée du désert Libyque, appelée *le Fleuve sans eau,* tout extraordinaire qu'il paraît, n'est cependant ni particulier à l'Égypte, ni même très-rare dans nos contrées : nous l'avons observé aussi dans divers terrains de poudingue, même dans ceux qui recouvrent les houillières de l'intérieur de la France [1].

La production de ces arbres dans les déserts de l'Égypte, postérieurement à la formation des montagnes de poudingue, n'est nullement vraisemblable : car dans ces contrées, où la végétation est si rare, ce

---

[1] Les troncs d'arbres qu'on voit enveloppés dans les houillières, y sont le plus souvent dans une situation verticale. Leur écorce, parfaitement conservée, est la seule partie qui soit convertie en houille, l'intérieur des troncs étant communément rempli par les mêmes matières qui constituent les couches. J'y ai souvent remarqué des fragmens roulés, de la grosseur d'une amande, en quartz, feldspath, lydienne, serpentine, etc.

n'est ordinairement que dans des vallons profonds, ou dans des terrains que la disposition du sol environnant rend le réceptacle des eaux, que l'on trouve aujourd'hui quelques arbres vivans ; et, sans doute, il en a été de même dans tous les temps. La stérilité de ces déserts ne tient pas uniquement à la nature du sol ; elle tient également à l'influence du climat, qui n'a point dû changer, à moins de grandes révolutions célestes dont nous n'avons aucune idée. Cette même disposition du sol a dû le rendre aussi le réceptacle des fragmens roulés que les eaux entraînaient, de quelque manière que l'événement ait eu lieu ; mais, une fois les dépressions remplies par ces matières étrangères, la végétation ne s'est plus trouvée favorisée, et une aridité complète a dû régner dès-lors dans ces lieux, comme elle y règne maintenant.

M. de Volney rapporte que, dans son voyage du Kaire à Soueys, il a vu des couches de terrain où la pierre avait le tissu du bois pétrifié, et qu'il s'est bien assuré que cette pierre faisait partie du rocher : il conclut de là que ce sont sans doute des faits de ce genre qui ont persuadé à la plupart des voyageurs qui l'ont précédé, qu'il existait dans l'isthme de Soueys de véritables bois fossiles. On peut contester au moins la conclusion que ce célèbre voyageur tire de son observation. Il existe, en effet, dans ces déserts, de longues collines de grès siliceux, très-dur, gris et bleuâtre, assez analogue à celui de la vallée de l'Égarement, et qui, probablement, appartient à la même époque et a eu le même mode de formation. En côtoyant les escarpemens

DE L'ÉGYPTE. 193

de ces collines, j'ai remarqué aussi quelques endroits où le tissu de la pierre est comme fibreux, et rappelle celui de certains bois fossiles; mais ces endroits sont tellement fondus et incorporés dans la masse, que l'idée ne m'est pas même venue qu'ils pouvaient avoir pour origine des bois fossiles [1].

Il y a peu de pays où l'on voie des bois fossiles mieux caractérisés que ceux qu'on trouve dans les déserts de l'Égypte : les échantillons gravés dans les planches de minéralogie l'attestent assez. Néanmoins, comme ces bois, bien qu'assez abondans, n'existent pas indistinctement dans toutes les parties du désert, il est très-facile qu'un voyageur fasse le trajet du Kaire à Soueys sans en remarquer. Sur cinq traversées que j'ai faites, je n'en ai rencontré que deux fois, et une seule fois en très-grande quantité.

CHAPITRE VI.

Observations sur quelques autres sortes de brèches employées par les anciens.

Parmi ces notions sur les brèches et les poudingues de l'Égypte, je n'ai pas parlé de cette brèche univer-

[1] L'observation de M. de Volney est conforme à cette remarque; car il ne met pas en doute que ces parties, malgré leur apparence, ne soient de même nature que le reste des couches. C'est donc seulement l'opinion émise par suite de cela contre l'existence des véritables bois fossiles dans l'isthme, que j'ai cru devoir relever, à cause de la grande célébrité de son auteur, dont l'ouvrage sera lu aussi long-temps que durera l'intérêt que l'on porte à l'Égypte.

selle de Qoçeyr, si admirée pour la diversité infinie des fragmens de roches primitives qu'elle enveloppe, dont l'éclat et la variété des couleurs tranchent si heureusement sur les belles nuances vertes de son fond, et non moins admirable pour les difficultés vaincues dans le travail des blocs de cette matière, parce que cette brèche a été décrite dans un Mémoire spécial sur la vallée de Qoçeyr [1]; mais je crois devoir rappeler ici que les circonstances de son gisement aussi bien que la nature de sa pâte, qui la rattache d'une manière évidente aux roches primitives et de transition, obligent, malgré les fragmens roulés qu'elle renferme, de la rapporter aux derniers temps de leur formation, montrant ainsi que les causes créatrices qui ont formé les terrains primitifs, continuaient d'agir encore sur quelques points du globe à l'époque où, sur d'autres points plus élevés, déjà s'exerçaient les agens de dégradation qui travaillent à les détruire.

Par toutes les circonstances de leur gisement, les différentes brèches siliceuses dont j'ai parlé se rapportent avec évidence aux dernières catastrophes qui ont imprimé à nos continens leur forme et leur état actuel : voilà donc dans cette contrée les termes extrêmes (quant aux époques) du produit de ces causes puissantes et encore peu connues qui ont donné naissance aux grands terrains de poudingue.

Outre les brèches et poudingues ci-dessus décrits, il est presque certain que les Égyptiens en ont employé

---

[1] Description minéralogique de la vallée de Qoçeyr, *H. N.*, tom. xx, pag. 165. *Voyez* aussi la 9ᵉ planche des gravures de minéralogie.

d'autres espèces que nous ne connaissons plus aujourd'hui : ce qui me le persuade, c'est la multitude d'agates oviformes ou en cailloux un peu aplatis, répandues sur le sol des anciennes villes de la Thébaïde, et qui ne sont point cependant des cailloux roulés, comme on pourrait le croire d'abord à leurs formes et à leur apparence extérieure. Une partie de ces pierres appartient à la variété connue sous le nom d'*agate orientale*[1].

D'autres, en plus petit nombre, ne diffèrent de la cornaline que par une transparence plus grande et une couleur plus délayée, qui tire davantage aussi sur la teinte violette du grenat. Les belles agates sont rares dans les deux variétés[2]; le plus grand nombre a une pâte grossière, et se rapproche des silex argileux.

Tous ces cailloux, qui ont des rapports entre eux, paraissent avoir une même origine; et, comme ils n'ont pu être transportés sur le sol assez élevé des anciennes villes par aucune cause naturelle, que nous les retrouvons spécialement sur les buttes de décombres les plus hautes et formées de débris des monumens antiques, quelquefois même dans les îles du Nil qui renfermaient

---

[1] Elles sont à zones concentriques, blanches et grises, fort peu distinctes. Elles alternent quelquefois avec des zones couleur de rose, ou d'un gris plus foncé; et leur transparence est plus ou moins troublée par une matière interposée qui leur donne un aspect plus ou moins nuageux; caractère assez ordinaire de l'agate orientale.

[2] Une circonstance assez singulière dans ces agates, c'est que leur croûte grise et altérée peut-être par l'action de la matière qui les renfermait, est empreinte d'une multitude de petites marques demi-circulaires, qui figurent assez bien des écailles de poisson. Les agates rouges portent quelquefois à leur extérieur une ou deux figures très-profondément gravées, assez semblables à une croix de Malte; fait dont la cause serait difficile à expliquer.

des villes égyptiennes et de grands édifices, telles que l'île de Philæ, et surtout l'île d'Éléphantine, où elles sont semées en quantité très-considérable sur l'espace jadis occupé par la ville égyptienne, on ne saurait guère expliquer leur présence qu'en la rapportant à des blocs de poudingue anciennement employés par les Égyptiens pour la décoration de leurs édifices, mais qui, moins solides que les précédens, et désagrégés par l'effet du temps et de l'influence atmosphérique, auraient laissé isolés sur le sol les agates et les silex qu'ils renfermaient. Cette espèce de poudingue a dû être employée en quantité considérable, à en juger par l'abondance de ces cailloux : car ce n'est que la plus petite quantité que nous voyons éparse aujourd'hui sur le sol; la majeure partie doit être enfoncée sous les décombres et les couches de graviers qui recouvrent l'emplacement de ces ruines. A Karnak, sur la rive droite du Nil, où les agates sont plus abondantes que partout ailleurs, on voit aussi une multitude de grains de quartz de moyenne grosseur, tout-à-fait étrangers au sol environnant, et qui semblent bien aussi provenir de la décomposition des poudingues.

On pourrait soupçonner que ces agates, soit qu'elles proviennent ou non de la décomposition d'un poudingue, ont eu primitivement leur origine dans des roches volcaniques, telles que le basalte décomposé, où se sont formées les célèbres agates d'Oberstein ; mais cette opinion, ou, pour mieux dire, cette conjecture, est sujette à plusieurs difficultés. Les matières volcaniques de transport ne manquent pas en Égypte; nous le ferons voir dans un écrit particulier : mais nous n'avons, dans toutes nos courses, rien découvert qui nous autorise à admettre, même comme probable, l'existence d'anciens volcans dans le voisinage de cette contrée, ni dans toute l'Arabie pétrée; nous savons qu'il en existe sur la côte occidentale de la mer Rouge, vers le tropique, dans les déserts habités par les Arabes *Bicharyeh,* qui apportent quelquefois à Syène des fragmens volcaniques, et particulièrement des morceaux d'obsidienne. Il existe aussi dans l'intérieur de la Libye, à plusieurs journées de marche de l'Égypte, des montagnes basaltiques, d'où l'on a tiré peut-être ces grands blocs de basalte qu'on voit encore sur l'emplacement des pyramides; mais cette matière, très-solide, très-dure, diffère beaucoup des roches qui peuvent servir de matrice aux agates. De plus, ces cailloux, quoique formés souvent de couches concentriques, comme les agates des terrains volcaniques, n'ont point toujours, comme elles, les traces de ce canal par lequel s'est introduite dans les cavités des laves la matière qui a formé les concrétions siliceuses. Nous sommes donc hors d'état de prononcer sur leur origine : nous consignons seulement ici des doutes, des conjectures, qui, en appelant l'attention des nouveaux voyageurs, pourront amener des renseignemens plus décisifs.

Il est bien d'autres roches dures qui ont été employées dans les arts par les Égyptiens; mais, outre que nous n'en avons pas toujours retrouvé les carrières, et que nous en ignorons quelquefois même le gisement, elles n'offrent pas par leurs masses la même importance que les précédentes. Nous avons cru devoir nous borner à réunir ici tout ce qui concerne les grès et les brèches ou poudingues siliceux, comme jouant un plus grand rôle dans les monumens anciens, et ayant, par leur nature et par leur gisement, des rapports qui peuvent rendre intéressant leur rapprochement dans le même écrit.

SEPTIÈME PARTIE.

Description de diverses localités de l'Égypte et des déserts voisins, dans lesquelles il existe du natron ou carbonate de soude natif.

L'existence du natron ou carbonate de soude parmi les substances du règne minéral est une des observations remarquables auxquelles avaient donné lieu, dès la plus haute antiquité, les déserts qui avoisinent l'Égypte. Hérodote et Pline nous ont transmis sur cette matière quelques détails assez curieux ; mais, comme en parlant des matières minérales de l'Égypte citées par les écrivains anciens, nous devons discuter plusieurs questions d'antiquité relatives au natron, nous nous bornerons ici aux observations propres à compléter l'histoire naturelle de cette substance.

Jusqu'à l'époque de l'expédition des Français en Égypte, on avait regardé l'existence du carbonate de soude dans les lacs de Terrâneh comme un fait particulier à ce point des déserts. Peu de temps après l'arrivée de l'armée française au Kaire, plusieurs membres distingués de la Commission des sciences visitèrent et firent connaître avec précision, sous différens rapports, ces grands lacs situés à l'est de Terrâneh, qui n'avaient été qu'incomplètement décrits par tous les voyageurs précédens ; il suffit donc, quant à cette localité, de renvoyer aux mémoires publiés par MM. Berthollet et Andréossy, qui ne laissent rien à désirer. Mais, outre ces lacs, il existe encore du natron dans beaucoup d'autres localités qui ne sont indiquées dans la relation d'aucun voyageur, et que les recherches entreprises pendant notre séjour en Égypte m'ont donné occasion de reconnaître. Sous le rapport de l'histoire naturelle, ces nouveaux gisemens méritent l'attention; ils offrent quelques particularités propres à confirmer les explications données sur la formation de ce sel dans les lacs de Terrâneh. Quoiqu'ils soient fort loin d'avoir pour le commerce la même importance que ces grands lacs, ils ne sont cependant pas à cet égard dénués de tout intérêt. Il en est un surtout dont l'exploitation fournit de natron la partie supérieure du Sa'yd : c'est une raison qui nous engage à entrer à son égard dans plus de détails que pour les autres; nous lui consacrerons la première section de cette partie, et nous réunirons, dans la seconde, les descriptions de tous les autres gisemens que nous avons observés.

SECTION I.

Description minéralogique d'une petite vallée de la Thébaïde, dans laquelle on exploite le carbonate de soude.

CHAPITRE PREMIER.

Constitution de la vallée.

En remontant dans la Thébaïde jusqu'à cinq lieues au sud d'Esné, on rencontre, sur la rive droite du Nil, l'embouchure d'une vallée qui n'est marquée sur aucune carte. La chaîne arabique, qui, au-dessus et au-dessous, borde le fleuve de fort près, présente un enfoncement demi-circulaire dans lequel se trouvent un petit village et quelques terres cultivées. Plusieurs petits lacs de natron que renferme cette vallée, lui donnent une certaine importance dans le pays. Ce fait nous était resté inconnu dans le cours du voyage que nous avions entrepris pour nous rendre aux confins de l'Égypte; et, dans notre retour de Syène vers Thèbes, nous avions déjà dépassé ce point, lorsque, sur les indications de quelques habitans d'Esné qui font le commerce de natron, nous nous décidâmes à retourner sur nos pas, MM. Girard, Devilliers, Duchanoy, ingénieurs des ponts et chaussées, et les ingénieurs des mines Descostils, Dupuis et moi, pour constater la vérité des faits qui nous étaient indiqués : cette recherche m'a fourni quelques observations géologiques que je rapporterai également ici.

§. I. *Couches de grès.*

C'est un peu au nord de cette vallée, et sur la même rive, que l'on commence à trouver le gisement de l'espèce particulière de grès qui a été employée par les Égyptiens à la construction des édifices de la Thébaïde ; et c'est dans son embouchure que nous avons eu la facilité de l'examiner plus particulièrement. Les couches supérieures de la montagne sont en partie formées de ce grès. Il alterne avec les couches d'une argile grise qui approche, quant à l'aspect, de celle qu'on exploite à Syène et dont on fabrique des pipes et des creusets dans presque toute l'Égypte ; mais il ne paraît pas que celle-ci ait jamais été l'objet d'aucune exploitation : il est à présumer qu'on l'aura trouvée inférieure pour l'usage à celle de Syène ; elle est en effet moins pure et doit être mélangée de parties calcaires.

Quant aux couches de grès, les Égyptiens ne les ont pas entièrement négligées, comme l'attestent plusieurs vestiges d'anciennes carrières : cependant, malgré les avantages de la proximité pour la construction des immenses monumens situés au nord, l'exploitation y a toujours été peu considérable ; les architectes égyptien sont préféré de porter leurs travaux plus au sud,

DE L'ÉGYPTE. 203

où sont les plus vastes et les meilleures carrières [1] de cette espèce de pierre.

Nous ferons remarquer dans celles dont nous venons de parler, comme un exemple de l'attention qu'apportaient les Égyptiens dans le choix de leurs matériaux, que les couches supérieures, sujettes à renfermer des joints ou *délits*, ont toujours été arrachées sans précaution : c'est pourquoi leur section verticale n'offre qu'un long déchirement, où l'on ne distingue aucune trace d'outil; on voit seulement quelques marques de coin sur les débris qui en proviennent et qui sont accumulés au pied des escarpemens. Les couches moyennes et les couches inférieures, au contraire, présentent des parois verticales, taillées avec régularité et revêtues de ces traces d'outil qui couvrent toutes les surfaces jadis exploitées par les Égyptiens; travail assez curieux, mais déjà décrit ailleurs [2].

Ces couches de grès et d'argile reposent immédiatement sur des couches calcaires; gisement que j'ai été d'autant plus satisfait de constater, que l'on n'avait pu jusque-là que le conjecturer : tous les autres points où nous avions abordé cette chaîne de montagnes ne montrent pas à découvert la jonction des deux terrains. Je n'avais pu que l'entrevoir dans l'éloignement, et je désirais beaucoup pouvoir l'examiner à loisir et le suivre dans les embranchemens de plusieurs vallées, comme j'en ai eu l'occasion ici. Cette seule observation nous dédommageait déjà de la peine du voyage.

[1] *Voyez A. D.*, *chap. V*, sect. II, Description de Gebel Selseleh.
[2] *Ibid.*

Les petits grains de sable qui composent les grès de cette vallée, sont, comme dans ceux des environs de Selseleh, de nature quartzeuse et d'un volume assez uniforme, mais plus faiblement agrégés ; le ciment, également calcaire et argileux, enveloppe aussi quelques écailles de mica brun. La teinte générale des masses est communément grise, quelquefois jaunâtre. Cette pierre se coupe aisément dans tous les sens, surtout lorsqu'elle provient des couches inférieures de la montagne ; mais elle a le défaut d'être un peu trop friable pour pouvoir conserver long-temps sans altération les ornemens délicats de sculpture dont les Égyptiens étaient dans l'usage de décorer toutes les surfaces de leurs édifices.

§. II. *Couches calcaires.*

Les couches calcaires forment plusieurs variétés. Celle qui supporte immédiatement les couches de grès, à l'entrée de la vallée, est une pierre calcaire grise, compacte, susceptible de poli, singulièrement abondante en petites coquilles bivalves, d'un à deux centimètres de longueur, pour la plupart du genre des camites et des pectinites.

Plus loin, une autre variété, tantôt blanche, tantôt d'un gris-bleuâtre, doit indubitablement renfermer une notable quantité de silice dans sa composition ; elle est sèche au toucher, lisse, cassante, difficile à tailler, et laisse échapper des étincelles par le choc de l'acier. Elle ressemble beaucoup à une variété que l'on trouve abondamment dans la chaîne libyque, au couchant d'Esné; à la différence près, que les coquilles qu'elle renferme sont plus nombreuses et bien plus apparentes.

Un peu au-delà, ce sont des pierres moins compactes, d'une couleur cendrée, d'un grain assez fin et terne, qui abondent, comme la première variété, en coquilles de différentes sortes; ces coquilles se distinguent beaucoup plus aisément encore, et ne sont pas liées aussi intimement avec la pâte de la pierre : ce sont principalement des camites et diverses sortes d'ostracites.

A ces diverses pierres calcaires, nous ajouterons encore une dernière variété d'une belle couleur brune, dure, lamelleuse, et même d'un tissu un peu cristallin, susceptible de prendre un beau poli. Celle-ci ne renferme point de dépouilles d'animaux marins. Nous n'avons rencontré aucun bloc de ces diverses variétés travaillées par les anciens.

CHAPITRE II.

Du natron.

§. I. *Gisement du natron.*

Lorsqu'on s'est avancé de quelques centaines de pas dans l'intérieur de la vallée, l'on aperçoit çà et là sur le sol des traces de muriate de soude. La plupart des quartiers de roche détachés des montagnes voisines et épars sur la terre en sont imprégnés assez profondément, et quelquefois montrent à leur surface des efflorescences de carbonate de soude; mais ce dernier sel ne pénètre point dans l'intérieur de la pierre, comme le précédent.

Un peu plus loin, on commence à distinguer, sur le sol même, de légères traces de natron qui, à mesure que l'on s'avance, deviennent plus fréquentes et plus étendues. C'est après s'être écarté du Nil d'environ une heure de marche, que l'on arrive à l'endroit où ce sel existe en plus grande quantité, et où s'en fait la principale exploitation. Le sol est entrecoupé d'une multitude de petits lacs ou bassins qui sont tapissés, sur leurs bords, de croûtes salines. La plupart de ces bassins sont remplis d'une eau saturée, qui a la saveur mixte du muriate et du carbonate de soude. Quelquefois la saveur du muriate de soude domine, et la surface de l'eau est couverte d'une pellicule de ce sel qui commence à cristalliser; mais souvent aussi ses eaux possèdent à un degré fort énergique la saveur âcre et brûlante du carbonate de soude : dans ce dernier cas, la dissolution offre une couleur rouge ou brune assez foncée; couleur assez ordinaire aux eaux saturées de natron, et due probablement à la faculté qu'ont les dissolutions alcalines d'extraire des matières végétales et animales qui y séjournent, certains principes colorans.

Les croûtes salines qui couvrent les bords de ces petits bassins sont, comme la dissolution, tantôt de carbonate de soude, et tantôt de sel commun; souvent les deux sels sont mélangés. Le sel marin, quand il est pur, est cristallisé; mais le natron est en croûtes plus ou moins épaisses, presque toujours mamelonnées et effleuries à la surface. Ces croûtes salines sont adhérentes à une vase noire, très-fine, formée par les débris des montagnes voisines et par le dépôt des eaux venues du fond de la vallée. Des matières végétales, et peut-être quelques matières animales, qui pourrissent sur cette vase, lui donnent une odeur très-fétide : ce sont elles aussi qui lui fournissent les principes colorans dont nous avons parlé.

A deux kilomètres environ des premiers bassins, la vallée se divise en deux branches, dont l'une continue à se diriger vers l'est, tandis que l'autre décline vers le nord-est : toutes deux renferment aussi du natron; il est surtout abondant dans celle du nord-est. L'un et l'autre de ces embranchemens présentent une quantité de cailloux roulés d'une assez grande dimension, très-arrondis, presque tous calcaires, et cependant nous n'en avons pas remarqué à l'embouchure de la vallée; mais les montagnes qui l'encaissent en sont couvertes en plusieurs endroits, et elles renferment des couches de poudingue où sont empâtés des cailloux semblables.

Vers l'endroit où la vallée se partage, et en remontant dans ses deux embranchemens, on aperçoit des plantes en assez grande quantité, parmi lesquelles est une espèce de roseau : les autres, de deux ou trois espèces différentes, m'étaient inconnues; elles offraient un coup d'œil singulier : presque toutes étaient recouvertes de natron. Ce sel forme autour de chaque tige une espèce d'enveloppe ou d'étui, qui continue encore de croître et de s'élever beaucoup au-dessus de l'extrémité des branches. Il est évident qu'une grande partie de ces plantes n'a jamais été submergée par la liqueur qui contenait ce sel; mais qu'il s'en est séparé spontanément pour s'élever le long des tiges de ces plantes, par la propriété qu'il a, étant dissous, de se séparer des autres sels et de grimper le long des objets avec lesquels il est en contact. On pourrait comparer l'aspect de la petite vallée du nord-est, hérissée de ces plantes incrustées de natron, à celui que présentent dans nos climats certaines friches peuplées de plantes de diverses grandeurs, lorsqu'elles sont chargées de givre. C'est la comparaison que la vue de ces lieux nous a fait naître, et dont nous nous sommes servis, mais, je crois, avec très-peu de succès, pour donner aux Égyptiens qui nous accompagnaient l'idée de ce phénomène aussi étranger pour eux que celui que nous avions sous les yeux l'était pour nous. La séparation du natron d'avec les autres sels, et son aptitude à grimper autour des plantes, ont également été observées aux grands lacs de Terrâneh par M. Berthollet [1], qui a remarqué avec sa sagacité accoutumée que cette circonstance, assez indifférente en apparence, est une de celles qui contribuent principalement à la formation du natron, en soustrayant ce sel, à mesure qu'il se forme, à la dissolution, ainsi qu'au jeu des affinités,

---

[1] Mémoire de M. Berthollet sur les lacs de Terrâneh (*Décade égyptienne*).

que sa présence aurait ralenti; elle n'avait pas non plus échappé à Pallas, qui la cite à plusieurs reprises dans ses Voyages en Russie. « J'ai remarqué, dit ce naturaliste en plusieurs endroits, que les plantes qui existent dans les marais qui contiennent du natron, sont toutes couvertes de ce sel, qui souvent même a dépassé leur extrémité, et s'est élevé de plus de deux doigts au-dessus [1]. »

§. II. *Gisement du muriate de soude. Origine du carbonate.*

En examinant les causes auxquelles peut être rapportée l'existence du natron dans cet endroit, on pourrait croire qu'une partie doit être amenée par les eaux qui coulent au fond de la vallée, mais on voit bien aussi qu'une partie se forme sur le lieu même par la décomposition du muriate de soude.

J'ai remarqué, en parcourant les montagnes voisines, plusieurs veines de sel gemme qui sont interposées entre les couches calcaires et les couches d'argile, et dont l'épaisseur est de quelques lignes. Ce lieu réunit donc toutes les circonstances qui paraissent nécessaires à la formation du natron [2] : 1°. du muriate de soude; 2°. une température élevée; 3°. une humidité pour ainsi dire permanente; 4°. du carbonate calcaire réduit en poudre fine, et même jusqu'à des plantes qui favorisent la rapidité de l'opération. Quant à la portion de natron amenée par les eaux, on ne peut guère

---

[1] Voyages de Pallas en Russie.   [2] *Voy.* le Mém. de M. Berthollet.

douter, d'après les circonstances locales, qu'elle ne soit formée par les mêmes causes dans la partie supérieure des deux branches de cette vallée.

L'aspect des lieux indique clairement qu'à certaines époques l'eau y coule avec abondance; et nous avons appris des hommes du pays que pendant l'hiver, après les orages, elle s'élève dans cette vallée, qui a fort peu de pente, jusqu'à la hauteur de cinq ou six décimètres; mais cette inondation n'est que momentanée, et se renouvelle tout au plus deux fois dans le cours d'un hiver: ainsi ce ne peut pas être la principale cause qui entretienne la longue humidité nécessaire à une formation abondante de natron. Nous trouvâmes, quoique nous fussions alors au milieu de l'été, plusieurs de ces petits étangs remplis d'une eau tout-à-fait douce; fait assez extraordinaire pour de l'eau qui est stagnante au milieu d'un terrain imprégné de toutes parts de sels aussi dissolubles: mais on en trouve bientôt l'explication dans l'existence de quelques sources cachées au fond de ces bassins; c'est l'eau de ces mêmes sources qui, s'épanchant doucement et d'une manière continue, entretient pendant si long-temps l'humidité dans toute la vallée.

Ces bassins, remplis d'eau douce, et environnés d'autres bassins remplis d'eau alcaline, sont une preuve que la formation du natron a lieu sur l'emplacement même. Puisque les bassins dans lesquels les sources s'observent ne tiennent pas de natron, et que l'on ne voit point de sources dans les bassins où l'eau est saturée de ce sel, il faut bien conclure qu'il n'est point apporté de loin par ces voies souterraines que suivent les eaux des sources. On ne peut pas non plus le supposer préexistant, comme le muriate de soude, dans le voisinage de ces lacs, et ayant, comme lui, un gisement particulier dans les montagnes qui versent leurs eaux dans la vallée. Nulle observation ne permet de le soupçonner; mais, au contraire, l'existence du sel gemme dans ces montagnes est un fait d'observation directe, auquel on est souvent conduit en remontant jusqu'à leur origine le cours des ravins qui pendant les pluies amènent leurs eaux dans la vallée. On remarque même, chemin faisant, que, sur les bords des ruisseaux, les croûtes de carbonate de soude deviennent toujours moins abondantes à mesure que l'on approche des montagnes, tandis que le contraire a lieu pour le muriate de soude.

Si, indépendamment de toutes les circonstances du gisement de ces deux sels, on vient à considérer que l'on n'a jamais rencontré de natron dans une localité dépourvue de muriate de soude ou de carbonate de chaux, ainsi que le démontrent et les observations connues jusqu'à présent, et toutes celles qui sont rapportées dans la seconde section de cette partie, l'explication, d'ailleurs si concluante, de la formation de ce sel, donnée par M. Berthollet, paraîtra sans doute établie sur un concours de raisons chimiques et d'observations minéralogiques assez multipliées pour qu'elle ne puisse comporter aucune objection. C'est ce qui nous a engagé à entrer dans des détails assez étendus sur ce gisement, et à réunir dans un même cadre les observations recueillies dans toute l'étendue des déserts qui environnent l'Égypte.

Une circonstance qui peut n'être pas sans intérêt pour les chimistes, c'est que l'on trouve quelques indices de gypse ou sulfate de chaux dans cette localité; et, ce qui nous paraît avoir une dépendance nécessaire avec ce fait, il existe une quantité assez considérable de sulfate de soude dans ce natron : elle égale quelquefois presque la moitié du poids du carbonate de soude.

Ce natron, ainsi que celui de Terrâneh, est extrêmement variable quant aux proportions des différens sels. Le muriate de soude est presque toujours la substance la plus abondante; il forme quelquefois plus de la moitié de la masse totale : le sous-carbonate de soude, environ le quart ; et le sulfate de soude, près d'un neuvième : à quoi il faut ajouter quelques centièmes de matières terreuses et quelques atomes d'oxide de fer. Il est à remarquer que les sels ne contiennent qu'une très-petite partie de leur eau de cristallisation.

L'analyse d'un échantillon de qualité moyenne, faite au laboratoire de l'École des mines, a donné pour composition exacte :

Sous-carbonate de soude. . . .	0,2335.
Sulfate de soude.	0,1129.
Muriate de soude.	0,5166.
Sable siliceux et argileux. . . .	0,0290.
Carbonate de chaux.	0,0089.
Oxide de fer.	0,0020.
Eau.	0,0971.
	1,0000.

Les sels alcalins séparés des matières terreuses, et bien calcinés, se sont trouvés composés de

Sous-carbonate de soude. . . . 0,2705.
Sulfate de soude. . . . . 0,1273.
Muriate de soude. . . . . 0,6022.
─────────
1,0000.

§. III. *Exploitation du natron.*

Les morceaux de natron que l'on arrache, entraînent avec eux une couche plus ou moins épaisse de cette vase qui tapisse le fond des bassins; cependant, avec un peu de précaution, on parvient à en détacher beaucoup de morceaux qui n'en sont pas souillés. C'est dans cette précaution que consisterait le plus grand art de cette exploitation, ainsi que dans l'attention de choisir les morceaux où il n'existe pas de mélange de sel marin. Les habitans du hameau voisin, qui sont en possession de cette petite branche d'industrie, y consacrent principalement les mois de fructidor et de vendémiaire, et quelquefois celui de brumaire (c'est-à-dire environ depuis la mi-août jusqu'à la mi-octobre, et quelquefois jusqu'à la mi-novembre); c'est l'époque où le natron se trouve en plus grande quantité : plus tôt, l'extraction serait difficile et peu lucrative; plus tard, les eaux qui viennent inonder la vallée ne permettraient plus de la faire. Les *fellâh* qui se livrent à cette occupation, n'en retirent qu'un bénéfice fort léger. On peut voir ici un exemple de la modicité des salaires dans cette partie de l'Égypte, et du bas prix de certaines denrées : chaque charge d'âne de natron, rendue au bord du Nil, ne rapporte à l'exploitant que 6 à 7 parâts (5 à 6 sous de notre monnoie); et chaque charge de chameau, que quatre fois autant environ [1]. Aux époques où se terminent l'extraction, quelques marchands d'Esné envoient des barques pour enlever le natron qui a été recueilli pendant l'été, et le répandre dans les villes et les principaux villages du Sa'yd : il y est employé à blanchir le linge et les toiles neuves. Les *fellâh* mangent du natron avec les galettes de dourah qui leur servent de pain; ils en imprègnent aussi leur tabac à fumer.

Ce natron passe pour être beaucoup inférieur en qualité à celui qu'on apporte du pays des Barâbras [2], parce que le peu de précaution avec lequel on l'extrait le laisse toujours souillé de la vase du sol et mélangé de beaucoup de sel marin : aussi se vend-il beaucoup moins cher, et est-il beaucoup moins recherché pour la plupart des usages. Il serait possible cependant, avec un peu plus de soin, d'en obtenir une certaine quantité qui fût, sinon parfaitement pure, du moins fort voisine de l'état de pureté. Je dois faire observer

---

[1] Cette même matière, choisie avec un peu plus de soin et rendue dans un port de France, aurait une valeur cinquante fois plus grande. Il serait possible cependant que la déclaration que nous ont faite les *fellâh*, fût un peu au-dessous de la vérité. La crainte des impositions ou des exactions en usage dans le gouvernement de cette contrée, n'induit que trop souvent les habitans à cacher une partie du bénéfice qu'ils peuvent faire.

[2] C'est le nom qu'on donne en Égypte aux habitans de la partie de la Nubie située au-dessus des cataractes, race d'hommes bronzée, tout-à-fait distincte des Égyptiens.

que les caravanes du Sennâr et des différentes parties de l'intérieur de l'Afrique apportent en Égypte et vendent dans le commerce, sous le nom de natron, d'autres sels, le plus ordinairement de l'alun, mélangé d'une quantité considérable de sable quartzeux. Un de ces morceaux vendus pour du natron du Sennâr, qui fut analysé au laboratoire de l'École des mines, ne contenait, mélangé avec le sable, que de l'alun.

SECTION II.

Observations sur plusieurs autres localités de l'Égypte qui contiennent aussi du natron.

CHAPITRE PREMIER.

Gisemens de natron dans les déserts à l'ouest de l'Égypte.

§. I. *Bords du lac Qeroun.*

Les personnes qui connaissent la géographie de l'Égypte, ou qui ont lu seulement la relation de quelque voyage dans ce pays, savent qu'au nord de la province du Fayoum, à une journée et demie au sud-ouest des pyramides de Saqqârah, il existe, dans les déserts Libyques, un grand lac désigné aujourd'hui sous le nom de *lac de Caron*, et dans l'antiquité, selon d'habiles géographes, sous celui de *lac de Mœris* [1]. Ce lac est célèbre, tant par les circonstances de sa création, due, suivant quelques écrivains grecs, aux travaux des hommes, et par son étendue prodigieuse, dont le développement égalait la base de l'Égypte, étant, comme elle, précisément de trois mille six cents stades [2], que par sa destination, qui était de servir de réservoir à une portion des eaux des inondations du Nil.

La base solide du terrain qui renferme ce vaste bassin, est de nature calcaire, et contient quelques veines de sel gemme ou muriate de soude. On trouve ce même sel en divers endroits sous le sable siliceux, et sous les *detritus* de diverses natures qui recouvrent les environs du lac. Nous entrerons dans plus de détails sur cette localité, en traitant de la constitution physique de cette partie de l'Égypte; mais l'indication actuelle suffit pour que l'on conçoive très-bien qu'à l'époque des pluies et

---

[1] *Voyez* le Mémoire de M. Jomard sur le lac de Mœris, *A. M.*, tom. VI, pag. 155. Nous nous réservons de présenter nos vues sur ce sujet dans un mémoire particulier.

[2] Ce rapprochement que fait Hérodote des 3600 stades qui mesuraient le contour du lac de Mœris, avec les 3600 stades qui formaient la base du Delta, ou l'intervalle du mont Casius au golfe Plintinique, semble confirmer une opinion que j'ai cherché à établir, que le stade, aussi bien que le schœne, était susceptible de deux valeurs comme le degré, suivant qu'ils sont comptés en longitude ou en latitude. Dans le cas actuel, les 3600 stades équivaudraient à 60 lieues marines de 20 au degré, ou 72 lieues communes de France, de 24 au degré, ou enfin 75 lieues de 25 au degré. Je fais ce rapprochement, parce que je crois toutes nos lieues et tous nos milles européens d'origine orientale, et que je crois également orientale notre toise de 2400 à la lieue commune, ou de 57600 au degré.

à celle des débordemens du Nil, lorsque les crues ont été considérables et que le lac Qeroun, réceptacle des eaux, s'est empli plus que dans les années ordinaires, ces eaux doivent dissoudre une partie du sel gemme qui se trouve exposé à leur action, et l'entraîner à mesure qu'elles se retirent.

On conçoit aussi qu'une partie de la dissolution est absorbée auparavant par les sables et les *detritus* qui forment ses plages. Comme ces plages restent long-temps humides, lorsque leurs sables sont principalement calcaires, il doit y avoir décomposition d'une portion de muriate de soude, et production de muriate de chaux et de carbonate de soude, et en même temps production d'une certaine quantité de sulfate de soude, si le gypse s'y rencontre aussi.

Nous avons remarqué, en effet, sur les plages, et quelquefois à d'assez grandes distances, lorsque le sol est plat et peu élevé au-dessus du niveau habituel du lac, des efflorescences et des croûtes de natron, tantôt à la surface du terrain, tantôt recouvertes d'une légère couche de sable; elles sont ordinairement d'un blanc sale, et mamelonnées à leur surface. Quoique l'on ne puisse guère les enlever que souillées de la terre qui leur est adhérente, il ne serait pas impossible d'en tirer quelque parti. A l'époque où nous avons visité ces lieux, vers la fin de janvier, ce sel était peu abondant; mais on ne saurait douter que dans une saison plus convenable, vers la fin de l'été et immédiatement avant que les eaux du lac, grossies par les crues du Nil, débordent sur les plages, il ne s'y en trouve en assez grande quantité. La nature de ce sel n'est pas inconnue aux Arabes des tribus voisines; et ils en font quelquefois usage lorsqu'ils n'ont pu s'en procurer de meilleur en allant jusqu'aux lacs de Terrâneh. Au surplus, le natron que les Arabes et les *fellâh* recherchent pour manger avec leur pain ou galette non levée, n'est qu'un muriate de soude, mélangé seulement d'un quart ou d'un cinquième de sous-carbonate de soude.

Les eaux du lac Qeroun contiennent aussi elles-mêmes en quantité très-considérable le muriate de chaux; ce qui est cause de la saveur extrêmement amère qu'on leur trouve en les goûtant. Elles ne contiennent pas de sulfate de soude: mais les efflorescences cependant en contiennent comme le natron de la Thébaïde; circonstance dont l'explication se présente pour ainsi dire d'elle-même, lorsqu'on a reconnu que le sol des environs renferme en plusieurs endroits des veines de gypse, et qu'il existe des parcelles de cette substance parmi les *detritus* de diverses natures qui recouvrent les plages sur lesquelles se forment les efflorescences de natron. Il est vraisemblable que la décomposition, au moins partielle, du sulfate de chaux, doit avoir lieu, non pas immédiatement par l'action du muriate de soude, mais par le moyen du carbonate de soude qui en provient, et avec lequel le sulfate vient à se trouver en contact.

Pour peu qu'on donne d'attention aux forces d'affinité qui agissent ici, l'on jugera qu'il est impossible que la décomposition n'ait pas lieu dès que le carbonate de soude et le sulfate de chaux se trouvent réunis, puisque chacun des acides a beaucoup plus d'affinité pour la base de l'autre sel que pour la sienne propre. On ne peut guère conjecturer que l'action directe du sulfate de chaux sur le muriate de soude puisse suffire déjà pour opérer une décomposition partielle : mais, dans ce cas-là même, la dissolubilité du muriate de chaux doit être un obstacle au progrès de cette opération, d'après le principe de l'influence des masses; tandis que, dans la décomposition du sulfate de chaux par le carbonate de soude, le carbonate calcaire qui en résulte, jouissant d'une indissolubilité complète, c'est une circonstance de plus en faveur de la décomposition. Au surplus, nous aurons encore occasion de citer quelques autres faits relatifs à ce point.

§. II. *Fayoum.* — *Environs d'el-Nezleh.*

Dans l'intérieur du Fayoum, et le long des berges du canal par lequel les eaux de l'inondation s'écoulent dans le lac, on remarque aussi quelquefois des efflorescences salines, blanches et brillantes comme de la neige; mais celles-ci sont uniquement formées de muriate de soude, sans aucun mélange de sous-carbonate : et, en général, la même chose a lieu sur tous les terrains qui doivent leur origine aux attérissemens du Nil; il ne s'y forme jamais de natron, quoiqu'ils soient souvent imprégnés de sel marin, et qu'ils soient exposés à une longue humidité. Ce fait, assez remarquable, confirme bien que la décomposition de ce sel n'a lieu sur un terrain, de quelque nature qu'il soit, que par l'intermède du carbonate calcaire. En parcourant les lieux voisins du Fayoum, je n'ai remarqué quelques efflorescences de natron qu'aux environs du village d'el-Nezleh, dans sa partie septentrionale, sur un sol parsemé de fragmens calcaires, et formé en partie de *detritus* de même nature.

§. III. *Alexandrie.*

Aux environs d'Alexandrie, vers l'ancien lac Maréotis, ainsi que sur les bords de la mer et jusque dans l'enceinte de l'Alexandrie des Arabes, ce n'est pas une chose très-rare que de rencontrer des terrains imprégnés de matières salines : ces matières sont tantôt du muriate de soude, tantôt du nitre, et quelquefois du natron; mais ce dernier sel n'est mélangé qu'avec le muriate de soude, et non pas avec le nitre. Les anciennes constructions situées près de la mer sont quelquefois rongées et dégradées par ces sels. Dans la presqu'île nommée *Râs-el-Tyn,* ou cap des figuiers, on trouve plusieurs bas-fonds remplis de croûtes de sel marin, parmi lesquelles on distingue quelques traces de natron.

J'ajouterai enfin que, pendant le siége d'Alexandrie, à l'époque où les Anglais coupèrent la digue sur laquelle passe le grand canal qui amène dans cette ville les eaux du Nil, et inondèrent tous les environs de la place, les Arabes Bédouins, qui habitent au couchant du lac Maréotis, trouvaient encore moyen, pendant un certain temps, de traverser ce lac, et d'apporter aux

Français diverses denrées, parmi lesquelles se trouvait du sel commun exploité dans leurs déserts, et dont beaucoup de morceaux étaient mêlés de natron.

§. IV. *Indications sur l'existence du natron dans les parties éloignées des déserts de la Libye, etc.*

L'intérieur des déserts Libyques renferme du natron exploitable en plusieurs endroits. Les tribus d'Arabes qui errent dans ces déserts, et les caravanes qui viennent du fond de l'Afrique, en importent souvent en Égypte. Les oasis en possèdent aussi ; et les personnes qui auront quelques données sur la disposition du local, concevront facilement que cela doit avoir lieu ainsi, d'après ce qui vient d'être dit sur les conditions nécessaires à la formation de ce sel, puisque le sol y est principalement calcaire, que le sel gemme y abonde, et qu'il y règne en plusieurs endroits une longue humidité.

Les côtes de Barbarie fournissent aussi un natron fort estimé dans le commerce, et qui l'emporte pour la pureté sur celui des lacs de Terrâneh. Les bâtimens qui ont fait des chargemens dans les États barbaresques, en vendent quelquefois dans les ports de l'Égypte. Des échantillons en ont été déjà apportés en France par les voyageurs qui ont visité ces contrées. Les caravanes du Fezzan en apportent quelquefois un peu, dit-on, ainsi que celles du Dârfour, du Sennâr et plusieurs autres : mais il faut remarquer qu'elles donnent quelquefois le nom de natron à d'autres sels, principalement à des masses d'alun mêlées de sable quartzeux ; un de ces morceaux, acheté d'une caravane du Sennâr, s'est trouvé être uniquement composé d'alun et de silice.

CHAPITRE II.

Gisemens du carbonate de soude à l'orient de l'Égypte.

Les déserts situés de l'autre côté de l'Égypte, c'est-à-dire au-delà de ses limites orientales, tant ceux qui forment l'intérieur de l'isthme de Soueys, que ceux qui s'étendent le long des bords de la mer Rouge, offrent, comme les déserts de la rive gauche, plusieurs gisemens de natron.

§. I. *Isthme de Soueys.*

Les grands lacs connus sous le nom de *Lacs Amers*, qui occupaient plusieurs lieues d'étendue sur la direction de Soueys à Péluse, doivent la qualité qui leur a fait donner cette dénomination, à la présence du sulfate de soude, souvent accompagnée de celle du muriate de chaux et du muriate de magnésie, sels extrêmement amers, et qui restent en dissolution dans les eaux des lacs. Aujourd'hui ces lacs, qui ne sont plus alimentés par une dérivation du Nil, comme ils l'ont été à une certaine époque de l'antiquité, se trouvent en grande partie desséchés : leur sol est hérissé de grandes masses cristallines de gypse, recouvertes en partie de sel commun et de natron.

Quelquefois d'épaisses couches de gypse cristallin recouvrent des cavernes profondes dont l'eau claire et limpide, mais chargée de tous ces sels, qui sont le sel marin et probablement des muriates terreux, offre un goût d'une amertume insupportable, comme celle du lac de Mœris[1]. Les circonstances du gisement de ces sels, et les causes de leur formation, présentent peu de différences avec celles des faits précédemment rapportés. Il deviendrait inutile de nous y arrêter.

§. II. *Côte occidentale du golfe de Soueys.*

Le gisement du natron sur la côte occidentale de la mer Rouge offre des particularités qui méritent d'être rapportées avec un peu de détail. A environ cinq lieues de Soueys, entre la mer et la chaîne de montagnes qui règne à peu de distance le long de la côte occidentale, est une plage peu élevée au-dessus du niveau des hautes marées. Lorsque des circonstances accidentelles concourent avec ces marées, telles qu'un vent violent d'est ou de sud, quelques lames d'eau sont lancées au loin sur les terres : elles les entretiennent ainsi dans un état presque constant d'humidité, d'autant plus qu'à quelque distance de la mer il règne une dépression parallèle au rivage, qui retient les eaux jusqu'à leur entière évaporation. A cette première cause d'humidité s'en joint une seconde : quel-

---

[1] On peut voir, pour la disposition et tout ce qui concerne la géographie physique de ces lieux, le Mémoire sur le canal des deux mers, par M. Le Père, *É. M.*, tome XI, page 37.

ques filets d'eau douce échappés de la montagne voisine viennent se perdre dans ces mêmes terrains; et ces eaux sont assez abondantes pour faire croître une grande quantité de plantes et de roseaux. Le sol de cette plage est formé en partie par les attérissemens des matières arrachées aux montagnes voisines, qui sont de nature calcaire, mélangées de couches d'argile, et par les matières que la mer peut y lancer dans les temps d'orage, et qui sont en partie des sables calcaires, débris presque pulvérulens de coquilles marines.

D'après cette disposition du local, on voit que toutes les conditions nécessaires à la formation du natron s'y trouvent réunies : 1°. la présence du sel marin, produit par la concentration des eaux de la mer; 2°. celle du carbonate calcaire pulvérulent, qui constitue en grande partie le sol de la plage; 3°. une humidité longue souvent renouvelée : et il s'y trouve encore, comme on a vu, une circonstance accessoire très-favorable pour déterminer la décomposition du muriate de soude; c'est l'existence des plantes et des roseaux, qui, fournissant au carbonate de soude, à mesure qu'il se forme, le moyen de grimper et de se séparer de la masse saline en vertu d'une propriété qui lui est particulière, laisse ainsi aux forces décomposantes toute leur énergie, suivant le principe de l'influence des masses dans la balance des affinités opposées. Ce fait est d'autant plus remarquable, que les croûtes salines qui sont au pied de ces roseaux, ne contiennent quelquefois qu'un muriate de soude extrêmement pur et exempt de toute trace de carbonate et même de muriate terreux : je n'y ai trouvé que du sulfate de soude.

Je ne sache point qu'on ait jusqu'ici tiré aucun parti du natron qui existe dans ce désert, quoiqu'il se rencontre dans d'assez vastes terrains, et que probablement il s'étende, soit au sud, soit au nord, sur beaucoup d'autres parties de la côte que nous n'avons pas visitées : mais sa qualité le rend peu important; c'est un des plus impurs que nous ayons rencontrés : il est mélangé non-seulement de beaucoup de sel marin, mais encore d'une quantité très-considérable de terre; et souvent on ne peut le regarder que comme une croûte de terre imprégnée de sel marin, et recouverte d'efflorescences et de quelques petites masses mamelonnées de carbonate de soude. Il ne serait cependant pas impossible d'en tirer quelque parti, soit en choisissant les morceaux avec soin, soit en l'appliquant à quelque usage qui n'exige qu'une dissolution de ce sel : il suffirait alors de délayer dans l'eau le natron mêlé de parties terreuses; celles-ci se précipiteraient par le repos, et en décantant la liqueur on aurait une dissolution mixte de carbonate et de muriate de soude, telle qu'elle convient pour certaines opérations.

Les morceaux de natron que nous avons recueillis dans cette localité, contiennent aussi une certaine quantité de sulfate de soude, ainsi que celui qui provient de l'intérieur de l'isthme de Soueys. Il en est de même des croûtes de sel marin qui existent au pied des roseaux; circonstance due à la présence du gypse qui se trouve mêlé au sol d'atterrissement où ce sel s'est formé.

L'analyse d'un échantillon du tuf salin qui forme une partie de la plage, lequel a été détaché au pied des roseaux recouverts d'incrustation de natron, a donné, sur 100 parties :

Matière insoluble. . . . . 0,80.
Sels solubles. . . . . 0,20.
———
1,00.

La matière insoluble était composée de

Sable quartzeux et argile. . . . 0,42.
Carbonate de chaux. . . . . . 0,58.
———
1,00.

Les sels solubles sont composés, sur 100 parties, de

Muriate de soude. . . . . 0,80.
Sulfate de chaux. . . . . 0,16.
Sulfate de soude. . . . . 0,04.
———
1,00.

Le tuf ne contenait ni sel déliquescent ni carbonate de soude : ce dernier sel, comme nous venons de le dire, s'en était séparé complètement en grimpant autour des roseaux qu'il avait incrustés.

§. III. *Déserts à l'orient du golfe de Soueys.*

En parcourant, dans sa longue étendue, la côte orientale de la mer Rouge, je n'ai point trouvé de natron accumulé en quantité notable, mais seulement quelques traces dans des endroits où le sol, de nature calcaire, était imprégné de sel marin. Les eaux tièdes des fontaines de Moïse, situées sur la côte, à une lieue au sud de l'extrémité du golfe, ne contiennent qu'une trace de carbonate de soude. N'ayant pas sous les yeux l'analyse qui a été faite au Kaire des eaux brûlantes d'Hâmmâm Fara'oun (ou des bains de Pharaon, que nous avons visités à quatre journées de marche plus au sud sur la même côte), je n'oserais affirmer qu'elles ne contiennent pas une quantité notable de sous-carbonate de soude; mais je sais qu'elles tiennent du sulfate de soude en quantité considérable. Les environs du port de Tor, sur la même côte, offrent aussi quelques efflorescences de natron : nous en avons remarqué aussi quelques-unes vers l'extrémité de la péninsule, aux environs du port de Charm.

L'intérieur des déserts, dans la partie septentrionale de la presqu'île de Sinaï, offre quelquefois, après les pluies, aussi bien que l'intérieur de l'isthme de Soueys, des plaines assez étendues, recouvertes çà et là de légères efflorescences de natron, entremêlées de beaucoup de sel marin. Ce fait est assez commun dans la plupart des déserts qui environnent l'Égypte. Je l'avais remarqué depuis long-temps dans divers points, tels que les environs d'Alexandrie, la vallée de l'Égarement, la vallée de Qoçeyr, etc.; mais j'ai négligé dans ces derniers endroits de l'examiner attentivement, ayant alors la prévention que ces efflorescences étaient uniquement du muriate de soude.

D'après les renseignemens que nous avons obtenus sur les déserts qui sont au nord de la seconde branche de la mer Rouge, appelée *mer de l'A'qabah* ou *mer de la Mekke*, nous sommes autorisé à penser qu'il y existe des gisemens très-considérables de natron et de sel marin. En effet, ce lieu, entrecoupé de lacs d'eau salée, présente beaucoup d'analogie avec ceux que nous venons de décrire. La partie méridionale du golfe de la Mekke, que nous avons visitée, est principalement bordée, il est vrai, de montagnes primitives: mais sa partie septentrionale, que nous avons aperçue du sommet du mont Horeb, autant qu'on peut en juger dans un aussi grand éloignement, doit être environnée de terrains tout calcaires; ce qui d'ailleurs est d'accord avec ce que nous connaissons des limites des terrains dans la partie voisine. Nous avons rencontré du sel gemme dans cette partie calcaire, avec un gisement semblable à celui que l'on trouve aux environs du lac Qeroun, c'est-à-dire, remplissant les fentes des rochers calcaires; et les Arabes assurent qu'il en existe beaucoup plus au nord, ainsi que du natron. Il est constaté même que la mer Morte, qui se trouve dans la direction du golfe de l'A'qabah, n'est elle-même qu'un immense lac salin. Les observations recueillies sur les côtes de cette mer par divers voyageurs, principalement celles que M. de Châteaubriand a consignées dans son *Itinéraire*, l'indiquent clairement; et l'analyse des eaux de la mer Morte, extraordinairement abondantes en muriate de chaux et de magnésie, ne peut laisser aucun doute sur ce point.

CHAPITRE III.

Formation du natron dans l'intérieur de l'Égypte. Conséquences des faits de ce mémoire.

§. I. *Natron dans les lieux habités.*

Les principaux gîtes de natron se trouvent presque tous, comme on vient de le voir, dans les déserts qui environnent l'Égypte. L'intérieur du pays habité présente aussi quelques traces de cette substance; mais ce n'est jamais dans le sol cultivable qu'elles se rencontrent, quoique beaucoup d'endroits soient imprégnés de sel marin, et exposés en même temps à une assez longue humidité : il manque à la décomposition du sel marin une condition essentielle, la présence du carbonate calcaire en certaine quantité et dans un grand état de division; car tout le sol cultivable est formé par les attérissemens et les dépôts annuels du Nil, qui sont, comme on sait, essentiellement argileux et siliceux, c'est-à-dire mélangés de sable quartzeux.

C'est dans l'intérieur des bâtimens que se montrent quelquefois les efflorescences de natron. Nous citerons bientôt un fait de cette nature dans les ruines de Thèbes; nous avons eu occasion d'en remarquer plusieurs autres dans les maisons des particuliers, au Kaire et ailleurs. Ces efflorescences se développent même avec assez de rapidité. Dans la maison occupée par l'Institut d'Égypte, nous avons vu paraître sur le sol de la cour, quelques jours après un orage, des efflorescences principalement formées de sous-carbonate de soude : elles étaient assez multipliées, tandis qu'avant l'orage il n'en existait aucune.

§. II. *Bassins des ruines de Thèbes.*

Au milieu des édifices de l'ancienne ville de Thèbes, il existe encore aujourd'hui dans la partie orientale, près du village de Karnak, deux petits bassins antiques, revêtus de pierre de taille, et qui se remplissent tous les étés d'une eau épaisse et colorée, saturée de carbonate de soude. Sur la fin de l'été, il s'y forme même des croûtes de natron que recueillent soigneusement les habitans des villages voisins.

Nous entrerons dans peu de détails sur ces bassins des ruines de Thèbes, parce qu'ils ont été le sujet de remarques de quelques personnes de la Commission relativement au natron, dont leurs eaux sont chargées. M. Regnault a publié l'analyse de ces eaux. Quant au parti qu'en tirent les habitans des environs, il est le même que celui du natron de la vallée que nous venons de faire connaître[1]. Les eaux de ces bassins présentent cette couleur brune foncée dont nous avons déjà fait mention, et elles contiennent aussi une certaine quantité de muriate de soude. Ces sels proviennent du lavage des terres environnantes, recouvertes par places d'efflorescences salines, dans lesquelles domine en quelques endroits le carbonate de soude.

Le sol même des anciens édifices offre quelquefois de ces efflorescences, et l'on peut citer, entre autres exemples, le petit temple en granit qui fait partie du grand monument de Karnak, plusieurs dépressions du terrain aux environs du grand palais. On a cru que la belle porte antique tournée vers le Nil, dont le pied est rongé par l'action d'une matière saline, offrait un exemple de la formation du natron : mais j'ai cru y reconnaître la saveur du nitrate calcaire, et l'on ne peut guère supposer son mélange avec le natron; car ces deux sels s'excluent et se décomposeraient mutuellement : leur action séparée est déjà ici une particularité assez remarquable, parce qu'en général ni le natron ni même le salpêtre ne dégradent sensiblement les monumens anciens bâtis en grès quartzeux. Cela n'arrive que quand ce grès a été mal choisi, qu'il est friable, abondant en ciment calcaire, et que la contexture s'est relâchée, soit par la longue action des influences météoriques, soit plus efficacement encore par l'action des eaux du Nil,

[1] M. Regnault, membre de la Commission des sciences en Égypte, aujourd'hui consul du roi en Syrie, a fait au Kaire, sur le carbonate de soude, plusieurs analyses et diverses expériences que je crois convenable de rappeler à l'attention des personnes que ces questions peuvent intéresser. On les trouvera rapportées dans la *Décade égyptienne*.

lorsque, par suite de l'exhaussement du sol, les inondations viennent baigner le pied des monumens et entretiennent long-temps humides les terrains qui l'enveloppent. Sur la rive occidentale de Thèbes, l'intérieur du grand palais de Medynet-abou nous a offert aussi de légères efflorescences salines où nous avons reconnu des vestiges de natron. Cela est fort peu considérable : mais, si l'on se trouvait dans ces lieux quelques jours après une de ces pluies si rares dans cette contrée, je ne doute pas que l'on n'en vît en bien plus grande abondance et en beaucoup plus d'endroits; j'en juge d'après ce que j'ai pu observer dans d'autres parties de l'Égypte en pareille circonstance.

§. III. *Terrains salins à l'orient de Thèbes.*

Indépendamment des terres qui environnent les bassins, il existe à deux kilomètres environ du grand temple, vers l'est, un terrain inculte, d'une assez grande étendue, qui, presque partout, est imprégné de natron jusqu'à plusieurs centimètres de profondeur; ce sel y forme même des croûtes assez épaisses, tantôt à la surface, tantôt recouvertes d'une légère couche de terre ou de sable, et communément mélangées de sel marin. Les habitans de ce village n'en négligent pas l'exploitation, surtout aux époques où les eaux remplissent les bassins de Karnak et tiennent en dissolution le natron qu'ils renferment.

On voit, par les faits précédens, que l'existence du carbonate de soude natif, à peine aperçue dans nos climats, est un fait géologique assez commun en Égypte. Les indications que j'ai pu recueillir, me portent à croire qu'il ne l'est guère moins sur les côtes de Barbarie et dans beaucoup d'autres parties de l'Afrique. C'est dans la vue de mieux faire sentir sa généralité, que nous avons rapproché dans cet écrit les observations qui le constatent. La réunion des faits analogues est quelquefois plus propre à éclairer que les descriptions par ordre topographique.

§. IV. *Considérations théoriques.*

En parlant des principales conditions nécessaires à la formation du natron, nous en avons omis une quatrième, bien qu'elle soit regardée par quelques chimistes comme n'étant guère moins importante que les trois autres; c'est la haute température qui règne habituellement dans les lieux où ce sel se forme : mais, indépendamment de ce qu'elle a presque également lieu dans toute l'étendue de la contrée, et que, par conséquent, elle n'exerce pas beaucoup plus d'influence particulière sur une des localités que nous avons citées plutôt que sur une autre, il ne me paraît pas d'ailleurs rigoureusement démontré qu'elle soit à beaucoup près aussi essentielle que les autres. Que l'élévation de la température influe en quelque chose sur la promptitude de la décomposition, c'est ce que je suis loin de contester : mais il y a toute raison de penser qu'avec un peu plus de temps elle aurait également lieu sous une température beaucoup moins élevée; et, sans insister trop sur quelques-uns des faits observés en Égypte, tels que celui des environs du lac de Mœris et des bords de la mer Rouge, et celui de l'intérieur des cours et des bâtimens des villes, où la formation du natron paraît s'être opérée ou continuée jusque dans la saison la plus froide de l'année, je rappellerai les observations de Pallas sur l'existence du natron dans des parties de la Russie où la température est fort différente, telles que les environs de l'Irtisch.

Si, dans les diverses contrées de l'Europe, ce fait a été si long-temps sans être observé, nous avons aujourd'hui plusieurs données sur son existence. Le natron ne s'y est jamais vu en abondance, parce que la fréquence des pluies, en lavant les terres à des intervalles trop rapprochés, ne permet pas qu'il s'accumule dans les mêmes lieux, et que, d'une autre part, l'existence du sel gemme n'est pas dans nos contrées aussi commune, à beaucoup près, que dans l'Égypte et dans les déserts qui l'environnent. C'est à ces causes principalement qu'il faut attribuer chez nous la non-existence du carbonate de soude dans la nature en certaine abondance, plutôt qu'au peu d'élévation de la température. Je ne doute pas que, si dans nos provinces méridionales, et dans des positions heureusement choisies sur les bords de la mer[1], on voulait réunir les conditions essentielles à la formation de ce sel, et le soustraire par quelques moyens artificiels à l'intempérie du climat, on ne par-

---

[1] L'esquisse de ce mémoire était déjà faite en Égypte; j'ai eu occasion depuis de me convaincre de la possibilité de ce que je proposais alors.

vint très-bien à imiter en grand ce que la nature fait d'elle-même et si fréquemment sous le climat de l'Égypte. C'est sans doute un objet qui mérite quelque attention, que celui de se procurer un sel d'un aussi grand usage dans les arts industriels, sans être obligé de le tirer de contrées éloignées, avec lesquelles nos relations sont exposées à être long-temps interrompues, et peut-être sans avoir besoin de procédés aussi dispendieux que ceux que nous employons depuis quelques années pour le fabriquer dans nos ateliers. Quand on voudra s'occuper sérieusement de ces recherches, je ne doute pas que l'on ne réussisse complètement.

Il faut croire que c'est à cette décomposition qui s'opère d'une manière plus ou moins sensible, mais sans relâche, depuis bien des milliers d'années, dans toute l'étendue des côtes formées de matières calcaires, qu'est principalement due la quantité de muriate de chaux et de muriate de magnésie qui existe dans les eaux de la mer. Cette quantité, qui paraît variable dans les différentes mers, qui l'est probablement aussi dans les diverses parties d'une même mer, suivant la disposition et la nature des côtes, tend partout à s'accroître aux dépens du muriate de soude. Cette décomposition est suivie ensuite de l'action du sous-carbonate de soude sur le sulfate de chaux qui existe dans tant de localités où le natron peut se former, et dans les eaux mêmes de la mer. Cela conduit à penser que les eaux de la mer doivent insensiblement changer de composition, et que ce changement est beaucoup moins lent dans certaines mers, telles, par exemple, que la mer Rouge, et sur certaines côtes, telles que beaucoup de côtes d'Afrique, que dans certaines autres. L'eau de la mer Rouge est non-seulement beaucoup plus salée, mais aussi beaucoup plus amère, que celle de l'Océan et celle de la Méditerranée. Ces différences, comme faits géologiques, seraient des choses, je crois, très-intéressantes à constater. Nous manquons de bonnes analyses des eaux de la mer, prises dans des localités variées et bien déterminées. Ces analyses devraient être multipliées, dans chaque contrée, sur diverses côtes et à de grandes distances en mer, comme aussi à de grandes profondeurs; et peut-être ne serait-ce pas une entreprise indigne de nos premiers chimistes, de commencer ce travail et de donner au public, outre leur exemple, les méthodes les plus sûres et les plus promptes pour obtenir un grand nombre de résultats comparatifs[1]. Les voyageurs s'empresseraient de seconder les efforts des physiciens : ils recueilleraient dans les mers éloignées et vers les côtes peu fréquentées les sels que les eaux tiennent en dissolution, à des distances, des profondeurs connues, et avec les précautions qui leur seraient indiquées. Bientôt les différences qui seraient constatées, et les rapprochemens auxquels ces faits donneraient lieu, conduiraient à des considérations importantes pour la géologie et la physique générale. J'ose assurer que le muriate de soude joue dans la nature et dans les faits généraux de la météorologie et de l'hydrographie un plus grand rôle qu'on ne se le

---

[1] Nous devons faire remarquer que cet écrit, rédigé très-anciennement, a été livré à l'impression en 1818.

persuade communément et qu'il n'est possible même de le soupçonner dans nos climats humides et tempérés, mais qui devient plus sensible sous le ciel ardent de l'Afrique, où règne une sécheresse habituelle, où l'influence de certains phénomènes naturels s'exerce sans être jamais troublée, et produit des effets sensibles, en s'accumulant, pour ainsi dire, sans terme.

Nous nous proposons de réunir ces faits dans une notice particulière où seront rassemblées nos observations sur les différens gisemens du sel gemme dans les déserts qui environnent l'Égypte, et les circonstances géologiques des lacs salins dont cette contrée abonde. Il convient peut-être à un voyageur de faire de ces sortes de rapprochemens et de présenter en même temps les vues qu'ils lui ont suggérées, afin de les soumettre au jugement de personnes plus éclairées, qui démêleront ce qu'elles peuvent renfermer d'utile, et jugeront des changemens qui doivent résulter dans les mers par l'effet non interrompu de la décomposition du muriate de soude.

La présence des muriates terreux dans certaines eaux minérales, et même celle du sulfate de soude dans beaucoup d'autres, doivent être attribuées sans doute aussi à la même cause, à l'action plus ou moins lente, mais toujours efficace, du carbonate de chaux en poudre sur les dissolutions du muriate de soude.

EXPLICATION

DES

PLANCHES DE MINÉRALOGIE,

Par M. DE ROZIÈRE,

Ingénieur en chef au Corps royal des Mines.

APPENDICE

AU MÉMOIRE PRÉCÉDENT.

OBSERVATION.

Comme plusieurs localités des environs de l'Égypte qui ont été visitées dans le cours de l'expédition française, ne se trouvent pas décrites d'une manière spéciale dans les Mémoires de minéralogie, je donnerai, pour suppléer à ces omissions, quelques détails sur ces localités, en parlant des roches qui en proviennent et qui ont été gravées. Par ce moyen, cette explication des planches formera le complément des mémoires déjà publiés sur la minéralogie, et principalement de celui qui a pour titre, *de la Constitution physique de l'Égypte;* c'est ce qui m'a déterminé à le joindre à ce dernier écrit sous le titre d'*Appendice.*

PLANCHE I.

SYÈNE ET LES CATARACTES.

1, 2, 3, 4, et 7. *Variétés du granit oriental ou syénit des anciens.* — 5, 6, 8. *Diverses roches primitives.*

Fig. 1. SYÉNIT ROSE COMMUN.

Cette roche, connue sous le nom de *granit rouge oriental,* est la plus abondante à Syène, aux environs de la cataracte et au-delà, en remontant le cours du Nil : elle forme la base principale du terrain primitif, dans une largeur d'environ un mille sur la rive droite du fleuve, et dans la plupart des îles dont son cours est embarrassé dans cette région. Aucune n'a fourni plus de monumens à la sculpture; la plupart des statues colossales, tous les grands obélisques qui existent encore à Thèbes, à Alexandrie, sur les ruines d'Héliopolis, et ceux qui ont été transportés à Rome, en sont formés. Les Égyptiens en ont revêtu et quelquefois construit en entier de grands édifices.

C'est cette roche que Pline a désignée sous le nom de syénit (*lapis syenites, marmor syeniten*); mais il est important de remarquer qu'elle diffère essentiellement du genre de roches auquel les Allemands ont appliqué, dans ces derniers temps, cette dénomination. Je n'ai pas cru pouvoir changer le nom que l'antiquité lui a donné; en fait de dénomination, on ne saurait, ce me semble, avoir trop de respect pour le droit d'antériorité : je lui ai seulement laissé le genre masculin, afin que cette roche, qui appartient à la formation granitique, ne fût pas confondue avec la syénite des Allemands, qui appartient à la formation porphyrique.

Le syénit est essentiellement composé de feldspath rose à grands cristaux, entremêlés de cristaux blancs plus petits, de mica noir ou jaune, et de quartz transparent, de forme hexagonale plus ou moins prononcée. Communément il tient très-peu d'amphibole; cependant quelques blocs en renferment une certaine quantité, mais qui influe peu sur l'aspect de la roche, et que l'on peut regarder comme accessoire. Les grands cristaux de feldspath présentent toujours, dans le sens de leur longueur, une division assez sensible ; et, ce qui est remarquable, l'une des moitiés du cristal que cette ligne partage, est matte et raboteuse, tandis que l'autre paraît lisse et brillante, ainsi que nous avons tâché de l'exprimer dans la gravure. Au chalumeau, ce feldspath fond facilement en un émail blanc : il blanchit long-temps avant de fondre.

Notre objet actuel étant plutôt la description des planches que la description complète des roches, nous avons dû nous restreindre beaucoup dans les circonstances étrangères à la représentation des échantillons que nous avons fait figurer ici; mais on trouvera des détails sur tout ce qui concerne les autres variétés, soit dans quelques-uns des mémoires que nous avons déjà publiés, soit dans ceux que nous publierons sur la description minéralogique de l'Égypte. On peut consulter, relativement aux trois premières planches, le Mémoire sur les carrières de Syène[1].

Fig. 2. AUTRE VARIÉTÉ DU SYÉNIT ROSE COMMUN.

Ici, les grands cristaux de feldspath qui, dans la variété précédente, semblaient semés au hasard, suivent, ainsi que le mica, qui devient plus abondant, des directions plus déterminées, et l'on y remarque davantage la tendance à la contexture veinée.

Indépendamment des petits cristaux de feldspath blanc interposés entre les grands cristaux couleur de rose, comme dans la variété n°. 1er, celle-ci en offre aussi quelques-uns d'un jaune-verdâtre ou bleuâtre : le quartz y est moins abondant; c'est cette circonstance qui, avec l'augmentation du mica, détermine d'une manière plus sensible l'apparence veinée.

On en retrouve quelques monumens anciens; nous en possédons plusieurs colonnes dans le Musée de Paris. Dans tous ces monumens, le feldspath est d'un rouge très-intense; le mica, très-abondant, un peu verdâtre et parfois imprégné de stéatite.

Nota. Nous nous sommes attaché, dans ces deux gravures et dans quelques autres, à rendre de la manière la plus

---

[1] Appendice aux Descriptions des monumens anciens, n°. I

nette qu'il nous a été possible les caractères des divers élémens de ces roches, et à en faire sentir, en quelque sorte, l'anatomie ; ce qui rend l'aspect des détails un peu sec : mais on peut se faire une juste idée de leur *facies ;* il suffit de les regarder à une distance telle, que les petits détails intérieurs s'adoucissent et se perdent en partie.

Fig. 3. SYÉNIT ROSE A CRISTAUX DE FELDSPATH ENCADRÉS.

Cette variété est très-remarquable par la grandeur des cristaux de feldspath, qui offrent une belle couleur rouge dans l'intérieur et une couleur blanche dans le pourtour ; le mica en lames noires y est assez commun, et le quartz fort rare. Le feldspath est piqué de petites lamelles de mica, surtout dans la partie blanche qui forme l'encadrement des grands cristaux.

Cette matière a été employée dans la sculpture par les anciens Égyptiens ; j'ai remarqué plusieurs statues et divers débris de monumens qui en étaient formés. Quoiqu'elle soit fort belle lorsqu'elle est employée en tables et en colonnes, elle donne un aspect singulier aux statues.

Fig. 4. SYÉNIT ROSE VERNISSÉ.

Les rochers qui sont baignés une partie de l'année par les eaux du Nil, sont quelquefois revêtus à leur extérieur d'une espèce d'enduit noir, lisse et brillant, comme on le voit dans cette gravure. Nous parlerons avec plus de détails de cette espèce d'enduit dans la description du numéro suivant.

Fig. 5. SYÉNIT NOIR ET BLANC VERNISSÉ.

Outre l'enduit qui le recouvre en partie, ce morceau présente un autre accident : une portion de la pierre est formée de grands cristaux roses de feldspath très-distincts, tandis que l'autre partie n'est qu'une masse de feldspath compacte d'un gris foncé, dans laquelle on aperçoit à peine quelques indices de lames. Cette portion est un véritable eurite. Au chalumeau, il donne un émail blanc.

L'échantillon représenté ici a été détaché des rochers qui bordent l'île d'Éléphantine. On retrouve, à la cataracte et dans les environs, beaucoup de rochers baignés par le Nil, couverts de cette espèce d'enduit. L'analyse chimique a montré que cet enduit est principalement formé d'oxide de manganèse. Ce fait n'est point particulier aux rochers du Nil. L'illustre voyageur, M. de Humboldt, à qui les sciences naturelles sont redevables d'observations si variées, l'a remarqué aussi parmi les rochers d'un des fleuves de l'Amérique. L'examen comparatif qu'il a fait d'un échantillon que je lui ai remis et de ceux qu'il a recueillis dans ses voyages, lui a fait reconnaître l'identité de ce vernis dans les roches des deux contrées.

Le feldspath en cristaux de médiocre grandeur et d'un blanc pur est piqué de petites lamelles de mica noir. Des lames plus grandes et abondantes de la même variété de mica forment des bandes vagues et irrégulières entre celles que dessinent les cristaux de feldspath. On y remarque quelquefois de petites lames d'amphibole noyées au milieu des lamelles accumulées de mica, et il est souvent fort difficile de les distinguer.

La disposition régulière des cristaux qui se sont coordonnés, rappelle les observations qui seront faites plus loin pour un des échantillons de cette planche, relativement à la formation des granits. Plusieurs des figures qui suivent les rappelleront encore.

Fig. 6. SECONDE VARIÉTÉ DU SYÉNIT NOIR ET BLANC.

Les cristaux de feldspath, généralement de couleur blanche, prennent quelquefois de légères nuances incarnates, et les lames de mica dessinent, entre celles du feldspath, des bandes contournées, et un peu plus prononcées que dans la variété précédente.

Ces deux variétés, ainsi qu'une autre de la planche 2, sont désignées chez les Italiens par la dénomination de *granito bianco e nero :* elles ont été fréquemment employées dans la sculpture tant par les Égyptiens que par les Grecs et les Romains. Il en existe dans les différens musées de l'Europe nombre de statues, de colonnes, de sarcophages, de vases et d'autres objets de toutes dimensions. L'Égypte est remplie de débris de monumens monolithes fabriqués avec ces matières. Une partie du temple de Medynet-abou, sur la rive occidentale de Thèbes, en était revêtue intérieurement.

Nota. Il est nécessaire de remarquer qu'il existe une autre espèce de roche, travaillée par les anciens, que les Italiens désignent aussi sous le nom de *granito antico bianco e nero*, qui diffère essentiellement de celle que nous décrivons, et qui n'appartient pas à l'Égypte : elle paraît avoir été tirée de l'Allemagne ; aussi n'en existe-t-il pas d'ouvrages qui soient réellement dans le style égyptien, mais tout au plus quelques anciennes copies, faites sous les Romains, d'ouvrages égyptiens. Cette roche est la véritable *syénite* de M. Werner. C'est peut-être elle qui l'a induit en erreur sur l'application qu'il a faite de cette dénomination : cette seconde espèce de *granito nero e bianco* n'est composée effectivement que de hornblende et de feldspath, et c'est une de ces roches qui appartiennent à la formation porphyrique. Elle est facile à distinguer du syénit noir et blanc, non-seulement par l'abondance de la hornblende et par l'absence du quartz et du mica, mais aussi par sa contexture : le feldspath y est opaque et d'un blanc mat ; à peine y reconnaît-on le tissu cristallin ; il est, ainsi que la hornblende, en masses beaucoup plus grandes que les élémens du syénit. Aussi les antiquaires italiens désignent-ils quelquefois cette matière sous le nom de *granito bianco et nero, a macchie grande*. Nous reviendrons ailleurs sur cette roche, que nous nous proposons même de faire graver pour mieux constater ses différences avec les véritables syénits. *Voyez* la Description des carrières de Syène, et ci-dessus, v^e partie, les observations sur le syénit.

Fig. 7. ACCIDENT DU SYÉNIT ROSE FELSITE.

Dans sa partie supérieure, cet échantillon offre un syénit à grands cristaux de feldspath très-nettement prononcés, et à cristaux de quartz de forme hexagonale, entremêlés d'un peu de mica, tandis que la moitié inférieure n'est qu'une masse de feldspath compacte ou légèrement lamelleux, couleur de chair, et piqué de lamelles de mica noir.

Les caractères minéralogiques du feldspath y sont encore reconnaissables; ce qui distingue cette roche de l'eurite. Elle est au feldspath ce que l'amphibolite est à l'amphibole; il convient donc de lui donner un nom qui corresponde à celui d'*amphibolite*. *Voyez* cette dénomination dans la Description minéralogique de l'Égypte.

Nota. Nous répéterons ici l'observation que nous avons déjà faite plus haut, et qui est applicable à la plupart des dessins de cette collection, que les détails des élémens des roches ont été exprimés de manière à en rendre l'anatomie plus sensible : c'est pourquoi celui qui ne voudrait que juger de l'effet que produit l'aspect de la roche, doit considérer la gravure à une distance où les détails intérieurs s'adoucissent un peu.

Fig. 8. XÉNIT VERT, ROCHE GRANITIFORME A FELDSPATH VERT, PROVENANT D'UN FILON.

Cette matière, fort rare et d'un très-bel aspect, n'avait encore été rencontrée que sur les frontières de la Russie, dans le mont Ouralske et en Sibérie. La roche de Krieglach en Stirie a beaucoup de rapport aussi avec elle; mais le feldspath y est d'un bleu céleste, tandis que celui de la nôtre est d'un beau vert, tirant légèrement sur le bleu : de plus, ce dernier est très-lamelleux et bien nettement cristallisé, tandis que celui de la roche de Stirie est ordinairement compacte.

On voit ici le quartz en grands cristaux d'une forme hexagonale bien prononcée, d'une belle transparence. Le mica, en grandes lames hexagonales très-régulières, offre la couleur et l'éclat de l'argent.

APPENDICE AU MÉMOIRE PRÉCÉDENT. 247

Cette roche n'a pas été rencontrée sur place, mais sur les ruines de la ville d'Ombos, en morceaux isolés qui paraissent provenir de quelque objet de sculpture. Tous ses caractères portent à croire qu'elle ne forme pas des couches dans la nature, mais qu'elle provient d'un filon; c'est cette circonstance de gisement que nous avons voulu exprimer par le nom de *xénit* que nous lui avons imposé. Ce nom, dérivé du grec ξένος, *étranger, hôte,* marque qu'elle est renfermée comme accidentellement dans le terrain où elle existe : il nous servira à désigner les roches granitiformes provenant d'un filon, et à les distinguer d'avec les granits proprement dits et les syénits; car il nous a semblé que, les filons étant des masses étrangères ou accidentelles au sol qui les renferme, il convenait, malgré quelque similitude de composition et de contexture avec les granits, de ne pas les envelopper avec eux sous la même dénomination. La différence de leur formation, point si essentiel en géologie, exigeait une dénomination particulière; il était à souhaiter que cette différence fût exprimée ou indiquée dans le nom qu'on lui appliquait.

Fidèle en même temps au principe adopté de conserver une terminaison semblable aux roches qui ont un même aspect, nous avons donné à ce nom la même terminaison *nit* qu'aux granits et aux syénits, en raison de la contexture granitiforme des roches auxquelles nous l'appliquons. Ce mot sera ici l'équivalent de cette phrase: *Roche à contexture granitique, provenant d'un filon.* De même nous dirions *xénophyre* pour équivalent de la phrase suivante : *Roche à contexture porphyrique, provenant d'un filon*, ou *porphyre de filon*. Au surplus, ce n'est qu'une vue que nous soumettons aux géologues éclairés et qui connaissent l'importance de distinguer par des dénominations différentes les roches qui ont des origines différentes. Peut-être trouveront-ils une dénomination plus convenable pour exprimer la même idée; et nous nous empresserons de l'adopter.

Le xénit vert a été connu et travaillé des anciens Égyptiens. J'ai vu divers petits objets, et notamment des scarabées, qui en étaient formés.

PLANCHE II.

ÉLÉPHANTINÉ ET ENVIRONS DE SYÈNE.

Roches primitives, avec les divers accidens qu'elles présentent.

Cette planche, ainsi que la troisième, renferme les diverses roches primitives qui accompagnent dans la nature le syénit rose, dont les principales variétés se trouvent figurées dans la première planche.

Fig. 1. SYÉNIT BLANC ET NOIR A GRANDES TACHES.

Composé d'amphibole et de mica intimement unis, au milieu desquels sont enveloppées des lames de feldspath blanc. Peu ou point de quartz.

On voit la tendance qu'ont à se réunir en groupe les lames de feldspath, pour former, au milieu de substances étrangères, de grandes masses homogènes;

propriété dont ne jouissent pas au même degré les autres élémens des roches. Ces taches, ainsi que les autres lames de la même matière, suivent assez généralement une même direction. Cette disposition nous semble moins le résultat d'une précipitation dans un dissolvant chimique, que l'indice d'une coagulation ou d'une cristallisation lente et simultanée des divers élémens.

Par une plus grande abondance de mica, les masses sont sujettes à prendre une contexture un peu feuilletée.

Cette roche se trouve enclavée par mamelons distincts dans toute l'étendue du banc de syénit rose : on la rencontre aux environs de Syène; mais elle est plus commune dans la partie méridionale et aux environs de Philæ.

Les anciens sculpteurs égyptiens l'ont beaucoup employée, et l'on en voit un grand nombre de statues, soit en Égypte, soit dans les musées de l'Europe. C'est encore une des roches que les Italiens désignent sous le nom de *granito nero e bianco orientale*, dont nous avons présenté déjà deux variétés dans la planche 1re. Ils ont aussi désigné sous ce nom une roche très-différente, et principalement composée d'amphibole et de feldspath; mais celle-ci ne vient pas d'Égypte.

Fig. 2. SYÉNIT NOIR A CONTEXTURE PORPHYRIQUE.

Le fond, qui est un syénit à petits grains, renferme peu d'amphibole et beaucoup plus de mica : c'est à cette dernière substance qu'appartiennent les grandes lames noires, lisses, hexagones, éparses dans cette pierre; les masses noires, lamelleuses et striées, appartiennent à l'amphibole.

Les grands cristaux de feldspath, reconnaissables à leur forme rhomboïdale, à leur contexture lamelleuse bien décidée, à leur couleur d'un rose léger, sont généralement partagés dans leur longueur en deux parties, dont l'une est terne et matte, tandis que l'autre réfléchit une vive lumière : cette espèce de maclage n'a lieu qu'autant que le feldspath a pu cristalliser régulièrement. Le quartz, qui n'existe point dans la roche précédente, se trouve dans celle-ci en cristaux gris, vitreux, qui laissent voir assez nettement la cassure d'une pyramide hexaèdre.

Cette variété se trouve principalement à l'orient de Syène, sur les limites du banc de syénit rouge : elle est coupée quelquefois par de petits filons de syénit rose; elle a été employée dans les arts par les Égyptiens, mais rarement pour de grands monolithes. Cependant j'ai remarqué dans l'île de Philæ les débris d'un grand obélisque qu'on pourrait lui rapporter. Parmi les petits objets, je citerai une statue de demi-grandeur naturelle qui a décoré le Musée de Paris à une certaine époque, et qui provenait, je crois, du Musée de Berlin ou de celui de Dresde.

Fig. 3. SYÉNITELLE VEINÉ.

C'est la disposition par veines et la manière dont

s'unissent deux roches de contextures différentes, que l'on a eu pour objet de rendre ici.

Cet échantillon contient presque uniquement du feldspath et du mica, excepté dans les deux bandes inférieures où se trouve mêlé un peu de quartz. On jugera facilement, par le parallélisme des différentes zones, que les deux bandes à gros grains ne peuvent être un filon, quoiqu'elles en aient un peu l'apparence.

Cette roche, qui se trouve dans les environs de Syène, n'offre pas ordinairement des masses très-considérables; on doit la regarder comme un accident de formation.

Comment pourrait-on supposer qu'une pareille contexture pût être le résultat d'une précipitation chimique et d'une accumulation de cristaux faite au hasard? On voit bien que cette position respective des cristaux force de supposer, au contraire, qu'ils ont dû tous cristalliser simultanément, et que chaque cristal paraît avoir cédé dans ses formes, comme dans sa disposition, à l'influence qu'exerçaient sur lui tous les cristaux qui l'entouraient, influence qu'il avait également exercée sur eux; ce qui semble bien plutôt supposer une coagulation qu'une précipitation de cristaux.

Fig. 4. ACCIDENT DU SYÉNIT.

La bande rouge feldspathique qui traverse cette roche, a, bien plus que dans la précédente, les caractères d'un filon; cependant les grands cristaux de feldspath ont absolument le même aspect.

On n'y voit ni quartz ni amphibole.

Fig. 5. AUTRE ACCIDENT DU SYÉNIT.

Voici un autre exemple du passage subit de plusieurs roches différentes.

La bande supérieure est exactement le syénit noir et blanc représenté figure 1 : le mica et l'amphibole y sont de même intimement unis ; et leurs caractères se rapprochent tellement, qu'il est fort difficile de distinguer ces deux substances l'une de l'autre, sans le secours d'une pointe d'acier.

La bande rose intermédiaire est un feldspath presque compacte, piqué de mica noir : les deux bandes sont séparées nettement ; mais, dans d'autres échantillons de la même roche, on les voit mélangées, et elles se fondent l'une avec l'autre.

La troisième bande est composée de feldspath rose compacte et de mica. Ce dernier forme, par endroits, des veines assez prononcées. Ces sortes d'accidens, très-fréquens dans les passages du syénit noir au syénit rouge, se remarquent aussi dans les monumens anciens ; on en voit, entre autres, un exemple très-frappant dans les colosses placés derrière les obélisques du palais de Louqsor, où le même bloc offre les trois espèces de roche que réunit cet échantillon.

Il serait superflu sans doute de rappeler ici les observations que nous avons déjà faites plusieurs fois sur la disposition respective des cristaux des roches, et les conséquences que nous en avons tirées relativement au mode de leur origine.

Fig. 6. FELDSPATH COMPACTE, FELSITE.

Feldspath blanc, compacte, dur, translucide, ayant une légère tendance à la contexture lamelleuse, et semé de quelques écailles de mica. Les bandes bleuâtres, vitreuses, terminées d'une manière indécise, et qui ont absolument l'aspect de la variété de strontiane sulfatée que les Allemands ont nommée *célestine*, sont, comme tout le reste de la roche, de nature feldspathique, mais plus dures encore : c'est le vrai *dichter feldspath* de Werner. La couleur rousse, qui perce dans quelques endroits, est due à une matière de la nature du grenat, qui, fondue dans le feldspath, ne se distingue que dans les points où elle est le plus abondante.

Cette roche se trouve au nord de Syène, vers la limite inférieure du banc de syénit. Je l'ai rencontrée aussi à trois heures de marche, dans le désert à l'orient de Syène : elle contient alors quelques grenats bien distincts. Elle forme des masses peu étendues renfermées entre les gneiss. Le nom de *felsite* a été employé par Kirwan et quelques autres minéralogistes anglais, pour désigner cette variété de feldspath compacte. Des morceaux travaillés par les anciens et trouvés parmi les débris qui couvrent le sol de Saqqârah, présentent une contexture un peu plus lamelleuse, et le mica y forme des veines assez sensibles. Ces fragmens, qui sont aussi plus blancs, ont presque l'aspect d'un marbre blanc lamelleux, veiné de mica.

Nota. M. Brongniard a cru devoir, pour l'euphonie, substituer au mot *feldspath* celui de *felspath*, plus doux à prononcer. Le nom de *felsite* s'en dérive assez naturellement pour désigner le feldspath compacte.

Fig. 7. SYÉNIT BLANC ET NOIR A GRAINS MOYENS.

Une roche composée uniquement dé feldspath et d'amphibole se rapproche beaucoup, il faut l'avouer, par sa nature comme par son aspect, de la syénite de Werner, ou *sinaïte*; mais ce n'est véritablement qu'un accident dans l'étendue du terrain granitique. Elle est rare aux environs de Syène, et un peu plus commune dans ceux de Philæ, où elle prend la contexture veinée : cette tendance se remarque déjà dans le morceau représenté ici, qui vient des environs de Syène.

Si, au premier coup d'œil, cette roche paraît se confondre avec la syénite de Werner, en l'examinant plus attentivement on y reconnaît des différences assez notables, quant à l'aspect et à la contexture. Les cristaux y sont généralement plus nets; ceux de feldspath ont une texture plus lamelleuse, sont plus brillans, et n'ont pas du tout cet aspect terne qui caractérise souvent le feldspath de la syénite des Allemands et de presque toutes les roches qui appartiennent à la formation porphyrique.

Autant qu'il est à ma connaissance, cette matière n'a été employée que dans les monumens anciens d'un petit volume.

Fig. 8. ROCHE GRAPHIQUE A BASE FELDSPATHIQUE :
PEGMATITE.

Masse de feldspath dont les bandes sont séparées par des cristaux de quartz gris. Ces cristaux, très-petits, mais assez multipliés, se suivent dans certaines directions, formant des cadres de figure hexagonale qui enveloppent chacun un noyau de feldspath. La figure hexagonale est due à ce que les rhombes de feldspath sont tronqués sur quelques-uns de leurs angles ; ainsi elle est déterminée par cette matière, et non pas par le quartz, comme on le dit communément en parlant des roches graphiques : le quartz sert ici d'enveloppe ; il ne fait que remplir les intervalles qui séparent les différens cristaux de feldspath, formant lui-même une suite de petits prismes hexaèdres distincts, et non pas une cloison continue.

Ce morceau a été pris dans les grands rochers qui s'élèvent au sein du Nil, à peu de distance de l'île d'Éléphantine. Les rochers de la cataracte en offrent aussi, mais dont la contexture est beaucoup moins prononcée. Les fissures des grandes masses de pegmatite renferment quelquefois des grenats bruns et de larges lames hexaèdres de mica jaune ou noir.

Les grandes masses de pegmatite, en Égypte, m'ont paru, en général, être les restes d'anciens filons dégradés.

PLANCHE III.

NUBIE, ENVIRONS DE SYÈNE ET DES CATARACTES.

Basaltes des anciens, gneiss, syénitelles, etc.

Fig. 1. SYÉNITELLE GRIS.
(*Granitello bigio* des Italiens.)

Cette variété diffère de celles qui sont décrites sous les n°^{s}. 5 et 6 de la 1re planche, 1°. par une moins grande abondance de mica, 2°. par une tendance moins marquée à la contexture veinée, 3°. par plus d'uniformité dans la grosseur de ses élémens.

Le feldspath en cristaux médiocres est quelquefois lavé d'une légère teinte rose. La réunion des couleurs blanche, noire et rougeâtre, entremêlées par petites lames, donne à la masse un ton général grisâtre : aussi les Italiens, qui possèdent dans leurs musées et leurs *villa* un grand nombre de monumens fabriqués avec cette variété, la désignent-ils ordinairement par le nom de *granito antico bigio* (granit antique gris). Elle ne contient presque point de quartz, et point du tout d'amphibole.

Les anciens Égyptiens l'ont souvent employée; ils en ont fait surtout des statues dont les plus grandes sont de grandeur naturelle. Les Grecs et les Romains, qui l'ont exploitée aussi, en ont fabriqué une grande quantité de colonnes, dont on trouve encore beaucoup aujourd'hui en Égypte, dans les ruines des églises chrétiennes, dans les mosquées, dans les *okels* des villes de commerce, dans les maisons des particuliers, etc., et beaucoup aussi en Italie et en France : on en remarque, entre autres, une vingtaine dans le Musée des antiques de Paris et dans la galerie des tableaux.

Le syénitelle gris offre plusieurs variétés qui diffèrent principalement par la grandeur des cristaux de feldspath, offrant toutes, du reste, à peu près le même aspect et les mêmes accidens. Souvent les grands blocs ont quelques nœuds ou grandes taches noires irrégulières, formées par l'accumulation de lames de mica noir.

Cette roche et ses diverses variétés abondent au sud de Syène et aux environs de la cataracte. *Voyez*, pour les détails de son gisement, ainsi que de celui de toutes les variétés de syénit, la ve partie du Mémoire sur la constitution physique de l'Égypte.

Fig. 2. SYÉNITELLE NOIR VEINÉ.

Recueilli près de la cataracte. Il est composé de feldspath blanc à très-petits cristaux mélangés de cristaux de quartz presque imperceptibles, noyés au milieu de beaucoup de lamelles de mica noir, disposées en veines parallèles.

Dans les masses où le mica est en certaine quantité, il forme des bandes d'un noir très-intense, qui tranchent sur le fond de la pierre par leur contexture. Cette roche se rapproche et se lie quelquefois avec des gneiss à petits grains; elle est fort commune dans cette localité, et constitue une partie des rochers qui forment ce que l'on appelle la première cataracte.

Le syénit rose à grands cristaux ne domine point dans les cataractes ; mais les gneiss, l'eurite, le feldspath en masse cristalline, l'amphibolite compacte ou schisteuse, la cornéenne, composent la majeure partie de leurs nombreux rochers.

Beaucoup de rochers de ces diverses matières, baignés par les eaux du Nil, sont recouverts de l'enduit noir brillant représenté planche 1re, dans un échantillon recueilli sur les rivages d'Éléphantine.

Les sculpteurs égyptiens ont rarement employé le syénitelle noir veiné. Nous nous sommes attaché dans cette gravure, ainsi que dans la précédente, à rendre le plus exactement possible l'aspect général de cette roche, plutôt que le détail de ses élémens, qui échappent aux procédés de l'art.

Fig. 3. BASALTE NOIR DES ANCIENS : AMPHIBOLITE.

Il est peu de matière, en géologie, qui aient donné lieu à une plus grande divergence d'opinions, et l'on sera à portée de juger, par les détails qui suivent, combien s'écarte des idées premières le sentiment des naturalistes qui veulent absolument n'appliquer le nom de *basalte* qu'aux roches d'origine volcanique, et de ceux en même temps qui voudraient le restreindre à certains produits formés de matières remaniées par les eaux.

Le basalte de Strabon et de Pline qui se trouve aux environs de Syène et de la cataracte, est une roche de couleur noire, compacte, d'une grande dureté, qui, au premier coup d'œil, semble homogène à cause de sa couleur sombre et de la ténuité de ses élémens ; mais, rigoureusement parlant, c'est une roche composée. L'amphibole, le quartz, le mica et un peu de feldspath, tous quatre en très-petits cristaux, s'y discernent à la vue simple avec un peu d'attention, et très-facilement à l'aide de la loupe. L'amphibole surtout, qui constitue la majeure partie de la masse et lui imprime ses principaux caractères, s'y distingue quelquefois en petits prismes aiguillés. Au chalumeau, cette roche se fond assez difficilement en un verre grisâtre et quelquefois plus facilement en un verre noir, suivant la quantité d'amphibole que contient le fragment soumis à l'opération. Sa cassure est à arêtes vives, irrégulièrement disposées en escalier.

Ce basalte des anciens, ou amphibolite, se lie aux syénits noirs et gris, et quelquefois il forme des taches irrégulières plus ou moins larges et nettement terminées au milieu du syénit rose [1] ; mais, dans ce dernier cas, le mica s'y trouve généralement en plus grande proportion que dans les masses de basalte pur.

Le basalte noir antique forme, quelquefois, des pointes isolées qui reposent sur le syénit, sur les gneiss et les diverses roches représentées ci-dessus, avec lesquelles il se lie par nuances insensibles et al-

[1] On en voit un exemple pl. 3, figure 7.

terne quelquefois. Les circonstances de son gisement démontrent donc bien clairement que le basalte antique est une roche primitive, et que son origine n'a rien de volcanique : nous pouvons assurer d'ailleurs qu'il n'existe rien de volcanique dans les environs de Syène.

Cette matière a été beaucoup exploitée par les anciens, qui en ont fait des statues d'hommes et d'animaux, différentes sortes de monumens, et particulièrement des mortiers, usage spécialement indiqué par Pline, qui la désigne aussi par le nom de *pierre à mortier* (*vas mortarium*). Nous avons retrouvé, dans les ruines des anciennes villes, quelques débris de vases en basalte qui pouvaient avoir été employés comme mortiers; d'autres roches ont été aussi employées au même usage, et principalement la brèche siliceuse agatifère.

Fig. 4. BASALTE VERT ORIENTAL DES ANTIQUAIRES, DIABASE A GRAINS FINS.

C'est une roche presque compacte, composée de feldspath, tantôt verdâtre, tantôt gris, et d'amphibole vert. Elle se rapproche beaucoup du *grünstein* des Allemands; c'est la diabase de M. Brongniard. Elle a été travaillée par les anciens, qui en ont fait de petites statues, des sarcophages, des niches à mettre les éperviers sacrés, des espèces d'autels, des mortiers, etc. Au chalumeau, elle donne un verre gris ou verdâtre.

Nous n'avons pu observer son gisement : l'échantillon représenté ici provient de gros cailloux roulés qui se trouvent dans une des vallées à l'orient de Syène. Il paraît qu'elle est abondante dans l'intérieur de ces déserts, car nous en avons remarqué des blocs roulés en différens endroits, et principalement vers les bords de la mer Rouge, et vers l'embouchure de quelques vallées dans la Thébaïde, sur la rive orientale.

Fig. 5. GNEISS A PETITS GRAINS, VEINÉ DE MICA NOIR.

Le mica, de couleur verte brillante, sans forme déterminée, sépare le feldspath et le quartz en tranches assez distinctes. Il y abonde tellement, que l'on prendrait la roche pour un schiste micacé, lorsqu'on la regarde sur le plat des feuillets. Sa cassure transversale offre, au contraire, l'aspect d'un granit à petits grains.

On commence à la rencontrer à une heure de marche, à l'orient de Syène : elle devient plus abondante et mieux caractérisée en s'enfonçant dans les déserts qui sont à l'orient, à la distance d'environ une journée de marche; elle y forme des couches feuilletées, inclinées le plus souvent de 40 à 50 degrés, et se lie par des passages gradués à différentes sortes de gneiss et de granits à petits grains. On la voit souvent recouverte par des schistes micacés verdâtres, qui passent quelquefois au mica-schiste, lequel présente plusieurs variétés remarquables : la plus commune est d'un brun marron, ayant un éclat métallique et en même temps quelque chose de gras et d'onctueux au toucher.

Il ne paraît pas qu'on ait jamais employé ce gneiss à aucun usage, si ce n'est à la construction de fourneaux dont j'ai rencontré dans ces mêmes déserts des vestiges, où cette roche se reconnaît encore, quoique fortement altérée par le feu.

Fig. 6. XÉNIT A DEUX SUBSTANCES.

Cette masse, de contexture granitoïde, n'est composée que de deux substances, le quartz et le feldspath ; le mica y est extrêmement rare. Elle renferme de nombreuses fissures, suivant lesquelles elle se divise facilement. Les surfaces mises à découvert par ces fissures sont souvent recouvertes d'herborisations qui paraissent dues à des infiltrations d'oxide de fer et d'oxide de manganèse.

J'ai rencontré une seule fois, au nord de Syène, cette matière formant un rocher isolé, qui, évidemment, faisait autrefois partie d'un filon; origine que confirment assez ses caractères. On ne saurait donner avec justesse à une pareille matière le nom de *granit*, déjà si vague par la multitude infinie de roches que l'on confond sous cette dénomination : elle présente dans son aspect et dans sa contexture quelques caractères particuliers. Quand on examine attentivement les roches de filon, il est rare qu'on n'y remarque pas des différences sensibles avec les roches du même genre qui constituent les grandes masses des terrains primitifs : c'est donc une raison pour les désigner par un nom distinct. *Voyez*, pour la signification du mot *xénit*, la description de la pl. 1re, fig. 8.

APPENDICE AU MÉMOIRE PRÉCÉDENT.

Fig. 7. ACCIDENT DU SYÉNIT.

Voici un exemple du passage presque subit du syénit à gros grains au feldspath compacte.

La partie noire qui forme l'un des angles de la pierre doit sa couleur non-seulement à un peu d'amphibole, mais à une quantité assez grande de lamelles de mica noir qui s'y trouvent engagées. Malgré sa couleur noire assez intense, le fond de la masse est principalement feldspathique ; il se fond plus ou moins facilement au chalumeau en un émail tantôt blanc, tantôt gris, tantôt plus ou moins obscur, selon que le fragment soumis à l'essai contient une plus ou moins grande proportion de feldspath ou d'amphibole.

La petite veine noire qui traverse en serpentant ce morceau dans la plus grande partie de sa longueur, et qui présente l'aspect d'un petit filon, est de même nature que la partie de la pierre que je viens de décrire ; mais elle est plus chargée encore de mica. Les petites taches noires dont la masse feldspathique est piquée dans toute son étendue, sont aussi des lamelles de mica généralement lisses et brillantes.

Les divers blocs employés par les anciens dans les monumens de sculpture présentent souvent, et même très en grand, des accidens semblables à ceux qu'offre en petit ce morceau. Nous en avons cité plusieurs dans la description des carrières de syénit et dans l'énumération des principaux monumens formés de cette matière, qui se trouvent en Égypte [1].

[1] Appendice aux Descriptions des monumens anciens, n°. I.

Fig. 8. GNEISS SCHISTEUX.

Gneiss très-micacé, d'apparence tout-à-fait schisteuse, vu sur le plat des feuillets, mais présentant sur la cassure les caractères d'un kneiss à grains très-fins, abondant en quartz à grains sensibles à l'œil, et dont les feuillets sont enveloppés et comme empâtés par une espèce de talc ou de mica vert foncé, d'un aspect terne.

Il forme des montagnes assez étendues dans les déserts qui sont à l'orient de Syène, sur la route qui conduit à la montagne de Baram. Ses couches, presque verticales, se cachent quelquefois sous les schistes micacés et sous le mica-schiste. Je restreins ce dernier nom aux seules roches où le mica est réellement la substance dominante.

PLANCHE IV.

GEBEL SELSELEH ET MONTAGNE ROUGE.

1, 2, 3, 4. *Poudingue memnonien.* — 5. *Cailloux d'Égypte.* — 6, 8, 9. *Grès ferrugineux.* — 7, 10, 11, 12. *Grès monumental.* — 13. *Grès à ciment siliceux.*

Fig. 1. POUDINGUE SILICEUX DE LA MONTAGNE ROUGE[1].

Il est composé de fragmens de quartz arrondis de

[1] La montagne rouge est située à l'extrémité de la chaîne du Moqatam, près du Kaire.

diverses grosseurs, les uns transparens, les autres rouges, bruns ou jaunes colorés par l'oxide de fer : le fond ou la pâte est communément un grès quartzeux, écailleux, extrêmement dur.

Ce poudingue renferme aussi des fragmens de jaspe et de pétro-silex secondaire (*néopètre* de Saussure); quelquefois aussi, mais bien plus rarement, des fragmens de coquilles. J'y ai remarqué quelques coquilles entières : ce sont des cames, des peignes, des manteaux. Ces coquilles, soit entières, soit brisées, ne sont pas complètement pétrifiées ; la plupart ont encore conservé leur tissu naturel et leur éclat un peu nacré. *Voyez,* pour les détails de gisement de toutes les variétés de grès et de poudingue qui sont représentées dans cette planche, la vi^e partie du Mémoire sur la constitution physique de l'Égypte.

Fig. 2. BRÈCHE MEMNONIENNE.

Le morceau gravé sous ce numéro a été détaché du piédestal de la célèbre statue vocale de Memnon, située dans la plaine de Thèbes, non loin du tombeau d'Osymandyas : les deux colosses encore subsistans sont fabriqués de cette matière, qui a beaucoup d'analogie avec celle du numéro précédent, et plus encore avec le n°. 3 : elle renferme de plus des agates de plusieurs variétés, et qui se rapprochent du jaspe par leur opacité et les nuances foncées de leurs couleurs. La teinte générale de la roche est le brun foncé : de grandes parties cependant ont un ton jaunâtre, et d'autres, une couleur rouge obscure. Cette substance est extrêmement compacte : quelques antiquaires ont avancé que c'était une lave; mais cette assertion est dénuée de fondement, comme l'indique assez ce que nous venons d'en dire : cette matière n'a nul rapport avec les matières volcaniques.

Les n°ˢ. 3 et 4 sont des variétés du même poudingue, prises dans les montagnes de Syène, un peu au nordest de la ville, où elles recouvrent en bancs épais les granits et les gneiss. Quelques bancs sont semés de grains de quartz arrondis, transparens, comme on le voit dans le n°. 4.

Fig. 5. CAILLOU D'ÉGYPTE.

Recueilli dans la vallée de l'Égarement. Cette grande vallée, qui s'ouvre un peu au sud du Kaire pour aller déboucher sur la mer Rouge au sud de Soueys, présente une longue suite de montagnes de poudingue extrêmement abondantes en silex et en pétro-silex secondaires, parmi lesquels il s'en trouve d'un tissu fin, serré, semblable à celui du jaspe : une partie de ces derniers est veinée et nuancée de couleurs différentes. A travers la multitude d'accidens différens que présentent les veines et les herborisations de ces sortes de pierres, on peut démêler qu'elles s'étendent généralement autour d'un centre commun, quoique chaque cassure semble découvrir un centre de zones particulier : mais cela tient précisément à ce que toutes ces veines sont concentriques; et la même chose arriverait si l'on entaillait dans diverses parties un corps globu-

APPENDICE AU MÉMOIRE PRÉCÉDENT. 267

leux formé de couches de différentes couleurs concentriques entre elles. Beaucoup de minéralogistes regardent cette pierre comme un véritable jaspe.

Fig. 6. GRÈS FERRUGINEUX.

C'est un des accidens que présentent les couches de psammite des environs des grandes carrières du Gebel Selseleh. La matière dominante est le quartz en grains assez fins, intimement unis par un ciment argilo-ferrugineux : ces grains de quartz colorés sont disposés, en plusieurs endroits, par veines concentriques de nuances différentes, les unes brunes, les autres d'un violet foncé; la couleur de ces dernières nuances est due quelquefois à l'oxide de manganèse.

Fig. 7. GRÈS MONUMENTAL DES ÉGYPTIENS,
PSAMMITE QUARTZEUX.

Matière dont sont formées presque toutes les grandes constructions antiques de la Thébaïde, telles que les temples, les palais, et les anciennes constructions hydrauliques, que l'on rencontre depuis l'île de Philæ jusqu'à l'ancienne ville de Tentyris, et même jusqu'à celle d'Abydus. L'échantillon représenté ici provient d'un ancien temple : il présente des vestiges d'hiéroglyphes.

Cette variété, la plus abondante de toutes, est composée de petits grains de quartz agglutinés par un ciment calcaire et quelquefois un peu argileux, à peine sensible : son tissu est grenu; il est moucheté de petites taches brunes ou jaunâtres, formées par un peu d'oxide de fer mêlé dans ces endroits au gluten de la pierre, quelquefois aussi par quelques lamelles de mica noir ou jaune : la dureté de ce grès est fort peu considérable. Ses variétés sont nombreuses : on peut en voir la description détaillée, ainsi que ses caractères et ses usages, dans notre Mémoire sur les carrières du Gebel Selseleh [1], ainsi que dans la description minéralogique de cette portion de la Thébaïde, formant la IVe partie du Mémoire sur la constitution physique de l'Égypte. Tous ces grès appartiennent à la formation la plus récente, désignée par plusieurs minéralogistes sous le nom de *grès blancs*.

Fig. 8. ACCIDENT DU GRÈS MONUMENTAL.

Le fond est de même nature que celui du grès monumental de Selseleh, représenté sous les n°s. 7, 10, 11 et 12; mais il renferme de plus des noyaux ferrugineux en forme de petits galets comprimés. On y remarque aussi une petite masse de forme ronde, légèrement radiée, de nature calcaire, et qui semble un corps organisé, mais trop peu caractérisé pour qu'on puisse en déterminer la nature. Près de ce corps étranger, il en est un autre d'un aspect fibreux, dont il serait également difficile d'assigner la nature, mais qui semble appartenir au règne végétal : ces vestiges de corps organisés ne se trouvent que dans les couches supérieures des collines de grès, qui sont les plus hétérogènes.

[1] Description d'Ombos et des environs, *A. D.*, chap. *IV*, sect. II.

Fig. 9. AUTRE ÉCHANTILLON DE GRÈS OU PSAMMITE.

Il diffère du n°. 6 par une teinte générale un peu plus foncée, et par une plus grande abondance des taches brunes dont nous avons fait mention plus haut : il renferme un noyau argilo-ferrugineux de la grosseur et de la forme d'une noix.

L'échantillon représenté ici a été recueilli parmi les débris d'exploitations qui sont accumulés au pied des escarpemens des carrières de Selseleh. Les Égyptiens ont, en général, rejeté tous les blocs où il se trouve des noyaux ferrugineux, comme étant sans doute plus susceptibles d'altération, et provenant d'ailleurs des couches supérieures, dont ils n'ont jamais employé les matériaux, presque toujours chargés de fer et d'argile.

Fig. 10 *et* 11. AUTRES VARIÉTÉS.

Ces deux morceaux sont encore des variétés de nuances différentes du grès monumental. Le n°. 9 a été pris dans d'anciens monumens de Thèbes.

Fig. 12. GRÈS SILICEUX COMPACTE DE SYÈNE.

Grès à grains et ciment siliceux d'une grande dureté : il est tantôt coloré en vert foncé, tantôt d'une couleur blanchâtre, et quelquefois les deux couleurs se succèdent sans nuances intermédiaires. Les masses vertes ressemblent un peu par leur aspect à la roche nommée *basalte vert antique* ; mais elles en diffèrent essentiellement par leur nature comme par leur gisement : elles reposent sur d'autres variétés de grès, ou sur les poudingues qui recouvrent immédiatement le syénit. Nous les avons surtout observées à l'est de Syène, formant des couches presque horizontales, d'inégale épaisseur, et qui, en se prolongeant, dégénèrent en psammites tendres et mal agglutinés.

Les Égyptiens en ont fabriqué différens objets de sculpture, quelques-uns même d'un très-petit volume, tels que des représentations de scarabées. Quoique les Égyptiens aient fabriqué des représentations de scarabées en pierres diversement colorées, on sait cependant que celles de couleur verte étaient préférées pour cet objet, parce qu'elles rappelaient la couleur naturelle du scarabée sacré : c'est par la même raison qu'ils donnaient aussi cette couleur aux pâtes et aux émaux qui représentaient cet insecte.

PLANCHE V.

TOMBEAUX DES ROIS, PYRAMIDES DE MEMPHIS.

1, 2, 3, 4. *Pierres siliceuses figurées.* — 5, 6, 8, 9. *Pierres calcaires employées à la construction des pyramides.* — 7, 10, 11, 12. *Coquilles fossiles.*

Fig. 1, 2, 3 *et* 4. SILEX FIGURÉS DE LA VALLÉE
DES TOMBEAUX DES ROIS.

Les silex de cette localité sont remarquables par le grand nombre de représentations d'objets naturels qu'ils

APPENDICE AU MÉMOIRE PRÉCÉDENT.

fournissent; la pierre qui les renferme est un calcaire tendre, fissile et très-argileux, à couches horizontales.

Les uns figurent les parties sexuelles de différens animaux; d'autres, des fruits; d'autres, une masse d'intestins. On en trouve aussi qui représentent une couronne, un turban; d'autres, avec des formes moins déterminées, offrent quelques circonstances assez curieuses pour l'explication de leur formation[1]. Les quatre silex gravés dans cette planche suffisent pour donner une idée de la variété de ces imitations.

Fig. 5. REVÊTEMENT DE LA SECONDE PYRAMIDE DE GYZEH : LE CHEPHREN[2].

Pierre de nature calcaire, très-compacte, d'un joli grain, et susceptible d'un certain poli; sa teinte ordinaire est le gris clair, ou le gris cendré, sur lequel se détachent, par un ton un peu plus foncé, les contours d'une multitude de petits cercles et d'ellipses plus ou moins allongées, qui sont les sections transversales et sous divers degrés d'obliquité de dentalites enfermées

---

[1] *Voyez* la Description minéralogique de la vallée des tombeaux des rois.

[2] Le *Chephren*, la seconde des pyramides en grandeur et la seule qui ait conservé une partie de son revêtement, est le monument de l'antiquité le plus intéressant pour la métrologie. Sa base, de 106 toises $\frac{2}{7}$, était l'étalon du stade égyptien, 540° partie du degré de l'écliptique, évalué primitivement par les Égyptiens à 57600 toises. (*Voyez* l'introduction et la III° partie du Mémoire sur la constitution physique de l'Égypte.) Cette base contient exactement 400 coudées xylopristiques de 19 pouces 2 lignes $\frac{4}{12}$, ou 520 millimètres. Avec ces seules données et la connaissance de la coudée nilométrique, 360° partie du stade, on peut reconstruire tout le système métrique de l'ancienne Égypte et expliquer sa géographie comparée.

dans la pierre, et dont le têt est converti en spath calcaire. Un certain degré de transparence les fait paraître obscurs, parce qu'ils absorbent une partie de la lumière qu'ils reçoivent. On aperçoit quelquefois aussi dans cette pierre d'autres vestiges de corps marins : ce sont principalement des ostracites. On remarque cela de particulier dans ces pétrifications, qu'il n'y a jamais qu'une très-petite épaisseur de la coquille convertie en spath calcaire : le reste a été remplacé par la pâte même qui forme le fond de la pierre.

Je n'ai pas retrouvé cette variété dans les parties voisines de la chaîne libyque; cependant je ne pourrais assurer qu'elle n'y existe pas : mais, dans la partie opposée de la chaîne arabique, on trouve une pierre presque semblable superposée aux couches de nummulites, et faisant partie, comme elles, de la formation désignée sous le nom de *calcaire horizontal*.

Fig. 6. PIERRE DE LA GRANDE PYRAMIDE DE GYZEH,
DITE LE CHÉOPS.

Cette variété de pierre calcaire, l'une des plus rares qui soient employées dans la construction des pyramydes de Gyzeh, abonde en coquilles fossiles de différentes espèces. On y distingue surtout des camites, des strombites, des turbinites, des hélicites, et une autre sorte de coquille qui se rapproche des nérites. On y voit aussi, mais en très-petite quantité, des numismales, et elles y sont très-petites. Il est remarquable que ce genre de coquillage, si abondant dans cette localité et dans la majeure partie de l'Égypte, soit le plus souvent isolé, et semble n'avoir eu qu'une existence précaire et peu prolongée, aux époques où les autres genres de coquillages sont devenus très-multipliés dans les mêmes lieux.

Fig. 7 et 12. OSTRACITES.

Diverses variétés d'ostracites de la chaîne libyque dans le voisinage des pyramides. Celle du n°. 7 est empâtée avec d'autres coquillages : des vis, des manteaux pétrifiés et des camites agglutinés par une argile jaunâtre, etc.

Fig. 8 et 9. PIERRE DE LA GRANDE PYRAMIDE.

Fragmens d'une des principales variétés de pierre calcaire employées à la construction de la grande pyramide. Ils sont presque uniquement formés par l'accumulation de coquilles numismales, ou discolithes, de toute grandeur, qui semblent s'être déposées dans toutes les positions. Leurs dimensions varient depuis deux ou trois millimètres jusqu'à plus de soixante.

On peut voir dans l'une des numismales ouvertes dans le sens de leur épaisseur, que les circonvolutions ne sont pas toujours parfaitement régulières. Dans quelques numismales, certaines circonvolutions sont beaucoup plus larges et plus profondes que les autres : c'est une espèce particulière. Un caractère plus constant est le rapprochement plus grand des spires de l'intérieur, leur écartement et la dilatation sensible des cellules à mesure qu'elles approchent de la circonférence. On observe aussi que dans les jeunes numismales l'écartement des spires et la grandeur des alvéoles sont beaucoup plus considérables que dans celles qui ont acquis leurs dimensions ordinaires.

Cette pierre est employée en grande abondance dans toutes les pyramides qui sont près de Gyzeh. Les espèces de discolithes y sont très-variées. Le sol est jonché de discolithes détachées de la pierre [1].

Fig. 10. ÉCHINITE.

Espèce d'échinite prise sur le sol voisin des pyramides. Elle a été trouvée aussi dans certaines contrées de l'Europe. L'ouvrage de Scheuchzer présente la figure d'une échinite tout-à-fait semblable. Le rapprochement des fossiles recueillis à d'aussi grandes distances peut donner lieu à des inductions curieuses sur l'existence des êtres organisés, antérieurement aux grandes révolutions du globe. C'est pour constater l'identité de cette espèce avec celle qui a été figurée par Scheuchzer, que je l'ai fait représenter.

Fig. 11. PIERRE DES PYRAMIDES.

L'échantillon représenté ici a été pris dans la chaîne libyque au sud-ouest des pyramides de Gyzeh, vis-à-vis l'emplacement de l'ancienne Memphis. Cette pierre y forme une couche assez étendue et peu élevée au-dessus

---

[1] *Voyez* la Description minéralogique des environs des pyramides.

APPENDICE AU MÉMOIRE PRÉCÉDENT. 275

du sol des pyramides de Saqqârah. J'en ai reconnu quelques blocs employés dans la construction des pyramides; ils y sont assez rares. Il est probable que sa dureté aura détourné d'en faire un grand emploi. Sa teinte est d'un beau jaune d'ocre. Dans la chaîne libyque, elle est supérieure aux couches qui renferment des numismales, dont je n'ai remarqué aucune dans cette sorte de pierre.

Une grande partie des coquillages qu'elle renfermait ont été détruits dans le sein de la pierre même, et n'ont laissé, les uns, qu'une simple cavité, et les autres, que leur noyau; de sorte que l'épaisseur de la coquille détruite est restée vide, comme le dessin l'exprime : c'est ce qui fait que les noyaux des coquilles se détachent de la pierre avec beaucoup de facilité. Quelquefois une poudre grise ou blanchâtre reste entre le noyau et le fond de la pierre : ce ne peut être qu'un *detritus* de la coquille même. Quelques parties ont conservé leur éclat naturel.

> *Nota.* Quoique nous ayons choisi de préférence parmi les pierres de la montagne Libyque celles qui ont été employées dans la construction des pyramides, les espèces représentées ici ne sont pas toujours celles qui ont été employées en plus grande quantité, parce que plusieurs de ces dernières n'offraient pas de caractères propres à être exprimés par la gravure.

PLANCHE VI.

DÉSERTS VOISINS DE L'ÉGYPTE.

Bois pétrifiés.

―――

Fig. 1. FRAGMENT DES BOIS FOSSILES DE LA VALLÉE DES LACS DE NATRON.

Ce bois a quelque analogie avec les bois de sycomore, dont il offre à peu près la contexture; mais ces caractères ne sont pas assez déterminés pour que l'on puisse donner comme très-probable cette conjecture sur son identité avec le sycomore. Ce fragment, où l'organisation végétale est assez distincte, est complètement agatisé. Il vient de la vallée des lacs de Natron, si remarquable par l'immense quantité de bois pétrifiés qu'on trouve aux environs, dans le *Bahr Belámá*, ou fleuve sans eau. Nous renvoyons, pour les détails de gisement des différentes sortes de bois pétrifiés représentées dans cette planche, à la VIe partie du Mémoire sur la constitution physique de l'Égypte.

Fig. 2. AUTRE ESPÈCE DE BOIS PÉTRIFIÉ.

Le bois d'aloès est celui avec lequel ce bois fossile a le plus de rapport; mais nous avons à faire sur leur identité la même observation que nous avons faite au numéro précédent. C'est aussi de la vallée des lacs de Natron que ce fragment a été recueilli.

Fig. 3. BOIS DE SEYAL, OU ACACIA DES DÉSERTS, PÉTRIFIÉ.

Bois fossile rapporté de la vallée de l'Égarement par le P. Sicard, et qui m'a été remis par M. l'abbé de Tersan. Le tissu et les caractères de l'acacia du désert y sont très-reconnaissables. Quoique ce morceau n'ait pas été recueilli par moi et qu'il l'ait été avant l'expédition d'Égypte, j'ai préféré de le faire représenter ici, comme le mieux caractérisé de tous ceux que j'ai été à portée de voir dans ce genre. Cette espèce de bois pétrifié est très-abondante dans les déserts de l'isthme de Soueys, où le seyâl croît encore.

Une circonstance digne d'attention, c'est que ce bois avait déjà commencé d'être attaqué par les vers, avant de passer à l'état fossile. On en voit des indices non équivoques en plusieurs endroits. Ces vers ont passé à l'état d'agate, tandis que le bois, quoiqu'aussi de nature siliceuse, a pris le tissu terne et compacte de la pierre calcaire. C'est une circonstance très-ordinaire, mais toutefois bien digne d'attention, que les parties molles des animaux se trouvent converties en silex ou en agate, tandis que tout ce qui les environne est à l'état compacte ou grenu.

Fig. 4. PARTIE D'UN TRONC DE PALMIER PÉTRIFIÉ.

Ce grand fragment a été recueilli un peu au-dessus de la ville de Syène. Tout le morceau est à l'état d'agate : c'est la partie inférieure du tronc. Les détails de l'organisation du palmier y sont aussi faciles à distinguer que dans un tronc de palmier naturel. Il existe peu de morceaux où ils soient aussi parfaitement conservés.

PLANCHE VII.

ROUTE DE SYÈNE A LA MONTAGNE DE BARAM.

Roches qui avoisinent d'anciennes mines de cuivre et de plomb.

N°. 1. — FELSITE.

Roche formée principalement de feldspath blanc à cristallisation confuse, de très-peu de quartz et de beaucoup de mica argentin en lames hexagonales assez régulières; elle est semée de grenats dodécaèdres à plans rhombes.

N°. 2. — AUTRE VARIÉTÉ.

Le feldspath y est cristallisé plus confusément encore, et le quartz plus rare. Le mica est en lames beaucoup plus petites, les grenats y sont plus fréquens.

Cette variété de felsite, ainsi que la précédente, se trouvent à six heures de marche à l'orient de Syène, où elles forment des bancs assez prolongés, qui vont se lier avec des matières stéatiteuses et des gneiss. Elles présentent des sous-variétés nombreuses, où les grenats bruns et le mica argentin jouent toujours un grand rôle.

N°. 3. — ROCHE GRANITIFORME DE FILON (XÉNIT).

Cette roche, qui forme des filons dans l'intérieur des déserts à l'orient de Syène, est principalement composée de quartz en masses assez grosses et qui ne sont pas toujours cristallisées. Le feldspath y est beaucoup moins abondant. Elle contient aussi de grandes lames de mica argentées, cristallisées très-régulièrement, et des grenats de diverses dimensions. Je regarde comme fort important de distinguer les roches de filon des autres [1].

C'est à quatre lieues de Syène, moitié de la distance de cette ville à la montagne de Baram, que ce morceau a été détaché d'un filon qui coupe du nord au sud les montagnes qui bordent le chemin.

Fig. 4. TALC SCHISTEUX DES CARRIÈRES DE BARAM.

Ce talc se divise avec beaucoup de facilité en feuillets minces et lisses : ses surfaces argentées et nuancées de couleurs variées sont souvent décorées de petites dendrites d'un noir foncé, formées d'oxide de manganèse et de petites taches d'un vert très-intense, dues à l'oxide de cuivre, qui abonde dans toutes les couches environnantes.

Fig. 5. VARIÉTÉ DE TALC SCHISTEUX OU STÉATITEUX.

Cette seconde variété, qui provient des carrières de Baram, comme la précédente, en diffère par une moins grande disposition à se diviser.

---

[1] *Voyez*, pour le mot *xénit*, l'explication de la planche 1, fig. 8.

Beaucoup de morceaux et même de grands blocs ont assez de consistance pour être travaillés : ce sont de véritables stéatites. On en forme différens objets de sculpture et principalement des vases. Les Arabes *Abâbdeh*, qui habitent ces déserts, font usage de ces vases, et ils vont en vendre dans les différens marchés du Sa'yd, où les vases vernissés sont fort rares.

Les anciens Égyptiens, les Grecs, les Romains, et même les Arabes sous les khalifes, ont fait un grand emploi des variétés les plus compactes, soit pour la sculpture, soit pour en fabriquer des ustensiles de ménage. On en trouve souvent, parmi les décombres des anciennes villes de différentes époques, des fragmens de vases assez minces et évidemment fabriqués au tour.

Fig. 6. TRÉMOLITE EN MASSE.

La trémolite, qui forme des couches considérables aux environs de la montagne de Baram, est souvent empâtée dans un talc blanc argentin, comme dans cet échantillon. De jolies dendrites noires ou grises en ornent fréquemment les surfaces, tachetées aussi par un peu d'oxide vert de cuivre.

Fig. 7. TRÉMOLITE.

Dans cet échantillon, la grammatite est beaucoup plus pure et plus dégagée de la matière stéatiteuse, qui abonde dans les précédens : il a été pris dans des exploitations anciennes. Une circonstance de gisement qui mérite quelque attention, c'est l'association du plomb sulfuré ou galène à larges facettes, répandu abondamment dans l'intérieur des masses de grammatite. Les mêmes couches abondent aussi en oxide rouge et brun de cuivre; l'oxide vert s'y trouve aussi en assez grande quantité.

Les anciens avaient établi dans cette contrée des exploitations de plomb et de cuivre, dont nous avons rencontré des vestiges : aucune partie des déserts ne nous a présenté plus d'intérêt; nous n'avons à regretter que le peu de temps que nous avons eu pour les parcourir. Nous y avons aussi retrouvé des débris de fourneaux qui portaient les marques du feu le plus violent : les roches primitives et les gneiss mêmes qui les formaient, portaient dans quelques endroits des traces non équivoques de fusion.

Fig. 8. EUPHOTIDE GRANITOÏDE.

Roche composée de diallage et quelquefois d'amphibole vert et de feldspath. Elle n'a été rencontrée qu'en fragmens isolés, dans les environs des carrières de Baram. Le feldspath a un aspect un peu gras qui le fait tourner au jade. C'est une remarque que j'ai faite constamment dans ces contrées, que le feldspath qui accompagne la diallage et l'amphibole vert, prend cet aspect particulier dont on voit des exemples également dans diverses roches de l'Europe, telles que celle appelée *verde de Corsica*, où la partie feldspathique a sensiblement l'aspect du jade. On trouvera, sur le gisement des différentes roches comprises dans cette planche, quelques détails dans la ve partie du Mémoire sur la constitution physique de l'Égypte.

PLANCHE VIII.

DÉSERTS SITUÉS ENTRE LE NIL ET LA MER ROUGE.

Variétés de porphyre.

Fig. 1. PORPHYRE.

Par sa base, d'un rouge foncé, cette roche se rapproche du porphyre antique; mais elle contient moins d'amphibole, et ne donne au chalumeau qu'un verre grisâtre.

Outre les cristaux blancs et rougeâtres de feldspath de diverses grandeurs qu'on y voit en abondance, la pâte renferme aussi de petits cristaux d'un vert foncé, ayant quelquefois la forme hexagonale, et qui paraissent être du talc lamellaire ou du talc chlorite lamelleux; leurs lames n'ont point d'élasticité : ils sont tendres, et donnent une poussière grise un peu argentine et onctueuse au toucher. Quelques-uns des cristaux de feldspath ont un encadrement d'une teinte plus blanche que celle de l'intérieur.

Cette roche, ainsi que celles qui sont représentées sous les trois numéros suivans, vient des déserts situés entre le Nil et la mer Rouge, un peu au nord de Qené. Dans cette partie de la chaîne arabique, les vallées offrent vers leurs embouchures des amas considérables de blocs roulés, le plus ordinairement de la grosseur de la tête, parmi lesquels se trouvent des variétés nombreuses de roches porphyriques de nature et de couleurs très-diversifiées.

Fig. 2. PORPHYRE.

La base de ce porphyre, d'un rouge clair tirant sur la couleur lilas, est essentiellement feldspathique; c'est un véritable eurite.

Les cristaux blancs, clair-semés, sont formés de petites lames de feldspath groupées de diverses manières. Dans les intervalles, on voit quelques lames noires, qu'à leur forme on prendrait pour de petits cristaux d'amphibole, mais qui ne sont que du mica noir. Ce porphyre se trouve aussi en fragmens arrondis dans la brèche de Qoçeyr.

Fig. 3. MÉLAPHYRE (PORPHYRE NOIR).

Base de kératite (ou *hornstein*) noir; cristaux rares de feldspath rose tirant sur la forme hexagonale, et souvent encadrés de blanc. Je désigne sous le nom de *kératite* cette base, parce qu'elle est évidemment d'une nature beaucoup plus siliceuse que l'eurite proprement dit[1]. Son tissu, tantôt lisse et serré comme celui de la

---

[1] J'adopte le mot *kératite*, déjà employé par quelques naturalistes, pour partager la série très-confuse des substances appelées *roches de corne*. Lorsque la matière quartzeuze domine et imprime ses carac-

lydienne, tantôt légèrement écailleux comme certaines masses siliceuses, n'a pu être parfaitement exprimé par la gravure; mais elle a fidèlement rendu sa cassure légèrement conchoïde. Les grands blocs traversés par des fissures sont susceptibles de se partager en rhomboïdes presque réguliers, dont les surfaces sont quelquefois tapissées d'un enduit d'épidote.

La dénomination de *porphyre*, empruntée du grec (πορφύρα, *rouge*), appliquée à une roche de couleur noire, forme une singulière contradiction, mais à laquelle il a fallu s'assujettir, à cause de la disette des noms en géognosie. Sans s'écarter de l'analogie, la langue grecque aurait fourni pour cette roche une dénomination plus convenable et qui aurait indiqué sa couleur, en conservant encore assez de rapport avec le nom usité, pour marquer aussi l'identité de contexture avec le porphyre proprement dit. Le mot μέλας, *noir*, joint à la terminaison du terme générique, qui, suivant notre règle, doit être commune à toutes les roches de même contexture, donne le nom de *mélaphyre*, équivalent à celui de *porphyre noir*, mais qui ne renferme pas dans sa composition une contradiction aussi choquante[1].

tères, c'est la kératite; lorsque le feldspath laisse reconnaître ses caractères chimiques, c'est l'eurite; si l'amphibole domine, c'est la cornéenne. Ce n'est pas précisément en changeant les noms que l'on diminue le vague de la nomenclature. Un mot n'est pas en lui-même plus vicieux qu'un autre : le vice consiste en ce que l'on désigne trop d'objets différens par le même mot; il ne s'agit donc que d'en restreindre l'acception.

[1] Depuis la rédaction de cet article, un professeur célèbre, qui a publié une nomenclature des roches, a présenté les mêmes réflexions sur l'impropriété du mot *porphyre* ap-

A ne considérer que les règles ordinaires de la formation des mots nouveaux, on pourrait trouver quelque chose de barbare à cette réunion d'un mot grec avec une syllabe insignifiante et qui n'a de valeur que celle qu'elle reçoit d'une convention particulière; mais cet inconvénient est très-léger en pareille matière.

Fig. 4. PORPHYRE VEINÉ.

La base, qui est d'un rouge-brun, participe par sa nature et par son aspect de la cornéenne et de la kératite (ou *hornstein*). Elle abonde en molécules siliceuses et se fond très-difficilement.

Les cristaux de feldspath, très-petits et assez abondans, affectent généralement la forme d'un parallélogramme très-allongé. Beaucoup de petites veines de couleur grise, terminées en coin, sillonnent cette roche et paraissent plus siliceuses que le reste de la pâte : quelques-unes sont colorées en vert par l'épidote.

Les anciens ont exploité ce porphyre, dont les carrières doivent se trouver dans une vallée parallèle à celle de Qoçeyr. On en rencontre à Alexandrie plusieurs fûts de colonne, tous d'un travail grec ou romain. Je n'ai point vu de monumens évidemment égyptiens qui en fussent formés. En général, les anciens ont fort peu travaillé le porphyre.

pliqué à cette roche à fond noir. Il lui a substitué aussi le nom de *mélaphyre*. C'est une rectification si naturelle, qu'elle se présente d'abord à l'esprit. Nous laissons subsister ces observations telles qu'elles étaient rédigées, quoiqu'elles n'aient plus le mérite de la nouveauté, et qu'elles ne puissent rien ajouter à l'autorité qu'elles ont acquise.

Cette variété diffère seulement par sa pâte un peu plus siliceuse de celle qui est plus particulièrement connue des antiquaires sous le nom de *porphyre rouge antique*. Je ne l'ai trouvée qu'en blocs roulés dans l'embouchure d'une vallée située un peu au-dessous de Qené, à quatre lieues au nord de celle de Qoçeyr ; mais la même vallée m'a offert aussi des blocs qui m'ont paru identiques avec le véritable porphyre rouge antique.

Fig. 5. PORPHYRE A PATE D'UN ROUGE DE BRIQUE.

Base feldspathique grenue, d'un rouge de brique clair, tacheté de gris; grands cristaux très-lamelleux de feldspath d'un très-beau rose, passant tantôt à la couleur de chair, tantôt au rouge vif. Ces cristaux sont quelquefois maclés et le plus souvent formés d'une accumulation de petits rhombes très-distincts. Les intervalles sont semés de cristaux plus petits, les uns blancs, les autres de la couleur de la pâte ; ils sont entremêlés de quelques lames noires d'amphibole : on distingue aussi quelques grains de quartz.

Ce fragment a été recueilli dans les montagnes de l'Arabie pétrée; mais il existe des roches analogues dans les vallées de la chaîne arabique, au-dessous de Qené.

Fig. 6. IOPHYRE (PORPHYRE VIOLET).

Base siliceuse de couleur violette très-foncée, tirant sur la couleur chocolat; cristaux de feldspath blancs ou couleur de chair, très-petits et assez multipliés. De petits grains de quartz transparens, de même grandeur, sont disséminés dans la pâte : à l'aide de la loupe on en distingue beaucoup d'autres.

Outre la couleur, cette roche diffère à plusieurs égards du porphyre rouge antique; non-seulement sa pâte est beaucoup plus siliceuse, mais elle ne renferme point de cristaux d'amphibole. Ces différences méritent peut-être une dénomination particulière. Celle d'*iophyre*, composée de la racine ἴον, *couleur violette*, et de la terminaison commune aux roches porphyriques, rentre, comme nom de variété, dans l'analogie des autres noms appliqués à ces roches. La classe des porphyres est déjà si nombreuse[1], qu'il y a un double avantage à en séparer par un nom particulier quelques variétés : celui de désigner d'une manière précise les roches qu'on sépare, et celui de restreindre l'ancienne dénomination à un plus petit nombre de roches. Le parti de donner une terminaison identique aux roches de même contexture fait disparaître l'inconvénient de multiplier les dénominations, puisque cette terminaison est un lien pour toutes les roches qui ont ce rapport entre elles, et qu'ainsi la diversité des noms n'isole point les substances qui ont de l'analogie.

L'iophyre travaillé par les anciens ressemble beaucoup à cette variété; il est quelquefois aussi d'une couleur violette plus décidée. On en trouve encore beaucoup de colonnes à Alexandrie, soit dans les *okels* ou maisons de commerce, soit dans les murs de l'enceinte des Arabes : dans ces derniers, elles sont couchées

---

[1] Même dans l'acception déjà restreinte du mot *porphyre*.

transversalement dans l'épaisseur de la muraille et servent à en lier la maçonnerie. Toutes ces colonnes sont d'un travail grec.

Fig. 7. PORPHYRE ROUGE ANTIQUE.

Voici la roche à laquelle les anciens avaient spécialement appliqué le nom de *porphyre*, et dont il existe encore dans les musées et dans les édifices publics un grand nombre de monumens de formes et de destinations différentes.

On sait que sa base, d'une belle couleur rouge foncée, fond assez facilement au chalumeau en un verre gris ou noir. Elle paraît composée essentiellement d'amphibole et de feldspath. Les cristaux de feldspath, très-abondans, très-rapprochés, très-petits, de forme oblongue, sont d'un blanc mat, à l'exception de quelques-uns qui ont une légère teinte rosée. Dans leurs intervalles on distingue un grand nombre de petits cristaux d'amphibole d'un beau noir; les uns d'un tissu lamelleux, les autres en aiguilles ou petits prismes lisses et luisans.

Le morceau représenté sous ce numéro provient d'un fragment antique trouvé sur les ruines d'une ville ancienne. Nous avons rencontré, soit dans les montagnes mêmes, soit parmi les blocs roulés des vallées de la chaîne arabique, ou de l'Arabie pétrée, des porphyres qui se rapprochent de cette variété, comme on le voit par les figures 1 et 4 de cette planche et par les planches du mont Sinaï; mais aucun de ces blocs n'est identique avec le porphyre rouge antique. Nous n'avons point de certitude sur l'emplacement de ses carrières : nous soupçonnons qu'elles se trouvent aux environs de Nasb, dans l'Arabie pétrée, et peut-être aussi entre le Nil et la mer Rouge, à quelques lieues au nord de la vallée de Qoçeyr; parties extrêmement riches en roches porphyriques de toute espèce[1], et sur lesquelles nous donnerons quelques détails dans un écrit particulier.

Fig. 8. DIABASE COMPACTE.

Masse feldspathique et amphibolique compacte, d'un tissu lisse et uni, d'une belle couleur verte foncée, donnant au chalumeau un émail d'un vert obscur : sa cassure participe de la cassure trapézienne et de la cassure schisteuse. Quelques morceaux contiennent de petits cristaux très-rares de feldspath blanc et d'amphibole noir; quelquefois les fissures renferment des dendrites d'une matière blanche peu adhérente, qui s'y est introduite postérieurement à leur formation.

D'après le principe de donner aux roches primitives de même contexture une désinence semblable, nous avons adopté la terminaison *ithe* ou *lithe* pour les roches primitives compactes et d'apparence homogène. Le nom de *diabase*, donné aux roches composées de petits cristaux distincts de feldspath et d'amphibole, devrait donc se convertir en celui de *dialithe*, quand elles présentent, comme celle-ci, un tissu parfaitement uni ou homogène, et que les substances différentes dont

---

[1] Nous devons faire remarquer que, dans l'impression de ce morceau, la couleur rouge du fond est trop sombre.

elles sont formées ne sont point discernables à l'œil, la terminaison *base* étant réservée pour les roches où les deux bases sont effectivement discernables. Le rapport des deux dénominations indique assez le rapport de composition, et nous voyons quelque avantage à exprimer en outre dans le nom de chacune son aspect particulier et sa contexture[1].

PLANCHE IX.

VALLÉE DE QOÇEYR.

Porphyres, schistes magnésiens et brèche égyptienne.

Fig. 1. FELSITE (FELDSPATH COMPACTE).

Masse imparfaitement porphyrique, forméede feldspath rouge, en partie compacte et en partie lamelleux : elle laisse voir quelques petites écailles de mica. Les parties où le feldspath montre une tendance plus prononcée à la cristallisation, sont d'un rouge plus clair que le reste : c'est une particularité constante dans les

---

[1] Quoique, dans l'origine de ce travail, je me fusse proposé de présenter des vues sur l'ensemble de la nomenclature des roches primitives, le travail de M. Brongniard, qui a paru depuis, ayant satisfait aux besoins de la science, j'ai abandonné en grande partie ce projet pour adopter sa nomenclature. Je me borne à développer quelques-uns des principes que j'avais adoptés, qui ne me semblent point opposés à cette méthode, et principalement celui de conserver, autant qu'il est possible, une terminaison identique aux roches qui ont la même contexture.

roches de ce genre. La même cause qui donne aux molécules du feldspath la puissance de se réunir pour cristalliser, semble repousser au dehors une partie des matières étrangères qui colorent la masse.

Une espèce de nœud noirâtre doit son origine à de petite paillettes très-fines de mica noir accumulées dans cet endroit.

Sa nature feldspathique offrant des caractères très-distincts, il nous semble convenable de conserver à cette roche le nom de la substance reconnaissable dont elle est formée, en indiquant par sa terminaison sa contexture presque compacte. On dit *amphibolite*, pour désigner une roche formée d'amphibole encore reconnaissable à l'œil; l'analogie doit donc faire adopter pour les autres roches où la substance dominante est reconnaissable, un nom dérivé de cette substance, en y joignant la même terminaison.

Fig. 2. VARIÉTÉ DE FELSITE.

Cette variété ne diffère de la précédente que par un tissu moins cristallin, par une couleur plus claire et une plus grande quantité de lames de mica éparses dans la pâte de la pierre. Toutes deux proviennent de la partie méridionale de la vallée, un peu au sud des poudingues qui seront décrits plus bas. Les sommités des montagnes où elle se trouve sont recouvertes par différentes espèces de schistes argileux et de phyllades.

Les deux noms *schiste* et *phyllade* ayant été donnés à la même matière, j'appliquerai le nom de *phyllade* aux variétés à feuillets plans comme ceux d'un livre, réservant celui de *schiste* pour celles à feuillets infléchis et contournés : ce sont deux genres de contexture qu'il est utile de distinguer [1].

Fig. 3. SCHISTE ARGILEUX DE TRANSITION.

Schiste de transition argileux et chloriteux à feuillets contournés, d'un vert très-foncé, enveloppant des nœuds de quartz transparent.

Fig. 4. BRÈCHE OU POUDINGUE ANTIQUE
DE LA VALLÉE DE QOÇEYR.

Cette brèche ou poudingue, qui forme des montagnes considérables, est composée de fragmens de roches primitives très-variés. (*Voyez* les fig. 6 et 7.) L'échantillon figuré ici offre des fragmens arrondis d'eurite et de kératite, de couleurs verte, jaune, olive, grise, feuille-morte, etc. La pâte qui enveloppe les gros fragmens, est elle-même un poudingue à petits grains, formés de *detritus* de la même matière.

Les variétés de cette roche sont tellement nombreuses, qu'il serait impossible de les décrire toutes :

---

[1] Le moyen de mettre de la précision dans la nomenclature n'est pas, je le répète, de proscrire les anciens noms pour les remplacer par de nouveaux, mais plutôt d'en restreindre l'acception, en partageant en deux la série trop étendue qu'ils désignaient. Les mots *schiste* et *phyllade*, dans l'acception restreinte que je propose, peignent quelque chose à l'esprit. On ne peut se représenter que des objets déterminés ; c'est pourquoi l'on tombe dans le vague, dès que l'on comprend sous le même nom des objets d'aspect trop différent.

APPENDICE AU MÉMOIRE PRÉCÉDENT.   293

celles où dominent les fragmens de couleur verte, sont les plus abondantes. Comme ce sont aussi les plus connues et les plus répandues dans les cabinets et les collections d'Europe, on a préféré de faire représenter celle-ci, qui s'éloigne un peu, pour les tons de couleur, du caractère commun. *Voyez*, pour les détails et les relations de gisement, ainsi que pour l'emploi dans les arts, la Description minéralogique de la vallée de Qoçeyr [1].

Fig. 5. AUTRE VARIÉTÉ.

Ce schiste, analogue au précédent, renferme une certaine quantité de fragmens d'eurite vert et de kératite ou *hornstein*. Quelques portions sont même formées d'une multitude de petits grains de la même matière : c'est une *grauwake* schisteuse des Allemands, une espèce particulière de schiste intermédiaire. Il contient aussi des noyaux d'un calcaire blanc et grenu, contemporain de la formation de la roche, et de petits cristaux octaèdres de fer oxidulé. Cette roche, très-abondante dans la vallée de Qoçeyr, et qui offre des variétés nombreuses, se lie avec le poudingue à fragmens primitifs, nommé *brèche égyptienne universelle*, *brèche antique de Qoçeyr*. Ces schistes à feuillets contournés sont souvent recouverts par des phyllades de transition à feuillets plans, gris, verdâtres, jaunes, bleuâtres, bruns, etc.

[1] *H N.*, tom. xx, pag. 165.

Fig. 6. BRÈCHE UNIVERSELLE.

Outre les fragmens indiqués dans la fig. 4, celle-ci présente une multitude de fragmens arrondis de granits et de roches porphyriques de couleurs très-variées. Quelques morceaux offrent aussi des fragmens de diabase verte granitoïde. Le feldspath domine dans ces granits; les cristaux de quartz y sont quelquefois assez multipliés, et le mica y est généralement en très-petite quantité.

Les variétés de granit vert dont on voit quelques fragmens, doivent cette couleur à une matière mal caractérisée qui offre un aspect et des caractères mixtes entre le mica et la chlorite.

L'iophyre, ou porphyre violet, y est assez commun. Il laisse distinguer plusieurs variétés tant pour la nuance de couleur que pour l'abondance des cristaux de feldspath, et pour la nature plus ou moins siliceuse, plus ou moins amphibolique, de la pâte.

Fig. 7. AUTRE VARIÉTÉ DE BRÈCHE UNIVERSELLE.

Indépendamment de plusieurs des matières que présentent les échantillons figurés sous les n°s. 4 et 6, celui-ci offre encore plusieurs autres roches granitiques et porphyriques, principalement deux variétés de porphyre dont la pâte est d'un rouge de brique, et différentes seulement par leurs cristaux, qui, dans l'une, sont très-petits, très-rapprochés, d'une légère teinte rouge; dans l'autre, beaucoup plus grands, plus disséminés, plus lamelleux et presque blancs. Cette dernière renferme quelques cristaux de quartz.

Dans la partie inférieure de ce morceau, on voit un fragment d'une roche homogène violette : c'est la pâte de l'iophyre, ou porphyre violet. Le ciment qui réunit toutes ces roches est formé, comme dans les n°s. 4 et 6, de petits fragmens et de *detritus* de roches primitives.

PLANCHE X.

VALLÉE ET PORT DE QOÇEYR, BIRKET QEROUN.

Fossiles et concrétions.

Fig. 1. CALCAIRE OOLITHIQUE.

Fragment détaché d'un banc de rocher qui s'étend à fleur d'eau dans le port de Qoçeyr et le long de la côte vers le nord. Tout ce banc est formé de petits grains arrondis, liés par un ciment calcaire. Sa surface, inégale et caverneuse, offre divers corps marins qui y sont adhérens. Plusieurs balanes ou glands de mer sont fixés dans les cavités; sur d'autres parties sont implantées diverses sortes de coraux, les uns blancs, les autres rouges, dont cette mer contient une immense quantité.

Ce banc de roches, recouvert par les eaux à marée haute, et découvert à marée basse, s'avance assez loin dans le port, où il est coupé à pic. On peut consulter, à l'égard de ces diverses roches, la Description minéralogique de Qoçeyr.

Fig. 2. MADRÉPORITE.

Fragment provenant des rochers qui sont au sud du port de Qoçeyr; il n'est pas complétement pétrifié. Les madrépores vivans ne sont guère moins communs dans cette mer que les coraux. Ils forment des bancs à peu de profondeur sous l'eau, et si fréquens, qu'ils entravent la navigation. C'est un fait remarquable que cette quantité de coraux et de rochers de madrépores pétrifiés et non pétrifiés, sur divers points des bords de la mer Rouge, à un niveau supérieur de cinq à six mètres du niveau actuel des eaux. Ne semblent-ils pas indiquer qu'à une certaine époque (antérieure, il est vrai, aux temps historiques) le niveau de cette mer a été plus élevé qu'il ne l'est aujourd'hui?

L'élévation des marées ordinaires à Qoçeyr n'est que d'environ un mètre.

Fig. 3. ALBATRE ORIENTAL.

Nous ne connaissons pas le gisement des belles variétés d'albâtre oriental; mais nous avons trouvé beaucoup de petits monumens fabriqués avec cette pierre, et beaucoup de fragmens sur les ruines des anciennes villes. Celui-ci a été recueilli sur les ruines de Memphis : il y en a plusieurs variétés, comme on pourra le voir dans la description minéralogique de la région calcaire.

Fig. 4, 5, 6 *et* 7. OSTRACITES.

Ces ostracites de la vallée de Qoçeyr se rapprochent beaucoup de l'espèce vulgairement nommée *ostracite à falbala* (*ostracites transversim rugosus*).

Ces coquilles pétrifiées forment à elles seules des couches assez considérables, qui reposent sur le terrain de transition. On n'y voit mélangée aucune autre espèce de coquillages : seulement les ostracites varient un peu dans leurs formes; ce qui est assez ordinaire dans ces fossiles, où les individus de la même espèce diffèrent beaucoup les uns des autres. Toutes ces coquilles parfaitement intactes, accumulées et couchées à plat, sont liées faiblement par un ciment calcaréo-argileux friable. Les exemplaires que nous avons fait figurer, sont de grandeur naturelle, comme tous les dessins de cette collection. Il existe, dans la couche où je les ai prises, des coquilles plus grandes; mais celles de cette dimension sont les plus communes.

Fig. 8. GRÈS TUBULAIRES.

Fragment d'un tube de grès, trouvé dans les sables du désert Libyque, près du Birket Qeroun, ou ancien lac de Mœris. Il est formé de grains de quartz très-fortement agglutinés. Le tube dont ce fragment provient, avait environ six décimètres de long. On en trouve plusieurs semblables, et toujours isolés, dans les sables. Ce fait singulier s'est représenté dans d'autres pays, sans que l'on connaisse la cause qui le produit.

298 PLANCHES DE MINÉRALOGIE. - PL. XI.

Fig. 9.

Même fragment vu dans un autre sens.

PLANCHE XI.

BORDS DE LA MER ROUGE ET VALLÉE DE L'ÉGAREMENT.

Coquilles fossiles.

Fig. 1. CAMA GIGAS.

Cette grande coquille, détachée des récifs qui bordent la côte orientale du golfe de Soueys, à deux lieues au sud des fontaines de Moïse, est encore à son état naturel. Les naturalistes la connaissent sous le nom de *cama gigas*. Elle est du même genre que les grandes coquilles qui se voient dans l'église de Saint-Sulpice à Paris, et qui y servent de bénitiers.

Le rocher auquel elle est adhérente, est un calcaire oolithique caverneux, de formation récente, qui enveloppe aussi quelques autres fragmens de coquilles.

Sur la côte occidentale du golfe, à quelques heures au sud de Soueys, des couches très-étendues, élevées de quelques pieds au-dessus du niveau de la mer, sont formées par un amas de semblables coquilles à l'état naturel, mais empâtées dans un gravier fin principalement calcaire, dont les grains ont contracté une certaine adhérence.

Ce grand coquillage vit encore dans cette mer. Je ne l'ai vu nulle part à l'état fossile, mais toujours empâté ou dans des couches oolithiques, ou dans un terrain d'alluvion, tous deux très-modernes.

Fig. 2.

Même échantillon vu par la face opposée, et dans sa situation naturelle. Le récif dont il a été détaché, qui reste à découvert à marée basse, est recouvert dans la marée montante. La couleur verte de l'intérieur de la coquille est due à une matière déposée par les eaux. Une multitude considérable de balanes sont adhérens à la surface des récifs. Ce coquillage est très-abondant sur les rochers à fleur d'eau. Je l'ai vu dans une grande étendue de la côte orientale du golfe de Soueys, jusqu'à l'extrémité de la péninsule, aussi bien que sur les récifs des environs de Qoçeyr [1].

Fig. 3. ÉCHINITE.

Recueillie dans le terrain calcaire de l'Arabie pétrée, à cinquante mètres au-dessus du niveau de la mer Rouge, sur la route de la baie de Corondel aux fontaines thermales d'Hammam Fara'oun. Quoique reposant sur une couche de calcaire compacte, elle était sans adhérence avec elle, ainsi que le n°. 4 : ce qui semble indiquer qu'elle était empâtée dans une couche friable qui a été détruite ; cause assez ordinaire de l'isolement des échinites.

[1] *Voyez* l'explication de la pl. x.

Le têt de la coquille est converti en spath calcaire blanc opaque. L'intérieur est rempli par un calcaire grossier assez consistant, dans lequel on distingue une multitude de camérines lenticulaires.

Fig. 4. ÉCHINITE.

Cette variété d'échinite, assez différente de la précédente, vient de la même localité.

Le têt de la coquille est également converti en spath calcaire. Sa surface est colorée en jaune de rouille vers les bords par un peu d'oxide de fer. L'intérieur de ce fossile est rempli par le même calcaire que le précédent, dans lequel on distingue aussi quelques petites camérines.

Fig. 5.

Le même fossile que le n°. 4, vu par sa surface inférieure.

Fig. 6.

Cette grande coquille existe en abondance dans la vallée de l'Égarement, qui traverse la chaîne du Moqatam, au-dessus du Kaire. Vers le milieu de la vallée, est un plateau peu élevé, où les eaux se partagent pour se rendre vers l'Égypte et vers la mer Rouge : dans cet endroit, où sont les puits de Gandely, le sol est formé, sur une grande étendue, de sable ou de gravier jaunâtre assez fin, partie calcaire, partie quartzeux, dans lequel sont enveloppées, mais sans aucune adhérence avec lui, ces grandes coquilles non pétrifiées et souvent bien intactes. On trouve quelquefois les deux valves encore réunies ; elles sont souvent enfoncées presque verticalement dans ce sable. L'intérieur des coquilles a conservé encore son tissu organique et son aspect nacré. De petits coquillages non pétrifiés y sont adhérens, principalement des vers à tuyau, de petites huîtres, et quelquefois des balanes.

PLANCHE XII.

ARABIE PÉTRÉE.

(VALLÉE DE PHARAN, MONT HOREB.)

1........ 9. *Roches porphyriques.* — 10. *Roche de filon.*

Fig. 1. SINAÏTE-PORPHYRE.

Le feldspath de couleur brune qui forme sa base, est presque compacte, et laisse voir seulement une disposition confuse en lames rhomboïdales. Les cristaux, bien prononcés, sont blancs : leur forme générale est le rhombe tronqué sur ses deux angles aigus ; ce qui leur fait prendre la forme d'un hexagone comprimé. Des lames d'un rouge pâle et d'un tissu moins cristallin que les précédens forment la nuance entre ceux-ci et le fond. L'amphibole est répandu dans toute la masse en petits cristaux noirs, lamelleux : quelquefois réunis en certaine quantité, ils forment des taches noires, dans lesquelles se distinguent les écailles de mica.

Des roches analogues existent aux environs du mont Horeb et dans la chaîne de montagnes qui est au nord de Tor. Celles qui forment la base du mont Sinaï n'en diffèrent que par la couleur du feldspath, qui est d'un rouge de brique.

Fig. 2. THÉPHROPHYRE.

Base d'eurite de couleur cendrée, nuancée de brun, et petits cristaux de feldspath blanc rosé distribués par groupes assez rares. Le nom de *téphrite* (dérivé de τέφρα, *cendre*, ou de τεφρὸς, *cendré*), proposé par Lamétherie pour les bases de couleur grise, donne, en suivant l'analogie des autres dénominations de ce genre de roche, le nom de *téphrophyre,* qui équivaut à cette périphrase, *porphyre à base de couleur de cendre.* On pourrait peut-être trouver un nom plus heureux; mais il importe de maintenir au moins la distinction qu'établirait cette dénomination.

Fig. 3. KÉRATITE PORPHYROÏDE.

Sa base, plus siliceuse que l'eurite proprement dit, est d'un violet foncé. Les cristaux épars sont, les uns, du quartz; les autres, une matière d'un vert sombre, assez tendre, montrant quelque tendance à la forme hexagonale : probablement c'est une variété de mica mêlée de parties talqueuses. On n'y voit point de cristaux de feldspath.

Cette roche, ainsi que la précédente, viennent de la chaîne primitive qui s'étend au sud de Tor, à peu de distance de la mer.

Fig. 4. DIABASE PORPHYRIQUE.

On rencontre des montagnes presque entièrement formées de cette matière, à une journée de marche au nord du mont Sinaï. Les cristaux de feldspath y deviennent souvent fort rares, ou manquent tout-à-fait. La couleur ordinaire de la masse est le vert grisâtre, qui passe quelquefois au vert obscur : elle renferme de la pyrite disséminée, et quelquefois en assez grandes masses.

Nota. La teinte trop grise de ce morceau est une méprise faite dans l'impression; les diverses couleurs de tous les autres échantillons de cette planche sont très-justes.

Fig 5. CHLOROPHYRE.

Le nom d'*ophite* donné à la belle roche à fond vert et à grands cristaux verdâtres, travaillée par les anciens, devrait être réservé à cette seule matière : l'étendre indistinctement à toutes les roches porphyriques à fond vert ou verdâtre, serait s'ôter le moyen de désigner avec précision la roche antique, sans aucun avantage. Le nom de *chlorophyre* me semble plus propre à recevoir cette extension et à désigner en général toutes les roches porphyriques à base de couleur verte.

Fig. 6. OPHITE.

Cette matière, sans être identique avec celle qui a été travaillée par les anciens, s'en rapproche assez pour qu'on puisse lui appliquer le même nom. La disposition, la forme et le ton de couleur des cristaux de feldspath sont presque semblables; mais ils sont moins grands. Sa base, qui est de même nature que celle de l'ophite, renferme comme elle, ainsi que la variété précédente, de petits cristaux d'amphibole d'un noir luisant. Ces roches viennent de la vallée de Pharan, à deux journées au nord de Tor.

Fig. 7. IOPHYRE.

Base violette tirant sur la couleur chocolat. Entre les cristaux de feldspath fort nombreux, tantôt isolés, tantôt groupés, et qui participent de la couleur du fond, on voit une grande quantité de petits cristaux d'amphibole : la pâte est une espèce de cornéenne.

Fig. 8. THÉPHROPHYRE.

D'après la forme et la couleur de ce fragment, on serait tenté de le prendre pour un prisme basaltique. Les montagnes de la principale vallée, habitée par la tribu des Arabes *Mahazeh*, au sud du mont Sinaï, offrent des couches porphyriques sujettes à se déliter; les fragmens qui sont à leur pied présentent des formes variées et quelquefois symétriques, parmi lesquelles j'ai choisi ce morceau pour sa singularité : mais, dans toutes les circonstances de gisement de cette roche, je n'ai rien remarqué qui pût faire soupçonner une origine volcanique.

Les fissures sont souvent tapissées de petits cristaux d'épidote.

Fig. 9. PORPHYRE.

Les blocs de ce porphyre se délitent facilement, et leur intérieur est quelquefois tapissé de dendrites d'un vert sombre, dues à l'épidote.

Même localité que la précédente.

Fig. 10. XÉNIT.

Le feldspath en grandes lames d'un blanc rosé en compose presque toute la masse. Quelques lamelles de mica, quelques grains de quartz, quelques grenats dodécaèdres, sont épars entre les lames de feldspath; on y voit aussi une matière métallique amorphe d'un gris d'acier. Cette roche provient d'un filon aux environs du mont Horeb.

PLANCHE XIII.

ARABIE PÉTRÉE.

(NASB, GEBEL EL MOKATTEB, MONT SINAÏ.)

Porphyres, sinaïtes, grès, etc.

Fig. 1. SINAÏTE.

Voici une des roches nombreuses auxquelles les Allemands donnent le nom de *syénite :* elle est composée presque uniquement d'amphibole et de feldspath. On sentira bien qu'il y aurait de l'inconséquence à confondre une pareille matière avec le granit oriental, ou syénit des anciens.

Elle est superposée à des bancs de mélaphyre, dans une des montagnes qui environnent une petite *oasis* de l'intérieur de l'Arabie pétrée, entre la vallée de Pharan et le désert de Nasb.

Fig. 2. PORPHYRE.

Ce n'est pas précisément le porphyre rouge travaillé par les anciens; mais il ne lui cède guère par la beauté de son aspect : sa pâte est d'un rouge moins foncé; ses cristaux sont un peu plus grands et souvent groupés. Quelques petits cristaux noirs d'amphibole, peu apparens, sont semés entre ceux de feldspath; circonstance qui se remarque dans la plupart des porphyres de couleur foncée.

Celui-ci se trouve dans la partie septentrionale de l'Arabie pétrée, vers la limite du terrain primitif, dans le désert de Nasb. On soupçonne, avec quelque apparence de raison, que les carrières du véritable porphyre rouge antique sont dans les environs : il y existe en effet quelques travaux anciens; mais j'ai été informé trop tard de cette circonstance pour la vérifier. J'ai d'ailleurs des raisons plus fortes de penser que ces carrières doivent se trouver à quelques lieues au nord de la vallée de Qoçeyr.

Fig. 3. PSAMMITE DU MOKATTEB.

Un terrain de psammite d'une immense étendue succède au terrain primitif de la partie méridionale de la presqu'île de l'Arabie pétrée, et le sépare du terrain calcaire qui règne au nord et au nord-ouest : ses collines peu élevées, qui bordent la grande vallée que l'on suit pour se rendre vers l'Égypte, et d'autres vallées transversales, présentent de longs escarpemens recouverts d'une multitude prodigieuse d'inscriptions en différentes langues et en différens caractères. Les inscriptions en caractères samaritains ou ancien phénicien sont les plus remarquables et les plus nombreuses : on en voit une sur ce fragment. La multitude de caractères et de figures grossièrement dessinées qui reparaissent à différens intervalles pendant plus d'une journée de marche, ont fait donner à ces endroits le nom de *Gebel Mokatteb*, ou *Montagne écrite*.

Quoique ces longues collines soient d'un aspect très-uniforme, que le psammite y soit toujours à peu près de même nature, c'est-à-dire composé de petits grains quartzeux, un peu inégaux, faiblement agrégés et semés de paillettes de mica, on y distingue trois variétés qui diffèrent principalement par les couleurs, qui sont le gris, le jaunâtre et le rougeâtre : c'est la dernière variété qui est représentée ici.

Fig. 4. CALCAIRE CRISTALLIN DE TRANSITION.

Au-dessus des bancs de porphyre et de syénit du désert de Nasb, règnent des couches d'un calcaire ancien, que l'on doit peut-être rapporter au terrain de transition. La plus remarquable est d'une belle couleur lilas, très-compacte, d'une grande dureté, d'un tissu cristallin : elle renferme des cavités quelquefois arrondies ou ellipsoïdes, contenant une poudre blanche qui semble provenir de la destruction de petites coquilles. Toutefois je n'ai pas vu de formes assez prononcées pour pouvoir assurer que ce sont réellement des coquilles.

Fig. 5. SINAÏTE VIOLETTE.

Les grandes masses de cette matière sont d'un fort bel aspect; mais rien n'indique qu'elle ait été employée par les anciens. Des cristaux d'un blanc-verdâtre, des lames compactes·rougeâtres ou violettes qui appartiennent également au feldspath, forment le fond de la roche; de petits grains d'amphibole noir, entremêlés de mica, dessinent sur ce fond divers parallélogrammes; on y voit en outre quelques petites masses de pinite et de stéatite répandues très-inégalement. Ses couches épaisses et presque horizontales reposent sur des bancs de porphyre, dans les montagnes primitives qui avoisinent le désert de Nasb.

Nota. Il existe en Auvergne une roche parfaitement semblable pour la contexture et pour la couleur; seulement sa nuance est un peu plus pâle: elle contient de même une certaine quantité de pinite et quelques traces de stéatite. Elle a été découverte par M. Coq, l'un des naturalistes qui ont le plus étudié les roches de l'Auvergne.

Fig. 6. PORPHYRE.

Pâte d'un rouge brun; cristaux assez petits et très-irrégulièrement rapprochés, d'un rouge plus clair, quelquefois blancs dans une de leurs parties. Ses blocs, traversés par beaucoup de fissures, se délitent en fragmens irréguliers qui présentent des surfaces couvertes de jolies dendrites d'un noir très-foncé.

Il vient de la partie méridionale de la péninsule habitée par les Arabes *Derarmeh.* Les environs du mont Sinaï offrent des porphyres qui se rapprochent de celui-ci; mais je n'y ai pas remarqué de dendrites, et le fond a quelquefois une tendance marquée à la contexture lamelleuse.

Fig. 7. IOPHYRE.

Base violette; cristaux rosés de diverses grandeurs, inégalement répartis, mais la plupart assez petits et quelquefois à peine perceptibles à l'œil.

Cette roche, susceptible de se déliter comme la précédente, offre, comme elle, des herborisations d'un noir foncé, mais plus déliées : son gisement est le même.

Fig. 8. SINAÏTE.

Le feldspath, le mica et un peu d'amphibole en très-petits cristaux, en constituent la masse, entièrement privée de quartz. Le mica et l'amphibole y forment des lignes noires qui s'entrecoupent sur un fond gris. Quelques grands cristaux de feldspath rose et d'amphibole noir lui donnent, par endroits, une apparence porphyrique.

Elle se trouve un peu au sud du mont Sinaï.

Fig. 9. ROCHE GRANITOÏDE
COMPOSÉE DE FELDSPATH ET DE TALC VERT.

On remarquera dans cette roche de petits groupes très-nombreux de cristaux de feldspath d'un beau rose, mêlés de quelques lames blanches, qui se détachent sur un fond de talc vert lamelleux.

Elle forme des couches assez considérables dans la partie méridionale de la presqu'île.

Nota. J'ai vu en France une roche tout-à-fait semblable, sur la route de Saint-Étienne à la Loire.

PLANCHE XIV.

ARABIE PÉTRÉE.

(MONT SINAÏ, MONT HOREB.)

1, 2. *Sinaïtes.* — 3, 4. *Roches granitiques.* — 5. *Granit orbiculaire.* — 6. *Roche quartzeuse herborisée.*

Fig. 1. SINAÏTE.

Sur le sommet du Sinaï, ou montagne de Sainte-Catherine, se trouve un banc de cette matière qui se distingue, par sa couleur claire et sa cristallisation assez nette, des roches porphyriques et des sinaïtes, qui en constituent principalement la masse. Les moines qui habitent au pied du mont Sinaï, assurent que c'est sur cette roche que furent gravées les tables de la loi que Dieu donna à Moïse : c'est une opinion consacrée parmi eux et qui se transmet d'âge en âge.

Sa composition, que nous avons principalement à examiner, la classe parmi les roches que les Allemands appellent improprement *syénites*. Le feldspath en lames blanches cristallines demi-transparentes en forme la partie principale; l'amphibole noir en cristaux lamelleux est moins abondant, mais répandu d'une manière très-uniforme; le quartz, plus rare encore, est en cristaux d'un aspect gris et de forme très-régulière.

Fig. 2. AUTRE VARIÉTÉ.

La cristallisation du feldspath est plus confuse que dans la figure 1re, et il est quelquefois nuancé de rose; l'amphibole, en cristaux plus petits, y dessine des lignes sinueuses très-marquées; les cristaux de quartz sont plus nombreux, mais beaucoup plus petits; le mica manque tout-à-fait, aussi bien que dans l'autre variété : elle est, comme elle, superposée aux porphyres, et se trouve aussi au sommet du Sinaï. J'ai rencontré quelques roches analogues dans les montagnes voisines.

Fig. 3. ROCHE GRANITIQUE.

D'énormes rochers isolés dans des vallées voisines du mont Sinaï sont composés presque uniquement de feldspath en cristaux rouges assez distincts, entremêlés de quelques gros cristaux de quartz à six pans; à peine y voit-on quelques lames de mica. Je n'ai point observé de couches semblables dans les cantons que j'ai parcourus aux environs.

Fig. 4. GRANIT.

Le mica qui se trouve joint en petite quantité au feldspath et au quartz, donne à cette roche le caractère des véritables granits. Le feldspath, très-abondant, est d'un rose pâle.

C'est d'un bloc presque cubique de quatre à cinq mètres de côté, isolé au milieu d'une vallée, à une demi-heure du mont Sinaï, que cet échantillon a été détaché. Ce rocher, très-révéré des religieux grecs et des arabes, offre une particularité qui l'a rendu célèbre : une douzaine d'ouvertures placées suivant une même ligne, depuis le sommet jusqu'à la base, et dont quelques-unes ont grossièrement la forme d'une bouche entr'ouverte, lui ont fait donner le nom de *pierre aux douze ouvertures*. Les religieux grecs assurent que c'est ce rocher que Moïse frappa de sa baguette, lorsque, dans la disette d'eau où se trouvait le peuple d'Israël, il fit jaillir des fontaines d'eau vive pour étancher sa soif : on le montre à tous les voyageurs sous cette indication. Les Arabes lui attribuent de grandes vertus; ils placent dans ces bouches une poignée de foin, qui, au bout de quelques jours, acquiert la propriété de guérir les maladies des chameaux auxquels on le donne ensuite à manger. Ce qu'il y a de certain, c'est que les Arabes sont fortement persuadés de cette vertu du rocher, et j'ai vu en effet une poignée d'herbe placée dans une des bouches.

Fig. 5. SINAÏTE ORBICULAIRE.

Cette belle roche forme un filon large de quatre à cinq mètres, vers la moitié de la hauteur du mont Horeb. Les zones concentriques n'y sont pas aussi multipliées ni aussi régulières que dans le granit orbiculaire de Corse. Ce fragment est le mieux prononcé que j'aie remarqué. Le plus souvent les zones se fondent irrégulièrement ensemble.

Les parties globuleuses granitoïdes ont un noyau formé d'un ou de plusieurs petits cristaux de quartz, autour desquels sont distribuées circulairement des lames de feldspath d'une couleur rose pâle, entourées d'un cercle d'amphibole vert à petites lames. Plusieurs masses semblables, groupées ensemble, sont environnées par une ou deux zones de feldspath et d'amphibole qui lient et rassemblent le tout. Le fond de la roche est une diabase verte qui forme quelquefois à elle seule des masses assez considérables; les masses d'apparence granitoïde rentrent dans les sinaïtes.

Fig. 6. QUARTZ TALQUEUX.

Quartz talqueux, formant des couches très-étendues vers le milieu de la route qui conduit du mont Sinaï à l'extrémité de la péninsule. Ce quartz offre quelques légères apparences de lames : il y en a plusieurs variétés. Le feldspath s'associe quelquefois au quartz. Les bancs les plus quartzeux se délitent en fragmens cunéiformes, dont les surfaces verdâtres, nuancées de tons roux et jaunâtres, sont ornées de belles dendrites d'un noir velouté très-foncé.

PLANCHE XV ET DERNIÈRE.

ARABIE PÉTRÉE.

(RAS MOHAMMED ET COTES DU GOLFE ÉLANITIQUE.)

Diverses roches primitives, madréporites.

Fig. 1. MÉLAPHYRE.

Sa pâte est une diabase noire à très-petits grains, très-chargée d'amphibole. Elle est semée de cristaux de feldspath grisâtres, de diverses grandeurs, et contient de petites masses irrégulières de pyrites.

Elle forme des bancs épais dans les montagnes porphyriques situées à trois heures de marche au nord du mont Sinaï.

Fig. 2. SINAÏTE,

Formant des bancs de plus de cent mètres d'épaisseur aux environs du mont Sirbal, à une demi-journée au sud du mont Sinaï. Le mont Sirbal est plus élevé que le mont Sinaï et le mont Horeb : c'est la plus haute montagne de toute l'Arabie pétrée. Il faut remarquer qu'une autre montagne beaucoup plus au nord porte aussi le même nom.

Le feldspath, dans cette roche, est, pour la plus grande partie, en petits cristaux blancs, et, en partie, d'une contexture grenue et couleur de chair. L'amphibole, épars en petits cristaux noirs, est entremêlé de lamelles de mica brun.

Dans les environs, plusieurs variétés de la même roche diffèrent seulement par les proportions de leurs principes et par la nuance des couleurs de la masse, qui varient depuis le blanc rosé jusqu'au rouge.

Fig. 3. ROCHE FELDSPATHIQUE MICACÉE.

Le feldspath en petites lames blanches et couleur de rose est coupé dans deux sens par des lignes de lamelles de mica qui y dessinent des figures rhomboïdales.

Cette roche se trouve vers la pointe de la presqu'île, dans les montagnes qui se rapprochent du golfe Oriental ou mer d'el A'qabah, l'ancien golfe Élanitique.

Fig. 4. GRANIT NOIR.

C'est une des matières que les vaisseaux arabes qui arrivent à Tor jettent sur la côte et qu'ils portaient comme lest.

Le mica noir en grandes lames est la substance la plus apparente; le feldspath blanc et d'un aspect gras y est cependant beaucoup plus abondant; on y voit peu de quartz. Elle contient quelques petits cristaux de titane silicéo-calcaire.

Fig. 5. FELDSPATH VEINÉ D'ÉPIDOTE.

L'épidote fait partie de beaucoup de roches de l'Arabie; il est uni ici avec un feldspath blanc rosé en petites lames : on trouve ces deux substances associées dans plusieurs points de l'Arabie pétrée, au sud du mont Sinaï, et principalement dans les environs du Râs Mohammed, qui forme la pointe de la péninsule.

Fig. 6. FELDSPATH ET ÉPIDOTE.

Couches alternatives de feldspath et d'épidote en masse. Beaucoup de cristaux blancs se distinguent au milieu du feldspath grenu et rougeâtre qui forme la bande inférieure; on en voit aussi quelques petits au milieu de la bande verte : c'est une roche porphyrique à base d'épidote; je l'ai rencontrée à trois heures de marche du port de Charm, qui est à peu de distance de celui du Râs Mohammed.

Fig. 7. MADRÉPORES.

Le promontoire qui se détache de la pointe de la presqu'île pour former le port du Râs Mohammed, où mouillent quelquefois les vaisseaux qui viennent de Moka et de l'Yémen, est un rocher formé de madrépores pétrifiés; quelques parties cependant ont conservé encore leur état naturel, comme dans ce morceau. Les astroïtes qu'on voit dans la partie gauche de l'échantillon, ne sont autre chose que la coupe transversale des tubes cellulaires arqués représentés dans la partie droite.

Fig. 8. MADRÉPORES COMPACTES.

Autre échantillon du même rocher : celui-ci est complètement pétrifié ; on distingue cependant, dans une partie de ce fragment, le tissu des madrépores dont il a été formé, quoique leurs cellules soient remplies par des infiltrations calcaires.

OBSERVATIONS GÉNÉRALES.

On a rassemblé dans l'explication des planches les détails que ne pouvait exprimer la gravure. Le concours de ces divers moyens peut offrir aux naturalistes et aux artistes qui voudraient prendre connaissance des roches de l'Égypte, des notions aussi précises qu'il est possible d'en obtenir sur ce sujet. Les seules ressources du discours auraient été insuffisantes : elles peuvent bien faire connaître la nature de toutes les substances qui entrent dans la composition d'une roche ; mais son aspect, la disposition, l'abondance de chaque matière, ses formes, son tissu, son éclat, les nuances de ses couleurs, ne sont guère susceptibles d'analyse, ou, pour mieux dire, cette analyse ne laisserait dans l'esprit aucune idée d'ensemble : elle ne permettrait aucune comparaison exacte avec les roches des autres contrées, avec celles que les arts ont employées dans les différens âges et dont il reste des monumens nombreux ; ce qui était pourtant l'un des buts que nous devions nous proposer.

Peu de pays présentent, sous le rapport des arts et de l'industrie ancienne, le même intérêt que l'Égypte : c'est ce qui a déterminé à entreprendre ce travail. Quatre années de soins assidus ont été consacrées à en suivre l'exécution. Si plusieurs morceaux laissent encore quelque chose à désirer pour la parfaite exactitude, le plus grand nombre pourrait, avec le secours des descriptions, tenir lieu des échantillons eux-mêmes. C'est donc en quelque sorte un moyen de multiplier et de répandre des collections des principales roches de l'Égypte dans toutes les contrées où sont cultivées les sciences naturelles. Elles auront même l'avantage d'offrir entre elles une identité plus parfaite que n'auraient fait diverses collections des matières elles-mêmes; car les échantillons, malgré tout le soin apporté dans leur choix, auraient présenté des différences bien plus grandes que les divers exemplaires des mêmes échantillons.

La difficulté de représenter par la gravure les roches, et principalement des roches granitiques, avait fait juger ce travail impossible. La difficulté tenait à ce que les substances qui les composent y semblent dans un état de mélange et de confusion qui, au premier abord, ne permet pas de marquer les contours et les formes de chacune; mais, en examinant avec plus d'attention chaque élément en particulier, on y distingue bientôt les formes et tous les caractères qui lui sont propres, ou l'on parvient à les rendre plus sensibles par divers artifices assez simples. Le procédé de polir les échantillons, que j'ai d'abord essayé, ne réussit que pour un certain nombre de matières, telles que les porphyres et les roches qui présentent un fond uniforme, semé de cristaux distincts : dans celles qui sont formées d'une aglomération de cristaux enlacés, telles que les granits, le poli rend au contraire les formes plus confuses; il fait perdre l'avantage d'exprimer les caractères qui tiennent à la contexture et au grain qui distinguent chaque roche dans son état naturel, surtout le mode de cassure propre à chacune, l'un des caractères les plus importans, si ce n'est sous le rapport des arts, du moins sous celui de l'histoire naturelle.

Un moyen plus simple et qui a réussi beaucoup mieux, a été de couvrir seulement les surfaces d'un léger enduit d'eau gommée qui les tenait constamment dans le même état que si elles étaient fraîchement mouillées. L'aspect différent que prenait chaque matière sous cet enduit transparent, rendait ses contours beaucoup plus nets. Toutes les parties importantes à distinguer ont été étudiées dans cet état. Il est résulté de là, à la vérité, une sorte d'anatomie dans les détails, qui se fait quelquefois trop sentir et donne à l'ensemble un aspect plus sec que celui qu'offre, au premier coup d'œil, la roche dans son état naturel, où les formes des diverses substances ne se montrent pas avec des détails aussi durement prononcés; mais cette exagération, qui n'a lieu, comme je l'ai indiqué, que pour un petit nombre d'échantillons, disparaît quand ils sont vus à une petite distance, où les détails s'adoucissent.

Cette collection de dessins, avec les explications qui l'accompagnent, peut déjà donner une idée générale de la constitution minéralogique de la contrée; j'y ai ajouté, pour les matières les plus importantes, quelques détails sur leur gisement et leurs relations géologiques, sur les variétés qui en approchent le plus, et quelquefois sur les localités qui les renferment. Ces renseignemens dispenseront de recourir aussi souvent au texte de l'ouvrage, et diminueront les détails descriptifs des roches, qui, trop multipliés, rendent les textes presque illisibles. Ils abrégeront donc d'autant la Description minéralogique de l'Égypte, dont ils font d'ailleurs la partie principale, et, ainsi séparés, ils permettront de se livrer d'une manière plus suivie, dans les autres parties du texte, au développement des considérations générales et des questions relatives à l'emploi des matières minérales dans les arts et les monumens de l'antiquité.

En présentant quelques observations sur la nomenclature des roches et hasardant quelques dénominations nouvelles, j'ai eu pour objet d'appeler l'attention sur deux ou trois principes qui m'ont semblé importans. On peut rejeter ou modifier ces dénominations, les principes n'en subsisteront pas moins; et les applications plus heureuses qu'on en ferait, auraient, je crois, une influence utile sur cette partie de la science. J'ai insisté sur l'avantage d'avoir pour toutes les roches de même contexture une terminaison semblable, en réservant la première partie du mot pour exprimer la nature ou la composition de chacune; principe qui, sans avoir été indiqué par aucun naturaliste, n'a pas toutefois été méconnu entièrement dans la pratique, et que je regarde comme la meilleure base d'une nomenclature géognostique. J'ai voulu faire sentir aussi que la précision ne peut résulter de l'application des mêmes dénominations à des séries de roches trop étendues; que les distinctions établies par des épithètes entre les substances variées et difficiles à définir qui composent ces séries, ne sauraient être aussi fixes qu'il conviendrait pour bien s'entendre; que non-seulement elles sont d'un usage incommode et à la longue très-fastidieux, mais qu'en outre, formant déjà des espèces de phrases descriptives, elles font perdre un avantage important, celui de pouvoir, dans bien des cas, distinguer les variétés nombreuses qu'offre chaque espèce de roches, à moins de compliquer ces phrases indicatives, au point d'en faire des descriptions très-allongées et d'un usage tout-à-fait impraticable dans le discours: de là résulte donc la nécessité de multiplier les dénominations spéciales et d'en restreindre beaucoup davantage l'application; c'est ce que j'ai essayé de faire quelquefois. Ces principes, et quelques autres que j'ai seulement indiqués, auraient besoin, pour être mis dans une évidence plus grande, de développemens que ne comporte pas la nature de ce travail. Ils auraient peut-être été déplacés dans un ouvrage qui, malgré son étendue, ne doit présenter, avec de grands détails, que des faits et des considérations qui concernent spécialement l'Égypte. Cependant on trouvera, dans les autres parties de la Description minéralogique de l'Égypte, quelques observations sur ce sujet. Les réflexions du lecteur suppléeront à ce que nous n'avons pu développer, et nous aurons peut-être l'occasion de présenter ailleurs nos vues avec plus d'étendue.

Toutes ces planches ont été destinées à être coloriées : l'impression en noir ne saurait remplir, à l'égard des roches, l'objet qu'on avait en vue. Les fossiles et les pierres figurées peuvent seuls se passer du secours des couleurs. Comme l'aspect des roches est une chose absolument indéfinissable par le discours, si l'on avait une collection complète de roches gravées et coloriées, les voyageurs trouveraient une facilité plus grande pour faire reconnaître celles qu'ils viendront à observer. Il suffirait d'indiquer les figures gravées auxquelles elles se rapportent le mieux. La collection publiée dans la *Description de l'Égypte*, purement locale, est loin d'être suffisante pour cela ; mais la partie la plus difficile est faite. Il reste à faire connaître, de la même manière, d'abord les roches tirées des autres contrées, qui ont été employées par les anciens dans les arts et dans la construction; on y joindrait par suite celles que les modernes ont fait servir à des usages semblables, et enfin celles qui, n'ayant point été employées jusqu'ici, présentent quelque motif d'intérêt pour la géologie. Le succès de l'exécution étant maintenant assuré, les tâtonnemens épuisés, les méthodes trouvées, et plusieurs artistes exercés à ce genre de travail, cette entreprise ne serait pas fort dispendieuse ; elle mériterait peut-être d'attirer l'attention des gouvernemens jaloux de développer une branche de l'histoire naturelle qui a des rapports avec les moyens de consacrer par des monumens durables les souvenirs intéressans pour les nations et pour la civilisation.

Je ne terminerai pas ces observations sans rendre hommage à plusieurs personnes qui ont coopéré à l'exécution de ce travail.

J'ai eu occasion de citer plusieurs fois l'un de mes collègues, M. Jomard, qui, ayant recueilli diverses collections d'objets d'histoire naturelle, m'a laissé choisir plusieurs exemplaires de fossiles plus caractérisés que ceux que je possédais, ou dont j'avais perdu les analogues dans les événemens de notre retraite d'Égypte. J'ajouterai qu'outre les soins assidus qu'il a donnés, comme commissaire du gouvernement, à l'exécution de toutes les parties de l'ouvrage, il a bien voulu, toutes les fois que j'ai été absent de Paris, se charger de revoir l'impression des planches coloriées, qui exigeait une attention toute particulière; et c'est à son amitié et à ses soins éclairés que j'ai été redevable de la bonne exécution de plusieurs planches importantes [1].

---

[1] La plus grande partie des dessins ont été faits par M. Cloquet, ancien professeur de dessin à l'École royale des mines, et les autres par MM. Ringuet et Amédée. Chaque planche porte le nom des graveurs qui l'ont exécutée; mais une révision de la plupart des planches a été faite avec beaucoup de soin par l'un d'eux, M. Allais.

On a employé souvent dans la même roche les différens genres de gravures, la taille, le pointillé et la pointe sèche, le même genre ne pouvant suffire pour bien exprimer la nature si diverse des surfaces qu'on avait à rendre. Quant à l'impression en couleur, on a reconnu que la précision des détails ne pouvait s'accorder avec le procédé de plusieurs planches; on n'en a employé qu'une seule pour les objets mêmes dont les nuances sont le plus diversifiées: chaque morceau, déjà imprimé avec ses principales couleurs, a été ensuite retouché au pinceau, suivant la méthode pratiquée par M. Redouté l'aîné dans ses grands ouvrages de plantes coloriées.

ZOOLOGIE

ANIMAUX INVERTÉBRÉS.

SYSTÈME
DES ANNELIDES [1],

PRINCIPALEMENT DE CELLES

DES COTES DE L'ÉGYPTE

ET DE LA SYRIE,

OFFRANT LES CARACTÈRES TANT DISTINCTIFS QUE NATURELS DES ORDRES, FAMILLES ET GENRES, AVEC LA DESCRIPTION DES ESPÈCES;

Par Jules-César SAVIGNY,

Membre de l'Institut d'Égypte.

Avant de tenter une nouvelle classification des *annelides* [2], il fallait essayer de perfectionner la connais-

---

[1] Depuis la communication que j'ai faite de ce système à l'Académie des sciences, j'y ai introduit quatre genres nouveaux, *aricia*, *myriana*, *ophelia* et *hæmocharis*, contenant chacun une espèce; et j'ai placé cinq espèces nouvelles dans les genres *polynoë*, *serpula*, *clymene*, *clepsine* et *sanguisuga*, précédemment établis. On n'y trouvera aucun autre changement important.

[2] Tous les naturalistes savent que M. Cuvier est le créateur de la classe des *vers à sang rouge*, désignés ensuite par la dénomination plus précise d'*annelides*; qu'il en a depuis long-temps fait connaître l'organisation générale, et distingué les principaux genres. On doit donc consulter, avant tout, l'*Anatomie comparée* et le *Règne animal distribué d'après son organisation*.

sance encore imparfaite que l'on avait de leur économie extérieure ; connaissance si nécessaire pour retrouver dans les divers genres et comparer entre eux des organes sujets à se dérober à la vue par leur petitesse, leur état de rétraction, ou à la tromper par des transformations singulières [1]. La *tête*, par exemple, n'était pas signalée, comme elle aurait dû l'être, par la présence des yeux et des antennes : on attribuait une partie si importante à des espèces qui ne l'ont point, pas plus du moins que les mollusques acéphales, auxquels on s'accorde à la refuser ; tandis que, dans les espèces qui la possèdent, on la négligeait, en prenant généralement pour elle les premiers segmens du corps. La *trompe* n'était considérée que comme un organe fort accessoire, et l'on ignorait le mode de structure auquel elle est essentiellement associée. Les *mâchoires* étaient censées toujours horizontales et disposées par paire ; leur mouvement vertical dans certaines espèces, et leur nombre différent des deux côtés dans beaucoup d'autres, sont des modifications dont on n'avait aucune idée. Les *tentacules* n'étaient point définis ; j'ai restreint ce nom à des filets charnus, inarticulés et simplement contractiles, qui entourent immédiatement l'orifice de la bouche. Les *yeux* n'avaient ni leur nombre ni leur position fixés. Les *antennes* étaient méconnues ; on n'avait aucunement songé à chercher dans les annelides des organes identiques avec les antennes des insectes [2] ; aussi

---

[1] *Voyez* mes Mémoires sur les annelides.

[2] Le mot d'*antennes* échappe bien quelquefois à Othon Fabricius et à

leur insertion et leur nombre étaient-ils loin d'être déterminés : lorsque les antennes étaient fort petites, elles restaient ignorées ; lorsqu'elles étaient grandes et facilement visibles, elles recevaient des auteurs les noms de *tentacules* ou de *cirres,* dénominations vagues et communes à d'autres appendices. Les *pieds* n'étaient pas suffisamment assimilés aux pieds des crustacés ou des insectes auxquels ils correspondent, et dont ils semblent quelquefois ne différer essentiellement que par leurs faisceaux de soies métalliques : le nombre de parties dont ils se composent, *rames* et *cirres,* ne se trouvait pas arrêté ; de sorte que ces parties étaient ordinairement considérées et présentées comme des organes distincts et indépendans. On n'avait point suivi ces mêmes pieds dans leurs diverses transformations ; les plus voisins de la tête étaient parfois confondus avec les antennes, et décrits sous les noms impropres que l'on donnait à ces antennes. Les formes variées de leurs *soies* n'avaient point été remarquées ; il y a même une sorte de soies commune à tout un ordre, celle des *soies à crochets,* dont les naturalistes ne soupçonnaient pas l'existence. Les *élytres* ou *écailles dorsales* n'étaient pas reconnues pour ce qu'elles sont, c'est-à-dire pour des appendices comparables, à certains égards, aux ailes ou aux élytres des insectes, et sujets, comme elles, à manquer dans certaines espèces d'une famille, quoiqu'ils existent dans les autres. Les *branchies* étaient supposées saillantes et visibles

d'autres zoographes, dans la description de certaines annelides ; mais l'usage qu'ils en font prouve qu'ils n'y attachent pas un sens rigoureux.

à l'extérieur dans des espèces où il ne s'en montre point de telles, etc., etc. Nous énumérerons succinctement, en tête des ordres que nous avons adoptés, les modifications qui leur sont particulières ; mais nous devons tracer d'abord les caractères distinctifs de chacun d'eux.

ORDRES DES ANNELIDES.

PREMIÈRE DIVISION.

DES SOIES POUR LA LOCOMOTION.

Ordre 1. *A.* NÉRÉIDÉES, *A. NEREIDEÆ.*

Des pieds pourvus de soies rétractiles subulées ; point de soies rétractiles à crochets.
Une tête distincte, munie d'yeux et d'antennes.
Une trompe protractile, presque toujours armée de mâchoires.

Ordre 2. *A.* SERPULÉES, *A. SERPULEÆ.*

Des pieds pourvus de soies rétractiles subulées et de soies rétractiles à crochets.
Point de tête munie d'yeux et d'antennes.
Point de trompe protractile armée de mâchoires.

Ordre 3. *A.* LOMBRICINES, *A. LUMBRICINEÆ.*

Point de pieds saillans ; des soies rarement rétractiles.
Point de tête munie d'yeux et d'antennes.
Point de mâchoires.

DEUXIÈME DIVISION.

POINT DE SOIES POUR LA LOCOMOTION.

Ordre 4. *A.* HIRUDINÉES, A. *HIRUDINEÆ.*

Une cavité préhensile à chacune des extrémités.
Des yeux.

Observation. — Un 5e ordre doit comprendre les annelides sans soies et sans cavités préhensiles. Nous en traiterons dans un supplément.

ORDRE Ier.

LES ANNELIDES NÉRÉIDÉES,

ANNELIDES NEREIDEÆ.

Les ANNELIDES NÉRÉIDÉES sont agiles, carnassières, et destinées plus spécialement que les autres à la vie errante : l'organisation qui les distingue à l'extérieur, permet d'observer, 1°. la *tête*, 2°. la *trompe* ou la *bouche*, 3°. le *corps* proprement dit et ses appendices.

La *tête*, qui consiste en un petit renflement antérieur et supérieur, sans articulation mobile, présente les *antennes* et les *yeux*.

Les *antennes*, que leur nom définit suffisamment, sont au nombre de cinq; savoir, une *impaire*, deux *mitoyennes* et deux *extérieures*. Ces trois sortes d'antennes existent simultanément ou séparément ; elles sont insérées plus près ou plus loin du premier anneau du corps, dont l'antenne impaire se rapproche plus que les autres ; elles sont aussi plus ou moins sensiblement articulées, plus ou moins rétractiles.

Les *yeux*, au nombre de deux ou de quatre, ne sont jamais placés au-devant des antennes, mais derrière, entre les antennes et le premier anneau du corps.

La *trompe* est charnue, composée d'un seul anneau, ou de deux anneaux distincts ; retirée dans le corps quand l'animal n'en fait point usage, mais susceptible d'une sorte de déroulement qui l'émet rapidement au dehors; nue ou garnie de *tentacules*, et presque toujours armée de *mâchoires :* elle constitue essentiellement la bouche [1].

Les *tentacules* sont inarticulés, contractiles, épars sur la trompe, ou disposés en couronne à son orifice.

Les *mâchoires,* toujours situées à ce même orifice, sont tantôt au nombre de deux ou de quatre en opposition; tantôt au nombre de sept ou de neuf, articulées les unes au-dessus des autres, sur deux rangs supportés par une double tige, sans compter deux pièces plus simples réunies en lèvre inférieure [2].

Le *corps* se divise en anneaux ou *segmens*, qui portent chacun une paire de pieds à laquelle se trouve communément associée une paire de branchies.

Le *premier segment*, seul ou réuni à quelques-uns des suivans, forme souvent un anneau plus grand que les autres, plus apparent que la tête, et que l'on a pu facilement confondre avec elle.

Le *dernier segment* offe un anus plissé, tourné en dessus.

Les *pieds* se subdivisent généralement en deux *rames,* une supérieure ou *dorsale,* une inférieure ou *ven-*

---

[1] L'ouverture que l'on prend communément pour la bouche n'est que l'entrée de la cavité causée par la retraite de la trompe, et dont les bords plissés ou froncés occupent en général les deux ou trois premiers segmens du corps.

[2] Ces mâchoires ont de l'analogie avec celles de certains mollusques, principalement avec les mâchoires ou dents nombreuses des oscabrions. Comme elles sont en quelque façon intérieures, M. Duméril, *Zoologie analyt.,* pag. 296, les compare aux dents de l'estomac de certains crustacés.

trale ; la rame ventrale est la plus saillante et la mieux organisée pour le mouvement progressif.

On observe à chaque *rame*, 1°. le *cirre*, 2°. les *soies*.

Les *cirres* sont des filets tubuleux, sub-articulés, communément rétractiles, fort analogues aux antennes : ce sont les antennes du corps. Les cirres des rames dorsales, ou *cirres supérieurs*, sont assez constamment plus longs que les *cirres inférieurs*.

Les *soies* de chaque rame traversent les fibres de la peau, et pénètrent avec leurs fourreaux dans l'intérieur du corps, où sont fixés les muscles destinés à les mouvoir. Nous trouverons dans l'ordre suivant des soies courtes et dentées, qui restent contenues dans l'épaisseur de la peau; ce sont celles auxquelles j'ai donné le nom de *soies à crochets*. Les autres, à cause de leur forme la plus générale, prennent le nom de *soies subulées*.

Les *soies subulées* (setæ subulatæ, *ou simplement* setæ) doivent être elles-mêmes distinguées en *soies proprement dites* et en *acicules*.

Les *soies proprement dites* (festucæ) sont toujours grêles et nombreuses, rassemblées par *rangs* complexes ou par *faisceaux* qui ont chacun leur gaîne propre et sortent des côtés ou du sommet de chaque rame. La rame ventrale n'a communément qu'un seul de ces rangs ou de ces faisceaux; la rame dorsale en a souvent deux et quelquefois davantage. Quant à la forme particulière des soies, elles sont cylindriques, ou prismatiques, ou aplaties, droites ou légèrement courbées, et presque toujours rétrécies sensiblement de la base au sommet ; vers le sommet, quelques-unes ont une petite dent et paraissent fourchues, d'autres sont légèrement dilatées et garnies d'aspérités : il y en a même qui ont la pointe réfléchie, ou courbée, ou torse, surmontée d'une arête ou d'une petite lame mobile ; toutefois, la plupart l'ont droite et simplement aiguë. Il est rare que leur intérieur soit fistuleux : presque toutes sont solides, fermes et roides ; cependant certains genres en portent qui sont fines et flexibles comme des cheveux.

J'appelle *acicules* (aciculi) des soies plus grosses que les autres, droites, coniques, très-aiguës, contenues dans un fourreau dont l'orifice particulier se reconnaît à sa saillie. Les *acicules* se distinguent encore par leur couleur brune, noire, ou différente de celle des autres soies auxquelles ils sont associés. Quelques genres en manquent ; et quand ils existent, on en trouve rarement plus d'un à chaque rame ou à chaque faisceau principal. Celui de la rame ventrale est constamment le plus fort.

La première paire de pieds, et une, deux ou même trois des suivantes, manquent souvent de soies, et ne conservent que leurs cirres, qui, d'ordinaire, acquièrent alors plus de développement, et constituent ce que je nomme *cirres tentaculaires*. La forme des cirres tentaculaires n'a pas peu contribué à faire prendre les premiers segmens du corps pour la tête ou une portion de la tête.

La dernière paire de pieds constitue, par une transformation analogue, les *styles* ou longs filets qui accompagnent l'anus et terminent ordinairement le corps [1].

Enfin, certaines paires de pieds semblent parfois privées de cirre supérieur : c'est sur les espèces où cette absence a lieu que se manifeste la présence des *élytres* ou *écailles dorsales;* appendices propres à une seule famille, et qui quelquefois manquent eux-mêmes [2].

Les *branchies* varient beaucoup dans leur étendue et leur configuration. Elles sont distribuées sur les côtés du corps, une à chaque pied, qui quelquefois semble subdivisée en plusieurs autres. Elles manquent communément près de la tête et de l'anus, et toujours elles y sont moins développées qu'au milieu du corps ; elles sont aussi plus ou moins rouges dans l'état de vie. Les branchies ne sont pas toujours distinctes : quelquefois les vaisseaux semblent pénétrer dans les cirres et les convertir en organes respiratoires ; quelquefois ils s'arrêtent et rampent à la base des rames [3].

---

[1] Des filets fort semblables se présentent dans beaucoup d'insectes apiropodes et hexapodes. *Voyez* les mémoires où je donne la théorie des organes extérieurs de ces animaux.

[2] Les élytres ou ailes des insectes hexapodes sont attachées au deuxième et au troisième segmens du corps ; il y a cependant de petites familles, comme celle des *stylops*, *xenos*, etc., où le premier segment porte deux élytres, tandis que le second en est dépourvu.

[3] Je dois, pour compléter l'énumération des organes extérieurs des néréidées, faire aussi mention de deux pertuis, pores ou tubes placés sous la plupart des segmens, un de chaque côté, vers la base de la rame ventrale. *Voyez* ce que je dis, dans mes mémoires, de ces petits orifices, qui sont communs à toutes ou à presque toutes les annelides.

DISTRIBUTION ET CARACTÈRES

DES

ANNELIDES NÉRÉIDÉES.

I.

Branchies *en forme de petites crêtes, ou de petites lames simples, ou de languettes, ou de filets pectinés tout au plus d'un côté; quelquefois ne faisant point saillie et pouvant passer pour absolument nulles.* — *Des* acicules.

FAMILLE 1. LES APHRODITES, *APHRODITÆ.*

Branchies et *cirres supérieurs* nuls à la seconde paire de pieds, à la quatrième et à la cinquième; nuls encore à la septième, la neuvième, la onzième, et ainsi de suite jusqu'à la vingt-troisième, ou même la vingt-cinquième inclusivement.— Quatre *mâchoires.*

 1. PALMYRA. *Trompe* pourvue de *mâchoires* cartilagineuses, sans *tentacules* à son orifice.— *Branchies* cessant d'alterner après la vingt-cinquième paire de pieds — Point d'*élytres* ou d'*ecailles* sur le dos.

 2. HALITHEA. *Trompe* pourvue de *mâchoires* cartilagineuses; couronnée, à son orifice, de *tentacules* composés et en forme de houppe. — *Branchies* cessant d'alterner après la vingt-cinquième paire de pieds. — Des *élytres* ou *écailles* couchées sur le dos.

  1. *Élytres* couvertes par une voûte de soies feutrées.
  2. *Élytres* découvertes.

3. POLYNOE. *Trompe* pourvue de *máchoires* cornées ; couronnée, à son orifice, de *tentacules* simples. — *Branchies* cessant d'alterner après la vingt-troisième paire de pieds. — Des *élytres*.
1. Point d'*antenne impaire*.
2. Une *antenne impaire*.

FAMILLE 2. LES NÉRÉIDES, *NEREIDES*.

Branchies, lorsqu'elles sont distinctes, et *cirres supérieurs*, existant à tous les pieds sans interruption. — Deux *máchoires* seulement, ou point de *máchoires*.

SECTION Ire. Des *máchoires*. — *Antennes* courtes de deux articles; point d'*antenne impaire*. (NÉRÉIDES LYGORIENNES.)

4. LYCORYS. *Trompe* sans *tentacules* à son orifice. — *Antennes extérieures* plus grosses que les *mitoyennes*. — Première et seconde paires de pieds converties en quatre paires de *cirres tentaculaires*. — Des *branchies* distinctes des cirres.
5. NEPHTHYS. *Trompe* garnie de *tentacules* à son orifice. — *Antennes extérieures* et *mitoyennes* égales. — Point de *cirres tentaculaires*. — Tous les *cirres* courts, presque nuls. — Des *branchies* distintes.

SECTION II. Point de *máchoires*. — *Antennes* courtes, de deux articles ; point d'*antenne impaire*. (NÉRÉIDES GLYCÉRIENNES.)

6. ARICIA. *Trompe* sans *tentacules* à son orifice. — *Antennes* égales. — Point de *cirres tentaculaires;* la première paire de pieds et les suivantes, jusqu'au vingt-troisième segment, en crêtes dentelées. — *Cirres supérieurs* allongés ; les *inférieurs* comme nuls. — Des *branchies* distinctes.
7. GLYCERA. *Trompe* sans *tentacules* à son orifice. — *Antennes* égales. — Point de *cirres tentaculaires*, ni de pieds en crêtes dentelées. — Tous les *cirres* en mamelons très-courts. — Des *branchies* distinctes.
8. OPHELIA. *Trompe* couronnée de *tentacules* à son orifice. — *Antennes* égales. — Point de *cirres tentaculaires*. — Les *cirres inférieurs* des pieds intermédiaires, très-longs; tous les autres nuls ou très-courts. — Point de *branchies* distinctes.
9. HESIONE. *Trompe* sans *tentacules* à son orifice. — *Antennes* égales. — Première, deuxième, troisième et quatrième paires

de pieds converties en huit paires de *cirres tentaculaires*. — Tous les *cirres* très-longs, filiformes et rétractiles. — Point de *branchies* distinctes.

10. MYRIANA. *Trompe* hérissée de courts *tentacules*. — *Antennes* égales. — Première, deuxième, troisième et quatrième paires de pieds converties en huit *cirres tentaculaires*. — *Cirres supérieurs* et *inférieurs* des autres pieds, longs et rétractiles. — Point de *branchies* distinctes.

11. PHYLLODOCE. *Trompe* couronnée de *tentacules* à son orifice. — *Antennes* égales. — Première, deuxième, troisième et quatrième paires de pieds converties en huit *cirres tentaculaires*. — *Cirres supérieurs* et *inférieurs* des autres pieds, comprimés en forme de feuilles, non rétractiles. — Point d'autres *branchies*.

SECTION III. Point de *mâchoires*. — *Antennes* longues, composées de beaucoup d'articles; une *antenne impaire*. (NÉRÉIDES SYLLIENNES.)

12. SYLLIS. *Trompe* sans *tentacules*, mais armée d'une petite corne à son orifice. — *Antennes extérieures* et l'*impaire* moniliformes; les *mitoyennes* nulles. — Première paire de pieds convertie en deux paires de *cirres tentaculaires* moniliformes. Les *cirres supérieurs* de tous les pieds suivans, également moniliformes. — Point de *branchies*.

FAMILLE 3. LES EUNICES, *EUNICÆ*.

Branchies, lorsqu'elles sont distinctes, et *cirres supérieurs*, existant à tous les pieds sans interruption. — *Mâchoires* nombreuses, celles du côté droit moins que celles du côté gauche. — *Pieds* du premier segment nuls; ceux du second nuls ou changés en deux cirres tentaculaires.

13. LEODICE. *Trompe* armée de sept *mâchoires*, trois du côté droit, quatre du côté gauche; les deux mâchoires intérieures et inférieures très-simples. — *Antennes* découvertes : les *extérieures* longues, filiformes; les *mitoyennes* et l'*impaire* de même. — *Branchies* pectinées. — *Front* à deux ou à quatre lobes.
   1. Deux *cirres tentaculaires*.
   2. Point de *cirres tentaculaires*.

14. LYSIDICE. *Trompe* armée de sept *mâchoires*, trois du côté droit, quatre du côté gauche; les deux mâchoires intérieures et inférieures très-simples. — *Antennes* découvertes : les *extérieures*

nulles; les *mitoyennes* très-courtes; l'*impaire* de même. — *Branchies* indistinctes. — *Front* arrondi.

15. AGLAURA. *Trompe* armée de neuf *mâchoires*, quatre du côté droit, cinq du côté gauche; les deux mâchoires intérieures et inférieures fortement dentées en scie. — *Antennes* couvertes : les *extérieures* nulles; les *mitoyennes* et l'*impaire* très-courtes. — *Branchies* indistinctes. — *Front* caché sous la saillie antérieure du premier segment, qui est divisée en deux lobes.

16. ŒNONE. *Trompe* armée de neuf *mâchoires*, quatre du côté droit, cinq du côté gauche; les deux mâchoires intérieures et inférieures fortement dentées en scie. — *Antennes* comme nulles.— *Branchies* indistinctes. — *Front* caché sous le premier segment, dont la saillie antérieure est arrondie.

II.

Branchies *en forme de feuilles très-compliquées, ou de houppes, ou d'arbuscules très-rameux, toujours grandes et très-apparentes.* — Point d'acicules.

FAMILLE 4. LES AMPHINOMES, *AMPHINOMÆ.*

Branchies *et* cirres supérieurs *existant sans interruption à tous les pieds.* — Point de *mâchoires.*

17. CLOEIA. *Trompe* pourvue d'un double palais inférieur et de stries dentelées. — *Antennes extérieures* et *mitoyennes* subulées; l'*impaire* de même. — *Branchies* en forme de feuilles tripinnatifides, écartées de la base des rames supérieures. — Un *cirre surnuméraire* aux rames supérieures des quatre à cinq premières paires de pieds.

18. PLEIONE. *Trompe* pourvue d'un double palais et de stries dentelées. — *Antennes extérieures* et *mitoyennes* subulées; l'*impaire* de même. — *Branchies* en forme de houppes ou de buissons touffus, recouvrant la base des rames supérieures. — Point de *cirres surnuméraires.*

19. EUPHROSYNE. *Trompe* sans palais saillant ni stries dentelées. — *Antennes extérieures* et *mitoyennes* nulles; l'*impaire* subulée. — *Branchies* subdivisées en sept arbuscules rameux, situés derrière les pieds, et s'étendant d'une rame à l'autre. — Un *cirre surnuméraire* à toutes les rames supérieures.

LES ANNELIDES NÉRÉIDÉES.

Iʳᵉ FAMILLE.

LES APHRODITES, *APHRODITÆ*.

Branchies petites, en forme de crête ou de mamelon, situées sur les côtés du dos, à la base supérieure des rames dorsales. Ces branchies manquent constamment aux rames de la seconde paire de pieds, puis à celle de la quatrième et de la cinquième paires; puis encore aux rames des septième, neuvième, onzième, et de toutes celles qui, parmi les suivantes, correspondent aux nombres impairs, jusqu'à la vingt-troisième ou même jusqu'à la vingt-cinquième inclusivement : après quoi elles ne disparaissent plus, ou disparaissent dans un autre ordre; elles déterminent par leur absence celle des cirres supérieurs, et sont, conjointement avec eux, presque toujours remplacées par autant d'élytres ou d'écailles qui s'appliquent sur le dos et se recouvrent mutuellement.

Élytres (quand elles existent) au nombre de douze paires au moins et de treize au plus, pour les vingt-trois ou vingt-cinq segmens qui paraissent composer essentiellement le corps; suivies ou non suivies d'une ou plusieurs autres paires d'élytres surnuméraires : les unes et les autres formées de deux membranes susceptibles de s'écarter et de laisser un vide entre elles ; la membrane supérieure épaisse, quelquefois cornée ; l'inférieure mince, prolongée, sous son côté externe, en un pédicule tubuleux qui s'attache sur la base des rames sans branchies, presqu'au même point où serait insérée la branchie elle-même.

Bouche composée d'une trompe et de quatre mâchoires. — *Trompe* cylindrique, grande, fendue transversalement à l'extrémité, et garnie, vers cet orifice, de plis saillans ou de petits tentacules. — *Mâchoires* cornées ou cartilagineuses, plates, courtes, libres tout au plus à la pointe ; semblables entre elles et rapprochées par paires, qui se meuvent surtout dans le sens vertical, la paire supérieure agissant sur l'inférieure, et réciproquement.

Yeux souvent au nombre de quatre ; deux antérieurs écartés, et deux postérieurs.

Antennes rétractiles, allongées, généralement en nombre complet : les *mitoyennes* composées de deux articles, dont le premier est le plus court, quelquefois nulles ; l'*impaire* de même ; les *extérieures* toujours existantes et toujours plus grandes que les autres, finement annelées, coniques, très-déliées à la pointe.

Pieds à *rames* tantôt séparées et distinctes, tantôt réunies en une seule, munies d'acicules. *Cirres* très-apparens, généralement composés de deux articles principaux, dont un, plus gros et surtout plus court,

ORDRE 1, FAMILLE 1, LES APHRODITES. 341

sert de base à l'autre, qui est complètement rétractile : *cirres supérieurs* grands, dépassant les soies, qui, elles-mêmes, dépassent les *cirres inférieurs*. La première paire de pieds ayant les deux rames intimement unies, sans soies ou avec des soies peu nombreuses, et les deux cirres égaux, allongés, presque *tentaculaires* : la seconde paire de pieds ayant aussi le cirre inférieur presque tentaculaire, ou du moins plus grand que les suivans, et semblable en tout aux cirres supérieurs [1].

Genre I. — PALMYRA.

BOUCHE : *Trompe* dépourvue de tentacules à son orifice.
    Mâchoires demi-cartilagineuses.
YEUX distincts au nombre de deux.
ANTENNES complètes :
    Les *mitoyennes* très-petites, coniques ;
    L'*impaire* semblable aux mitoyennes, un peu plus longue ;
    Les *extérieures* grandes.
PIEDS à deux rames séparées : la *rame dorsale* avec deux faisceaux inégaux de soies inclinées en arrière ; la *rame ventrale* à un seul faisceau de soies fourchues.
    Cirres, tant les *supérieurs* que les *inférieurs*, grêles, cylindriques, terminés par un petit filet également cylindrique et renflé au bout : les cirres supérieurs insérés derrière la base du faisceau inférieur des rames dorsales.
    Première paire de pieds garnie de quelques soies ; la *dernière* à peu près semblable aux autres.
BRANCHIES peu visibles, cessant de disparaître et reparaître

---

[1] Ajoutez comme caractère anatomique : *intestin* garni de nombreux *cœcums*, qui le font paraître ailé depuis l'œsophage jusqu'à l'anus.
Les *cœcums* sont divisés profondément dans les halithées *proprement dites*, légèrement dans les halithées *hermiones* : ils sont entiers dans les polynoés. Consultez les mémoires pour de plus amples détails.

alternativement à chaque segment après la vingt-cinquième paire de pieds.

ÉLYTRES nulles.

TÊTE déprimée, un peu saillante au-dessous des antennes.

CORPS oblong, déprimé, composé d'anneaux peu nombreux.

ESPÈCE.

1. PALMYRA aurifera. *Palmyre aurifère*.

N. palmifera. Cuv., *Collect.*
Palmira aurifera. LAM., *Histoire des animaux sans vertèbres*, tom. v, pag. 306, n°. 11.
Nouvelle et fort belle espèce découverte à l'Ile de France par M. Mathieu, et qui se trouve aussi probablement dans la mer Rouge ; communiquée par M. Cuvier.
Corps long d'un pouce, obtus aux deux bouts, formé de trente segmens et pourvu par conséquent de trente paires de pieds : la vingt-huitième paire manque de branchies et de cirres supérieurs ; de sorte que, si le dos portait des élytres, il en aurait quatorze de chaque côté. *Rames dorsales* à deux faisceaux de soies très-inégaux : l'inférieur ne consistant qu'en un petit bouquet de poils fins et courts ; le faisceau supérieur composé de soies grandes, plates, élargies sensiblement de la base au sommet, obtuses, étagées, courbées et disposées en palmes voûtées, qui peuvent se recouvrir mutuellement. Ces palmes brillent de l'éclat de l'or le plus pur, et produisent un effet agréable sur le fond brun nacré du dos ; elles sont semblables à tous les pieds, et la première paire de pieds elle-même en porte deux petites qui recouvrent la tête. *Rames ventrales* à soies fines, roides, légèrement courbées à leur pointe, avec une épine au-dessous qui les fait paraître fourchues. *Acicules* presque du même or que les soies. Cette espèce a beaucoup de rapports avec celle que je place dans la 11ᵉ tribu du genre suivant.

Genre II. — HALITHEA.

BOUCHE : *Trompe* couronnée, à son orifice, d'un cercle de tentacules composés, très-subdivisés et en forme de houppes.

Mâchoires cartilagineuses, minces, peu visibles.

YEUX distincts au nombre de deux.

[1] M. de Lamarck ayant généralement adopté la nomenclature et les caractères proposés dans le présent système, nous ne citerons désormais son ouvrage qu'aux endroits où il s'en est écarté.

ANTENNES incomplètes :
> Les *mitoyennes* nulles (ou habituellement rentrées et point visibles);
> L'*impaire* petite, subulée;
> Les *extérieures* grandes.

PIEDS à deux rames séparées : la *rame dorsale* avec deux grands faisceaux ou rangs de soies roides, inclinées en arrière; la *rame ventrale* pourvue d'un faisceau de deux à trois rangs de soies simples ou fourchues.
> *Cirres*, tant les *supérieurs* que les *inférieurs*, coniques, et terminés insensiblement en pointe : les cirres supérieurs insérés derrière la base du second faisceau de soies roides des rames dorsales.
> *Première paire de pieds* garnie de quelques soies; la *dernière* semblable aux autres.

BRANCHIES facilement visibles, dentelées, cessant de disparaître et reparaître alternativement à chaque segment, après la vingt-cinquième paire de pieds.

ÉLYTRES au nombre de treize paires, pour le corps proprement dit; la treizième paire, qui correspond nécessairement à la vingt-cinquième paire de pieds, est ordinairement suivie de quelques autres paires d'élytres surnuméraires, maintenues, ainsi que les précédentes, par les soies des rames dorsales.

TÊTE convexe en dessus, à front comprimé et saillant, sous forme de feuillet, entre les antennes.

CORPS ovale ou elliptique, formé d'anneaux peu nombreux.

ESPÈCES.

Ire Tribu. HALITHEÆ SIMPLICES.

> *Antennes mitoyennes* nulles.
> *Rames dorsales* ayant toutes des rangs de soies roides semblables; la base inférieure de ces mêmes rames portant de plus deux faisceaux, et la supérieure, mais sur les segmens squamifères seulement, un troisième faisceau, de soies longues excessivement fines et flexibles : ces soies, celles du faisceau le plus inférieur exceptées, s'unissant

en partie aux soies correspondantes du côté opposé, pour former sur le dos une voûte épaisse et feutrée qui recouvre entièrement les *élytres*.

Rames ventrales portant trois rangs de soies simplement pointues.

1. HALITHEA aculeata. *Halithée hérissée.*

Physalus. SWAMMERD. *Bibl. natur.* tab. 1p, fig. 8.
Hystrix marina. RED. *Opus.* III, pag. 276, tab. 25.
Aphrodita aculeata. BAST. *Opus subs.* part. II, lib. II, pag. 62, tab. VI, fig. 1-4. — LINN. *Syst. nat.* ed. 12, tom. I, pag. 1084, n°. 1.
Aphrodita aculeata. PALL. *Misc. zool.* pag. 77, tab. 7, fig. 1-13. — BRUG., *Encyclop. méth. Dictionn. des vers*, tom. I, pag. 85, n°. 1 ; et pl. 61, fig. 6-14.
Aphrodita aculeata. CUV., *Dict. des Sciences nat.*, tom. II, pag. 282; et *Règne anim.*, tome II, page 585.
Espèce des mers d'Europe commune à l'Océan et à la Méditerranée.

CORPS long de quatre à cinq pouces, elliptique ou plutôt ovale-oblong, rétréci en arrière, composé de trente-neuf segmens, et pourvu de quinze paires d'élytres sur trois individus que j'ai examinés, le vingt-huitième et le trente-unième segmens portant les deux paires d'élytres surnuméraires. *Mâchoires* à peu près nulles. *Elytres* molles, glabres, sous-orbiculaires, petites aux deux extrémités du dos, surtout vers la tête, légèrement imbriquées dans leur jonction sur sa ligne moyenne : on ne peut les apercevoir qu'en coupant la voûte épaisse sous laquelle elles sont renfermées. Cette voûte grise, glacée de vert brillant, est percée de tous côtés par les soies roides et brunes des *rames dorsales*. Les soies des *rames ventrales*, également brunes, sont disposées sur trois rangs, dont le supérieur, composé des soies les plus grosses et les moins nombreuses, est seul transverse, relativement au corps. *Acicules* d'un jaune doré ; celui de la rame dorsale associé à son rang de soies roides inférieur, comme si le rang supérieur n'était que surnuméraire. Couleur du corps, du ventre en particulier, blanchâtre, avec des reflets légers ; celle des écailles, orangée en dessus, marquetée de brun. Les fines et longues soies des rames dorsales ont beaucoup d'éclat, et forment autour du corps une épaisse frange d'un beau vert qui se nuance de toutes les vives teintes de l'iris.

2. HALITHEA sericea. *Halithée soyeuse.*

Petite aphrodite voisine de l'hérissée. *Collect. du Mus.*
Espèce nouvelle fort semblable à la précédente, mais plus petite des deux tiers.

Corps plus ovale, plus brun en dessous. Même nombre, même disposition de pieds et d'écailles. Ces dernières sont blanches et sans taches. Les *soies* du rang inférieur des rames ventrales sont plus fines et plus nombreuses. Les longues soies des rames dorsales sont d'un vert éclatant au-dessus du dos; mais celles qui forment une frange flottante autour du corps, sont de couleur blonde.

IIe Tribu. HALITHEÆ HERMIONÆ.

Antennes mitoyennes habituellement rentrées.
Rames dorsales n'ayant pas toutes les mêmes rangs de soies roides : celles qui correspondent aux élytres ont des rangs plus étendus et plus éloignés des rames ventrales. Aucune de ces rames ne portant de soies fines et flottantes, ni de soies feutrées sur le dos. *Élytres* découvertes.
Rames ventrales portant deux rangs de soies fourchues.

3. HALITHEA hystrix. *Halithée hispide.*

Aphrodite commune. Cuv., *Collect.*
Espèce inédite, qui paraît assez répandue dans la Méditerranée.
Corps long de deux à trois pouces, oblong, déprimé, formé de trente-trois segmens sur trois individus de diverses grandeurs, et très-exactement recouvert par quinze paires d'élytres, les vingt-huitième et trente-unième segmens portant les deux paires surnuméraires. *Élytres* souples, minces, lisses, échancrées obliquement, un peu transverses, croisées dans leur jonction sur le dos. *Antennes* extérieures et *cirres*, tant les supérieurs que les tentaculaires, très-longs, très-déliés à la pointe, d'un brun foncé. *Rames dorsales* à soies plates, longues, très-aiguës : le faisceau supérieur épanoui en palme voûtée; l'inférieur droit, beaucoup plus grand et plus brun : ces deux faisceaux, très-serrés sur les segmens sans élytres, s'y composent aussi de soies plus menues, d'un jaune plus clair. *Rames ventrales* à soies un peu courbées vers la pointe, avec une épine au-dessous. *Acicules* d'un jaune doré. Couleur du ventre, brun clair avec des reflets; celle des élytres, cendrée, lavée de brun ferrugineux.

Genre III. — POLYNOE.

Bouche : *Trompe* couronnée, à son orifice, d'un cercle ou plutôt de deux demi-cercles de tentacules simples et coniques.

Mâchoires cornées, courbées, libres à leur pointe.

YEUX distincts au nombre de quatre.

ANTENNES généralement complètes :

> Les *mitoyennes* simplement subulées, ou renflées vers le bout, et terminées par une petite pointe;
>
> L'*impaire* semblable pour la forme aux mitoyennes, quelquefois nulle;
>
> Les *extérieures* médiocres ou grandes.

PIEDS à rames rapprochées et réunies en une seule, pourvue uniquement de deux faisceaux de soie : le faisceau supérieur épanoui en une gerbe tronquée d'arrière en avant, ou comme divisé en deux touffes dont l'antérieure est plus courte; le faisceau inférieur comprimé, formé de plusieurs rangs transverses de soies non fourchues.

> *Cirres tentaculaires* et *cirres supérieurs* dilatés à la base, presque filiformes, un peu renflés au sommet avec une petite pointe distincte; *cirres inférieurs* coniques, avec ou sans petite pointe.
>
> *Première paire de pieds* communément dépourvue de soies; la *dernière* presque toujours réduite aux deux cirres supérieurs convertis en *styles* ou filets terminaux.

BRANCHIES facilement visibles, simples, cessant de disparaître et reparaître alternativement à chaque segment après la vingt-troisième paire de pieds.

ÉLYTRES au nombre de douze paires, pour les anneaux du corps proprement dit; la douzième, qui correspond nécessairement à la vingt-troisième paire de pieds, est suivie, quand le corps se prolonge davantage, d'une ou plusieurs autres paires surnuméraires, qui ne sont, de même que celles qui les précèdent, ni recouvertes ni maintenues par les soies des rames dorsales.

TÊTE déprimée ou peu convexe en dessus, carénée par-dessous entre les antennes.

CORPS ovale, ou oblong, ou linéaire, composé de segmens quelquefois nombreux.

ORDRE 1, FAMILLE 1, LES APHRODITES. 347

ESPÈCES.

1re Tribu. POLYNOÆ IPHIONÆ.

Antenne impaire nulle.
Élytres de consistance écailleuse, celles de chaque rang s'imbriquant très-exactement avec celles du rang opposé, et recouvrant ainsi tout le dos.
Point de *styles* ou de filets postérieurs.
Corps ovale ou elliptique.

1. POLYNOE muricata. *Polynoé épineuse.*

POLYNOE muricata. *Annelides gravées*, pl. III, fig. 1; individu du golfe de Soueys.
Aphrodite de l'Ile de France. *Collect. du Mus.*
Espèce nouvelle des côtes de la mer Rouge, fort commune à Soueys, où elle rampe lentement sur les pierres au fond de l'eau, confondue avec les *oscabrions*. Découverte aussi à l'Ile de France par M. Mathieu.
CORPS long de dix à quinze lignes, ovale-elliptique, déprimé, constamment formé de vingt-neuf segmens, et recouvert de treize paires d'élytres, le vingt-septième segment portant la paire surnuméraire; de sorte qu'il y a trois segmens et trois paires de pieds entre la douzième paire d'élytres et la treizième. *Tête* fort petite à yeux rapprochés sur les côtés. *Trompe* grosse, couronnée de vingt-huit tentacules. *Mâchoires* tridentées. *Antennes mitoyennes* menues; leur premier article égal à la moitié du second, celui-ci presque sétacé. *Antennes extérieures* grandes, un peu renflées au-dessous de leur pointe. Un petit mamelon conique sur la jonction de la tête et du premier segment. *Élytres* placées obliquement sur le dos, auquel elles tiennent par de larges mais très-délicats pédicules, profondément imbriquées, grandes, réniformes, échancrées à leur bord supérieur, réticulées, frangées dans leur contour, et garnies de quelques courtes épines vers leur bord postérieur : les deux premières, presque ovales, sont les plus petites de toutes. *Cirres tentaculaires* avancés, dépassés néanmoins par les antennes extérieures. *Pieds* cachés sous les élytres. *Faisceaux supérieurs* appuyés sur le devant des inférieurs, à soies blondes, fines, flexibles, très-inégales et très-divergentes : la loupe les fait paraître annelées. *Faisceaux inférieurs* à soies ferrugineuses, très-roides, un peu dilatées sous leur pointe, qui est légèrement courbée. *Acicule* supérieur jaune;

l'inférieur brun, beaucoup plus grand tant dans cette espèce que dans les suivantes. Ventre blanc, avec de beaux reflets. Le dos est revêtu d'une peau délicate et incolore sous les élytres, qui sont brunes, marquées longitudinalement d'un trait noirâtre.

IIe Tribu. POLYNOÆ SIMPLICES.

Antenne impaire aussi grande ou plus grande que les mitoyennes.
Élytres coriaces ou simplement membraneuses, celles de chaque rang s'imbriquant rarement avec celles du rang opposé.
Deux *styles* ou filets postérieurs.
Corps plus ou moins linéaire.

2. POLYNOE squamata. *Polynoé écailleuse.*

Aphrodita squamata. PALL. *Misc. zool.* pag. 91, tab. 7, fig. 14.
Aphrodita squamata. CUV., *Dict. des Scienc. nat.*, tom. 1, pag. 283 ; et *Règne anim.*, tome II, page 525.
Espèce des mers d'Europe, communiquée par M. Cuvier.
CORPS long de dix à douze lignes, oblong-linéaire, obtus aux deux bouts, formé, dans trois individus, de vingt-sept segmens, dont le dernier porte les filets, et recouvert très-exactement par douze paires d'élytres, sans aucune paire surnuméraire. *Tête* aplatie. *Yeux* rapprochés sur les côtés. *Trompe* de grandeur moyenne, couronnée de dix-huit tentacules. *Mâchoires* non dentées. *Antennes mitoyennes* ressemblant beaucoup aux cirres supérieurs, et par conséquent renflées vers le bout avec une petite pointe ; l'impaire de même, plus grande. *Antennes extérieures* épaisses. *Élytres* situées obliquement et croisées sur le dos, auquel elles sont fortement fixées, coriaces, ovales, légèrement échancrées à leur bord supérieur, finement tuberculeuses, frangées dans leur pourtour ; elles ne diminuent point de grandeur vers l'anus : les deux premières, parfaitement elliptiques, sont, comme à l'ordinaire, les plus petites de toutes. *Pieds* découverts ; seconds cirres tentaculaires dirigés naturellement vers la bouche. *Faisceaux supérieurs* à soies flexibles, tomenteuses, formant au-dessus des inférieurs un bouquet roussâtre peu garni. *Faisceaux inférieurs* composés de soies assez épaisses, roides, âpres et un peu dilatées près de la pointe, qui est aiguë et faiblement courbée ; elles sont d'un jaune foncé. *Acicules* ferrugineux. Couleur du ventre, gris nacré ; celle des élytres, gris vineux pointillé de brun, relevé d'une tache roussâtre.

ORDRE 1, FAMILLE 1, LES APHRODITES. 349

La forme et la disposition des élytres rapprochent un peu cette espèce de celle qui précède; mais tous ses autres caractères la rejettent parmi les suivantes.

3. POLYNOE floccosa. *Polynoé houppeuse.*

Espèce nouvelle des côtes de l'Océan.

CORPS long de neuf à dix lignes, oblong-linéaire, rétréci en pointe vers l'anus, formé de quarante segmens, dont le dernier porte les filets, et muni de seize paires d'élytres caduques; les vingt-six, vingt-neuf, trente-deux et trente-cinquième segmens portant les quatre paires surnuméraires, qui laissent par conséquent toujours deux segmens et deux paires de pieds entre elles. *Trompe* de grandeur moyenne. *Mâchoires* dentelées. *Antennes mitoyennes* et *extérieures* comme dans l'espèce précédente; l'*antenne impaire* était rentrée. Je ne puis décrire les élytres, qui étaient tombées, et que je n'ai pas vues. *Faisceaux supérieurs* à soies flexibles, cylindriques, tomenteuses, formant de petites houppes d'un gris tacheté de brun. *Faisceaux inférieurs* à soies plus longues, roides, hérissées et légèrement coudées au-dessous de leur pointe, d'un jaune ferrugineux. *Acicules* jaunes. Couleur du corps, gris de lin tirant au violet, avec des reflets légers.

4. POLYNOE foliosa. *Polynoé feuillée.*

Aphrodita imbricata. LINN. *Syst. nat.* ed. in-12, tom. 1, pag. 1084, n°. 4. — GMEL., *Syst. nat.*, tome 1, page 3108, n°. 4.
Espèce des côtes de l'Océan, communiquée par M. Latreille.
CORPS long de vingt à vingt-deux lignes, oblong-linéaire, peu déprimé, composé de quarante-deux segmens, et muni de dix-huit paires d'élytres caduques; les vingt-six, vingt-neuf, trente-deux, trente-cinq, trente-huit, trente-neuvième segmens portant les six paires d'élytres surnuméraires, le dernier segment portant les filets. *Tête* aplatie. *Trompe* grosse, couronnée de trente tentacules. *Mâchoires* simples. *Antennes mitoyennes* renflées vers le bout, avec une petite pointe; l'*impaire* conformée de même, sensiblement plus grande. *Antennes extérieures* dépassant de peu l'antenne impaire. *Élytres* très-minces, sous-orbiculaires, molles, glabres, se croisant imparfaitement, les antérieures ne se joignant pas et laissant le milieu du dos à découvert. *Faisceaux supérieurs* peu garnis, et tellement rapprochés des inférieurs, qu'il est difficile à l'œil de les en distinguer, à soies fines, flexibles et simples, sans aspect tomenteux. *Faisceaux inférieurs* à soies moins fines, moins flexibles, un peu dilatées et striées au-dessous de leur pointe, qui est légèrement courbée; elles sont d'un

blond doré, ainsi que les précédentes. *Acicules* d'un jaune plus foncé. Couleur du corps, gris de nacre, avec trois raies violettes et transverses sur les segmens qui portent les branchies. Les élytres ont une teinte de violet.

5. POLYNOE impatiens. *Polynoé vésiculeuse.*

POLYNOE impatiens. *Annelides gravées*, pl. III, fig. 2; individu du golfe de Soueys.

Espèce nouvelle, voisine, par sa conformation, de la précédente, mais moins allongée; elle chemine sur le sable en se balançant avec assez de vivacité. Les côtes de la mer Rouge; le cap Leuwin.

CORPS long de dix-huit à vingt lignes, formé, comme dans la *polinoé écailleuse*, de vingt-sept segmens, dont le dernier porte de très-courts filets, et recouvert de même par douze paires d'élytres, sans paires surnuméraires. *Tête* renflée sur les côtés. *Mâchoires* simples. *Antennes* petites; les extérieures dépassées par les premiers cirres tentaculaires, qui sont portés en avant. Deux petits mamelons coniques sur la jonction du premier et du second segmens. *Élytres* molles, vésiculeuses, arrondies, scabres, du moins le paraissant à la loupe, se joignant sur le milieu du dos, mais imparfaitement et sans se croiser : la plupart de ces élytres manquaient à un des trois individus que j'ai observés, et cependant celles qui lui restaient ne se détachaient qu'avec difficulté. Les *pieds* diffèrent de ceux de l'espèce précédente par leurs soies plus grosses et plus roides, d'un jaune ferrugineux. Les soies des *faisceaux supérieurs* sont aussi plus nombreuses et mieux distinguées des autres; du reste, elles n'ont de même aucun aspect tomenteux. Couleur blanc-bleuâtre, avec les reflets de la nacre sur le corps et une nuance roussâtre sur les écailles; sans taches. J'ai compté vingt-huit tentacules à la trompe [1].

6. POLYNOE scolopendrina. *Polynoé scolopendrine.*

Espèce nouvelle des côtes de l'Océan, très-remarquable par sa forme absolument linéaire, et par la nudité de sa partie postérieure, qui est

---

[1] La *polynoé vésiculeuse* doit être rapprochée de toutes celles qui ont de même douze paires d'élytres non croisées. L'*aphrodita punctata* de Müller est-elle de ce nombre? Oui, selon la description; non, selon la figure qui la représente, *Zool. dan.*, tab. 96, avec quinze paires d'élytres. D'un côté, l'observation semble prouver que le nombre des élytres est constant dans chaque espèce; de l'autre, les descriptions de quelques auteurs estimés, surtout les descriptions comparées aux figures, tendent à établir précisément le contraire.

naturellement privée d'écailles, aucun des segmens qui la composent n'étant dépourvu de cirres supérieurs ni de branchies. Découverte par M. d'Orbigny; communiquée par M. Cuvier.

Corps long d'un pouce huit à neuf lignes, très-étroit, formé de quatre-vingt-deux segmens, et muni de quinze paires de petites élytres, les vingt-sixième, vingt-neuvième et trente-deuxième segmens portant les trois paires d'élytres surnuméraires ; le dernier segment portant de courts filets. *Trompe* rentrée dans l'individu que j'examine, armée de mâchoires très-dures, brunes, sans denticules. *Antennes* petites ; les *mitoyennes* et l'*impaire* beaucoup plus courtes que les *extérieures*, qui sont elles-mêmes moins longues que les cirres tentaculaires. *Élytres* membraneuses, orbiculaires, séparées par un intervalle égal à leur largeur, les deux rangées laissant ainsi tout le milieu du dos à découvert ; mais les élytres de chaque rangée se recouvrent un peu mutuellement. *Pieds* fort saillans. *Cirres* garnis de petites aspérités ; les cirres *tentaculaires* avancés, plus colorés que les suivans. *Faisceaux* inégaux, formés chacun de deux rangs de soies peu nombreuses, mais grosses, roides, d'un jaune ferrugineux : le *faisceau supérieur* à soies droites, un peu renflées près de leur pointe ; l'*inférieur* plus épais, formé de dix à douze soies plus longues, que dépasse à peine le cirre supérieur, plus grosses, plus sensiblement dilatées au-dessous de leur pointe, qui est légèrement courbée. *Acicules* bruns. Couleur générale, grisâtre, avec des reflets sur tout le corps, deux points bruns sur chaque élytre, et une bande brun-violet sur le milieu du dos.

7. POLYNOE setosissima. *Polynoé très-soyeuse.*

N. setosissima. Cuv., *Collect.*

Espèce très-distincte de toutes les précédentes, et dont la patrie ne m'est pas connue. Individu communiqué par M. Cuvier.

Corps long d'un pouce et demi, oblong, rétréci vers l'anus, déprimé, composé de quarante segmens et muni de quinze paires d'élytres ; les vingt-sixième, vingt-neuvième et trente-deuxième segmens portant les trois paires d'élytres surnuméraires ; le dernier portant les filets. *Tête* renflée des deux côtés. *Yeux* écartés, les antérieurs beaucoup plus grands. *Trompe* de la grosseur du corps, garnie à son orifice d'un cercle de vingt tentacules. *Mâchoires* simples. *Antennes mitoyennes* très-courtes, coniques ; l'*impaire* plus grosse et un peu plus longue. *Antennes extérieures* beaucoup plus grandes que les trois autres, conformées comme dans les congénères. *Soies* longues, nombreuses, d'un blond doré : les soies des *faisceaux supérieurs* plus grosses, cylindriques, formant un bouquet touffu et ascendant ; celles des *faisceaux inférieurs* très-fines et assez flexibles, terminées en pointe fort déliée. *Acicules* jaunes. *Branchies* très-exactement sur la ligne des mamelons qui portent les élytres, et à peu près de même grandeur. Je passe sous silence les *élytres* elles-mêmes, qui étaient tombées et que je n'ai point vues ; je ne puis également parler des cirres soit supérieurs, soit inférieurs, des cirres tentaculaires ni de ceux de l'anus, parce qu'ils étaient tous rentrés. Couleur générale, gris fauve, avec des reflets semblables à ceux de la nacre [1].

[1] Je trouve dans les auteurs beaucoup de *polynoé* que je n'ai point vues en nature et que je ne puis décrire ici. J'indiquerai de préférence les suivantes, qui toutes paraissent appartenir à cette seconde tribu :

1. POLYNOE clava. *Aphrodita clava.* Montag. *Trans. linn. soc.* t. IX, pag. 114, tab. 8, fig. 3 ; évidemment défectueuse. — Vingt-sept segmens ; douze paires d'écailles non croisées, très-séparées, très-obliques, sans frange marginale.
2. POLYNOE punctata. *Aphrodita punctata.* Müll. *Von. Wurm.* pag. 170, tab. 13 ; et *Zool. dan.*, part. 3, pag. 25 : la description seulement ; car la figure serait plutôt celle de l'*A. scabra* d'Othon Fabricius. — Vingt-cinq (vingt-sept) segmens ; douze paires d'écailles non croisées, ponctuées en relief, avec une frange marginale.
3. POLINOE cirrosa. *Aphrodita cirrosa.* Pall. *Miscell. zool.* pag. 96, tab. 8, fig. 3-6. — Trente-cinq segmens ; onze paires d'écailles vésiculeuses, non croisées sur le dos. Individu évidemment mutilé, puisqu'il ne pouvait avoir moins de douze paires d'écailles, et que le nombre de ses anneaux en fait présumer quatorze à quinze ; espèce par conséquent douteuse.
4. POLYNOE cirrata. *Aphrodita cirrata.* Oth. Fabr. *Faun. groenl.* n°. 290.—Trente-six, trente-sept segmens (trente-huit, trente neuf, car on voit que l'auteur ne tient compte ni du premier ni du dernier) ; quinze paires d'écailles croisées sur le dos ; dix-huit tentacules à la trompe.
5. POLYNOE scabra. *Aphrodita scabra.* Oth. Fabr. *Faun. groenl.* n°. 292.—Trente-quatre (trente-six) segmens ; quinze paires d'écailles non croisées sur le dos, mais cependant contiguës.
6. POLYNOE longa. *Aphrodita longa.* Oth. Fabr. *Faun. groenl.* n°. 293. — Soixante-six segmens ; cinquante-six paires d'écailles non croisées, séparées sur le dos. Si cette espèce est une véritable polynoé, elle ne peut, vu le nombre de ses écailles, avoir moins de soixante-huit segmens ; encore faut-il supposer une paire d'écailles sur chaque segment surnuméraire.
7. POLYNOE minuta. *Aphrodita minuta.* Oth. Fabr. *Faun. groenl.* n°. 294.—Quarante-huit segmens, selon Fabricius ; trente-huit paires d'écailles séparées sur le dos. Cette espèce ne peut avoir moins de cinquante segmens ; elle est analogue à la précédente et sujette à la même remarque.

ORDRE 1, FAMILLE 1, LES APHRODITES.

OBSERVATIONS. — Pour disposer les espèces de cette tribu sans trop violer leurs affinités naturelles, j'ai cru devoir suivre le plan qu'indique l'aspect des soies, et que voici :

1. *Soies* des *faisceaux supérieurs* fines, tomenteuses, sans aucun éclat métallique. POLYNOE squamata; P. floccosa.
2. *Soies* des *faisceaux supérieurs* brillant de tout l'éclat métallique, plus fines que celles des *inférieurs*. POLYNOE foliosa; P. impatiens; P. scolopendrina.
3. *Soies* des *faisceaux supérieurs* brillant de tout l'éclat métallique, plus grosses que celles des *inférieurs*. POLYNOE setosissima.

Il est probable que les caractères les plus importans des élytres coïncident avec ceux des soies, et que leur connaissance exacte dérangerait peu cette première distribution. Les notions encore imparfaites que j'ai sur celles de trois espèces, permettent seulement la combinaison suivante :

1. *Élytres* occupant toute la longueur du corps. Point d'*élytres surnuméraires*. — Les *élytres* croisées, recouvrant exactement le dos. POLYNOE squamata. — Les *élytres* recouvrant imparfaitement le dos. POLYNOE impatiens.
2. *Élytres* occupant toute la longueur du corps. Des *élytres surnuméraires*. — Trois paires d'*élytres surnuméraires* : POLYNOE setosissima. — Quatre paires : POLYNOE floccosa. — Six paires : POLYNOE foliosa.
3. *Élytres* n'occupant que la moitié de la longueur du corps. Trois paires d'*élytres surnuméraires* : POLYNOE scolopendrina.

Je finis par un éclaircissement sur ces élytres. Il y a sans aucun doute analogie entre les écailles dorsales de certaines annelides et les élytres ou ailes de certains insectes, et cela suffit pour justifier la préférence que je donne au mot *élytres* sur celui d'écailles; mais il s'en faut qu'il y ait identité parfaite. Il y a analogie dans l'insertion, dans la position dorsale; dans la substance, tantôt cornée, tantôt membraneuse; dans la forme plus ou moins déprimée; dans la structure qui résulte également de l'union de deux membranes : car les élytres des annelides sont des espèces d'utricules qui communiquent par leur pédicule tubuleux avec l'intérieur du corps, et qui même, dans la saison de la ponte, se gonflent et se remplissent d'œufs. Mais, si elles partagent l'organisation vésiculaire des ailes des insectes, elles n'en ont ni la transparence ordinaire, ni la sécheresse, ni la fragilité; elles n'en ont point les nervures ou les vaisseaux aériens. D'ailleurs les ailes des insectes possèdent bien d'autres caractères qui leur sont exclusivement propres : leur nombre est très-limité; elles sont articulées à leur segment; elles ont de puissans muscles pour les mouvoir; elles ne sont totalement développées que dans l'âge adulte, après la dernière mue, etc. J'ignore à quelle époque de la vie commencent à se manifester les élytres des annelides.

IIe FAMILLE.

LES NÉRÉIDES, *NEREIDES*.

Branchies point saillantes, ou saillantes mais petites, et consistant en une ou plusieurs languettes charnues qui font partie des rames et sont comprises entre les deux cirres, paraissant quelquefois suppléées par les cirres eux-mêmes.

Bouche formée par une trompe pourvue au plus de deux mâchoires. — *Trompe* cylindrique ou claviforme, ouverte seulement à son extrémité, et communément garnie de points saillans et cornés ou de petits tentacules. — *Mâchoires* dures, allongées, déprimées, pointues, disposées pour agir horizontalement, quelquefois très-petites, le plus souvent nulles.

Yeux peu distincts, ou distincts et au nombre de quatre.

Antennes peu rétractiles, de forme variable; généralement, de deux articles, courtes et en nombre incomplet : les *mitoyennes* manquent quelquefois; l'*impaire* manque presque toujours.

Pieds à *rames* séparées, ou confondues en une

ORDRE 1, FAMILLE 2, LES NÉRÉIDES. 355

seule qui n'a même dans certains genres qu'un faisceau de soies, toujours armées d'acicules. *Cirres* de grandeur variable. La première paire de pieds, et une, deux ou trois des suivantes avec elle, ordinairement privées de soies et transformées en *cirres tentaculaires* [1].

Genre IV. — LYCORIS [2].

BOUCHE : *Trompe* grosse à la base, partagée en deux anneaux cylindriques, le second plus petit, et garnie, sur l'un et l'autre, de tubercules ou points saillans, durs et cornés.

Mâchoires cornées, avancées, dentelées, courbées en faux, pointues.

YEUX très-distincts (bruns ou noirs), latéraux, deux antérieurs, deux postérieurs.

ANTENNES incomplètes :

Les *mitoyennes* courtes, filiformes, rapprochées et insérées devant le front, de deux articles, le second très-petit ;

L'*impaire* nulle ;

Les *extérieures* beaucoup plus grosses et un peu plus longues que les mitoyennes, comme urcéolées, insérées sous les côtés de la tête, également de deux articles, le second petit et obtus.

---

[1] Ajoutez : *intestin* simple, ou garni tout au plus de deux *cœcums*.

Les hésiones ont comme deux poches longues et transparentes attachées vers l'œsophage ; les lycoris ont des poches plus épaisses et plus courtes ; les nephthys et les phyllodocés n'en ont point.

L'estomac des *néréides*, de même que celui des autres annelides de ce premier ordre, est oblong, et communément fort peu distinct ; sa place est indiquée à l'extérieur par le léger renflement qui se manifeste entre le premier segment et le vingtième ou le trentième.

Les vingt ou trente segmens qui viennent immédiatement après la tête, sont les seuls qui aient un certain degré d'importance et de fixité. Nous voyons, dans les espèces qui en possèdent beaucoup d'autres, le nombre des anneaux varier considérablement par le seul effet de l'âge ou de la grandeur.

[2] Σκολοπένδραι θαλάσσιαι, scolopendræ marinæ *antiquorum*, *specialiter* lycorides, *generaliter* nereides, *vel potiùs* nereideæ, aphroditis *forsan rejectis*.

PIEDS dissemblables : les premiers pieds et les seconds non ambulatoires, privés de soies et convertis en quatre paires de cirres tentaculaires, qui s'insèrent au bord antérieur d'un segment commun, formé par la réunion des deux premiers segmens du corps ; les pieds suivans ambulatoires, les derniers stylaires.

Cirres tentaculaires sortant chacun d'un article distinct, allongés, sétacés, inégaux; les deux premières paires moins grandes que les deux suivantes, et le cirre supérieur de chaque paire plus long que l'inférieur.

Pieds ambulatoires à deux rames séparées : la *rame dorsale*, pourvue d'un seul faisceau de soies, manque à la première et à la seconde paires ; la *rame ventrale* pourvue de deux faisceaux. Soies torses ou courbées à leur pointe, garnies la plupart d'une barbe terminale. — *Cirres* subulés, inégaux ; les *inférieurs* plus courts.

Pieds stylaires consistant en deux filets sétacés terminaux.

BRANCHIES consistant essentiellement pour chaque pied ambulatoire en trois languettes ou branchioles charnues : la première de ces languettes située sous le cirre supérieur ; la seconde, sous la rame dorsale, disparaît avec elle ; la troisième, ou la plus inférieure, sous la rame ventrale.

TÊTE peu convexe, rétrécie par-devant, libre.

CORPS linéaire, plus ou moins convexe en dessus, à segmens très-nombreux, le premier des segmens apparens plus grand que celui qui suit.

ESPÈCES.

1. LYCORIS lobulata. *Lycoris lobulée.*

Espèce nouvelle ou mal décrite des côtes de l'Océan, communiquée par M. Latreille.

CORPS long de cinq à sept pouces, ayant de cent cinq à cent dix-sept segmens, selon l'âge et la grandeur des individus : le premier segment presque égal aux deux suivans réunis ; le dernier plus gros que le pénultième, portant les filets. *Mâchoires* noires. *Pieds* avec des branchies à languettes, à peu près de même longueur, égales à leur bout ; la languette inférieure plus cylindrique que les autres.

Un lobe membraneux devant la base du cirre supérieur, un second lobe portant le cirre inférieur, et un troisième arrondi et veiné terminant la double gaîne de la rame ventrale. Les deux *cirres* courts; le *supérieur* dépasse cependant un peu la branchie. *Soies* assez fines, jaunâtres. Deux *acicules* très-noirs. Couleur générale, gris pâle, avec des reflets. La ligne médiane, apparente sur toutes les lycoris, est dans celle-ci d'un pourpre foncé.

2. LYCORIS podophylla. *Lycoris podophylle.*

Nereïs...... *Collect. du Mus.*

Espèce nouvelle ou imparfaitement décrite, communiquée par M. de Lamarck.

CORPS long de cinq à six pouces, formé de cent huit anneaux : il en manquait quelques-uns; le premier anneau égal aux deux suivans réunis. *Mâchoires* brunes, à peine dentées. *Pieds* avec des branchies dont la languette supérieure dépasse les autres, la portion du pied qui supporte à-la-fois cette languette et le cirre supérieur étant plus longue que les gaînes; elle est, de plus, haute et comprimée en forme de feuille : la *rame ventrale* a sa double gaîne terminée par un lobe conformé comme dans l'espèce précédente, mais beaucoup plus grand; le cirre inférieur est aussi placé dans l'échancrure d'un autre petit lobe. Les deux *cirres* sont grêles et dépassent à peine leurs branchioles respectives, si ce n'est vers les extrémités du corps. *Soies* pâles et fines. Deux *acicules* très-noirs qui se retrouvent dans toutes les espèces suivantes. Couleur générale, tirant sur le fauve pâle, avec des reflets cuivreux.

3. LYCORIS folliculata. *Lycoris folliculée.*

Autre espèce nouvelle.

CORPS ayant cent six anneaux. L'individu que j'ai sous les yeux n'est pas complet. On ne peut le rapporter à l'espèce précédente, parce que les cirres inférieurs sont sessiles, et que les rames ventrales n'ont point de grand lobe terminal. Les soies sont moins pâles et moins fines. Les mâchoires sont mieux dentées. La couleur générale et les autres caractères sont à peu près les mêmes.

4. LYCORIS fucata. *Lycoris fardée.*

Nereïs......... Cuv., *Collect.*

Espèce de l'Océan, découverte par M. Homberg, communiquée par M. Cuvier.

Corps formé de cent dix-neuf segmens, quoique de taille médiocre[1]; le premier segment moins grand que les deux suivans réunis; ceux-ci égaux entre eux. *Mâchoires* ferrugineuses. *Pieds* avec des branchies dont la languette supérieure dépasse les autres, non parce qu'elle est plus longue, mais parce que la portion du pied qui la supporte n'est pas moins saillante que dans les deux espèces précédentes, quoiqu'elle ne soit ni aussi élevée, ni aussi comprimée. *Rames ventrales* surmontées d'une pointe conique. *Soies* ferrugineuses, point très-fines; celles du faisceau inférieur de la rame ventrale plus colorées, plus grosses que les autres, et la plupart sans barbe terminale; caractère qu'elles conservent plus ou moins dans les diverses congénères. *Cirres* médiocres: le *supérieur* excède très-sensiblement sa languette branchiale; l'*inférieur* est égal à la sienne. Couleur gris cuivreux pâle, tirant au chamois sur les pieds; les branchies se font remarquer par une forte teinte de brun.

5. LYCORIS ægyptia. *Lycoris égyptienne.*

LYCORIS ægyptia. *Annelides gravées*, pl. IV, fig. 1; individu du golfe de Soueys.

Espèce nouvelle de la mer Rouge, commune dans les interstices des pierres, sous les fucus, entre les racines des madrépores, etc. On la trouve ordinairement logée dans un fourreau membraneux.

Corps composé de cent seize segmens sur deux individus adultes et longs de cinq pouces, de soixante-trois seulement sur un petit individu: le premier segment égal en grandeur aux deux suivans réunis; le dernier renflé à l'ordinaire, strié longitudinalement, portant deux longs filets. *Mâchoires* brun-noir. *Pieds* avec le côté supérieur des rames dorsales encore allongé, mais point comprimé ni élevé: languettes branchiales divergentes; elles sont d'abord à peu près égales, mais insensiblement la supérieure et l'intermédiaire deviennent du double au moins plus longues que l'inférieure; elles sont plus grêles et plus cylindriques en approchant de l'anus: les gaînes se terminent par des lobules charnus, aussi grands sur les deux premières paires de pieds que les languettes branchiales elles-mêmes. *Soies* assez grosses, ferrugineuses. *Cirres* courts: le *supérieur* ne dépasse point la branchie, si ce n'est vers les deux extrémités du corps. Couleur gris-rougeâtre, tirant au vineux, plus intense sur le dos, près de la tête, sans beaucoup de reflets: les rames dorsales sont marquées d'une tache brune, et entourées d'un petit cercle brun à la base de la branchie. La ligne médiane paraît rouge dans l'animal vivant[2].

[1] C'est-à-dire, au-dessous de quatre pouces.

[2] Cette ligne est d'un rouge encore plus vif dans la *lycoris nuntia*, et vraisemblablement dans beaucoup d'autres.

ORDRE 1, FAMILLE 2, LES NÉRÉIDES.

6. LYCORIS nubila. *Lycoris nébuleuse.*

Nereïs....... *Collect. du Mus.*
Espèce nouvelle ou mal décrite, communiquée par M. de Lamarck.
Corps long de quatre à cinq pouces, formé de cent deux segmens sur un individu incomplet et auquel il paraissait en manquer une douzaine, le premier segment de la grandeur des deux suivans réunis. *Mâchoires* grandes, brun-noir. *Pieds* assez semblables à ceux de l'espèce précédente, à rames moins séparées ; le côté supérieur des rames dorsales cesse et cessera désormais d'être saillant et de dépasser les gaînes ; les languettes branchiales sont un peu moins écartées, cylindriques ; la languette supérieure devient seule plus longue que l'inférieure. *Soies* assez fines, jaunâtres. *Cirres* petits, les *supérieurs* égaux à leur languette branchiale près de la tête, beaucoup plus courts vers le milieu du corps, et portés sur un tubercule qui les en écarte à leur insertion. Couleur d'un gris cuivreux sombre, tirant sur le violet, avec une ligne nébuleuse plus foncée sur le bord antérieur des segmens, tant dessus que dessous ; pieds jaspés de brun.

7. LYCORIS fulva. *Lycoris fauve.*

Nereïs fulva. *Collect. du Mus.*
Espèce nouvelle et très-distincte.
Corps formé de quatre-vingt-douze à cent segmens, déprimé, de taille médiocre, le premier segment à peine plus grand que le second et absolument égal au troisième. *Mâchoires* remarquables par leur couleur d'un jaune clair. *Pieds* profondément séparés, minces, à branchies fort petites ; la languette supérieure en cône comprimé, très-pointu ; gaînes surmontées d'un ou deux lobules. *Soies* longues, pâles, et toutes très-fines. Les deux *cirres* grêles, et beaucoup plus courts encore que leur languette branchiale respective. Couleur un peu cuivreuse, tirant au fauve pâle ; les branchies piquetées quelquefois de brun.

8. LYCORIS rubida. *Lycoris rougeâtre.*

Nereïs....... Cuv., *Collect.*
Espèce nouvelle du voyage de Péron ; individu communiqué par M. Cuvier.
Corps de taille médiocre, formé de cent segmens, le premier à peu près égal aux deux suivans réunis. *Mâchoires* brunes, armées de quatre à cinq fortes dents. *Pieds* avec des branchies à languettes

courtes, égales entre elles, toutes obtuses; la double gaîne de la rame ventrale surmontée seule d'un petit lobule. *Soies* fines. *Cirres* courts, mais beaucoup moins que dans l'espèce précédente; le *supérieur* dépasse sensiblement la branchie. Couleur gris-rougeâtre sombre et tirant sur le marron ; un léger trait brun de chaque côté du dos.

9. LYCORIS pulsatoria. *Lycoris pulsatoire.*

Nereïs pulsatoria. MONTAGU et LEACH, *Collect.*
Nereïs....... *Collect. du Mus.*
Espèce des mers d'Europe, communiquée par MM. Leach et de Lamarck.
CORPS formé de quatre-vingt-dix-neuf à cent un segmens, de cent dix-sept dans un individu de grande taille, le premier segment à peu près égal aux deux suivans réunis. *Mâchoires* brun-noir. *Branchies* à languettes presque égales; la supérieure est plus conique et devient un peu plus longue que les autres. *Soies* assez fines. *Cirres* courts; le cirre supérieur n'atteint pas même le sommet de la branchie. Couleur gris clair, tirant au fauve, avec reflets.

10. LYCORIS margaritacea. *Lycoris nacrée.*

Nereïs margaritacea. LEACH, *Collect.*, et *Encycl. brit.*, Supplément, tom. I, pag. 451, tab. XXVI, fig. 5.
Espèce des côtes de l'Océan ; individu communiqué par M. Leach.
CORPS long de trois pouces neuf lignes; plus court, relativement à son épaisseur, que dans les congénères; plus gros vers la tête; formé de soixante-quinze segmens, le premier égalant au moins en grandeur les deux suivans réunis. *Mâchoires* brun-noir, à quatre à cinq grosses dents. *Pieds* petits, à languettes branchiales très-courtes, égales, dépassées par les deux cirres qui sont néanmoins fort médiocres ; le cirre supérieur les excède des trois quarts de sa longueur. *Soies* ferrugineuses, point très-fines; gaînes sans aucun lobule terminal. Couleur gris de perle avec de beaux reflets : les pieds sont presque blancs.

11. LYCORIS nuntia. *Lycoris messagère.*

LYCORIS nuntia. *Annelides gravées*, pl. IV, fig. 3; individu du golfe de Soueys.
Espèce nouvelle des côtes de la mer Rouge. Elle est très-agile; je ne lui ai point vu de fourreau.
CORPS long de cinq à six pouces, plus grêle que dans la plupart des

congénères, formé de cent dix-huit segmens et davantage, le premier segment n'égalant pas en grandeur les deux suivans réunis. *Mâchoires* brun-noir. *Pieds* à rames rapprochées, avec des branchies à languettes allongées, presque égales : la languette supérieure plus grande, plus conique; l'inférieure plus petite que les deux autres, plus cylindrique. *Soies* fines, d'un jaune pâle; gaînes sans aucune dent terminale. *Cirre supérieur* d'abord égal à sa languette branchiale, la dépasse ensuite de manière à devenir quatre à cinq fois plus long; *le cirre inférieur* toujours plus court que la sienne. Couleur gris-clair de la *lycoris nacrée*, avec les mêmes reflets.

OBSERVATION. — Les *nereïs pelagica, incisa, fimbriata* et *aphroditoïdes* de Gmelin, doivent encore être rapportées au genre *lycoris*, qui est un des plus naturels et des plus nombreux en espèces.

Genre *V*. — NEPHTHYS.

BOUCHE : *Trompe* amincie à la base, partagée en deux anneaux : le premier très-long, claviforme, hérissé vers le sommet de plusieurs rangs de petits tentacules pointus; le second très-court, avec l'orifice longitudinal, garni d'un double rang de tentacules.

Mâchoires renfermées dans la trompe, petites, cornées, courbées, très-pointues.

YEUX peu distincts.

ANTENNES incomplètes :

Les *mitoyennes* écartées, extrêmement petites, de deux articles inégaux, le second très-court;

L'*impaire* nulle;

Les *extérieures* à peu près égales aux mitoyennes, situées plus bas, consistant de même en deux articles, le second très-court et pointu.

PIEDS presque semblables : les premiers et les seconds ambulatoires comme les suivans, et portés de même sur des segmens distincts; les derniers stylaires.

Pieds ambulatoires à deux *rames* séparées, pouvues chacune d'un seul rang de soies, la rame ventrale de la première paire transformée en un petit cirre porté par un article globuleux. Soies écartées très-simples.

Cirres supérieurs point saillans ; les *inférieurs* en mamelons très-obtus.

Pieds stylaires réunis en un seul filet terminal.

Branchies nulles aux trois premières paires de pieds, consistant, pour les autres, en une seule languette charnue, recourbée en faucille, attachée par sa base au sommet de la rame dorsale, inclinée et reçue entre les deux rames.

Tête peu convexe, rétuse, libre.

Corps linéaire, à segmens très-nombreux, le premier des segmens apparens plus court que celui qui suit.

ESPÈCE.

1. Nephthys Hombergii. *Nephthys de Homberg.*

Nereïs Hombergii. *Collect. du Mus.*
Nephthys Hombergii. Cuvier, *Collect.*, et *Règne animal*, tom. iv, pag. 173.
Espèce découverte sur les bords de l'Océan par M. Homberg.
Corps de deux pouces et demi à trois pouces, tétraèdre, formé de cent vingt-cinq à cent trente-un segmens sillonnés des deux côtés en dessus, le dernier segment globuleux, portant le filet stylaire. *Mâchoires* noires, sans dentelures. *Tête* presque hexagone, ayant ses quatre antennes à peu près coniques. *Rames* écartées : la rame dorsale plus large, bordée d'un feuillet membraneux ; la rame ventrale terminée par un grand feuillet également membraneux, de forme ovale. *Soies* jaunes, longues et fines. *Acicules* noirs. *Filet* de l'anus subulé et délié. Couleur fauve, avec de beaux reflets sur le dos et une bandelette fort brillante sous le ventre, qui s'étend jusqu'à l'anus.

Genre VI. — ARICIA.

Bouche : *Trompe* très-courte, inarticulée, garnie à son orifice de plis saillans et prolongés dans son intérieur, sans autre tentacules.

Mâchoires nulles.

Yeux peu distincts.

Antennes incomplètes :
  Les *mitoyennes* écartées, excessivement petites, de deux articles inégaux, le premier plus gros, le second subulé ;
  L'*impaire* nulle ;

ORDRE 1, FAMILLE 2, LES NÉRÉIDES.

Les *extérieures* égales aux mitoyennes et rapprochées d'elles, consistant de même en deux articles, le dernier subulé.

PIEDS, tous ambulatoires, à l'exception peut-être de la dernière paire, d'ailleurs de deux sortes :

1°. *Premiers pieds* et les suivans jusques et compris les *vingt-deuxièmes*, à deux rames séparées : la *rame dorsale* étroite, oblongue, échancrée, munie, sur sa face antérieure, de trois faisceaux de soies longues et fines, le principal faisceau sortant de la base; la *rame ventrale* très-large, arrondie et profondément crénelée à son bord, garnie d'un rang extérieur de soies fines séparées en faisceaux par les crénelures, et d'un triple rang intérieur très-serré de grosses soies cylindriques et courbées à leur pointe, qui occupe aussi toute sa largeur.

2°. *Vingt-troisièmes pieds* et les suivans jusqu'à la *dernière paire*, à deux rames très-rapprochées, également étroites; la première munie de trois faisceaux de soies fines, la seconde d'un seul faisceau.

Cirres supérieurs écartés de la rame dorsale, allongés, déprimés, striés, terminés en pointe avec un article distinct; nuls à la première paire de pieds et aux trois paires suivantes. — *Cirres inférieurs* point saillans.

Dernière paire de pieds. . . . . inconnue.

BRANCHIES nulles aux dix-sept premières paires de pieds, consistant ensuite, jusqu'à la vingt-deuxième inclusivement, en une seule languette charnue, située à la base supérieure de la rame ventrale, et, depuis la vingt-deuxième, en deux languettes, une à la base supérieure, l'autre à la base inférieure de cette même rame.

TÊTE petite, conique, libre, portant sur ses côtés les quatre antennes.

CORPS linéaire, plat en dessus, demi-cylindrique en dessous, à segmens courts très-nombreux : le premier des segmens apparens plus petit que celui qui suit, sans pieds distincts; le vingt-unième et les six suivans frangés par-dessous, sur les deux côtés de leur bord antérieur.

ESPÈCE.

1. ARICIA sertulata. *Aricie sertulée.*

Espèce nouvelle des bords de l'Océan; individu envoyé de la Rochelle à M. Cuvier par M. d'Orbigny.

CORPS long de neuf à dix pouces, composé de deux cent soixante-douze segmens dans l'individu que j'ai sous les yeux, et qui n'est pas complet; les sept segmens frangés précédés et suivis de quelques-uns qui le sont vers la ligne latérale seulement. *Pieds* rapprochés de la ligne dorsale, et presque complètement tournés en dessus, formant ainsi sur le dos quatre rangées longitudinales d'appendices saillans, les deux rangées intérieures produites par les cirres qui semblent plus grands et plus saillans que les doubles rames dont se composent les rangées extérieures. *Rames dorsales* à soies très-fines d'un jaune clair, disposées sur trois rangs, dont un sort de la base, le second du bord supérieur, et le troisième du sommet : les *rames ventrales*, ou crêtes des vingt-deux premières paires de pieds, ont jusqu'à douze crénelures charnues sur les paires intermédiaires; leurs deux faisceaux de soies fines les plus apparens séparent la seconde crénelure de la première et de la troisième; les grosses soies cylindriques, qui composent le rang principal de ces rames, sont jaunes, très-brunes à leur pointe, qui est fort courbée et dépassée par les crénelures. *Acicules* petits et bruns. Couleur générale, gris pâle avec quelques légers reflets.

Genre *VII*.— GLYCERA.

BOUCHE : *Trompe* longue, cylindrique, un peu claviforme, d'un seul anneau, sans plis ni tentacules à son orifice.

Mâchoires nulles.

YEUX peu distincts.

ANTENNES incomplètes :

Les *mitoyennes* excessivement petites, divergentes, bi-articulées, subulées ;

L'*impaire* nulle ;

Les *extérieures* semblables aux mitoyennes, divergeant en croix avec elles.

PIEDS, tous ambulatoires, sans exception de la dernière paire, à deux *rames* réunies en une seule, pourvue de deux faisceaux

ORDRE 1, FAMILLE 2, LES NÉRÉIDES. 365

de soies divisés chacun en deux autres ; les premiers, seconds, troisièmes et quatrièmes pieds à peu près semblables aux suivans, mais fort petits, surtout les premiers, et portés sur un segment commun formé par la réunion des quatre premiers segmens du corps. Soies très-simples.

Cirres inégaux, les *supérieurs* en forme de mamelons coniques, les *inférieurs* à peine saillans.

Dernière paire de pieds séparée de la pénultième et tournée directement en arrière.

BRANCHIES consistant, pour chaque pied, en deux languettes charnues, oblongues, finement annelées, réunies par leur base et attachées à la face antérieure des deux rames sur leur suture.

TÊTE élevée et en cône pointu, portant les quatre antennes à son sommet, parfaitement libre.

CORPS linéaire, convexe, à segmens très-nombreux; le premier des segmens apparens beaucoup plus grand que celui qui suit.

ESPÈCE.

1. GLYCERA unicornis. *Glycère unicorne.*

Nereïs alba. MULL., *Zool. nat.*, tom. II, tab. 62, fig. 6, 7. — GMEL., *Syst. nat.*, pag. 3119, n°. 20.
N. unicornis. CUV., *Collect.*

Espèce dont la patrie ne m'est pas connue, car je ne lui rapporte qu'avec beaucoup de doute la *nereïs alba* de Müller.
CORPS long de près de deux pouces, cylindrique, un peu renflé vers sa partie antérieure, et composé de cent six segmens très-serrés, divisés chacun par un trait annulaire qui les fait paraître doubles. *Pieds* petits, couronnés à leur sommet par cinq dents membraneuses et pointues, deux antérieures, deux postérieures et une inférieure. *Soies* blanches et très-fines; quelques-unes plus courtes. *Acicules* jaunes. *Branchies* à languettes inégales, la supérieure plus longue. Couleur du corps, fauve bronzé; les pieds roussâtres.

Genre *VIII*. — OPHELIA.

BOUCHE : *Trompe* très-courte, couronnée d'un cercle de tentacules, pourvue en outre de plis saillans, et, supérieurement, d'un palais charnu, renflé, prolongé en forme de côte cylindrique dans l'intérieur de la trompe, comprimé en crête dentelée vers son orifice.

Mâchoires nulles.

YEUX distincts, écartés, deux antérieurs plus grands, deux postérieurs.

ANTENNES incomplètes :
Les *mitoyennes* excessivement petites, très-écartées, de deux articles, le dernier subulé ;
L'*impaire* nulle ;
Les *extérieures* semblables, pour la forme et la grandeur, aux mitoyennes, et rapprochées d'elles.

PIEDS, les derniers exceptés, tous ambulatoires, très-petits, à deux rames courtes : la *rame dorsale* pourvue d'un seul faisceau de soies ; la *rame ventrale*, de deux faisceaux. Soies fines, très-simples.
Cirres supérieurs point saillans ; les *inférieurs* articulés à la base, cylindriques et très-longs sur les pieds de la partie moyenne du corps, depuis la septième paire de pieds jusqu'à la vingt-unième inclusivement, peu saillans ou nuls sur toutes les autres.
Derniers pieds réunis en un filet court et terminal.

BRANCHIES nulles.

TÊTE soudée aux deux premiers segmens, divisée antérieurement en deux cornes saillantes et divergentes qui portent les antennes.

CORPS cylindrique, formé d'anneaux peu nombreux et peu distincts, les deux premiers réunis égaux au troisième.

ESPÈCE.

1. OPHELIA bicornis. *Ophélie bicorne.*

Nouveau genre d'annelides. Cuv., *Collect.*
Espèce des côtes de l'Océan, découverte par M. d'Orbigny.
CORPS long de deux pouces, assez épais, sensiblement renflé vers son bout postérieur, composé de trente segmens pourvus de pieds à rames, les quinze intermédiaires portant les longs cirres, qui de-

viennent plus saillans par degrés et se raccourcissent de même ;
le trente-unième et dernier segment conique, terminé brusquement
par un style en pointe, et pourvu d'un grand anus supérieur à deux
lèvres transverses. *Trompe* garnie de quatorze tentacules pointus et
d'autant de plis dans son intérieur ; sa crête membraneuse découpée
en sept dents. Cornes de la tête égales aux tentacules. *Soies* dorées,
excessivement fines. *Acicules* jaunes. Couleur générale, gris clair
avec de beaux reflets.

Genre IX. — HESIONE.

BOUCHE : *Trompe* grosse, profonde, cylindrique ou conique, de
deux anneaux, le dernier court, avec l'orifice circulaire, sans
plis à l'intérieur, ni tentacules.

Mâchoires nulles.

YEUX très-distincts, latéraux, deux antérieurs plus grands, deux
postérieurs.

ANTENNES incomplètes :

Les *mitoyennes* excessivement petites, très-écartées, de deux
articles, obtuses ;

L'*impaire* nulle ;

Les *extérieures* semblables aux mitoyennes et rapprochées
d'elles.

PIEDS dissemblables : les premiers, seconds, troisièmes et quatrièmes non ambulatoires, privés de soies et convertis en huit
paires de cirres tentaculaires très-rapprochées de chaque côté,
et attachées à un segment commun, formé par la réunion des
quatre premiers segmens du corps ; les pieds suivans, compris
la dernière paire, simplement ambulatoires.

Cirres tentaculaires, sortant chacun d'un article distinct,
longs, filiformes, complètement rétractiles, inégaux ; le
cirre supérieur de chaque paire un peu plus long que l'inférieur.

Pieds ambulatoires à une seule *rame* pourvue d'un seul faisceau de soies et ordinairement d'un seul acicule. Soies
cylindriques, munies, vers le bout, d'une petite lame
cultriforme, articulée et mobile. — *Cirres* filiformes, facilement et complètement rétractiles, inégaux : les *cirres
supérieurs* beaucoup plus longs que les *inférieurs*, sortant

d'un article distinct et cylindrique ; ils diffèrent à peine des cirres tentaculaires.

BRANCHIES point saillantes et comme nulles.

TÊTE divisée en deux lobes par un sillon longitudinal, très-rétuse et complètement soudée au segment qui porte les cirres tentaculaires.

CORPS plutôt oblong que linéaire, peu déprimé, à segmens peu nombreux, le premier des segmens apparens surpassant à peine en grandeur celui qui suit.

ESPÈCES.

1. HESIONE splendida. *Hésione éclatante.*

> HESIONE splendida. *Annelides gravées*, pl. III, fig. 3 ; individu du golfe de Soueys.
> N. margaritea. CUV., *Collect.*
> Espèce nouvelle que M. Mathieu a trouvée à l'Ile de France et que j'ai rapportée moi-même des côtes de la mer Rouge. Elle nage assez bien en s'aidant de ses longs cirres.
> CORPS long de près de deux pouces, sensiblement rétréci dans sa moitié antérieure, formé de dix-huit segmens apparens, qui ont, à l'exception du premier, les côtés séparés de la partie dorsale renflés, plissés et marqués d'un sillon profond sur l'alignement des pieds. Dix-sept paires de *pieds* à rames, fixées à la partie antérieure des segmens; la dernière paire seule notablement plus petite que les autres, conservant toutefois de longs cirres, portée par un segment rétréci dès son origine et comme arrondi avec l'anus un peu saillant en tube. *Soies* fortes, roides, jaunâtres : leur petite lame terminale est plus allongée, plus obtuse dans les individus de la mer Rouge. *Acicule* très-noir. *Cirres* roussâtres, fort délicats ; les inférieurs ne dépassent que de moitié les gaînes, dont l'orifice n'offre aucune dent particulière. Couleur générale, gris de perle avec de très-beaux reflets ; le ventre porte une bandelette plus éclatante, qui s'étend de la trompe à l'anus.

2. HESIONE festiva. *Hésione agréable.*

> Espèce des côtes de la Méditerranée, découverte à Nice par M. Risso, communiquée par M. Cuvier.
> Très-semblable à la précédente, quoique moins grande. Même nombre de segmens et de pieds. *Trompe* conique plutôt que cylindrique.

ORDRE 1, FAMILLE 2, LES NÉRÉIDES.

Le *corps* a fort peu de reflets, et ses anneaux sont un peu allongés. Je n'ai pas vu les *cirres*, qui étaient tous retirés en dedans. Un second *acicule* fort grêle. Les *soies* sans lames mobiles, paraissaient tronquées accidentellement à la pointe.

Genre X. — MYRIANA.

BOUCHE : *Trompe* grosse, longue, de deux anneaux ; le premier très-long, claviforme, hérissé de courts et fins tentacules ; le second plissé.

Mâchoires nulles.

YEUX peu distincts, deux antérieurs, deux postérieurs.

ANTENNES incomplètes :

Les *mitoyennes* écartées, petites, coniques, de deux articles distincts, le second subulé ;

L'*impaire* nulle ;

Les *extérieures* semblables, pour la forme et la grandeur, aux mitoyennes, insérées un peu plus en avant, et divergeant en croix avec elles.

PIEDS dissemblables : les premiers, seconds, troisièmes et quatrièmes non ambulatoires, privés de soies et convertis en huit cirres tentaculaires, deux supérieurs, six inférieurs, disposés sur les côtés de trois segmens peu distincts formés par la réunion des quatre premiers segmens du corps ; les pieds suivans, excepté peut-être la dernière paire, simplement ambulatoires.

Cirres tentaculaires filiformes, inégaux ; le supérieur de chaque côté plus long que les trois inférieurs, l'antérieur de ceux-ci le plus court.

Pieds ambulatoires à une seule *rame* pourvue de deux faisceaux de soies fines et simples, ou plutôt d'un seul divisé en deux par un acicule. — *Cirres* allongés, rétractiles : les *supérieurs*, dilatés près du sommet, plus grands que les *inférieurs* ; ceux-ci filiformes.

Dernière paire de pieds. . . . . . . inconnue.

BRANCHIES paraissant suppléées par les cirres, d'ailleurs nulles.

TÊTE rétrecie en arrière, élevée sur le front en un cône court, qui porte les quatre antennes.

H. N. XXI.

Corps linéaire, très-étroit, formé de segmens très-nombreux ; le premier des segmens apparens pas plus grand que celui qui suit.

ESPÈCE.

1. Myriana longissima. *Myriane très-longue.*

Nouveau genre d'annelides. Cuv., *Collect.*

Espèce des côtes de l'Océan, découverte par M. d'Orbigny, communiquée par M. Cuvier.

Corps long de plus de vingt-sept pouces sur une ligne et demie de largeur, par conséquent très-grêle, presque cylindrique, formé sur un individu incomplet de trois cent trente-deux anneaux peu marqués, striés circulairement. *Trompe* hérissée de tentacules presque imperceptibles. Un mamelon conique sur la nuque. *Cirres* plus longs que les rames, les inférieurs très-rétractiles. *Rames* ciliées par deux légers faisceaux rapprochés du sommet, l'inférieur le plus touffu et le mieux épanoui. *Soies* jaunâtres. *Acicule* d'un jaune de succin. On remarque, sous la base des cirres tentaculaires postérieurs, quelques traces des autres parties du pied. Couleur générale, blanc-bleuâtre, avec de légers reflets ; les cirres, contractés et déformés pour la plupart, paraissent d'un pourpre foncé.

Genre XI. — PHYLLODOCE.

Bouche : *Trompe* grosse, d'un seul anneau, claviforme, ouverte circulairement et entourée à son orifice d'un rang de petits tentacules.

Mâchoires nulles.

Yeux latéraux ; les postérieurs peu apparens.

Antennes incomplètes :

Les *mitoyennes* courtes, écartées, divergentes, coniques, de deux articles, le second peu distinct ;

L'*impaire* nulle ;

Les *extérieures* semblables, pour la grandeur et la forme, aux mitoyennes, situées presque exactement au-dessous.

Pieds dissemblables : les premiers, seconds, troisièmes et quatrièmes non ambulatoires, et convertis en huit cirres tentaculaires qui sont moins rangés que groupés sur les côtés de deux segmens très-courts, formés par la réunion des quatre premiers segmens du corps ; les pieds suivans, excepté peut-être la dernière paire, simplement ambulatoires.

ORDRE 1, FAMILLE 2, LES NÉRÉIDES.

Cirres tentaculaires charnus, allongés, subulés, inégaux; les supérieurs plus longs.

Pieds ambulatoires à une seule *rame* pourvue d'un seul rang de soies déliées, terminées par une barbe mobile, et d'un seul acicule. — *Cirres* comprimés, minces, veinés, échancrés à la base, pédiculés, semblables à des feuilles ou à des lames situées verticalement et transversalement; les *cirres supérieurs* notablement plus grands que les *inférieurs*.

Dernière paire de pieds. . . . . . . inconnue.

BRANCHIES paraissant identifiées avec les cirres, d'ailleurs nulles.

TÊTE échancrée vers la nuque, élevée en un cône court qui porte les quatre antennes.

CORPS linéaire, peu déprimé, à segmens très-nombreux; le premier des segmens apparens pas plus grand que celui qui suit.

ESPÈCE.

1. PHYLLODOCE laminosa. *Phyllodocé lamelleuse.*

N. laminosa. Cuv., *Collect.*

Espèce nouvelle des côtes de l'Océan, remarquable par l'aspect de ses cirres qui ressemblent en s'inclinant à des feuilles imbriquées.

CORPS long de onze à douze pouces sur environ une ligne et demie de largeur, par conséquent grêle, presque cylindrique, composé de trois cent vingt-cinq à trois cent trente-huit segmens, dans deux individus qui paraissaient en avoir perdu quelques-uns. *Trompe* garnie de seize tentacules. *Pieds* très-comprimés, terminés à leur sommet antérieur par deux petits lobes. *Soies* roussâtres, écartées en éventail et très-fines. *Acicules* d'un roux plus foncé. *Cirres* grands, un peu coriaces, échancrés en croissant à la base, irrégulièrement cordiformes, leur côté supérieur ou dorsal étant plus étroit et plus court : ils sont insérés, par leur échancrure, à un premier article qui leur sert de support, et dont ils se détachent facilement ; ils s'appuient sur la face postérieure de la rame, et le grand lobe du cirre supérieur atteint et recouvre en partie le cirre inférieur, qui est plus oblong et des deux tiers au moins plus petit. Les cirres supérieurs de la première paire de pieds, décidément ambulatoires, ne sont pas comprimés : ils sont subulés, charnus, et ne diffèrent des cirres tentaculaires que par leur petitesse. Les cirres tentaculaires eux-mêmes offrent des traces de leur origine : on aperçoit à la base des deux postérieurs le cirre inférieur des autres pieds encore saillant et quelques soies. Couleur du corps, brune, avec des reflets très-riches pourpres et violets; celle des cirres, brun roussâtre.

OBSERVATION. — La *nereïs lamelligera*, *atlantica*, de Pallas, *Nov. Act. Petrop.* tome II, page 233, tab. 5, montre une trompe tubuleuse; deux yeux écartés; quatre antennes courtes, égales; huit cirres tentaculaires, subulés; les autres cirres en forme de feuillets, le supérieur semi-lunaire, grand, l'inférieur un peu en cœur. Est-ce une phyllodocé? Il n'est pas inutile de remarquer que Pallas l'a confondue dans sa description avec d'autres espèces.

Genre XII. — SYLLIS.

BOUCHE : *Trompe* moyenne, partagée en deux anneaux cylindriques; le second plus petit et plissé à son orifice, dont le bord supérieur porte une petite corne solide dirigée en avant.

Mâchoires nulles.

YEUX apparens et disposés sur une ligne courbe, les extérieurs plus grands.

ANTENNES incomplètes :

Les *mitoyennes* nulles;

L'*impaire* longue, filiforme ou plutôt moniliforme, c'est-à-dire composée d'articles nombreux et globuleux; insérée fort près de la nuque;

Les *extérieures* semblables à l'antenne impaire, un peu plus courtes, également insérées près de la nuque, écartées.

PIEDS dissemblables : les premiers privés de soies, consistant, de chaque côté, en une paire de cirres tentaculaires; les seconds et suivans ambulatoires; les derniers stylaires.

Cirres tentaculaires moniliformes, le cirre inférieur plus court.

Pieds ambulatoires à une seule *rame* pourvue d'un seul faisceau de soies simples et d'un seul acicule. — *Cirres supérieurs* longs, gros, moniliformes et assez semblables aux antennes et aux cirres tentaculaires; les *inférieurs* courts, inarticulés, simplement coniques.

Pieds stylaires formant deux filets moniliformes, terminaux.
BRANCHIES nulles.
TÊTE arrondie, saillante et libre en avant, avec les côtés renflés en deux lobes et le front échancré.
CORPS linéaire, à segmens très-nombreux, le premier segment un peu plus long que celui qui suit.

ESPÈCE.

1. SYLLIS monilaris. *Syllis monilaire.*

SYLLIS molinaris. *Annelides gravées*, pl. IV, fig. 3; individu pris au golfe de Soueys.

Espèce nouvelle, commune sur les côtes de la mer Rouge. Elle se déplace en serpentant avec beaucoup d'agilité et remuant continuellement ses cirres.

CORPS long de trois pouces et plus, grêle, peu déprimé, relevé de deux angles vers la tête, marqué d'un profond sillon sous le ventre, aminci insensiblement vers la queue, composé, dans un individu complet, de trois cent quarante-un segmens courts et peu saillans sur les côtés: le premier portant des cirres tentaculaires, qui ne surpassent point en grandeur les cirres supérieurs des pieds suivans; le dernier segment égal aux trois précédens réunis, portant deux styles déliés. *Rames* petites, rétrécies à leur orifice, qui ne présente aucune dent. *Cirres* blanchâtres, un peu plus longs sur les seconds pieds ambulatoires que sur les premiers et les troisièmes; les plus grands de tous, formés de vingt-cinq à trente anneaux, n'égalent cependant pas en longueur la largeur du corps. *Soies* assez grosses, obtuses, jaunâtres. *Acicule* d'un jaune plus foncé. Couleur du corps, gris-rougeâtre, avec quelques reflets[1].

OBSERVATION. — Je trouve à la *nereïs prolifera* de Müller, *Zool.*

[1] Linnæus, Baster, Bommé, Shaw, Abildgaard, Bosc, Montagu, mais surtout Pallas, Othon Fabricius et Othon-Frédéric Müller, ont décrit diverses néréides que je n'ai pas examinées moi-même; parmi ces néréides se distinguent d'abord celles dont Othon Fabricius a formé le genre *spio*; savoir:

Spio seticornis et *S. filicornis*. Oth. Fabr. *Faoun. groenl.* n°^{s}. 288 et 289, et *Schr. der. Berl. Naturf.* tom. VI, pag. 259 et 264, n°^{s}. 1 et 2, tab. 5, fig. 1-12. Elles sont remarquables par deux gros filets portés en avant de la tête, et qui sont vraisemblablement deux cirres tentaculaires: elles ont, en

dan., part. 2, tab. 52, fig. 5-9, une trompe tubuleuse; quatre yeux, les deux intérieurs et postérieurs plus petits; trois longues antennes; deux paires de cirres tentaculaires, le cirre inférieur de

outre, une trompe courte et dépourvue de mâchoires; les pieds à une seule rame, le cirre supérieur allongé et courbé en arrière, le cirre inférieur très-court; point d'autres branchies que les cirres.

La *spio crenaticornis* (Montagu, *Transact. linn. societ.*) tom. xi, tab. 14, fig. 3, offre, entre les deux grands filets des précédentes, deux autres filets courts et frontaux, qui ne peuvent être que deux antennes.

La *polydore* de M. Bosc a deux filets préhensiles plus gros encore que ceux des spios, et une ventouse à l'anus, si l'on en croit l'auteur : d'ailleurs elle leur ressemble.

Les néréides qui n'entrent pas dans le genre *spio*, sont assez nombreuses et paraissent la plupart former des genres distincts de ceux que j'ai fait connaître. Je ne puis citer ici que les plus saillantes.

Les unes ont deux mâchoires et se rapprochent plus ou moins des lycoris : telles sont,

1°. *Nereïs versicolor*. Müll *Von. Wurm.* pag. 104, tab. 6, fig. 1-6. Paraît ne différer des lycoris proprement dites que par une antenne impaire, exactement située entre les deux antennes mitoyennes. Simple tribu du genre lycoris.

2°. *Nereïs armillaris*. Müll. *loc. cit.* pag. 150, tab. 9, fig. 1-5; et Oth. Fabr. *Faun. groenl.* n°. 276. Paraît avoir quatre antennes courtes, les deux extérieures plus grosses, inarticulées; huit cirres ou quatre paires de cirres tentaculaires moniliformes; les cirres supérieurs et les deux styles également moniliformes; une seule rame à chaque pied; les cirres inférieurs très-courts. Genre à établir ? *Lycastis*.

3°. *Nereïs stellifera*. Müller, *Zool. dan.*, part. 2, tab. 62, fig. 1-3. A vraisemblablement des antennes inaperçues jusqu'ici; une grosse trompe couronnée de tentacules; deux mâchoires cornées; les cirres tentaculaires au nombre de six; les cirres supérieurs en forme d'écailles elliptiques, appliquées transversalement sur le dos; deux faisceaux de soies, ou plutôt deux rames réunies pour chaque pied, et les cirres inférieurs très-courts. C'est un genre dont le caractère est fort incertain et qui a quelque ressemblance extérieure avec les aphrodites. *Lepidia*.

4°. *Nereïs frontalis*. Bosc, *Hist. des vers*, tom. 1, pag. 143, tab. 1, fig. 5. Il est difficile de se faire une idée quelconque des rapports de cette espèce. Les *nereïs cuprea* et *nereïs fasciata* du même ne sont pas de véritables néréides, et semblent appartenir aux eunices.

Les autres sont dépourvues de mâchoires; celles qui manquent aussi d'antenne impaire, se rapprochent évidemment des glycères ou des phyllodocés.

5°. *Nereïs cæca*. Oth. Fabr. *loc. cit.* n°. 287. Se distingue par une grosse trompe globuleuse, entourée de trois cercles de tentacules, et pourvue, à son orifice, d'une

chaque paire plus court; les pieds à une seule rame; les cirres supérieurs cylindriques, longs, ceux des seconds pieds plus que les autres; deux styles postérieurs; et, en examinant la fig. 7, je vois

infinité de papilles : elle a de plus, à ce qu'il paraît, la tête divisée en deux angles, portant chacun les antennes; les pieds formés de deux rames rapprochées, à cirres supérieurs non saillans, les inférieurs saillans, mais courts; la première paire de pieds ayant néanmoins les deux cirres et la seconde le cirre supérieur seulement allongés, comme tentaculaires; les branchies consistant en deux feuillets circulaires insérés vers la jonction des deux rames; deux styles terminaux. Genre évident, mais dont les caractères ne sont pas certains. *Aonis.*

6°. *Nereïs viridis* et *N. maculata.* Müll. *Von. Wurm.* pag. 156 et 162, tab. 10 et 11; et Oth. Fabr. *loc. cit.* n°*. 279 et 281. Paraissent avoir une longue trompe couronnée de tentacules; quatre antennes courtes, égales; huit cirres tentaculaires; une rame pour chaque pied, les cirres supérieurs ovales ou lancéolés et comprimés en forme de feuilles; les cirres inférieurs très-courts; deux cirres stylaires; point de branchies distinctes. Quatrième genre à établir? *Eulalia.*

7°. *Nereïs rosea.* Oth. Fabr. *loc. cit.* n°. 284. Offre la conformation des deux précédentes : mais les cirres tentaculaires, tous les cirres supérieurs et les styles postérieurs sont grêles et fort longs; il y a deux rames réunies pour chaque pied. Cinquième genre à établir? *Castalia.*

8°. *Nereïs flava.* Oth. Fabr. *loc. cit.* n°. 282. Paraît avoir une trompe simple (*minimè armata*, dit Fabricius); quatre antennes courtes; quatre cirres ou plutôt deux paires de cirres tentaculaires également courts; une rame pour chaque pied; les cirres supérieurs comprimés en lame oblongue et obtuse, les cirres inférieurs très-courts; deux styles; point de branchies distinctes des cirres. Sixième genre à établir dans le voisinage des deux précédens? *Eteone.*

La *nereïs longa* du même ne se distingue essentiellement de la *nereïs flava* que par la forme des cirres supérieurs, qui sont coniques et terminés en mamelons. Il paraît que les rames sont bifides. — Les néréides suivantes ont une antenne impaire et se placent près des syllis.

9°. *Nereïs bifrons.* Othon Fabr. n°. 286, et Müll. *Prodr.* n°. 2638. Paraît avoir cinq antennes, les deux mitoyennes (lobes frontaux?) très-courtes, l'impaire grande; quatre yeux; point de cirres tentaculaires; les cirres supérieurs allongés, les inférieurs comme nuls; les rames simples; vingt-quatre paires de branchies saillantes insérées du septième segment au trentième, entre le cirre supérieur et la rame de chaque pied. Ces branchies, qui consistent chacune en une membrane mince, fortifiée par deux côtes latérales, se plissent ou se déque tous les cirres sont moniliformes. Il n'est pas un de ces caractères qui ne convienne au genre *syllis*, et, malgré les proportions assez courtes de cette espèce, on doit être tenté de l'y placer.

IIIᵉ FAMILLE.

LES EUNICES, *EUNICÆ*.

BRANCHIES point saillantes; ou saillantes, mais ne consistant qu'en un simple filet pectiné tout au plus d'un côté, et attachées à la base supérieure des rames dorsales; communément petites ou nulles vers les extrémités du corps.

BOUCHE composée d'une trompe et de mâchoires nombreuses. — *Trompe* très-courte, fendue longitudinalement, très-ouverte, sans plis saillans ni tentacules à son orifice. *Mâchoires* calcaires ou cornées, articulées les unes au-dessus des autres, point semblables entre elles, ni en nombre égal des deux côtés, croissant et se rapprochant par degrés depuis les antérieures jusqu'aux postérieures ou inférieures, qui s'articulent toutes deux à une double tige longitudi-

---

ploient en rames au gré de l'animal. Septième genre très-curieux et très-distinct : *Polynice*.

10°. *Nereis prismatica*. Otb. Fabr. n°. 285, et Müll. *Prodr*. n°. 2637. Paraît de même avoir cinq antennes, les deux mitoyennes (lobes frontaux?) très-courtes, l'impaire grande; quatre yeux; deux paires de cirres tentaculaires au premier segment, deux autres longs cirres au second segment; les pieds à une rame simple; les cirres supérieurs courts, les inférieurs comme nuls; point de branchies distinctes. Huitième genre à établir ? *Amytis*.

Je ne poursuivrai pas plus loin ces recherches.

ORDRE 1, FAMILLE 3, LES EUNICES.   377

nale. Une *lèvre inférieure*, également cornée ou calcaire, formée de deux autres pièces longitudinales et parallèles réunies.

Yeux peu distincts, ou très-distincts, mais seulement au nombre de deux.

Antennes grandes et en nombre complet, ou petites et en nombre incomplet par la suppression des antennes extérieures, ou comme nulles; insérées, lorsqu'elles sont visibles, très-près du premier segment du corps, qui est toujours plus long que le suivant.

Pieds à *rames* réunies et confondues en une seule, qui est pourvue de deux ou trois faisceaux de soies et armée d'acicules. *Cirres* de grandeur variable, les inférieurs toujours plus courts. Pieds du premier segment toujours nuls; ceux du second segment également nuls, ou réduits à deux *cirres tentaculaires*, rapprochés sur le cou et dirigés en avant [1].

Genre XIII. — LEODICE.

Bouche : *Trompe* ne dépassant pas le front.

Mâchoires au nombre de sept, trois à droite, quatre à gauche; les extérieures s'appliquant complètement sur les intérieures dans le repos. Les deux premières, à commencer par les intérieures ou les postérieures, semblables l'une à l'autre, étroites, avancées, non dentées, poin-

---

[1] Ajoutez : *intestin* dépourvu de cœcums.

Quand la trompe est retirée, sa cavité intérieure se trouve entièrement occupée par l'appareil masticatoire. L'intestin va toujours droit de cette trompe au rectum; les profonds étranglemens qui le divisent en autant de cavités circulaires que le corps a d'anneaux, n'alternent pas avec ceux-ci, mais ils leur correspondent.

L'orifice extérieur de la bouche n'occupe que le devant ou le dessous du premier segment.

tues, crochues à leur bout, exactement opposées et articulées sur une double tige plus courte qu'elles; les secondes encore presque semblables entre elles, larges, aplaties, obtuses, profondément crénelées, opposées ou à peu près et articulées sur le dos des premières, dont elles ne dépassent pas le bout lorsqu'elles sont fermées; les troisièmes demi-circulaires, concaves, profondément crénelées, celle du côté droit plus petite, plus finement crénelée, plus voûtée que sa correspondante, située aussi un peu plus haut, presque vis à vis la quatrième et dernière mâchoire du côté gauche, qui est également demi-circulaire, crénelée et courbée en voûte. — *Lèvre inférieure* beaucoup plus large que la première paire de mâchoires [1].

YEUX grands, situés entre les antennes mitoyennes et les antennes extérieures.

ANTENNES complètes, plus longues que la tête :

Les *mitoyennes* grandes, filiformes, composées quelquefois d'articles grenus;

L'*impaire* exactement semblable aux mitoyennes, plus longue;

Les *extérieures* ressemblant de même exactement aux mitoyennes, plus courtes.

PIEDS : *Cirres tentaculaires* allongés, subulés, non articulés; rarement nuls.

Pieds ambulatoires à deux faisceaux distincts, outre un paquet de soies coniques qui sort de la base du cirre supérieur. Soies simples ou terminées par un appendice mobile.

Cirres plus ou moins saillans : les *supérieurs* plus pointus; les *inférieurs* généralement gibbeux à leur base extérieure.

Dernière paire de pieds. . . . . . . changée en deux filets terminaux.

---

[1] Ces mâchoires si compliquées, et la double tige qui les supporte, ne répondent visiblement qu'aux deux mâchoires supérieures des aphrodites : la lèvre, par sa position, répond à leurs mâchoires inférieures.

ORDRE 1, FAMILLE 3, LES EUNICES. 379

Branchies filiformes, légèrement annelées, pectinées d'un côté, surtout vers le tiers ou le milieu du corps; dents longues, filiformes, décroissant par degrés de la base au sommet de leur tige commune, tournées du côté de la rame.

Tête plus large que longue, rétrécie par derrière, divisée par devant en quatre ou en deux lobes, parfaitement libre; découverte ainsi que les antennes.

Corps linéaire, cylindrique, composé de segmens courts et nombreux: le premier segment point rétréci ni saillant sur la tête; le second un peu plus court que le troisième.

ESPÈCES.

Ire Tribu. LEODICÆ SIMPLICES.

Deux *cirres tentaculaires* derrière la nuque.
Cirres supérieurs de tous les pieds, beaucoup plus longs que les rames, peu ou point dépassés par les branchies.

1. LEODICE gigantea. *Léodice gigantesque.*

Nereïs aphroditoïs. Pall. *Nov. Act. Petrop.* tom. 11, pag. 229, tab. 5, fig. 1-7.
— Terebella aphroditoïs. Gmel., *Syst. nat.*, t. 1, part. 6, p. 3114, n°. 9.
= Variété d'âge ou espèce très-voisine.
Nereïs gigantea. *Collect. du Mus.*
Eunice gigantea. Cuv., *Collect.*, et *Règne anim.*, tom. 11, pag. 525.
Magnifique espèce de la mer des Indes, communiquée par MM. de Lamarck et Cuvier. C'est la plus grande des annelides connues.
Corps long de quatre pieds et davantage, formé de quatre cent quarante-huit segmens dans un individu qui me paraît incomplet; le premier segment de la longueur des trois suivans réunis; tous à peau finement ridée, surtout en dessus. *Tête* à quatre lobes; les deux lobes intérieurs plus petits, plus élevés, profondément séparés. *Antennes* du double plus longues que la tête, non articulées, peu étagées[1]. *Cirres tentaculaires* plus courts que le premier seg-

---

[1] L'artiste qui a dessiné la *nereïs aphroditoïs* de Pallas l'a représentée avec six antennes; Pallas, pour se tirer d'embarras, a mis dans la description, *cirris maximis quinis* vel *senis*. Quoi qu'il en soit, l'individu

ment, obtus. *Rames* à faisceaux de soies inégaux : le faisceau supérieur plus faible et plus long, composé de soies fines, flexibles, prolongées en pointe très-aiguë ; l'inférieur formé de huit à dix soies grosses, roides et obtuses. Toutes ces soies sont d'un jaune doré ; mais celles qui percent la base du cirre supérieur sont brunes. Trois *acicules* très-noirs réunis en un paquet. *Branchies* nulles aux quatre premières paires de pieds, pectinées à toutes les autres, à dents ou filets serrés et nombreux. Je compte dix-sept filets aux deux premières branchies, et jusqu'à trente-cinq sur les suivantes, qui, néanmoins, finissent par se simplifier vers la queue. Elles sont généralement plus longues que les *cirres supérieurs* ; ceux-ci sont gros, renflés au-dessus de leur base, subulés ; les *cirres inférieurs* n'offrent qu'un mamelon court et obtus. Couleur de tout le corps, gris cendré, avec de beaux reflets qui ont la variété et la vivacité des teintes de l'opale.

OBSERVATION.—Cette espèce, par la division de sa tête en quatre lobes, est bien distinguée des suivantes, et mériterait peut-être de trouver place dans une tribu séparée.

2. LEODICE antennata. *Léodice antennée.*

LEODICE antennata. *Annelides gravées*, pl. v, fig. 1 ; individu du golfe de Soueys.

Espèce nouvelle, très-commune sur les côtes de la mer Rouge, dans les cavités des madrépores, des coquilles, etc. Elle nage en agitant ses branchies.

CORPS long de deux à trois pouces, un peu renflé près de la tête, formé de quatre-vingt-treize, quatre-vingt-dix-neuf, cent trois, cent neuf, cent dix-neuf segmens ; le premier de la longueur des trois suivans réunis, le dernier terminé par deux filets noduleux. *Tête* à deux lobes arrondis. *Antennes* grêles, assez inégales entre elles, composées d'articles turbinés dont le nombre est très-variable : assez souvent, on en compte douze, dix-huit, vingt-deux, suivant

décrit, qui venait aussi de la mer des Indes, avait un pied et demi de longueur, et se composait de plus de cent cinquante segmens. *Tête* divisée en deux grands lobes ; les lobes intérieurs ont pu être négligés ; *antennes* inarticulées, deux ou trois fois plus longues que la tête ; *cirres tentaculaires* également inarticulés, un peu écartés, plus courts que le premier segment ; celui-ci plus long que les trois suivans réunis ; *branchies* nulles aux huit premières paires de pieds, simples aux trois paires suivantes, pectinées sur toutes les autres, dépassant de peu les cirres, qui se raccourcissent, dit Pallas, à mesure que les branchies grandissent ; *acicules* noirs : couleur générale, gris cendré, avec des reflets d'iris.

que l'antenne est extérieure, mitoyenne ou impaire; l'antenne impaire est trois à quatre fois plus longue que la tête. *Cirres tentaculaires* plus courts que le premier segment, un peu pointus. *Pieds* ressemblant beaucoup à ceux de l'espèce précédente, à soies plus déliées, jaunâtres, celles du faisceau inférieur terminées par une petite pièce mobile. *Acicules* jaunes. *Branchies* nulles aux cinq à six premières paires de pieds, pectinées sur celles qui suivent immédiatement, à dents longues, peu serrées et peu nombreuses. Il y a trois à quatre dents aux deux premières branchies : leur nombre sur les vingt suivantes, de chaque côté, ne s'élève guère au-delà de sept, après quoi il diminue assez rapidement, et les branchies passent quelquefois à l'état de simple filet ; ce filet peut même disparaître des trente ou des vingt derniers segmens. Les branchies pectinées dépassent seules les *cirres supérieurs*, qui sont aussi longs et plus grêles que ceux de la première espèce. Les *cirres inférieurs* sont surtout plus saillans, très-gibbeux à leur base externe, presque filiformes dans la partie postérieure du corps. Couleur cendré rougeâtre clair, avec les beaux reflets du cuivre de rosette.

3. LEODICE gallica. *Léodice française.*

Espèce nouvelle des côtes de France. Sur les coquilles des huîtres.

CORPS formé de soixante-onze segmens dans l'individu que j'ai sous les yeux, et qui ne se distingue sensiblement de ceux de l'espèce précédente que par ses *antennes* plus courtes, non articulées, de même que les filets postérieurs, et par sa couleur gris de perle à reflets légers. Les sixième, septième et huitième segmens n'ont encore pour *branchies* que des filets simples ; le neuvième n'a que des filets bifides : les dix-huit derniers segmens ne portent point du tout de branchies.

4. LEODICE norwegica. *Léodice norvégienne.*

Nereïs norwegica. LINN. *Syst. nat.* ed. 12, tom. 1, part. 2, pag. 1086, n°. 11.
Nereïs pennata. MULL., *Zool. dan.*, part. 1, tab. 29, fig. 1-3. — BRUG., *Encycl. méth. Helm.*, pl. 56, fig. 5-7. — Nereïs norwegica. GMEL., *Syst. nat.*, tom. 1, part. 6, pag. 3116, n°. 11.

Espèce des mers du Nord, que je n'ai pas vue, et que je réunirais volontiers à l'espèce précédente, sans la longueur de ses cirres supérieurs, qui excèdent de beaucoup les branchies.

5. LEODICE pinnata. *Léodice pinnée.*

Nereïs pinnata. MULL., *Zool. dan.*, part. 1, tab. 29, fig. 4-7. — BRUG., *Encycl. méth., Helm.* pl. 56, fig. 1-4. — GMEL., *Syst. nat.*, tom. 1, part. 6, pag. 3116, n°. 12.

Autre espèce que je n'ai pas observée. Elle a les cirres supérieurs encore plus longs que la précédente. Ses antennes sont visiblement articulées, et ses branchies courtes.

6. LEODICE hispanica. *Léodice espagnole.*

Petite espèce des côtes de l'Espagne.

CORPS long de dix-huit à vingt lignes, grêle, formé de plus de quatre-vingt-quatorze segmens, car l'individu que j'ai sous les yeux n'est pas complet ; le premier segment court et n'égalant pas les deux suivans réunis. *Tête* à deux lobes profondément séparés et arrondis. *Antennes* non articulées, de moyenne longueur, les extérieures courtes. *Cirres tentaculaires* dépassant le premier segment, pointus. *Pieds* fort petits, à soies dorées. *Acicules* ferrugineux. *Cirres supérieurs* allongés, subulés, plus grands près de la tête. *Branchies* très-menues, simples, bifides ou trifides, nulles aux deux premières paires de pieds, et disparaissant après la quinzième ou seizième paire, plus courtes que le cirre. Couleur grise faiblement rougeâtre, avec de jolis reflets.

IIᵉ Tribu. LEODICÆ MARPHYSÆ.

Point de *cirres tentaculaires*.

Cirres supérieurs aussi courts ou plus courts que les rames, dépassés de beaucoup par les branchies.

7. LEODICE opalina. *Léodice opaline.*

Nereïs sanguinea. MONTAG. *Transact. linn. soc.* tom. xi, pag. 26, tab. 3, fig. 1.

Espèce des côtes de l'Océan, communiquée par M. de Lamarck et par M. Leach.

CORPS long de six à dix pouces, un peu renflé près de la tête, formé de cent soixante-neuf, cent quatre-vingt-un, cent quatre-vingt-onze, deux cent quatre-vingt-cinq segmens ; le premier segment égal en grandeur aux deux suivans réunis. *Tête* à deux lobes arrondis. *Antennes* non articulées, de peu plus longues que la tête. *Pieds* ayant les soies jaunâtres, également déliées, fléchies et très-fines à la pointe. Deux à quatre *acicules* très-noirs ; il y en a communément quatre aux pieds de la partie antérieure du corps. *Cirres* presque égaux : le *supérieur* gros à la base, menu et subulé à la pointe ; l'*inférieur* plus obtus, très-gibbeux à sa base extérieure. *Branchies* nulles sur les pieds voisins de la tête, ensuite simples, puis bifides, trifides, et enfin quadrifides vers le milieu du corps ;

après quoi elles se simplifient par degrés en prenant l'ordre inverse, et disparaissent sur les dernières paires de pieds. Un individu ayant le corps composé de cent quatre-vingt-un segmens me les a offertes ainsi : nulles jusqu'au dix-neuvième segment, simples jusqu'au vingt-troisième, bifides jusqu'au vingt-neuvième, trifides jusqu'au quarante-septième, quadrifides jusqu'au cent cinquième; et puis, en continuant, trifides jusqu'au cent vingt-septième, bifides jusqu'au cent trente-septième, et enfin simples jusqu'au cent cinquante-cinquième, qui portait les dernières de toutes; mais il y a beaucoup de variété à cet égard. Quelques individus, parmi les moins grands, ont même des branchies à cinq et à six divisions, qui semblent moins pectinées que digitées. Les cirres sont un peu plus longs sur les pieds dépourvus de branchies. Couleur du corps, cendré bleuâtre, avec de très-vifs reflets.

8. LEODICE tubicola. *Léodice tubicole.*

Nereïs tubicola. MULL., *Zool. dan.*, part. 1, pag. 60, tab. 18, fig. 1-6.— GMEL., *Syst. nat.*, tom. 1, part. 6, pag. 3116, n°. 10.

Espèce dont je ne puis parler que d'après Müller, mais que je suis bien aise de placer ici, parce que, voisine par son organisation de l'espèce précédente, elle offre la singularité remarquable d'habiter constamment des tubes solides et transparens, comme de la corne. Elle se distingue en outre par la longueur de ses antennes, l'extrême brièveté de son second segment, qui semble retiré sous le troisième, et surtout par la simplicité de ses branchies, qui ont à peine une à deux divisions. Elle appartient aux mers du Nord.

Genre XIV. — LYSIDICE.

BOUCHE : *Trompe* dépassant le front à son orifice.

Mâchoires au nombre de sept, trois à droite, quatre à gauche. Elles sont conformées et disposées comme celles du genre *leodice*, avec la même *lèvre inférieure.*

YEUX grands, situés à la base extérieure des antennes mitoyennes.

ANTENNES incomplètes, moins longues que la tête :

Les *mitoyennes* courtes, ovales ou coniques, point sensiblement articulées ;

L'*impaire* semblable aux mitoyennes, plus longue ;

Les *extérieures* nulles.

PIEDS : *Cirres tentaculaires* toujours nuls.

Pieds ambulatoires très-courts, à deux faisceaux inégaux de soies simplement pointues ou terminées par un petit appendice mobile.

Cirres supérieurs subulés : les *inférieurs* très-courts.

Dernière paire de pieds changée en deux filets.

BRANCHIES nulles.

TÊTE plus large que longue, libre et simplement arrondie par devant, entièrement découverte, ainsi que les antennes.

CORPS linéaire, cylindrique, composé de segmens courts et nombreux : le premier segment point rétréci ni saillant sur la tête ; le second segment égal au troisième.

ESPÈCES.

1. LYSIDICE valentina. *Lysidice valentine.*

Espèce nouvelle des côtes de la Méditerranée.

CORPS longs de près de deux pouces, grêle, formé de quatre-vingt-dix-neuf segmens dans un individu incomplet ; le premier segment à peine plus long que le second. *Antennes* subulées. *Tête* à yeux noirs, sans autres taches. *Pieds* à deux faisceaux de soies jaunâtres : le faisceau supérieur, plus mince et plus long, se compose de soies très-fines ; l'inférieur, de soies plus grosses, terminées par un appendice. *Acicules* jaunes. *Cirres supérieurs* subulés et assez saillans ; *cirres inférieurs* fort courts. Couleur et reflets de la nacre.

2. LYSIDICE olympia. *Lysidice olympienne.*

Espèce nouvelle des côtes de l'Océan. Sur les huîtres.

CORPS long de quatorze lignes, composé de cinquante-cinq segmens, sans compter une douzaine de petits anneaux qui forment au bout du corps une queue conique, ciliée de deux rangs de pieds imperceptibles, et terminée par deux filets courts ; premier segment à peine plus long que le suivant. *Yeux* noirs. *Antennes* subulées. Un petit mamelon conique derrière l'antenne impaire, sortant de la jonction de la tête avec le premier segment du corps. *Pieds* de l'espèce précédente, à deux *acicules* très-noirs. Couleur gris-blanc, avec les reflets de la nacre, sans taches.

3. LYSIDICE galathina. *Lysidice galathine.*

Autre espèce des côtes de l'Océan, très-voisine de la précédente, peut-être simple variété.

Corps plus épais. *Antennes* très-courtes, ovales, avec un large mamelon derrière l'antenne impaire. Couleur blanc laiteux; les trois premiers segmens d'un roux doré en dessus. Les yeux sont comme noyés chacun dans une tache ferrugineuse. Acicules très-noirs.

Genre XV. — AGLAURA.

BOUCHE : *Trompe* dépassant le front.

Mâchoires au nombre de neuf, quatre à droite, cinq à gauche; les extérieures ne s'appliquant point sur les intérieures dans le repos. Ces mâchoires, la plus extérieure de chaque côté exceptée, larges, aplaties, profondément dentées en scie, à crochet terminal très-fort et très-courbé : les deux premières, à commencer par les intérieures ou les postérieures, exactement opposées, articulées à une tige commune beaucoup plus longue qu'elles, dilatées à leur base, dissemblables, celle du côté droit plus grande, profondément échancrée par derrière au-dessus de sa base externe, et terminée par un double crochet; les suivantes ne se correspondant point par paires; les deux dernières seules exactement opposées, très-petites, divisées en deux branches à leur base, grêles, non dentées, courbées, aiguës. — *Lèvre inférieure* pas plus large que la première paire de mâchoires.

YEUX peu distincts.

ANTENNES incomplètes, moins longues que la tête :

Les *mitoyennes* très-courtes, coniques, point sensiblement articulées;

L'*impaire* semblable aux mitoyennes, plus longue;

Les *extérieures* nulles.

PIEDS : *Cirres tentaculaires* nuls.

Pieds ambulatoires à deux faisceaux inégaux, composés l'un de soies simples, l'autre de soies terminées par une barbe.

Cirres supérieurs allongés, obtus; les *inférieurs* de même.

Dernière paire de pieds à peu près semblable aux autres.

BRANCHIES nulles.

TÊTE globuleuse, inclinée et complètement cachée, ainsi que les antennes, sous le segment qui suit.

Corps linéaire, cylindrique, composé de segmens nombreux et courts : le premier, vu en dessus, très-grand, rétréci par devant, prolongé et subdivisé au-dessus de la tête en deux lobes saillans et divergens, le second plus court que le troisième.

ESPÈCE.

1. AGLAURA fulgida. *Aglaure éclatante.*

> AGLAURA fulgida. *Annelides gravées*, pl. v, fig. 2; individu pris à Soueys.
> Espèce nouvelle des côtes de la mer Rouge, etc.
> CORPS long de dix pouces, grêle, formé de deux cent cinquante-trois segmens, le premier un peu plus grand que les trois suivans réunis. *Pieds* courts, à rame renflée et saillante au-dessus des soies du faisceau supérieur, qui est le moins épais des deux. *Soies* jaunâtres : les supérieures plus longues, plus déliées, fléchies à leur extrémité et prolongées en pointe très-fine; les inférieures terminées par une barbule. *Acicules* petits, dorés. *Cirres* oblongs ou ovales-oblongs vers la tête, plus saillans et plus coniques sur le reste du corps; le cirre supérieur rétréci à la base, dépassant très-sensiblement l'inférieur. Couleur cendré-bleuâtre, imitant celle de l'opale, avec les reflets les plus éclatans.

Genre XVI. — ŒNONE.

BOUCHE : *Trompe* dépassant le front.
> *Mâchoires* au nombre de neuf, quatre à droite, cinq à gauche, conformées et disposées comme celles du genre *aglaura*, avec la même *lèvre inférieure.*

YEUX peu distincts.

ANTENNES point saillantes et comme nulles.

PIEDS : *Cirres tentaculaires* nuls.
> *Pieds ambulatoires* à deux faisceaux inégaux de soies simples ou terminées par une barbe.
> *Cirres supérieurs* et *cirres inférieurs* presque également allongés, obtus.
> *Dernière paire de pieds* à peu près semblable aux autres.

BRANCHIES nulles.

TÊTE à deux lobes, inclinée et cachée sous le segment qui suit.

ORDRE 1, FAMILLE 4, LES AMPHINOMES.

Corps linéaire, cylindrique, composé de segmens courts et nombreux : le premier segment, vu en dessus, très-grand, arrondi par devant en demi-cercle, débordant la tête ; le second plus long que le troisième.

ESPÈCE.

1. ŒNONE lucida. *Œnone brillante.*

ŒNONE lucida. *Annelides gravées*, pl. v, fig. 3 ; individu pris au golfe de Soueys.

Espèce nouvelle des côtes de la mer Rouge ; elle a quelques rapports de forme avec le *lumbricus fragilis* de Müller.

Corps long d'un pouce, un peu renflé vers la tête, formé de cent quarante-deux segmens, le premier égal en longueur aux trois suivans réunis. *Rames* un peu renflées au-dessus des soies de leur faisceau supérieur, qui est moins épais que l'autre. *Soies jaunâtres :* les supérieures plus déliées, prolongées en barbe fine ; les inférieures terminées par une courte barbule. *Acicules* petits et jaunes. *Cirres* oblongs, presque parallèles, un peu comprimés, veinés, obtus ; l'inférieur adhérent jusqu'à l'extrémité de la rame. Couleur cendré-bleuâtre, avec de riches reflets.

OBSERVATION. — La *nereïs ebranchiata* de Pallas, *Nov. Act. Petrop.* tom. 11, pag. 231, tab. 5, fig. 8-10, est certainement une eunice, et paraît se rapprocher beaucoup du genre par lequel nous terminons cette famille.

IVe FAMILLE.

LES AMPHINOMES, *AMPHINOMÆ.*

Branchies grandes, compliquées, situées sur la base supérieure de toutes les rames dorsales (les trois à quatre premières tout au plus exceptées), ou derrière cette base, et s'étendant quelquefois jusqu'aux rames ventrales, ressemblant à des feuilles pinnatifides, à des houppes, ou à des arbuscules, qui, communément, se divisent dès leur origine en plusieurs troncs, tantôt coalescens, tantôt séparés et plus ou moins éloignés les uns des autres.

Bouche formée par une *trompe* courte, ouverte longitudinalement à l'extrémité, sans plis saillans ni tentacules, et sans mâchoires.

Yeux au nombre de deux ou de quatre.

Antennes médiocres, généralement en nombre complet: les *mitoyennes* et les *extérieures* manquent quelquefois; l'*antenne impaire*, qui existe toujours, est insérée sur le devant d'une *caroncule* supérieure, ou *coronule*, dont la base s'étend assez constamment par derrière jusqu'au troisième ou quatrième anneau du corps.

Pieds à rames grandes et séparées, munies chacune d'un seul faisceau de soies et dépourvues d'acicules. *Cirres* très-apparens, subulés, renflés à la base, ou comme formés de deux articles, dont l'un, gros et court, sert de support à l'autre, qui est complètement rétractile; ils sont insérés à l'orifice des gaînes, derrière le faisceau de soies: ceux des pieds antérieurs ne diffèrent pas sensiblement des suivans. Les pieds du premier et du second segment existent dans tous les genres [1].

---

[1] Ajoutez: *intestin* dépourvu de cœcums.

Dans les pléiones, l'intestin va, comme à l'ordinaire, droit à l'anus.

Dans les euphrosynes, il se contourne, immédiatement après la trompe, en deux boucles un peu charnues; la dernière de ces boucles aboutit par un petit canal à l'estomac, qui est grand et membra-

Genre XVII. — CHLOEIA.

Bouche : *Trompe* pourvue à son orifice de deux doubles lèvres charnues, et, plus intérieurement, d'une sorte de palais inférieur, ou de langue épaisse, susceptible de se plier longitudinalement, et marquée de stries saillantes, obliques, finement ondulées.

Yeux distincts au nombre de deux, séparés par la base antérieure de la caroncule.

Antennes complètes :
>Les *mitoyennes* très-rapprochées, placées sous l'antenne impaire, composées de deux articles, le premier très-court, le second allongé, subulé ;
>L'*impaire* semblable aux mitoyennes ;
>Les *extérieures* également semblables aux mitoyennes, écartées.

Pieds à rames peu saillantes : la *rame dorsale* pourvue de soies simplement aiguës ; la *rame ventrale*, de soies terminées par une pointe distincte.
>*Cirres* très-longs, déliés à la pointe, peu inégaux : le *supérieur* sortant d'un article cylindrique ; l'*inférieur*, d'un article globuleux ; ce dernier plus court. — Un petit *cirre* surnuméraire à l'extrémité supérieure de la rame dorsale des cinq premières paires de pieds.
>*Dernière paire de pieds* consistant en deux gros *styles* cylindriques, terminaux.

Branchies insérées sur les côtés du dos près de la base supérieure des rames dorsales, consistant chacune en une feuille tripinnatifide inclinée en arrière.

Tête bifide en dessous, garnie en dessus d'une *caroncule* verticale, comprimée, libre et élevée à son extrémité postérieure.

Corps plutôt oblong que linéaire, déprimé, et formé de segmens médiocrement nombreux.

neux : la totalité du canal intestinal peut avoir le double de la longueur du corps.

Les lèvres de l'ouverture extérieure qui donne passage à la trompe, s'étendent dans cette famille jusqu'au quatrième ou cinquième segment.

ESPÈCE.

1. CHLOEIA capillata. *Chloé chevelue.*

> Aphrodita flava. PALL. *Misc. zool.* pag. 97, tab. 8, fig. 7-11. — Amphinome capillata. BRUG., *Encycl. méth. Dict. des vers*, tom. 1, pag. 45, n°. 1; et pl. 60, fig. 1-5. Terebella flava. GMEL., *Syst. nat.*, tom. 1, part. 6, pag. 3114, n°. 7.
> Amphinome jaune ou chevelue. CUV., *Dict. des Scienc. nat.*, tom. 11, pag. 71; et *Règne anim.*, tom. 11, pag. 527.
> Belle espèce des mers de l'Inde. Individus communiqués par MM. Cuvier et de Lamarck.
> CORPS long de quatre pouces et demi sur douze lignes de largeur, rétréci moins sensiblement en avant qu'en arrière, formé de quarante à quarante-deux segmens recouverts d'une peau plus ou moins ridée en dessus; le dernier segment portant deux styles courts et obtus. *Trompe* à lèvres intérieures plus fermes et plus brunes que les extérieures. *Antennes* presque égales entre elles, rétractiles. *Caroncule* portant de chaque côté deux rangées parallèles de feuillets fins et serrés; sa base adhère aux deux premiers segmens, et son extrémité libre se prolonge au-delà du quatrième. *Pieds* à faisceaux de soies longs et fournis, d'un blond doré. *Soies* déliées, un peu roides; celles des rames supérieures simplement aiguës, les autres terminées par une pointe distincte. *Cirres* dépassant les soies dans leur développement complet : les supérieurs bruns, du moins à la base; les inférieurs plus pâles. *Branchies* triangulaires, se recouvrant mutuellement, lorsqu'elles sont couchées sur le dos, de couleur fauve, rembrunies sur les secondes et troisièmes pinnules, qui sont alternes et tournées toutes en arrière. Ces branchies manquent aux trois premiers segmens, et sont réduites sur le pénultième à deux petits filets. *Anus* longitudinal. Couleur de tout le corps, gris fauve, sans reflets, avec une moucheture noire sur le milieu de chaque segment, et une bande transversale noirâtre sur ses côtés; dessous sans taches.

Genre XVIII. — PLEIONE.

BOUCHE : *Trompe* pourvue à son orifice de deux lèvres charnues, et, *plus intérieurement*, d'une sorte de palais inférieur très-épais, divisé longitudinalement et profondément en deux demi-palais mobiles, garnis de plis cartilagineux, fins, serrés et dentelés.

ORDRE 1, FAMILLE 4, LES AMPHINOMES.

YEUX au nombre de quatre, séparés par la base antérieure de la caroncule; les yeux postérieurs peu distincts.

ANTENNES complètes :

>Les *mitoyennes* très-rapprochées, placées sous l'antenne impaire, de deux articles, le premier très-court, le second allongé, subulé;
>
>L'*impaire* semblable, pour la forme, aux mitoyennes;
>
>Les *extérieures* également semblables aux mitoyennes, écartées.

PIEDS à rames saillantes, très-souvent écartées : la *rame dorsale* pourvue de soies très-aiguës; la *rame ventrale*, de soies dont la pointe est quelquefois précédée par un petit renflement ou par une petite dent.

>*Cirres* inégaux : le *supérieur* sortant d'un article cylindrique, l'*inférieur*, d'un article presque globuleux; ce dernier notablement plus court. — Point de *cirres surnuméraires*.
>
>*Dernière paire de pieds* semblable aux autres.

BRANCHIES entourant la base supérieure et postérieure des rames dorsales, consistant chacune en un ou deux arbuscules partagés dès leur origine en plusieurs rameaux plus ou moins subdivisés et touffus.

TÊTE bifide en dessous, garnie en dessus d'une *caroncule* verticale ou déprimée.

CORPS linéaire, épais, rétréci insensiblement en approchant de l'anus, formé de segmens nombreux.

ESPÈCES.

1. PLEIONE tetraëdra. *Pléione tétraèdre.*

>Aphrodita rostrata. PALL. *Misc. zool.* pag. 106, tab. 8, fig. 14-18. — Amphinome tetraëdra. BRUG., *Encycl. méth. Dict. des vers*, tom. 1, pag. 48, n°. 4; et pl. 61, fig. 1-5. — Terebella rostrata. GMEL, *Syst. nat.*, tom. 1, part. 6, pag. 3113, n°. 6.
>
>Amphinome tétraèdre. CUV., *Dict. des Scienc. nat.*, tom. 11, pag. 72, n°. 3.
>
>Grande espèce de la mer des Indes, communiquée par M. de Lamarck.
>
>CORPS long de neuf à douze pouces sur neuf à douze lignes de largeur, exactement tétraèdre, formé de soixante segmens dans un individu de neuf pouces, de cinquante-cinq seulement dans un de douze, à peau épaisse, ridée irrégulièrement sur la partie anté-

rieure, régulièrement et longitudinalement sur la partie postérieure, plus grossièrement et en tout sens sous le ventre. *Caroncule* comprimée en crête verticale, simple, saillante en avant, échancrée sous son extrémité pour l'insertion de l'antenne impaire ; elle est fort petite, et ne s'étend pas en arrière au-delà du premier segment *Antenne impaire* un peu plus longue que les autres. *Pieds* à deux faisceaux de soies très-écartés et très-inégaux, d'un jaune foncé : les *soies* du faisceau supérieur nombreuses, longues, fines, molles, très-aiguës; celles du faisceau inférieur, au nombre de sept à huit seulement, plus grosses, plus roides, plus courtes, sub-articulées, terminées par un petit renflement conique ou globuleux que surmonte une sorte de pointe très-courbée. *Cirres* épais. *Branchies* brunes, très-touffues, à tronc principal divisé dès sa base en plusieurs rameaux, subdivisés eux-mêmes en une infinité de ramuscules cylindriques, très-déliés, presque égaux ; elles se divisent facilement en deux paquets inégaux, l'inférieur plus court ; elles manquent aux deux premiers segmens. Couleur gris-rougeâtre tirant à l'olivâtre et au violet, sans reflets vifs ni taches : les branchies de l'animal vivant sont vraisemblablement d'un rouge foncé.

2. PLEIONE vagans. *Pléione errante.*

Terebella vagans. LEACH in *litteris*.

Petite espèce des côtes de l'Angleterre, voisine, par sa conformation, de la précédente. Elle habite, suivant M. Leach, sur les fucus qui flottent vaguement à la surface de la mer[1]. Les individus que j'ai sous les yeux pourraient bien n'être pas adultes.

CORPS long de douze à dix-huit lignes, large de deux à trois, tétraèdre, rétréci très-sensiblement dans son tiers postérieur, composé de vingt-huit, trente-six segmens à peau ridée. *Caroncule* petite, très-déprimée, lisse, échancrée en cœur par-devant pour l'insertion de l'antenne impaire, rétrécie en pointe vers la nuque ; elle ne se prolonge point sur le second segment. *Antenne impaire* plus longue que les autres. *Pieds* à deux faisceaux très-écartés et très-inégaux de soies blondes : le faisceau supérieur à soies nom-

[1] Au moment où l'on allait procéder à l'impression de cette feuille, j'ai reçu de M. William Elford Leach, conservateur du Muséum Britannique, beaucoup d'annelides qui m'étaient inconnues. Je m'empresse de lui exprimer ma gratitude, et d'insérer ici cette nouvelle espèce de pléione, la seule de son genre qui ait encore été remarquée dans nos mers. Le temps ne me permet plus d'entreprendre la description détaillée des autres, parmi lesquelles se trouvent quelques genres inédits; mais j'en ferai mention expresse dans la *Synopsis* qui fait suite à ce système.

breuses, longues, molles, très-fines et très-aiguës; l'inférieur formé de neuf à dix soies grosses, roides, pointues à leur sommet, qui est courbé, sans renflement ni denticule. *Cirres* peu déliés, roux. *Branchies* touffues de la *pléione tétraèdre*, plus sensiblement bifides, subdivisées en ramuscules d'un roux ferrugineux; elles manquent aux deux premiers segmens. Couleur gris-brun, teint de violet en dessus, plus clair en dessous, sans taches.

3. PLEIONE carunculata. *Pléione caronculée.*

Millepeda marina amboinensis. SEBA, *Thes. rer. nat.* tom. 1, pag. 131, tab. 81, n°. 7. — Nereïs gigantea. LINN. *Syst. nat.* ed. 12, tom. 1, part. 2, pag. 1086, n°. 2. Il y a sans doute erreur dans l'indication du pays.

Aphrodita carunculata. PALL. *Misc. zool.* pag. 102, tab. 8, fig. 12, 13. — Amphinome carunculata. BRUG., *Encycl. méth. Dict. des vers*, tom. 1, pag. 46, n°. 2; et pl. 60, fig. 6, 7. — Terebella carunculata. GMEL., *Syst. nat.*, tom. 1, part. 6, pag. 3113, n°. 5.

Amphinome caronculée. CUV., *Dict. des Scienc. naturelles.*, tom. 11, pag. 72, n°. 2.

Grande espèce des côtes de l'Amérique septentrionale. Individus de la collection du Muséum, communiqués par M. de Lamarck.

CORPS long de douze à quatorze pouces, formé de soixante-treize à quatre-vingt-sept segmens, sensiblement tétraèdre, à peau mince et faiblement ridée. *Caroncule* ovale, divisée de chaque côté en sept à huit feuillets obliques et pinnatifides. *Antenne impaire* un peu plus grande que les autres. *Pieds* à faisceaux presque semblables, tous deux très-fournis de *soies* blondes, longues, fines, molles, sub-articulées, terminées en pointe; les soies du faisceau supérieur un peu plus fines et plus nombreuses. *Cirres* très-grêles. *Branchies* plus petites que dans la première espèce, conformées d'ailleurs à peu près de même, divisées en deux troncs principaux, le supérieur plus gros et mieux garni; elles existent à tous les pieds sans exception. Couleur gris fauve clair tirant au violet, avec des reflets légers. Il paraît que les grands individus ont les anneaux séparés sur le dos par un trait brun. L'appareil intérieur de la trompe est fort développé dans cette espèce, et doit lui procurer de puissans moyens de mastication[1].

4. PLEIONE œolides. *Pléione éolienne.*

Espèce nouvelle, vraisemblablement des mêmes mers que la précédente, et confondue avec elle; communiquée par M. de Lamarck.

[1] C'est à la portion de la trompe qui contient cet appareil, contractée et totalement retirée dans le corps, que Pallas donne le nom d'estomac, *ventriculus.*

Corps long de neuf pouces, plus déprimé que dans les espèces précédentes : je compte quarante-sept segmens; mais l'individu n'est pas complet. *Caroncule* ovale-oblongue, lisse. *Antennes* à peu près égales. *Pieds* à faisceaux de soies jaune-brun, peu écartés, inégaux, le supérieur beaucoup plus fourni. *Soies* capillaires, aplaties, molles, finement aiguisées à la pointe, celles du faisceau inférieur ayant cette pointe un peu courbée avec une courte épine au-dessous; les soies du faisceau supérieur ne sont pas plus déliées, mais un peu plus longues, et mêlées à d'autres soies extrêmement fines. *Cirres* assez épais. *Branchies* courtes, à tronc unique, divisé d'abord en quantité de rameaux cylindriques qui se subdivisent peu; elles existent à tous les pieds. Couleur gris-violet, avec des reflets d'iris très-brillans.

5. PLEIONE alcyonia. *Pléione alcyonienne.*

PLEIONE alcyonia. *Annelides gravées*, pl. II, fig. 3; individu du golfe de Soueys.

Petite espèce, commune sur les côtes de la mer Rouge.

Corps long de deux pouces, étroit, formé de soixante-sept segmens dans deux individus. *Caroncule* ovale, lisse, avec un rebord ondulé. *Antenne* impaire beaucoup plus petite que les autres. *Pieds* à faisceaux de soies jaune-brun, inégaux, le supérieur plus long et plus touffu. *Soies* très-nombreuses, molles, capillaires : les soies du faisceau supérieur plus fines, terminées en pointe très-aiguë; celles du faisceau inférieur à pointe un peu courbée avec une dent courte au-dessous. *Cirres supérieurs* déliés. *Branchies* très-courtes relativement aux soies, à tronc unique portant une touffe claire de rameaux cylindriques, presque simples, égaux ; elles manquent au premier segment. Couleur bleu-violet à reflets légers.

6. PLEIONE complanata. *Pleione aplatie.*

Aphrodita complanata. PALL. *Misc. zool.* pag. 109, tah. 8, fig. 19-26. — Amphinome complanata. BRUG., *Encycl. méth. Dict. des vers*, tom. 1, pag. 47, n°. 3 ; et pl. 60, fig. 8-15. — Terebella complanata. GMEL., *Syst. nat.*, tom. 1, part. 6, pag. 3113, n°. 4.

Espèce de l'océan Américain, que je n'ai pas vue, mais dont l'affinité avec les précédentes n'est pas douteuse. *Corps* long de cinq pouces, linéaire, déprimé, formé de cent trente segmens, les trois premiers portant une *caroncule* plate et obtuse. Je ne puis me faire une idée juste des antennes. *Pieds* à deux petits faisceaux de soies blanchâtres, les soies du faisceau supérieur plus nombreuses et plus fines. *Branchies* courtes, bifides, ramifiées, nulles sur les deux premiers segmens. Couleur grise avec de beaux reflets.

Genre XIX. — EUPHROSYNE.

BOUCHE : *Trompe* à lèvres simples, sans palais saillant ni plis dentelés.

YEUX distincts au nombre de deux, séparés par le devant de la caroncule.

ANTENNES incomplètes :
   Les *mitoyennes* nulles ;
   L'*impaire* subulée ;
   Les *extérieures* nulles.

PIEDS à rames peu saillantes, pourvues l'une et l'autre de soies très-aiguës, avec une petite dent près de la pointe.
   Cirres à peu près égaux. — Un *cirre surnuméraire* égal aux autres, inséré à l'extrémité supérieure de toutes les rames dorsales.
   Dernière paire de pieds réduite à deux petits cirres globuleux.

BRANCHIES situées exactement derrière les pieds, s'étendant de la base des rames dorsales à celle des rames ventrales, et consistant chacune en sept arbuscules séparés, alignés transversalement.

TÊTE très-étroite et très-rejetée en arrière, fendue par-dessous en deux lobes saillans sous les pieds antérieurs, et garnie pardessus d'une *caroncule* déprimée qui se prolonge jusqu'au quatrième ou cinquième segment.

CORPS oblong, ou ovale-oblong, composé de segmens assez peu nombreux.

ESPÈCES.

1. EUPHROSYNE laureata. *Euphrosyne laurifère*.

EUPHROSYNE laureata. *Annelides gravées*, pl. II, fig. 1 ; individu pris au golfe de Soueys.

Espèce nouvelle, assez commune sur les côtes de la mer Rouge, parmi les fucus.

CORPS long de deux pouces et plus, sur dix lignes de largeur, un peu ovale, déprimé, formé de quarante-un segmens, à peau ridée ou réticulée comme dans les pléiones. *Caroncule* ovale, lisse, relevée sur son milieu d'une petite crête longitudinale. *Pieds* à faisceaux ou rangs de soies d'un jaune ferrugineux, tachetés de brun, inégaux, le rang inférieur un peu moins étendu. *Soies* des deux faisceaux parfaitement semblables, nombreuses, déliées, roides, aiguës, réfléchies à la pointe, avec une petite dent au-dessous. *Cirres* grands, égaux. *Branchies* très-développées, plus longues que les soies, et ressemblant à des arbustes délicats, à rameaux grêles, peu touffus, garnis de petites feuilles ovales; elles existent à tous les segmens sans exception. Couleur gris-rougeâtre tirant au violet, avec des reflets légers; les branchies sont d'un très-beau rouge.

2. EUPHROSYNE myrtosa. *Euphrosyne myrtifère.*

EUPHROSYNE myrtosa. *Annelides gravées*, pl. 11, fig. 2; individu du golfe de Soueys.

Autre espèce plus petite, également des côtes de la mer Rouge.

Corps long de dix à douze lignes, plus étroit et moins déprimé que dans l'espèce précédente, obtus aux deux bouts, formé de trente-six segmens. *Caroncule* elliptique, carenée, avec un double sillon. *Pieds* à rangs de soies jaunâtres, très-inégaux, le rang supérieur deux à trois fois plus étendu. *Soies* semblables à celles de la première espèce. *Cirres* inégaux, l'inférieur plus court. *Branchies* peu développées, plus courtes que les soies, à rameaux peu déliés, terminés par des sommités ou folioles ovales. Couleur violet foncé, avec quelques reflets.

OBSERVATION. — C'est très-probablement à la famille des *amphinomes* que doit se rapporter le genre *aristenia*, que j'ai observé sur les côtes de la mer Rouge, et dont j'ai fait graver une espèce (*aristenia* conspurcata) dans l'atlas, planche 11 des *annelides*, figure 4. Ce genre diffère des trois précédens par le nombre des cirres, qui n'est pas de moins de sept pour chaque pied, et par d'autres caractères singuliers. Comme il me reste à son sujet quelques points à éclaircir, je dois me contenter, pour le moment, de renvoyer le lecteur à l'explication de la planche précitée, et je n'ajouterai ici rien de plus.

ORDRE II.

LES ANNELIDES SERPULÉES,

ANNELIDES SERPULEÆ.

La conformation des familles précédentes ne se reproduit qu'avec d'importantes modifications dans les *annelides serpulées*, qui sont destinées à la vie sédentaire, et condamnées, par la structure de leurs organes, à ne point quitter le tube naturel ou demi-factice qui leur sert de retraite[1].

La *tête* n'existe plus, et, avec elle, disparaissent les yeux et les antennes.

La *bouche* ne se déroule presque jamais en trompe tubuleuse, et toujours elle manque de mâchoires; elle est seulement pourvue à l'extérieur de lèvres extensibles, souvent accompagnées de tentacules.

Les *tentacules* sont quelquefois des papilles très-courtes et insérées sur une lèvre circulaire; mais le plus souvent ce sont des filets fort longs, portés par un léger renflement qui surmonte les deux lèvres et qu'on peut prendre pour une tête imparfaite.

Le *corps* se divise en plusieurs *segmens*, qui,

---

[1] On sait que les néréides habitent aussi des fourreaux membraneux qui se forment naturellement autour de leur corps par transsudation : mais ces fourreaux ne sont point absolument nécessaires à leur existence ; elles les abandonnent sans aucun inconvénient, et la plupart même n'en ont pas.

comme ceux des néréides, portent tous une paire de *pieds*; à l'exception cependant des anneaux de chaque extrémité, qui peuvent en être dépourvus : ceux de l'extrémité postérieure forment communément un tube plus ou moins long, au bout duquel est l'anus toujours plissé et ouvert non en dessus, mais en dessous ou en arrière.

Les *pieds* se composent aussi de deux parties, dont l'une, propre à la nage, répond ordinairement à la *rame dorsale* des néréidées, et l'autre, beaucoup moins propre à l'action de nager qu'à celle de s'accrocher et de se fixer, répond à leur *rame ventrale*. Nous leur en conserverons les noms.

Les deux rames sont presque toujours intimement unies, et néanmoins elles se distinguent éminemment par leur forme et par la nature de leurs *soies*.

Il y a en effet, dans cet ordre, des soies de trois sortes, qui ne se rencontrent jamais ensemble sur la même rame, et qui n'occupent jamais les deux rames du même pied : 1°. les *soies subulées* proprement dites; 2°. les *soies à palette;* 3°. les *soies à crochets.*

Les *soies subulées* ne diffèrent essentiellement des soies proprement dites (festucæ) des néréides, ni par leur forme, ni par leur disposition. Elles sont réunies dans une seule gaîne, ou, mais très-rarement, distribuées dans plusieurs, qui toutefois se réunissent en un seul faisceau constamment dépourvu d'acicules. Ce faisceau constitue ordinairement la rame dorsale, et c'est la seule partie du pied à laquelle le nom de rame convienne exactement.

SYSTÈME DES ANNELIDES. 399

Les *soies à crochets* (uncinuli) sont de petites lames minces, comprimées latéralement, courtes ou peu allongées, exactement alignées, très-serrées les unes contre les autres, et découpées sous leur sommet en plusieurs dents aiguës et crochues, qui sont d'autant plus longues qu'elles se rapprochent davantage de la base de la soie; rarement elles sont à un seul crochet. Ces soies, disposées sur un ou deux rangs, occupent le bord saillant d'un feuillet ou d'un mamelon transverse, qui réunit les muscles destinés à les mouvoir, et dans l'épaisseur duquel elles peuvent elles-mêmes se retirer [1].

Quoique les soies à crochets occupent généralement la place de la rame ventrale, elles peuvent prendre celle de la rame dorsale, soit à tous les pieds, soit seulement sur un certain nombre.

Les soies subulées sont fort sujettes à manquer dans la partie postérieure du corps, et les soies à crochets dans la partie la plus antérieure, où elles sont quelquefois remplacées par les *soies à palette* (spatellulæ). J'appelle ainsi une troisième sorte de soies, dont le bout est aplati horizontalement et arrondi en spatule.

Il arrive aussi quelquefois que la première paire de pieds, et une, deux ou même trois des suivantes, affectent des formes anomales qui ne paraissent pas convenir au mouvement progressif, et qui, jointes au vo-

---

[1] Ce sont les mamelons en question, que quelques zoologistes modernes, faute d'y regarder de près, ont pris et prennent encore pour des stigmates.

lume des segmens antérieurs, donnent à ces segmens réunis l'apparence d'une tête.

Les *cirres* manquent en tout ou en partie : lorsqu'ils existent, on n'en trouve qu'un à chaque pied ; c'est ordinairement le cirre supérieur.

Les *branchies* manquent de même, ou elles n'occupent que certains segmens. Ordinairement elles sont bornées pour le nombre à une, deux ou trois paires qui naissent des segmens les plus antérieurs, où elles peuvent acquérir un plus grand développement.

DISTRIBUTION ET CARACTÈRES

DES

ANNELIDES SERPULÉES.

I.

Branchies *nulles, ou peu nombreuses et situées sur les premiers segmens du corps.* — Pieds *de plusieurs sortes.*

FAMILLE 5. LES AMPHITRITES, *AMPHITRITÆ.*

Des *branchies* au nombre d'une à trois paires, plus ou moins compliquées.

SECTION Ire. *Rames ventrales* de deux sortes : celles des premières paires de pieds portant des soies à crochets; celles des paires suivantes, des soies subulées. — Point de *tentacules.* (AMPHI-TRITES SABELLIENNES [1].)

    20. SERPULA. *Bouche* exactement terminale. — Deux *branchies* libres, flabelliformes ou pectiniformes, à divisions garnies, sur un de leurs côtés, d'un double rang de barbes; les deux divisions postérieures imberbes, presque toujours dissemblables. — *Rames ventrales* portant des soies à crochets jusqu'à la sixième paire inclusivement. — Les sept premières paires de pieds disposées sur une sorte d'*écusson* membraneux.

---

[1] L'importance des caractères qui distinguent cette section et les deux suivantes, pourra les faire ériger quelque jour en familles; les genres qu'elles comprennent se convertiraient facilement en sections, et leurs tribus en genres.

1. *Branchies* flabelliformes : leurs deux divisions imberbes inégales; l'une courte et filiforme, l'autre terminée en entonnoir ou en masse operculaire.
2. *Branchies* pectiniformes, spirales : leurs deux divisions imberbes inégales; l'une très-courte, l'autre très-grosse, en cône inverse et operculaire.
3. *Branchies* pectiniformes, spirales; leurs deux divisions imberbes également courtes et pointues.

21. SABELLA. *Bouche* exactement terminale. — Deux *branchies* libres, flabelliformes ou pectiniformes, à divisions garnies, sur un de leurs côtés, d'un double rang de barbes; les deux divisions postérieures imberbes, également courtes et pointues. — *Rames ventrales* portant des soies à crochets jusqu'à la septième ou huitième paire inclusivement. — Point d'*écusson* membraneux.

1. *Branchies* flabelliformes, à deux rangs de divisions.
2. *Branchies* flabelliformes, à un seul rang de divisions.
3. *Branchies* pectiniformes, spirales, à un seul rang de divisions.

SECTION II. *Rames ventrales* d'une seule sorte et portant toutes des soies subulées. — Point de *tentacules*. (AMPHITRITES HERMELLIENNES.)

22. HERMELLA. *Bouche* inférieure. — Deux *branchies* complètement unies à la face inférieure du premier segment, et formées chacune par plusieurs rangs transverses de divisions sessiles et simples. — Premier segment pourvu de soies disposées par rangs concentriques, constituant une couronne operculaire.

SECTION III. *Rames ventrales* d'une seule sorte, portant toutes des soies à crochets. — De longs *tentacules*. (AMPHITRITES TÉRÉBELLIENNES.)

23. TEREBELLA. *Bouche* semi-inférieure. — *Tentacules* très-longs, entièrement découverts. — Six, quatre ou deux *branchies* complètement libres, supérieures, arbusculiformes, à subdivisions nombreuses. — Premier segment dépourvu de soies, et sans disque operculaire.

1. Six *branchies*.
2. Quatre *branchies*.
3. Deux *branchies*.

24. AMPHICTÈNE. *Bouche* exactement inférieure. — *Tentacules* recouverts à leur base par un *voile* membraneux dentelé. — Quatre *branchies* incomplètement libres, inférieures, pectiniformes, à divisions minces et simples. — Premier segment pourvu de soies rangées, comme les dents d'un peigne, sur une surface plane et operculaire.
    1. *Voile* non distingué par un étranglement.
    2. *Voile* distingué à son origine par un étranglement.

FAMILLE 6. LES MALDANIES, *MALDANIÆ*.

Point de *branchies*.

25. CLYMÈNE. *Bouche* inférieure. — Point de *tentacules*. — *Rames ventrales* portant toutes des soies à crochets. — Premier segment dépourvu de soies, mais terminé par une surface operculaire.

II.

Branchies *nombreuses, éloignées des premiers segmens du corps.* — Pieds *d'une seule sorte.*

FAMILLE 7. LES TÉLÉTHUSES, *TELETHUSÆ*.

Des *branchies* compliquées, disposées sur les segmens intermédiaires.

26. ARENICOLA. *Bouche* exactement terminale, hérissée de courts *tentacules*. — *Rames ventrales* portant des soies à crochets. — Vingt-six *branchies* supérieures, arbusculiformes. — Point de disque operculaire.

LES ANNELIDES SERPULÉES.

Ve FAMILLE.

LES AMPHITRITES, *AMPHITRITÆ*.

Branchies grandes, plus ou moins compliquées, mais toujours peu nombreuses; deux, quatre, six au plus, insérées, suivant leur nombre, sur un, deux ou trois des quatre premiers segmens du corps, à la base supérieure des pieds ou appendices de ces mêmes segmens, quand ces appendices existent.

Bouche à deux lèvres extérieures, sans trompe, garnie assez communément de longs *tentacules*.

Pieds dissemblables : ceux du premier segment, et le plus souvent de deux ou trois autres, nuls ou anomaux; ceux des segmens suivans ambulatoires de plusieurs sortes; la première paire de pieds ambulatoires et quelquefois les deux paires suivantes, dépourvues de rames ventrales et de soies à crochets [1].

---

[1] *Intestin* dépourvu de *cœcums*. Les serpules et les sabelles ont l'estomac membraneux, peu dilaté et peu distinct.

Les hermelles ont un estomac très-musculeux, globuleux, lisse tant au dehors qu'au dedans : il correspond à la septième paire de pieds ambulatoires. Dans ces trois genres, l'intestin est peu sinueux, ou tout droit.

Les térébelles et les amphictènes ont à leur intestin une double dilatation, la première plus musculeuse et plus inégalement renflée que la seconde; ce n'est qu'après celle-ci que le tube intestinal se rend directement à l'anus.

ORDRE 2, FAMILLE 5, LES AMPHITRITES.

Genre XX. — SERPULA.

BOUCHE exactement antérieure, saillante entre les branchies, transverse, à lèvres plissées et égales; sans tentacules.
PIEDS ou APPENDICES du premier segment nuls.
PIEDS du second segment et de tous les suivans ambulatoires, de trois sortes :
 1°. *Premiers pieds* à rame dorsale petite, munie d'un faisceau de soies subulées, sans rame ventrale ni soies à crochets;
 2°. *Seconds pieds* et suivans, jusques et compris les *septièmes*, à rame dorsale pourvue d'un faisceau de soies subulées, et à rame ventrale garnie d'un rang de soies à crochets;
 3°. *Huitièmes pieds* et tous les suivans, compris la *dernière paire*, à rame ventrale pourvue d'un faisceau de soies subulées, et à rame dorsale garnie d'un rang de soies à crochets.
 Soies subulées tournées toutes en dehors, fines et légèrement arquées à la pointe, très-aiguës. — *Soies à crochets* très-courtes et très-minces, dentées en manière de scie.
BRANCHIES au nombre de deux, portées par le premier segment, grandes, ascendantes, opposées face à face, profondément divisées, à divisions filiformes ou sétacées, comprimées, disposées sur le bord supérieur de leur pédicule commun en peigne unilatéral ou en éventail, obscurément articulées, et garnies, sur leur côté interne, d'un double rang de barbes mobiles qui répondent aux articulations, et sont elles-mêmes faiblement annelées. La division postérieure, ou première division de chaque branchie, consistant en un filet imberbe séparé plus profondément que les autres; les deux filets souvent inégaux, le plus long se terminant alors par un disque propre à servir d'opercule.
CORPS allongé, rétréci d'avant en arrière, formé de segmens nombreux moins distincts en dessus qu'en dessous, et serrés de plus en plus jusqu'à l'anus, qui est petit et peu saillant : le premier segment, tronqué obliquement pour l'insertion des branchies, mince et dilaté à son bord antérieur, compose,

avec les sept anneaux suivans, une sorte de *thorax* revêtu en dessous d'un écusson membraneux, dont les bords ondulés se replient librement vers le dos, et dont la face présente les sept premières paires de pieds qui ont aussi leurs soies subulées repliées vers le dos; les pieds de la première paire plus écartés. — Animal contenu dans un tube naturel, fixé, ouvert à un seul bout, de substance calcaire.

ESPÈCES.

Ire Tribu. SERPULÆ SIMPLICES.

Branchies conformées en éventail, susceptibles de se rouler en entonnoir ou en demi-cornet : les deux divisions imberbes inégales, dissemblables ; la plus courte filiforme, ou peu renflée, la plus longue insensiblement épaissie de la base au sommet, et terminée par un disque operculaire.

Thorax à écusson membraneux obtusément triangulaire : les deux premiers pieds situés aux deux angles supérieurs de l'écusson, très-écartés ; ceux des six paires suivantes rapprochés graduellement de la ligne moyenne du corps.

1. SERPULA contortuplicata. *Serpule contournée.*

Vers à coquille tubuleuse. ELLIS, *Corallin.* pag. 117, planche 38, figure 2.
Serpula contortuplicata. LINN. *Syst. nat.* tom. 1, part. 2, pag. 1269, n°. 799. — GMEL., *Syst. nat.*, tom. 1, part. 6, pag. 3741, n°. 10.
Serpula contortuplicata. LAM., *Syst. des anim. sans vertèbr.*, pag. 326.
Serpula contortuplicata. CUV., *Règne anim.*, tom. II, pag. 518.
Espèce commune dans l'Océan, à tube demi-cylindrique, irrégulièrement contourné, ridé et strié en travers, caréné, rampant sur les coquilles et les pierres sous-marines.
CORPS long de douze à quinze lignes, les branchies non comprises, composé de quatre-vingt-dix à quatre-vingt-quinze segmens: le premier, à bord antérieur entier ou peu échancré, formant avec les sept suivans un thorax dont la longueur est celle du quart de l'abdomen ; celui-ci divisé en dessous par un sillon longitudinal, et replié habituellement à son extrémité. *Pieds du thorax* à rames dorsales munies de faisceaux simples, d'un jaune doré, et à rames ventrales

peu saillantes, garnies de soies à crochets très-serrées. *Pieds abdominaux* n'ayant aux rames ventrales que quelques soies rares et fines, mais possédant, pour rames dorsales, des rangs mobiles de soies à crochets qui se joignent presque sur le dos : ces rangs sont, à la vérité, peu proéminens, et se composent de soies absolument indistinctes à l'œil nû. *Branchies* presque égales, ayant, l'une, trente ou trente-deux, l'autre trente-deux ou trente-quatre digitations comprimées, garnies de barbes très-serrées, et pourvues en outre d'un petit filet terminal ; la base commune de ces digitations est arrondie obliquement d'avant en arrière, et les digitations antérieures sont plus courtes que les postérieures. La division imberbe non operculaire est un peu renflée au bout : l'operculaire paraît plus longue que les branchies ; elle est terminée par un disque en entonnoir, strié finement en rayons, tant à l'extérieur qu'à l'intérieur, et crénelé tout autour. Couleur quelquefois blanche, mais ordinairement rougeâtre, avec les branchies d'un rouge plus vif.

2. SERPULA vermicularis. *Serpule vermiculaire.*

SERPULA vermicularis. LINN. *Syst. nat.* tom. I, part. 2, pag. 1267, n°. 805 ; cite mal-à-propos, pour l'animal, Ellis et Skene, qui ont parlé de l'espèce précédente.
Serpula vermicularis. MULL., *Zool. dan.*, part. III, pag. 9, tab. 86, fig. 7 et 8. — CUV., *Règne anim.*, tom. II, pag. 518.
Espèce des mers d'Europe, à tube grêle et presque lisse, dont je ne connais l'animal que par les auteurs précités. Huit à neuf digitations à chaque *branchie*. *Opercule* en massue avec deux petites cornes.

3. SERPULA porrecta. *Serpule étendue.*

SERPULA porrecta. OTH. FABR., *Faun. groenl.* n°. 373.
Petite espèce des mers de la Norvège, à tube spiral à la base, ascendant, très-uni. *Branchies* courtes, à trois digitations. *Opercule* orbiculaire.

4. SERPULA granulata. *Serpule granulée.*

SERPULA granulata. OTH. FABR. *Faun. groenl.* n°. 375.
Autre petite espèce des mers de la Norvège, voisine de la précédente, à tube cannelé et presque régulièrement spiral.

5. SERPULA spirorbis. *Serpule spirorbe.*

SERPULA spirorbis. MULL., *Zool. dan.*, part. III, pl. 85, fig. 1-6.

Spirorbis nautiloïdes. LAM., *Hist. des anim. sans vertèbr.*, tom. v, pag. 359, n°. 1.

De l'Océan. *Branchies* à trois divisions pinnées, à pinnules ou barbes grandes écartées. *Filet operculaire* terminé par un disque elliptique. Cette petite espèce, dont le tube, complètement et régulièrement spiral, ressemble à la coquille d'un planorbe, est le type du genre *spirorbis* de M. de Lamarck.

IIe Tribu. SERPULÆ CYMOSPIRÆ.

Branchies conformées en peigne à un seul côté, se contournant en vis à plusieurs tours de spire ; les deux divisions imberbes inégales, dissemblables, l'une très-courte et pointue, l'autre grosse, épaissie de la base au sommet et terminée en disque operculaire.

Thorax à écusson membraneux obtusément triangulaire : les deux premiers pieds situés aux deux angles supérieurs de l'écusson, très-écartés ; ceux des six paires suivantes rapprochés graduellement de la ligne moyenne du corps [1].

6. SERPULA gigantea. *Serpule géant.*

Penicillum marinum. SEBA, *Thes. rer. natur.*, tom. III, pag. 39, tab. 16, fig. 7, a. b.

Serpula gigantea. PALL. *Misc. zool.* pag. 139, pl. 10, figure 2-10. — GMEL., *Syst. nat.*, tom. I, part. 6, pag. 3747, n°. 37.

Serpula gigantea. Cuv., *Collect. du Mus.*; et *Règne anim.*, tom. II, pag. 518.

Espèce des Antilles, qui vit sur les madrépores, et dont le tube mince et irrégulier se trouve souvent enveloppé dans leurs masses. Communiquée par M. de Lamarck.

CORPS long de cinq pouces, les branchies non comprises, formé de cent quarante segmens environ, le premier, à bord antérieur mince, ample et cordiforme, composant avec les sept suivans un thorax court ; l'abdomen qui succède marqué d'un sillon en dessous et un peu replié à son extrémité. *Pieds du thorax* à rames dorsales pour-

---

[1] M. de Lamarck soupçonne que c'est par une serpule de cette seconde tribu qu'est habité le tube calcaire dont M. Denis de Montfort a fait un genre sous le nom de magile, *magilus. Voyez* Hist. des anim. sans vertèbres, tom. v, pag. 371. — Quelques espèces de la première tribu ont reçu de certains auteurs le nom d'amphitrites.

vues de faisceaux épais, d'un brun doré très-brillant, et à rames ventrales peu saillantes, garnies de soies à crochets très-nombreuses et très-serrées. *Pieds abdominaux* portant des faisceaux grêles composés de soies blondes excessivement fines, et des rangs dorsaux de soies à crochets peu marqués. *Branchies égales*, décrivant sur leur axe six à sept tours, à divisions très-nombreuses, cent et plus, terminées chacune par un filet crochu, et garnies de barbes très-fines sans être fournies; ces branchies contractées font environ le cinquième de la longueur totale. Leur division imberbe non operculaire presque nulle et comme avortée; la division operculaire très-grosse, plus courte que les branchies, obconique, terminée par un disque ou un plateau elliptique dont le bord postérieur est chargé d'un tubercule qui porte deux petites cornes rameuses. Couleur blanchâtre, teinte sur les branchies de violet ou d'incarnat.

7. SERPULA bicornis. *Serpule bicorne.*

Terebella bicornis. ABILDG. *Schr. der. Berl. Naturf.* tom. IX, p. 138, tab. 3, fig. 4. — GMEL., *Syst. nat.*, tom. 1, part. 6, p. 3114, n°. 10. Espèce des mers de l'Amérique, décrite et figurée par Abildgaard dans les Mémoires de la Société des naturalistes de Berlin. Son *opercule*, plus orbiculaire et porté sur un pédicule plus grêle que dans l'espèce précédente, est surmonté de deux petites cornes rameuses.

8. SERPULA stellata. *Serpule étoilée.*

Terebella stellata. ABILDG. *Schr. der Berl. Naturf.* tom. IX, p. 138, tab. 3, fig. 5. — GMEL., *Syst. nat.*, tom. 1, part. 6, p. 3114, n°. 11. Celle-ci, qui est aussi des mers de l'Amérique, se distingue de toutes les autres par son *opercule* triperfolié, c'est-à-dire formé de trois disques successifs, le dernier surmonté d'un petit appendice turbiné, dont le plateau est parsemé d'épines branchues.

IIIe Tribu. SERPULÆ SPIRAMELLÆ.

Branchies conformées en peigne à un seul rang, se contournant en vis à plusieurs tours de spire; la division imberbe de chacune également courte et pointue.

Thorax à écusson membraneux peu rétréci en arrière, et présentant les sept premières paires de pieds disposées sur deux lignes presque parallèles.

9. SERPULA bispiralis. *Serpule bispirale.*

Urtica marina singularis. SEBA, *Thes. rer. natur.* tom. 1, pag. 45, tab. 29, fig. 1 et 2.
Sabella bispiralis (*Seb.* 1, xxix, 1). Cuv., *Collect.*

Grande espèce de la mer des Indes, rapportée par feu Péron, et que son défaut d'opercule a dû faire prendre pour une sabelle. Son tube ne m'est pas connu.

CORPS long de trois pouces et demi, les branchies, qui sont fort grandes, non comprises, déprimé, formé de cent trente-quatre segmens: le premier à bord antérieur mince, découpé en trois lobes saillans, le lobe intermédiaire beaucoup plus large, réfléchi en dessous, comme échancré, les latéraux droits, demi-circulaires; les sept segmens qui suivent, très-grands, formant avec le précédent un thorax dont l'écusson est très-développé et dont la longueur égale celle de la moitié de l'abdomen : celui-ci, composé de segmens peu distincts sur le dos, mais saillans en plis sous le ventre, qui est divisé longitudinalement par un profond sillon. *Pieds thoraciques* à faisceaux de soies très-fournis, subdivisés chacun en trois autres faisceaux plats, d'un jaune doré, et à rangs de soies à crochets peu visibles. *Pieds abdominaux* à faisceaux de soies fort petits, plus longs et plus distincts vers l'anus, et à rangs de soies à crochets très-visibles, mais peu étendus et qui ne se prolongent sur le dos que vers l'extrémité du corps. Les neuvième et dixième segmens, c'est-à-dire les deux premiers de l'abdomen, sont entièrement recouverts par le bord postérieur de l'écusson, et manquent, par une exception remarquable, de rames à soies à crochets. *Branchies* égales, décrivant neuf tours de spire sur un axe fort épais, à divisions très-nombreuses, quatre cents ou plus, garnies chacune de barbules fines et serrées, et terminées par un filet crochu : ces branchies contractées ont environ un pouce et demi, et font par conséquent le tiers de la longueur de tout l'animal; elles doivent en faire plus de la moitié dans leur développement complet : leurs deux divisions imberbes sont plus grosses et plus courtes que les digitations voisines, taillées en pointe et à peu près égales entre elles. Couleur gris-blanchâtre, avec une teinte d'incarnat [1].

---

[1] Parmi les nombreuses espèces de serpules qui ne peuvent trouver place ici parce que leur tube seul est bien connu, il s'en trouve, telles que la *serpula triquetra* de Linné, qui ont ce tube clos par un opercule testacé. M. de Lamarck en compose deux genres particuliers sous les noms de vermilie, *vermilia*, et de galéolaire, *galeolaria*. Voyez *Hist. des anim. sans vertèbres*, tome v, pag. 368 et suiv.

ORDRE 2, FAMILLE 5, LES AMPHITRITES.

Genre XXI — SABELLA.

BOUCHE exactement antérieure, peu saillante, transverse, située entre les branchies, qui lui fournissent inférieurement une lèvre auxiliaire membraneuse, avancée, plissée et bifide en dessous; point de *tentacules*.

PIEDS ou APPENDICES du premier segment nuls.

PIEDS du second segment et de tous les suivans ambulatoires, de trois sortes :

1°. *Premiers pieds* à rame dorsale petite, munie d'un faisceau de soies subulées, sans rame ventrale ni soies à crochets ;

2°. *Seconds pieds* et suivans, jusques et compris les *huitièmes* ou *neuvièmes*, à rame dorsale pourvue d'un faisceau de soies subulées, et à rame ventrale garnie d'un rang de soies à crochets ;

3°. *Neuvièmes* ou *dixièmes pieds* et tous les suivans, compris la *dernière paire,* à rame ventrale pourvue d'un faisceau de soies subulées, et à rame dorsale garnie d'un rang de soies à crochets.

Soies subulées tournées en dehors, un peu dilatées et coudées vers la pointe, qui est finement aiguë. — *Soies à crochets* très-courtes, minces, à courbure élevée, très-arquée, terminée inférieurement par une longue dent.

BRANCHIES au nombre de deux, portées par le premier segment, grandes, ascendantes, opposées face à face, profondément divisées, à divisions nombreuses, minces, linéaires ou sétacées, disposées, sur le bord supérieur du pédicule commun, en éventail ou en peigne unilatéral, obscurément articulées et garnies sur leur tranche interne d'un double rang de barbes cylindriques et mobiles, qui répondent aux articulations et sont elles-mêmes faiblement annelées. La division postérieure de chaque branchie consistant en un filet imberbe, séparé plus profondément que les autres et situé plus intérieurement : les deux filets à peu près égaux, courts et pointus.

CORPS linéaire, droit, rétréci seulement vers l'anus, qui est petit et peu saillant; composé de segmens courts et nombreux, qui constituent sous le ventre autant de plaques transverses, divisées, à l'exception des huit à neuf premières, par un sillon longitudinal : le premier segment, tronqué obliquement d'avant en arrière pour l'insertion des branchies, saillant et fendu à son bord antérieur, ne forme avec les huit ou neuf anneaux suivans qu'un *thorax* étroit, court, sans aucun écusson membraneux, et que distingue seulement la grandeur ou mieux encore la forme particulière des huit ou des neuf paires de pieds qu'il porte ; les pieds de la première paire très-écartés. — Animal contenu dans un tube fixé verticalement, coriace ou gélatineux, ouvert à un seul bout, et généralement enduit à l'extérieur d'une couche factice de limon.

ESPÈCES.

Ire Tribu. SABELLÆ ASTARTÆ.

Branchies égales, flabelliformes, portant chacune un double rang de digitations et se roulant en entonnoir.

1. SABELLA indica. *Sabelle indienne.*

SABELLA grandis. Cuv., *Collect. du Mus.*
Magnifique espèce de la mer des Indes, dont le tube est coriace, épais, d'un brun-noir, sans enduit sablonneux à l'extérieur. Rapportée par M. Péron, et communiquée par M. de Lamarck.
CORPS long de quatre pouces et demi, large de cinq lignes, gros par conséquent pour sa longueur, pointu au bout, formé de deux cent vingt-sept segmens excessivement courts et serrés, surtout vers l'anus ; le premier segment fendu en quatre lobes minces, qui enveloppent presque la base des branchies, et dont les deux intermédiaires plus avancés se recouvrent un peu mutuellement. *Pieds* pourvus de petits faisceaux de fines soies subulées d'un jaune très-brillant, et de rangs de soies à crochets peu saillans, mais plus étendus que dans les espèces suivantes ; les pieds thoraciques, au nombre de huit paires ; les deux premiers pieds abdominaux portant, par une exception fort singulière, deux faisceaux de soies subulées à leur rame ventrale. *Anus* rond, tourné en devant, garni intérieurement de huit papilles. *Branchies* surpassant en longueur la moitié du corps, fort remarquables par leur ampleur et leur bel aspect velouté, parfaitement conformées en éventail, très-épaisses, composées chacune de quatre-vingts digitations

disposées sur deux rangs égaux et parallèles : toutes ces digitations garnies de barbes très-fines et très-serrées, et terminées par un filet subulé et crochu; les trois à quatre antérieures sont assez courtes. Divisions postérieures et imberbes plus courtes des trois quarts que les digitations voisines, droites, prismatiques, taillées en pointe. Couleur du corps tirant au rougeâtre ou au violet, avec un point noir à l'extrémité inférieure de chaque rang dorsal de soies à crochets; celle des branchies fauve, variée sur les digitations d'anneaux brun-noirâtre, qui, par leur réunion, forment des bandes irrégulières transverses.

2. SABELLA magnifica. *Sabelle magnifique.*

>Tubularia magnifica. SHAW, *Trans. linn. soc.* tom. v, pag. 228, tab 9; et *Miscell. zool.* tom. xii, tab. 450. — Amphitrite magnifica. LAM., *Hist. des anim. sans vertèbr.*, tom. v, pag. 356, n° 3.
>Autre fort belle espèce des côtes de la Jamaïque, assez bien figurée dans Shaw pour qu'on puisse, sans aucun doute, la rapporter à cette première tribu : ses divisions branchiales, disposées de chaque côté sur deux rangs, sont annelées de blanc et de rouge; les deux filets imberbes occupent le centre du cercle magnifique qu'elles forment dans leur épanouissement.

IIe Tribu. SABELLÆ SIMPLICES.

Branchies égales, flabelliformes, à un simple rang de digitations, se roulant en entonnoir.

3. SABELLA penicillus. *Sabelle pinceau.*

>Penicillus marinus. RONDEL, *Hist. des poiss.*, part. 2, pag. 76, avec une figure.
>Sabella penicillus. CUV., *Collect. du Mus.*
>Espèce des côtes de l'Océan; individu envoyé de Dieppe au Muséum d'histoire naturelle : le tube qui le contient est épais, gélatineux, recouvert à l'extérieur d'un limon fin et cendré, et deux fois plus long que tout l'animal.
>CORPS long de trois pouces, les branchies non comprises, épais, obtus au bout, formé de cent vingt-deux segmens, le premier fendu en quatre lobes; les deux lobes intermédiaires grands, avancés, renflés au côté interne, membraneux à la pointe, et réfléchis en dessous; les latéraux courts, demi-circulaires. *Pieds* à faisceaux de soies subulées petits, d'un jaune doré, et à rangs de soies à crochets courts

et ferrugineux, moins saillans sur le thorax que sur les côtés de l'abdomen; pieds du thorax au nombre de huit paires. *Anus* plissé.
Branchies égales en longueur à la moitié du corps, composées de digitations très-grêles, qui ont des barbes très-fines, très-serrées, assez longues, et un filet terminal fort court. Je compte trente-huit digitations à la branchie gauche, et quarante-deux à la droite; les deux ou trois digitations antérieures courtes dans l'une et dans l'autre. Divisions imberbes très-petites et très-menues. Couleur du corps, gris-rougeâtre, tirant au fauve; celle des branchies fauve pâle, sans taches.

4. Sabella flabellata. *Sabelle éventail.*

Tubularia penicillus. Oth. Fabr. *Faun. groenl.* n°. 449?
Espèce des côtes de l'Océan, voisine de la précédente, mais plus petite et à branchies moins délicates: le tube, beaucoup plus long que le corps, est gélatineux, mince, recouvert d'un limon cendré.
Corps long de quinze lignes, les branchies non comprises, assez épais, obtus au bout, composé de quatre-vingt-douze segmens, le premier fendu en quatre lobes; les deux lobes intermédiaires courts et épaissis à leur côté intérieur; les latéraux presque nuls. *Pieds thoraciques* au nombre de huit paires, ceux de la première paire chargés d'un petit grain en dedans de leur faisceau; les autres n'offrent rien de remarquable, non plus que les pieds abdominaux. *Branchies* presque égales à la moitié du corps, ayant chacune de vingt-une à vingt-deux digitations barbues qui se terminent par une sorte de filet large au milieu, comprimé et courbé en demi-spirale; les trois à quatre digitations antérieures sont courtes. Divisions imberbes extrêmement courtes et menues. Couleur du corps, grisâtre; celle des branchies gris-fauve pâle, variée, sur le dos des digitations, de mouchetures brunes également espacées, qui forment des zones circulaires quand les branchies s'épanouissent.

5. Sabella pavonina. *Sabelle queue-de-paon.*

Scolopendra plumosa tubiphora. Bast. *Opusc. subs.* tom. 1, lib. 2, pag. 77, tab. 9, fig. 1.
Tubularia penicillus. Mull., *Zool. dan.*, part. iii, pag. 13, tab. 89, fig. 1, 2. — Amphitrite penicillus. Lam., *Hist. des anim. sans vertèbr.*, tom. v, pag. 356, n°. 2.
Autre espèce des côtes de l'Océan, que ses proportions ne permettent point de confondre avec les précédentes; son tube, de la longueur du corps, est gélatineux et revêtu d'un limon argileux gris cendré. Communiquée par M. Latreille.

ORDRE 2, FAMILLE 5, LES AMPHITRITES.

Corps long de cinq pouces, large d'une ligne, par conséquent très-grêle, composé d'environ cent soixante segmens, le premier fendu en deux lobes courts et pointus. *Pieds* des deux espèces précédentes, avec les rames à crochets plus étroites encore et un peu plus saillantes : il y a en outre, non huit, mais neuf paires de pieds au thorax ; ceux de la première paire ne portent point de grains. *Branchies* égales au cinquième ou tout au plus au quart du corps, composées chacune de vingt-une digitations (vingt-trois dans Müller) très-grêles et très-délicates, à barbes très-fines et à filet terminal convexe, subulé et crochu : divisions imberbes médiocres, acuminées ; les digitations qui les précèdent immédiatement, plus fortes que les autres, colorées en violet très-intense. Couleur du corps, grisâtre, avec les pieds d'un blanc pur, à soies d'un jaune doré ; et les branchies blanches, à digitations marquées de taches violettes espacées, qui se correspondent comme dans la *sabelle éventail*.

Observation.—L'*amphitrite infundibulum* de Montagu, *Trans. soc. linn.* tom. ix, tab. 8, appartient certainement à cette seconde tribu des sabelles : j'y rapporterais aussi volontiers l'*amphitrite vesiculosa* du même, *loc. cit.*, tom. xi, tab. 5 ; et la *tubularia fabricia* d'Othon Fabricius, *Faun. groenl.* n°. 450.

IIIᵉ Tribu. Sabellæ spirographes.

Branchies en peigne à un seul côté et à un seul rang, se contournant en spirale.

6. Sabella unispira. *Sabelle unispirale*

Spirographis spallanzanii. Viviani, *Phosph. mar.*, pag. 14, tab. 4 et 5.
Sabella unispira. Cuv., *Règne anim.*, tom. ii, pag. 519 ; et *Collect. du Mus. de Paris.*

Espèce qui, aux branchies près, ressemble beaucoup aux sabelles de la seconde tribu ; son tube, beaucoup plus long que le corps, est coriace, d'un brun-verdâtre, avec un enduit sablonneux plus clair. Commune aux côtes de l'Océan et de la Méditerranée. Deux individus envoyés de la Rochelle par M. Fleuriau de Bellevue, et un troisième rapporté d'Ivica par M. de Laroche.

Corps long de trois pouces et demi à cinq pouces, les branchies non comprises, assez grêle, beaucoup moins cependant que dans la *sabella pavonina*, pointu au bout, composé de cent trente-neuf, cent soixante-onze segmens ; le premier segment fendu en quatre lobes, les deux lobes intermédiaires plus épais et plus prolongés en avant.

Pieds des trois espèces précédentes, à soies également d'un jaune doré : les pieds thoraciques au nombre de huit paires, ayant leurs rames à crochets très-sensiblement plus grandes que celles des pieds abdominaux, qui sont courtes et fort peu étendues. *Branchies* très-inégales : la plus petite n'a que vingt-huit digitations, les supérieures plus courtes; la grande, qui est presque égale à la moitié du corps, paraît en avoir plus de cent. Ces digitations sont très-longues, très-grêles, sétacées, à barbes très-fines et à très-petit filet terminal. Quand l'animal se contracte, la petite branchie entoure la base de la grande, qui se roule en quatre à cinq tours de spirale. Divisions imberbes très-courtes et très-menues. Couleur gris-rougeâtre clair, avec des anneaux noirâtres également espacés sur les digitations des branchies.

7. SABELLA ventilabrum. *Sabelle porte-van.*

Corallina tubularia melitensis. ELLIS, *Corallin.* pag. 107, pl. 33. — Sabella penicillus. LINN. *Syst. nat. ed.* 12, tom. 1, part. 2, p. 1269, n°. 814. — Amphitrite ventilabrum. GMEL., *Syst. nat.*, tom. 1, part. 6, pag. 3111, n°. 3. — LAM., *Hist. des anim. sans vertèbr.*, tom. v, pag 356, n°. 1.

Espèce de la Méditerranée, que je n'ai point vue. *Branchies* pectiniformes, beaucoup moins inégales que celles de la précédente et peu contournées; la figure d'Ellis montre vingt-trois et vingt-huit digitations. Cent cinquante paires de *pieds* et plus, dont huit thoraciques. Tube recouvert d'une couche de sable fin et cendré.

8. SABELLA volutacornis. *Sabelle volutifère.*

Amphitrite volutacornis. MONTAG. *Trans. soc. lin.* tom. VII, tab. 7, fig. 10, pag. 84. — LAM., *Hist. des anim. sans vertèbr.*, tom. v, pag. 357, n°. 6.
Amphitrite volutacornis. LEACH, *Encycl. brit.*, Suppl., tom. 1, p. 451, tab. 26, fig. 7.

Belle espèce de l'Océan, qui se fait surtout remarquer par la grosseur de ses *branchies* roulées chacune en cinq à six tours de spire. Le corps est large et court, composé, autant qu'on peut en juger par les figures précitées, d'environ quatre-vingt-dix segmens, dont onze pour le thorax, qui serait par conséquent pourvu de dix paires de pieds.

Genre XXII. — HERMELLA [1].

BOUCHE inférieure, située entre les supports des branchies, mu-

---

[1] Nom substitué à celui d'*amymone*, que l'Académie n'a pas approuvé. *Voyez* le rapport de MM. Cuvier, de Lamarck et La-

nie d'une lèvre supérieure et de deux demi-lèvres inférieures longitudinales, minces et saillantes; sans *tentacules*.

PIEDS OU APPENDICES du premier segment anomaux, constituant ensemble deux cirres inférieurs, portés par deux lobules situés sous la bouche, et deux triples rangs supérieurs arqués et contigus de soies plates qui composent une couronne elliptique destinée à servir d'opercule; les deux rangs extérieurs de cette couronne très-ouverts, à soies fortement dentées, inclinées en dehors, et le rang intérieur à soies entières, courbées en dedans; le plus extérieur des trois rangs mobile, entouré lui-même d'un cercle de denticules charnus.

PIEDS du second segment et des suivans munis à leur base supérieure d'un cirre plat, allongé, acuminé, tourné en devant; d'ailleurs de trois sortes :

1°. *Premiers pieds* sans soies visibles, mais pourvus d'un petit cirre inférieur, tourné en devant;

2°. *Seconds*, *troisièmes* et *quatrièmes pieds* à rame ventrale munie d'un faisceau de soies subulées, et à rame dorsale garnie de soies à palette lisse;

3°. *Cinquièmes pieds* et tous les suivans, compris la *dernière paire*, à rame ventrale munie d'un faisceau de soies subulées, et à rame dorsale garnie d'un rang de soies à crochets; la paire des cinquièmes pieds distinguée en outre par deux petits cirres inférieurs et connivens.

Soies subulées dirigées toutes en dedans; celles des deuxièmes, troisièmes et quatrièmes pieds, comprimées et lancéolées à leur pointe; les autres simplement infléchies. — *Soies à crochets* excessivement minces et courtes, découpées sous leur bout en trois à quatre dents.

BRANCHIES au nombre de deux, situées sous le premier segment, occupant l'intervalle qui sépare sa couronne operculaire de ses deux cirres inférieurs, consistant chacune en une touffe de

---

treille (M. Latreille rapporteur), imprimé dans le recueil des *Mémoires de l'Académie des sciences*, dans les *Annales du Muséum d'histoire naturelle*, et dans l'édition in-8° de mes *Mémoires sur les animaux sans vertèbres*.

filets sessiles, aplatis, sétacés, alignés fort régulièrement sur plusieurs rangs transverses.

Corps presque cylindrique, avec un léger renflement au milieu, aminci à son extrémité postérieure, composé de segmens peu nombreux : le premier segment apparent très-grand, dépassant antérieurement la bouche, tronqué obliquement d'avant en arrière pour recevoir la couronne operculaire, et fendu profondément par-dessous sur toute sa longueur pour fournir deux supports aux divisions branchiales; les derniers segmens allongés, membraneux, sans pieds, composant une queue tubuleuse, grêle et cylindrique, repliée en dessous, terminée par un petit anus. — Animal contenu dans un tube fixé, sablonneux, ouvert par un seul bout, et réuni avec d'autres tubes semblables en une masse alvéolaire.

ESPÈCES.

1. Hermella alveolata. *Hermelle alvéolaire.*

Ver à tuyau. Réaum., *Mém. de l'Acad. des sciences*, année 1771, pag. 165.
Tubularia arenosa anglica. Ell. *Corall.* pag. 104, pl. 36. — Psamatotus. Guttard, *Mém.*, tom. iii, pag. 68, pl. 69, fig. 2. — Tubipora arenosa. Linn. *Syst. nat. ed.* 10, tom. i, pag. 790. — Sabella alveolata. Linn. *Syst. nat. ed.* 12, tome i, part. 2, p. 1268, n°. 812. — Gmel., *Syst. nat.*, tom. i, part. 6, pag. 3749, n°. 3.
Amphitrite alveolata. Cuv., *Dict. des Scienc. nat.*, tom. i, pag. 79, n°. 4; et *Règne anim.*, tom. ii, pag. 521.
Sabellaria alveolata. Lam., *Hist. des anim. sans vertèbres*, tome v, pag. 352, n°. 1.
Amphitrite ostrearia. Cuv., *Dict. des Scienc. nat.*, tom. i, p. 79, n°. 3?
Espèce des côtes de l'Océan et de celles de la Méditerranée jusqu'en Syrie.

Corps long de quinze lignes et formé de trente-trois segmens, sa queue tubuleuse non comprise; le premier segment égal aux cinq suivans réunis, fendu jusqu'au milieu de sa couronne. Couronne operculaire composée d'environ cent soixante soies ou paillettes, quatre-vingts de chaque côté, dont trente-six appartiennent au rang extérieur, vingt-huit à trente au rang mitoyen, quinze à dix-huit au rang intérieur, et qui ont toutes l'éclat de l'or; les soies du rang extérieur et celles du rang mitoyen sont découpées en quatre fortes dents courbées et tournées en arrière, outre un petit denticule sur le côté opposé. Les trois premières paires de rames dorsales étroites, plates et saillantes, avec des soies à palettes qui ont l'éclat et les reflets de la nacre : les paires suivantes, au nombre de vingt-neuf, sont des feuillets qui vont en diminuant de grandeur après la septième paire, et dont les soies à crochets sont d'une extrême finesse. Toutes ces rames sont dirigées en arrière, tandis que les rames ventrales se portent en avant. Les divisions de chaque *branchie* sont alignées sur dix rangs. Le tube anal, assez long pour dépasser en se courbant la moitié du corps, est vraisemblablement composé de plusieurs segmens; mais je n'y vois aucune articulation distincte. Couleur rougeâtre avec une nuance de violet.

Les individus décrits et figurés par Ellis sont de moitié plus petits que ceux que j'ai sous les yeux, et ils pourraient bien constituer une autre espèce.

2. HERMELLA chrysocephala. *Hermelle chrysocéphale.*

Nereïs chrysocephala. PALL. *Nov. Act. Petrop.* tom. II, pag. 235, tab. 5, fig. 20. — Terebella chrysocephala. GMEL., *Syst. nat.*, tom. I, part. 6, pag. 3111, n°. 6.

Espèce de la mer des Indes, observée par Pallas, très-remarquable par sa longueur, qui est de plus de quatre pouces ; elle se distingue encore de la précédente par la forme de sa couronne, dont le rang le plus intérieur est moins séparé à sa base du rang mitoyen, et par quelques autres différences assez légères.

Genre XXIII.— TEREBELLA.

BOUCHE presque exactement antérieure, à deux lèvres transverses : la lèvre supérieure large, avancée, voûtée, surmontée de nombreux tentacules ; la lèvre inférieure étroite, plissée en travers.

Tentacules insérés autour de la lèvre supérieure, inégaux, la plupart très-longs, filiformes, striés circulairement, très-extensibles, marqués en dessous d'un sillon, frisés sur les bords, et rendus visqueux et préhensiles par de fines aspérités.

PIEDS ou APPENDICES des trois premiers segmens nuls ou anomaux.

Appendices du *premier segment* nuls ou consistant en deux feuillets inférieurs, demi-circulaires, contigus à leur base, écartés à leur sommet, tournés en devant.

Appendices du *second segment* toujours nuls.

Appendices du *troisième segment* nuls ou consistant en deux feuillets inférieurs, écartés dès leur base, semblables d'ailleurs aux précédens.

PIEDS du quatrième segment et de ceux qui suivent, conformés à l'ordinaire, de trois sortes :

1°. *Premiers pieds* à rame dorsale pourvue de soies subulées, sans rame ventrale ni soies à crochets;

2°. *Seconds pieds* et les suivans, jusques et compris les *dix-septièmes* et même les *dix-neuvièmes*, à rame dorsale pourvue d'un faisceau de soies subulées, et à rame ventrale en forme de mamelon transverse, armée d'un double rang de soies à crochets;

3°. *Dix-huitièmes* ou *vingtiemes pieds* et les suivans, compris la *dernière paire*, sans rame dorsale, à rame ventrale garnie, comme les précédentes, d'un double rang de soies à crochets; les pieds des trois derniers segmens presque imperceptibles.

Soies subulées tournées toutes en dehors, terminées simplement en pointe. — *Soies à crochets* courtes et minces, étranglées vers leur sommet, qui est relevé, arrondi en dessus, et découpé par-dessous en quatre dents.

BRANCHIES au nombre de six, de quatre ou de deux, complètement supérieures, insérées sur les second, troisième et quatrième segmens, près de la base des appendices quand ceux-ci existent, consistant en autant d'arbuscules délicats, plus ou moins touffus.

CORPS allongé, fuselé ou ventru, garni par-dessous d'une large bandelette charnue, qui s'étend du second segment au quatorzième, où elle se termine en pointe, prolongé après le dix-huitième ou le vingtième segment en une queue cylindrique, dirigée en arrière et composée d'anneaux très-nombreux; les trois à quatre derniers anneaux formant un tube court, replié en dessous, terminé par un anus plissé et circulaire. — Animal contenu dans un fourreau fixé, membraneux, peu solide, ouvert au bout antérieur, presque fermé au postérieur, grossièrement recouvert de grains de sable et de fragmens de coquilles.

ESPÈCES.

Ire Tribu. TEREBELLE SIMPLICES.

Lèvre supérieure non dilatée en deux lobes. — *Appendices* des *premier* et *troisième segmens* formant ensemble quatre lobes latéraux dirigés en avant. — *Branchies* au nombre de trois paires, ramifiées dès leur base, insérées aux second, troisième et quatrième segmens.

1. TEREBELLA conchilega. *Térébelle coquillière.*

Nereis conchilega. PALL. *Misc. zool.* pag. 131, tab. 8, fig. 17-22. — Amphitrite conchilega. BRUG., *Encycl. méth. Dict. des vers*, tom. I, pag. 52, n°. 2 ; et pl. 57. fig. 5-12. — Terebella conchilega. GMEL., *Syst. nat.*, tom. I, part. 6, pag. 3113, n°. 3.
Terebella conchilega. CUV., *Règne anim.*, tom. II, pag. 519.
Terebella prudens. CUV., *Dict. des Scienc. nat.*, tom. II, pag. 81 ?
Espèce des côtes de l'Océan, dont le tube assez délicat, composé de petits cailloux et de petits fragmens de coquilles, présente une agréable variété de couleurs.

CORPS long de huit à neuf pouces, la queue seule en fait plus des trois quarts, large de trois lignes près des branchies, et de moins de deux vers le milieu de la queue, par conséquent assez grêle, point ventru, garni d'un bourlet saillant sur les côtés, formé, la bouche non comprise, de cent trente-quatre anneaux sillonnés circulairement ; ces anneaux, d'abord fort courts, s'allongent très-sensiblement du huitième au dix-septième, qui n'a pas moins de huit à neuf sillons ou subdivisions, et se raccourcissent de même très-sensiblement du dix-septième au vingt-huitième, après lequel ils sont courts jusqu'à l'anus. *Tentacules* antérieurs médiocres, les postérieurs plus longs. Lobes du troisième segment moins saillans que ceux du premier, très-écartés. *Pieds thoraciques*, ou pourvus de soies subulées, au nombre de dix-sept paires, insérées, à ce qu'il me paraît, à l'extrémité antérieure de leur segment ; les premières paires très-rapprochées, les suivantes écartées de plus en plus, toutes à rames ventrales en forme de mamelons transverses. Cent quatorze paires de *pieds caudaux*, ou privés de soies subulées, à rames étroites, plates et saillantes en arrière ; les dernières paires fort petites. Couleur du corps, fauve léger, teint d'une nuance d'incarnat ; la bande pectorale rougeâtre, les tentacules blanchâtres, les soies d'un jaune clair, et les branchies d'un rouge très-vif pendant la vie ; les deux branchies postérieures sont ordinairement les plus courtes.

2. **Terebella** Medusa. *Térebelle Méduse.*

Terebella Medusa. *Annelides gravées*, pl. 1, fig. 3 ; individu pris dans le golfe de Soueys.

Espèce nouvelle des côtes de la mer Rouge, plus grosse que la précédente, à segmens plus serrés, du reste assez semblable; son tube, rampant et tortueux, offre à l'extérieur des cailloux et de gros fragmens de coquilles confusément disposés.

Corps long de cinq à six pouces, la queue n'en fait que les deux tiers, sensiblement ventru, point bordé sur les côtés, composé de quatre-vingt-dix segmens courts et marqués par-dessous d'un léger canal qui s'étend de la bande pectorale à l'anus. *Tentacules* grands, et dont quelques-uns, dans leur état de contraction, excèdent encore le tiers du corps. Lobes des premier et troisième segmens presque égaux et presque également écartés. Dix-sept paires de *pieds thoraciques* et soixante-dix paires de *pieds caudaux*, toutes conformées et disposées à peu près comme dans la *térébelle coquillière*. Elles sont beaucoup plus rapprochées ; elles sont aussi placées plus inférieurement sous la queue. Couleur du corps, cendrée, avec une teinte rougeâtre ; la bande pectorale rouge-clair à sa base, rouge de sang au sommet; un trait noir sur les rames ventrales du thorax, deux autres traits noirs sur le bord postérieur de chacun de ses segmens en dessus, et deux mouchetures correspondantes au dessous, également noires : les points saillans, noirs ou blancs, bordent la marge postérieure de tous les anneaux de la queue Les tentacules sont blancs, et les branchies dans l'animal vivant sont d'un très-beau rouge.

3. **Terebella** cirrata. *Térébelle cirreuse.*

Ver-Méduse. Dicquem., *Journ. de phys.*, 1777, mars, pag. 215, tab. 1, fig. 10, 11.

Nereïs cirrosa. Linn. *Syst. nat.* ed. 12, tom. 1, part. 2, pag. 1085, n°. 3.

Amphitrite cirrata. Mull., *Wurmern*, pag. 188, tab. 15, fig. 1, 2. — Brug., *Encycl. méth. Dict. des vers*, tom. 1, pag. 53, n°. 3 ; et pl. 58, fig. 16, 17. — Terebella cirrata. Gmel., *Syst. nat.*, tom. 1, part. 6, pag. 3112, n°. 1.

Amphitrite cirrata. Oth. Fabr. *Faun. groenl.* n°. 269.

Espèce des mers du Nord, que je n'ai point vue; voisine, à ce qu'il paraît, de la précédente ; habite un tube assez compacte, composé d'argile et de grains de sable. — *Corps* long de trois à quatre pouces, formé de soixante à soixante-dix segmens plissés et marqués en dessous d'un canal qui se prolonge jusqu'à l'anus. *Tentacules* blancs ou

ORDRE 2, FAMILLE 5, LES AMPHITRITES.

rougeâtres; les plus grands, étendus, ont la longueur de la moitié du corps. Les lobes du premier et du troisième segment masqueraient-ils? Dix-sept paires de *pieds* au thorax. *Branchies* divisées dès leur base en cinq à six rameaux simples, sub-articulés. Couleur générale, rouge ou brune, avec les plis du ventre plus pâles.

OBSERVATION. Les *terebella gigantea*, *cirrata*, *nebulosa*, *constrictor* et *venustata* de M. Montagu (*Trans. soc. linn.* tom. XII, tab. 11, 12 et 13), ont toutes six branchies, et paraissent appartenir à cette première tribu.

IIe Tribu. TEREBELLA PHYZELIÆ.

Lèvre supérieure dilatée à sa base en deux lobes latéraux tentaculifères.—*Appendices* du *premier* et du *troisième segment* nuls. — *Branchies* au nombre de deux paires, ramifiées dès leur base, insérées aux second et troisième segmens.

4. TEREBELLA scylla. *Térébelle scylla.*

Espèce nouvelle de la mer Rouge, dont le tube est principalement composé d'un sable très-fin. La même trouvée sur les côtes de la Rochelle par M. d'Orbigny, communiquée par M. Latreille.

Taille inférieure à celle des précédentes. *Tentacules* assez longs. Dix-neuf paires de *pieds thoraciques*, à rames ventrales en forme de mamelons transverses. Les *pieds caudaux* ressemblent aux pieds thoraciques, aux soies subulées près, et sont de même en mamelons transverses : j'en ignore le nombre, les individus que je possède n'étant pas complets. Couleurs de la *térébelle coquillière*.

5. TEREBELLA cincinnata. *Térébelle chevelue.*

Amphitrite cincinnata. OTH. FABR. *Faun. groenl.* n°. 270.

Espèce des mers du Nord, qui, d'après la description de Fabricius, aurait des faisceaux de soies subulées à tous les pieds; caractère étranger aux espèces précédentes, et qui me semble avoir besoin de confirmation. — *Corps* long de neuf pouces, gros comme une plume de cygne, formé d'environ cent segmens, caniculé sous la queue. *Tentacules* assez courts, d'un rouge pâle. *Soies* blanches. *Branchies* transparentes, rouges intérieurement, divisées en dix rameaux, et munies à leur base d'un filet subulé et noirâtre.

IIIe Tribu. TEREBELLÆ IDALIÆ.

Lèvre supérieure..... — *Appendices* des *premier* et *troisième segmens* nuls. — Une seule paire de *branchies* ramifiée à l'extrémité, insérée (à ce qu'il paraît) au troisième segment.

6. Terebella cristata. *Térébelle papilleuse.*

Amphitrite cristata. Mull., *Zool. dan.*, part. II, pag. 40, tab. 70. — Gmel., *Syst. nat.*, tom. II, part. 6, pag. 3111, n°. 5.

Autre espèce des mers du nord de l'Europe, observée par Müller. *Tentacules* cinq à six fois plus courts que le corps. Dix-sept paires de *pieds thoraciques*. La figure peut faire supposer près de soixante-dix segmens.

7. Terebella ventricosa. *Térébelle ventrue.*

Amphitrite ventricosa. Bosc., *Hist. des vers*, tom. I, pl. 6, fig. 4, 5.

Voilà encore une espèce qui aurait, d'après la figure qu'en donne M. Bosc, des soies subulées à tous les pieds. Elle est des mers de l'Amérique septentrionale.

Genre XXIV. — AMPHICTENE.

Bouche inférieure, transverse, à deux lèvres; la lèvre supérieure relevée, saillante, pliée longitudinalement, surmontée d'un voile demi-circulaire et denté, et entourée, sous ce voile, de nombreux tentacules : lèvre inférieure très-courte.

Tentacules insérés autour et sur les côtés de la lèvre supérieure assez grands (beaucoup moins que dans les térébelles), inégaux, filiformes, striés circulairement, très-contractiles, creusés d'un sillon en dessous, et rendus visqueux et préhensiles par de fines aspérités.

Pieds ou appendices des quatre premiers segmens anomaux, dissemblables.

Appendices du *premier segment* constituant ensemble deux cirres latéraux écartés, et deux rangs supérieurs, transverses et rapprochés, de soies plates, étagées, légèrement recourbées, représentant les dents d'un peigne sur la face aplatie et operculaire du segment qu'elles occupent.

Appendices du *second segment* réduits à deux cirres latéraux, semblables aux deux précédens et situés derrière.

Appendices du *troisième segment* ne consistant qu'en deux petites callosités inférieures, très-rapprochées.

Appendices du *quatrième segment* consistant en deux callosités cartilagineuses, plus grandes que les précédentes, plus saillantes, plus écartées, ne possédant de même aucune soie.

Pieds du cinquième segment et de ceux qui suivent, conformés à l'ordinaire, de trois sortes :

    1°. *Premiers*, *seconds* et *troisièmes pieds* à rame dorsale munie d'un faisceau de soies subulées, sans rame ventrale ni soies à crochets ;

    2°. *Quatrièmes pieds* et suivans jusques et compris les *seizièmes*, à rame dorsale également munie d'un faisceau de soies subulées, et à rame ventrale saillante, lunulée, pourvue d'un rang de soies à crochets ;

    3°. *Dix-septièmes pieds* et suivans, compris la *dernière paire*, sans rame dorsale et sans soies visibles, à l'exception de la dix-huitième paire, qui offre généralement deux rangs supérieurs et transverses de soies plates, disposées comme celles du peigne du premier segment.

Soies subulées tournées toutes en dehors, fines et simplement pointues. — *Soies à crochets* très-courtes, très-minces, relevées à leur bout, qui est découpé par-dessous en plusieurs dents.

Branchies au nombre de quatre, moins latérales qu'inférieures, transverses, courbées en faux, attachées à la base extérieure des appendices du troisième et du quatrième segment, consistant chacune en une rangée de plusieurs feuillets oblongs ou demi-circulaires, portés sur un pédicule flottant à son extrémité.

Corps épais, arrondi en cône inverse, c'est-à-dire aminci d'avant en arrière, à segmens peu nombreux, le premier tronqué obliquement pour recevoir le peigne et former l'opercule ; les derniers segmens composant, après le peigne postérieur, une queue courte, épaisse, qui se replie immédiatement en dessous et s'ouvre en un anus inférieur dépassé par une lame operculaire supérieure, plus ou moins saillante. — Animal contenu dans un fourreau libre, mobile, conique en sens inverse, ouvert au bout antérieur, presque fermé au postérieur, droit ou légèrement courbé, très-régulier.

ESPÈCES.

Ire Tribu. AMPHICTENÆ CISTENÆ.

Voile oral non distingué du segment operculaire par un étranglement.

1. AMPHICTENE auricoma. *Amphictène dorée.*

> Nereïs cylindraria belgica. PALL. *Misc. zool.* pag. 117, tab. 9, fig. 3-5.
> —Amphitrite belgica. BRUG., *Encycl. méth. Dict. des vers*, tom. 1, pag. 56, n°. 6; et pl. 58, fig. 1-9.
> Solen fragilis. KLEIN, *Echinod.*, pag. 62, tab. 33, fig. A et B. — Sabella belgica. GMEL., *Syst. nat.*, tom. 1, part. 6, pag. 3749, n°. 5.
> Ver à tuyau conique. DICQUEM., *Journ. de phys.* 1779, juillet, pag. 54, tab. 2, fig. 1-12.
> Sabella granulata. LINN. *Syst. nat.* ed. 12, tom. 1, part. 2, pag. 1268, n°. 809.
> Amphitrite auricoma. MULL., *Zool dan.*, part. 1, pag. 26, tab. 26 — Amphitrite auricoma. BRUG., *Encycl. méth. Dict. des vers*, tom. 1, pag. 54, n°. 4|; et pl. 58, fig. 10-15.
> Amphitrite auricoma. OTH. FABR. *Faun. groenl.* n°. 272. — Amphitrite auricoma. GMEL., *Syst. nat.*, tom. 1, part. 6, pag. 3111, n°. 4 (cette espèce et la troisième).
> Amphitrite auricoma. CUV., *Dict. des Scienc. nat.*, tom. 2, pag. 78 ; et *Règne animal*, tom. 2, pag. 521.
> Pectinaria belgica. LAM., *Cours de zool.*, pag. 96; et *Hist. des anim. sans vertèbres*, tom. 5, pag. 350, n°. 1.
> Cistena Pallasii. LEACH, *Encycl. brit.*, Suppl., tom. 1, pag. 452, tab. 26, fig. 6.

Espèce de l'Océan. Individus recueillis sur les côtes de France et d'Angleterre, contenus dans des tubes minces, incrustés de grains de sable plats très-serrés, très-régulièrement disposés, la plupart d'un rouge ferrugineux. Communiquée par MM. Leach et Latreille.

CORPS long de douze à dix-huit lignes, large de trois à quatre près des branchies, formé de vingt-six segmens courts, compris les cinq derniers, qui se réunissent en une queue demi-cylindrique, dont les bords, repliés en dessus, sont dépassés à l'extrémité par la petite lame ovale qui sert d'opercule à l'anus. *Voile de la bouche* découpé en une trentaine de dentelures fines et subulées. *Tentacules* fins et nombreux. *Peignes antérieurs* chacun de seize soies grêles, courbées, très-aiguës, offrant la couleur et l'éclat de l'or bruni. Müller ne compte que treize soies à chaque peigne, et Othon n'en compte que neuf; différences qui ne surprendront point, si l'on considère que ces mêmes soies sont séparément et complètement rétractiles. *Cirres* du premier et du second segment renflés à la base avec deux petits grains, subulés à la pointe. *Rames ventrales* lunulées, détachées et saillantes à la pointe interne. *Peignes postérieurs* de cinq soies. *Branchies* à feuillets demi-elliptiques, très-délicats et très-serrés. *Anus* ovale et plissé. Couleur blanc-rougeâtre avec des reflets violets; le ventre, plus pâle, est marqué d'une raie longitudinale rouge de sang, qui s'efface après la mort; les branchies sont d'un rouge obscur, et toutes les soies brillent du même éclat que les dents de peignes.

IIe Tribu. AMPHICTENÆ SIMPLICES.

Voile oral distingué du segment operculaire par un profond étranglement et par deux papilles.

2. AMPHICTENE ægyptia. *Amphictène égyptienne.*

AMPHICTENE ægyptia. *Annelides gravées*, pl 1, figure 4; individu du golfe de Soueys.

Espèce nouvelle des côtes de la mer Rouge, dont le tube membraneux, plus épais et plus solide que celui de la précédente, est revêtu de grains de sable plus gros, mais non moins régulièrement disposés.

Corps long de trois pouces six lignes, conformé comme dans l'*amphictène dorée*, moins aminci en arrière; même nombre et même forme de segmens; queue plus large, ovale, très-déprimée, à bords minces et membraneux, repliés en dessus; l'anus très-ouvert, pourvu inférieurement d'une sorte de lèvre en mamelon, charnue et cannelée, et, supérieurement, d'une lame operculaire très-courte. *Voile* de la bouche découpé en vingt-quatre ou vingt-six dents pointues. *Tentacules* assez épais, d'un rouge clair. *Peignes antérieurs* chacun de dix-sept soies presque droites, émoussées; ces peignes, à l'endroit de leur jonction, se courbant en arc, en remontant un peu vers le dos. *Cirres* des premier et second segmens à base épaisse, terminés en petits filets. *Rames ventrales*, *branchies* et couleurs de la première espèce. On distingue peu les peignes postérieurs.

3. AMPHICTENE Capensis. *Amphictène du Cap.*

Teredo Chrysodon. BERGM. *Act. Stockh.* 1765, pag. 228, tab. 9,

fig. 1-3. — Sabella chrysodon. LINN. *Syst. nat. ed.* 12, tom. 1, part. 2, pag. 1269, n°. 813.
Nereïs cylindraria Capensis. PALL. *Misc. zool.* pag. 118, tab. 9, fig. 1, 2.
— Amphitrite Capensis. BRUG., *Encycl. méth. Dictionn. des vers*, tom. 1, pag. 54, n°. 5; et pl. 57, fig. 13, 14.
Amphitrite Capensis. CUV., *Dict. des Sciences nat.*, tom. 11, pag. 78; et *Règne anim.*, tom. 11, pag. 521.
Pectinaria Capensis. LAM., *Hist. des anim. sans vertèbres*, tom. V, pag. 350, n°. 2.

Belle espèce des mers voisines du cap de Bonne-Espérance, très-remarquable par son tube papyracé, fragile, cendré clair, sans aucune trace d'incrustation extérieure, et qui semble composé par la superposition d'un nombre infini de petits fragmens agglutinés. Communiquée par M. Cuvier.

CORPS long de quatre pouces et plus, formé de vingt-six segmens, comme dans les congénères, mais à segmens bordés sur les côtés, ridés circulairement et allongés, surtout depuis le dixième, sur lequel on compte déjà six à sept rides annulaires, jusqu'au dix-huitième, qui en présente quatorze à quinze très-serrées; les cinq derniers segmens réunis en une queue étroite, cylindrico-conique, lisse en dessous, canaliculée en dessus, et terminée par une lamelle elliptique assez prolongée. *Voile* séparé du segment operculaire par un étranglement, et garni de vingt-quatre dents filiformes, les extérieures très-longues. *Peignes antérieurs* formés chacun de dix-sept soies longues et pointues; ils ne remontent point vers le dos. *Cirres* des premier et second segmens terminés en longs filets. *Rames ventrales* peu lunulées. Je compte huit soies à chacun des peignes postérieurs qui sont très-visibles. *Branchies* à feuillets oblongs, vraisemblablement du même rouge-brun que dans les deux espèces précédentes. Le corps offre les mêmes reflets; et toutes les soies, le même éclat d'or bruni [1].

---

[1] L'*amphitrite plumosa* de Müller constitue un genre particulier, dont la place dans le système est encore incertain. En examinant la figure publiée par Müller, je trouve la bouche surmontée d'une touffe de tentacules, et près de cette bouche, sur les côtés, deux filets contractiles légèrement annelés, très-gros et très-longs. Je trouve de plus des pieds disposés sur tous les segmens du corps (je parle des segmens apparens), et constitués de chaque côté par deux rames distinctes, courtes, sans cirre supérieur ni cirre inférieur. La nature des soies que portent ces rames, ne parait pas douteuse; on croit voir des soies subulées, plus ou moins épanouies en éventail : celles des rames dorsales les plus voisines de la bouche sont fort longues, dirigées en haut et en avant, et voûtées. Voilà tout ce que peut apprendre la figure de Müller. Mais quelle est l'insertion des deux gros filets antérieurs, qui

VIᵉ FAMILLE.

LES MALDANIES, *MALDANIÆ*.

Branchies nulles; l'organe respiratoire ne fait aucune saillie à la surface de la peau.

Bouche à deux lèvres extérieures, sans tentacules.

Pieds dissemblables : ceux du premier segment nuls ou anomaux; ceux des segmens suivans ambulatoires, de plusieurs sortes : la première paire, et les deux paires suivantes, constamment dépourvues de rames ventrales et de soies à crochets [1].

Genre XXV. — CLYMENE.

Bouche inférieure, à deux lèvres transverses, saillantes et cannelées : la lèvre supérieure précédée d'une sorte de voile court, échancré, marqué postérieurement, depuis l'échancrure, d'un double sinus longitudinal; la lèvre inférieure plus ou moins avancée, et renflée.

Pieds ou appendices du *premier segment* nuls, ou du moins ne ressemblent par leur forme aux antennes extérieures des aphrodites? Tiennent-ils au premier ou au second segment? Ces filets sont-ils des cirres? sont-ils, malgré leur couleur blanchâtre, des branchies non divisées? Les rames se composent-elles uniquement de soies subulées? ou les unes portent-elles des soies subulées, les autres des soies à crochets? Ce sont des difficultés que la courte notice jointe à la figure ne donne assurément aucun moyen de lever.

La description très-détaillée qu'Othon Fabricius a laissée depuis du même animal, diffère en plusieurs points de celle de Müller, et ne l'éclaircit sur aucun, ou du moins ne donne lieu qu'à des conjectures si vagues, que je crois inutile de m'y arrêter.

[1] *Intestin* dépourvu de *cœcums*. Il est grêle, sans boursouflures sensibles, et tout droit.

consistant qu'en une rangée supérieure et demi-circulaire de crénelures charnues qui rejoignent les bords latéraux du voile, et circonscrivent postérieurement la face operculaire du segment qu'elles occupent.

PIEDS du *second segment* et de ceux qui suivent, jusques et compris le *pénultième*, ambulatoires, de trois sortes :

    1°. *Premiers, seconds* et *troisièmes pieds* à rame dorsale pourvue d'un faisceau de soies subulées, sans rame ventrale ni soies à crochets ;

    2°. *Quatrièmes pieds* et tous les suivans, ceux des trois dernières paires exceptés, à rame dorsale portant de même un faisceau de soies subulées, et à rame ventrale en forme de mamelon transverse, armée d'un rang de soies à crochets ;

    3°. *Pieds* des *trois dernières paires* sans rame dorsale, à rame ventrale semblable aux précédentes, avec des soies peu visibles.

Soies subulées tournées en dehors, terminées en pointe très-fine. — *Soies à crochets* minces, allongées, arquées et découpées à leur bout en trois dents inégales, la dent supérieure plus courte.

CORPS grêle, cylindrique, légèrement renflé dans sa partie moyenne, de même grosseur aux deux bouts, composé de segmens peu nombreux : le premier segment dilaté et tronqué obliquement d'avant en arrière pour servir d'opercule antérieur ; le dernier segment constituant un opercule postérieur infundibuliforme, dentelé, marqué de rayons correspondans à ses dentelures et saillans dans sa cavité, au fond de laquelle est l'anus entouré d'un cercle de papilles charnues. — Animal contenu dans un tube fixé, membraneux, cylindrique, ouvert également aux deux extrémités.

ESPÈCES.

1. CLYMENE amphistoma. *Clymène amphistome.*

    CLYMENE amphistoma. *Annelides gravées*, pl. 1, fig. 1 ; individu recueilli dans le golfe de Soueys.

ORDRE 2, FAMILLE 6, LES MALDANIES.   431

Espèce indigène des côtes de la mer Rouge, qui habite des tubes grêles, onduleux, fragiles, composés à l'extérieur de grains de sable et de fragmens de coquilles, fixés dans les interstices des rochers ou dans ceux des madrépores et autres productions marines.

CORPS long de quatre à six pouces, formé de vingt-huit segmens, à ce que je crois : le premier à face operculaire convexe, entourée postérieurement de dix crénelures tronquées; les suivans cylindriques, d'abord un peu courts, allongés par degrés vers le milieu du corps, ensuite fort grands, étranglés à l'extrémité antérieure, renflés à la postérieure, arqués et séparés de plus en plus en approchant de l'anus, avant lequel ils se resserrent de nouveau ; les trois pénultièmes cylindriques et forts courts; le dernier plus long, étranglé et terminé par un entonnoir à limbe très-ouvert, découpé en vingt-cinq à trente dents très-égales, longues et pointues, qui correspondent aux rayons saillans de son intérieur. *Bouche* à lèvre supérieure, courte ; la lèvre inférieure très-avancée et renflée. *Pieds* situés au bout antérieur des segmens ou à leur bout postérieur, suivant qu'ils sont voisins de la tête ou voisins de l'entonnoir. *Soies* d'un jaune doré. *Anus* entouré à son orifice de douze à quinze papilles charnues. Couleur générale, rougeâtre, avec quelques reflets.

2. CLYMENE uranthus. *Clymène uranthe.*

Autre espèce nouvelle, des côtes de l'Océan, découverte par M. d'Orbigny. Individu communiqué par M. Latreille.

CORPS long de cinq pouces ou environ, comme dans l'espèce précédente, mais plus gros du double, d'ailleurs très-semblable, composé de vingt-cinq segmens, sur lesquels dix-neuf portent les soies subulées. Les quatorze premiers de ces dix-neuf segmens à peu près cylindriques et droits; les cinq derniers rétrécis antérieurement, renflés postérieurement, très-arqués : l'opercule antérieur n'a que huit crénelures; le postérieur constitue un entonnoir peu évasé, fort remarquable par son limbe découpé en trente-huit dents inégales, dont dix-neuf, plus grandes et plus aiguës, alternent avec les autres; ces trente-huit dents correspondent aux nombreux rayons saillans dans l'intérieur et aux petites papilles qui sont disposées sur deux cercles autour de l'anus. La lèvre supérieure de la bouche est plus avancée que l'inférieure. Couleur d'un brun uniforme, les soies jaune-brun.

3. CLYMENE lumbricalis. *Clymène lombricale.*

Sabella lumbricalis. OTH. FABR. *Faun. groenl.* pag. 374, n°. 369.

Je n'ose réunir cette clymène à la précédente, parce que la description d'Othon Fabricius, suffisante pour constater l'identité du genre, ne l'est pas pour constater celle de l'espèce. Elle est rousse, avec des anneaux blancs, et indigène des côtes de l'Océan septentrional.

OBSERVATION. — *Voyez* et comparez aux annelides de cette famille :

1°. Le *lumbricus tubicola* de Müller, *Zool. dan.*, pl. 75, qui représente un individu vraisemblablement incomplet par la perte de quelques-uns de ses anneaux postérieurs ; c'est le *tubifex marinus* de M. de Lamarck ;

2°. Le *lumbricus sabellaris* du même, *loc. cit.* pl. 104, fig, 5; individu qui me semble avoir perdu quelques-uns de ses anneaux antérieurs;

3°. Le *lumbricus capitatus* d'Othon Fabricius, *Faun. groenl.* n°. 263.

VIIe FAMILLE.

LES TÉLÉTHUSES, *TELETHUSÆ*.

BRANCHIES compliquées, nombreuses, éloignées des premiers segmens du corps, et insérées sur les segmens intermédiaires le long du dos, à la base supérieure des dernières paires de pieds.

BOUCHE à une seule lèvre circulaire, garnie de courts tentacules.

PIEDS ambulatoires tous semblables, et pourvus également d'une rame dorsale à soies subulées et d'une rame ventrale à soies à crochets [1].

---

[1] *Intestin* garni vers l'œsophage des deux poches musculeuses qui simulent deux *cœcums*.

La bouche de l'arénicole a des rapports marqués avec la trompe des néréides sans mâchoires. Son intestin est droit; il se dilate presque dès sa naissance en un estomac oblong, boursouflé transversalement.

ORDRE 2, FAMILLE 7, LES TÉLÉTHUSES.

Genre XXVI. — ARENICOLA.

BOUCHE exactement antérieure, saillante, rétractile, entourée d'une lèvre circulaire fort épaisse, hérissée de plusieurs rangs de tentacules obtus.

PIEDS ou APPENDICES latéraux du *premier segment* nuls.

PIEDS du *second segment* et des suivans, jusques et compris le *vingtième*, à rame dorsale pourvue d'un faisceau de soies subulées, et à rame ventrale en forme de mamelon transverse, garnie d'un rang de soies à crochets.

Soies subulées dirigées en dehors, presque cylindriques. — *Soies à crochets* allongées, redressées dès leur base, arquées à leur sommet, qui est armé d'une seule dent.

PIEDS du *vingt-unième segment* et des suivans, compris le *dernier*, nuls.

BRANCHIES au nombre de vingt-six, treize de chaque côté, correspondant à la septième paire de pieds et aux paires suivantes, jusqu'à la dix-neuvième et dernière, découpées en plusieurs digitations finement ramifiées.

CORPS allongé, cylindrique, composé de segmens peu nombreux, mais subdivisés en d'autres anneaux par des sillons circulaires: le premier segment, conique, porte en dessus une petite caroncule trilobée, chargée latéralement de deux mamelons, et rétractile dans une fente transverse; les anneaux qui succèdent au vingtième segment sont courts, nombreux, et forment par leur réunion une queue cylindrique plus grêle que le corps proprement dit, et terminée par un anus orbiculaire. — Animal habitant des cavités profondes, cylindriques, creusées dans le sable, et tapissées de légers fourreaux membraneux [1].

---

[1] Je lis dans l'*Histoire des animaux sans vertèbres*: « M. Savigny place l'arénicole parmi les annelides serpulées; il assure que l'animal a des soies à crochets et *qu'il habite dans un tube.* » Comme la fin de ce paragraphe présente un sens équivoque, je crois devoir reproduire ici le passage de mes mémoires que M. de Lamarck avait alors sous les yeux: « Les arénicoles doivent former dans l'ordre des serpulées une troisième famille, qui sera suffisamment distinguée de la seconde par

ESPÈCES.

1. ARENICOLA piscatorum. *Arénicole des pêcheurs.*

Lumbricus marinus (*aschée* ou *lesche de mer*). BEL., *De la nat. des poissons*, pag. 444.
Lumbricus marinus. LINN. *Iter W-goth.* pag. 189, tab. 3, fig. 6; et *Syst. nat.* ed. 12, tom. 1, part. 2, pag. 1077, n°. 2. — OTH. FABR. *Faun. groenl.* n°. 262. — GMEL., *Système naturel*, tom. 1, part. 6, pag. 3084, n°. 2.
Nereïs lumbricoïdes. PALL. *Nov. Act. Petrop.* tom. 11, pag. 233, tab. 5, fig. 19 et 19* peu correctes.
Lumbricus papillosus. OTH. FABR. *Faun. groenl.* n°. 267. Double emploi du *L. marinus*, mentionné d'après Linné, n°. 262.
Lumbricus marinus. BARBUT, *Gener. verm.* pag. 11, n°. 1, pl. 1, fig. 8. — BRUG., *Encycl. méth. Helm.*, pl. 34, fig. 16.
Lumbricus marinus. MULL., *Zool. dan.*, part. IV, tab. 155, fig. 1 *bis*.
Arenicola piscatorum. LAM., *Système des anim. sans vertèbr.*, p. 234; et *Hist. des anim. sans vertèbres*, pag. 336, n°. 1.
Arenicola piscatorum. BOSC, *Hist. des vers*, tom. 1, pag. 161, pl. 6, fig. 3, copiée de Barbut.
Arenicola piscatorum. CUV., *Dictionn. des Sciences natur.*, tom. 11, pag. 473; et *Règne anim.*, tom. 11, pag. 527.
Arenicola tinctoria. LEACH, *Encycl. brit.*, Suppl., tom. 1, pag. 452, n°. 2.

Espèce très-commune sur les côtes basses et sablonneuses de l'Océan, où elle sert d'appât pour prendre le poisson. « Cet animal fait un objet de commerce, et on le vend assez cher dans les lieux qui n'en produisent pas. On le trouve à un pied et demi ou deux pieds de profondeur. Sa retraite se découvre par de petits cordons de sable dont il s'est vidé. Lorsqu'on le touche, il fait sortir de son corps une liqueur d'un jaune de bile qui fait sur les doigts des taches difficiles à enlever; mais au mois d'août il ne rend qu'une liqueur laiteuse. » CUV. *Voyez* Belon, *loc. cit.*, et Duméril, *Bulletin des sciences*, tom. 1, pag. 114.

la présence des branchies, et de la première par la position de ces branchies vers le milieu du corps. Il est permis de supposer qu'une modification si remarquable a quelque relation nécessaire avec les habitudes particulières à ces animaux, qui ne peuvent se construire des tuyaux à la surface des corps marins, mais qui savent y suppléer *en se pratiquant des cavités cylindriques dans le sable des rivages.* »

ORDRE 2, FAMILLE 7, LES TÉLÉTHUSES.

Corps long de huit à dix pouces, la queue, qui en fait le tiers, comprise; plus ou moins renflé en avant des branchies, à peau épaisse, comme veloutée, complètement couverte de petits mamelons, plats et irréguliers sur la partie antérieure du corps, ronds et grenus sur les anneaux de la queue. Segmens du corps proprement dit subdivisés chacun en cinq anneaux arrondis, dont le premier, plus gros et plus saillant, porte les pieds. *Rames ventrales* d'abord très-petites et très-éloignées des *rames dorsales*; elles s'en rapprochent graduellement et leur deviennent contiguës après la sixième ou septième paire : elles sont peu proéminentes, et ne s'aperçoivent pas toujours au premier coup d'œil. Les *branchies* sont aussi d'abord fort petites; elles grossissent bientôt, et ne diminuent que faiblement près de la queue. Je compte dix-neuf paires de pieds et treize paires de branchies plus ou moins touffues, aux sept individus que j'ai sous les yeux; nombres qui s'accordent avec ceux qu'ont indiqués Pallas, Othon Fabricius, et MM. Leach et Cuvier. Je ne sais pourquoi Abildgaard, dans Müller, attribue à son *lumbricus marinus* vingt-quatre paires de pieds et quatorze paires de branchies : c'est très-probablement une erreur. Couleur cendré-rougeâtre, avec les papilles d'un bleu sombre changeant en verdâtre et en violet; quelquefois roux ferrugineux. *Soies* d'un brun doré très-brillant. Les branchies de l'animal vivant s'épanouissent beaucoup quand le sang les remplit, et deviennent d'un très-beau rouge.

2. ARENICOLA carbonaria. *Arénicole noire.*

ARENICOLA carbonaria. LEACH, *Encycl. britann.*, Supplément, tom. 1, pag. 452, n°. 1, tab. 26, fig. 4.

Espèce des côtes de l'Angleterre, qui diffère, suivant M. Leach, de la précédente par sa couleur d'un noir de charbon. La figure qui accompagne cette courte description, n'offre que douze paires de branchies, par l'omission de la première paire, qui n'est peut-être que fort petite ou sujette à se retirer dans l'intérieur. L'arénicole ordinaire est elle-même représentée tantôt avec douze paires de branchies, tantôt avec treize paires.

OBSERVATION. — Beaucoup de naturalistes ont cru pouvoir associer aux serpules et comprendre dans le même ordre les coquilles tubuleuses qui constituent les genres arrosoir, *penicillus*, dentale, *dentalium*, et siliquaire, *siliquaria*. Les animaux de ces trois genres sont peu ou point connus, et nous n'avons rien à en dire ici. Nous observerons seulement que leurs enveloppes calcaires, loin de révéler la famille à laquelle ils appartiennent, ne fournissent même pas les indices nécessaires pour constater qu'ils soient de véritables annelides [1].

---

[1] Mon sentiment, à l'égard de ces tubes calcaires, est maintenant appuyé par un fait positif. J'ai sous les yeux l'animal du *dentalium entalis*, que M. Leach vient de m'envoyer, et je ne lui trouve pas à l'extérieur le moindre vestige d'articulations : il n'a certainement ni pieds ni soies. C'est un animal très-musculeux, de forme conique comme sa coquille, très-lisse et très-uni dans son contour, terminé postérieurement par une queue distincte, roulée en demi-cornet, au fond de laquelle est l'anus : la grosse extrémité du corps est tronquée, avec une ouverture voûtée assez semblable à la bouche d'un trochus, de laquelle sort un panache conique produit par l'entrelacement d'une innombrable quantité de petits tentacules filiformes, très-longs, terminés tous en massue. Voilà des points que je peux donner pour certains. Je soupçonne en outre que l'animal est pourvu d'une trompe, et que, dans son développement complet, il déploie un luxe de tentacules beaucoup plus grand encore que celui que l'état de contraction laisse d'abord supposer. Le tube intestinal, qui descend entre deux énormes colonnes de muscles, me paraît aller droit à l'anus et n'être accompagné d'aucun viscère remarquable. Ces observations faites à la hâte suffisent néanmoins pour prouver que la dentale n'est point une annelide, et qu'elle pourrait même être exclue de la division des animaux articulés.

ORDRE III.

LES ANNELIDES LOMBRICINES,

ANNELIDES LUMBRICINÆ.

Les annelides de cet ordre étant privées d'*yeux*, d'*antennes* et de *pieds*, le sont aussi de la plupart des organes qui accompagnent ordinairement ceux-là; de sorte qu'elles manquent encore de *mâchoires*, de *cirres*, de *branchies* saillantes, et que, sans les *soies* mobiles dont elles sont pourvues, leur conformation extérieure serait parvenue au dernier degré de simplicité.

La *bouche* est nue ou tentaculée.

Les *soies* sont rarement métalliques, et non moins rarement rétractiles; elles ne sont point groupées par faisceaux, mais isolées, ou tout au plus rapprochées par paires, qui, dans leur disposition sur les côtés des segmens, représentent encore assez bien les rames des annelides précédentes. Elles varient pour la forme, et sont quelquefois hérissées de petites épines mobiles. Il ne paraît pas qu'elles réunissent jamais les attributs particuliers aux soies à crochets.

L'*anus* s'ouvre derrière ou dessous le dernier segment.

Les caractères, tant extérieurs qu'intérieurs, au moyen desquels on peut diviser les annelides lombricines, semblent moins indiquer deux familles que deux ordres : les *annelides échiurées* et les *annelides lombricines*. Nous les réunirons provisoirement en un seul. Le petit nombre des espèces que comprendraient ces ordres, autorise une association d'ailleurs naturelle, et qui ne nuira point à la clarté[1].

[1] Les *échiures* (genre *thalassema*) ont sous le devant du corps deux soies rapprochées et crochues, qui répondent à peu près au quatrième segment. Pallas appelle ces deux crochets, *uncinuli genitales*, et les croit utiles à ces animaux dans l'accouplement.

Les *lombrics* (genres *enterion* et *hypogæon*) n'offrent pas de pareilles soies ; mais ils ont une sorte de ceinture, convexe en dessus et sur les côtés, plane en dessous, qui se compose de la réunion et du renflement d'un petit nombre d'anneaux de la partie antérieure du corps ; ils possèdent en outre douze petits creux ou pores transverses, ouverts sur autant de mamelons saillans sous le ventre, six pour le sexe mâle, à ce qu'il paraît, et six pour le sexe femelle. Les premiers sont disposés par paires sous les dixième, onzième et douzième segmens ; les derniers sont placés plus en arrière, sous la ceinture, et correspondent généralement au trente-unième segment, au trente-troisième et au trente-cinquième.

DISTRIBUTION ET CARACTÈRES

DES

ANNELIDES LOMBRICINES.

FAMILLE 8. LES ÉCHIURES, *ECHIURI*.

Des *soies rétractiles* distribuées par rangs circulaires.

27. THALASSEMA. *Bouche* non rétractile, située dans la cavité d'un ample tentacule plié longitudinalement et ouvert en dessous. — Deux *soies* prismatiques et crochues sous l'extrémité antérieure du corps, et des anneaux de soies plus petites à son extrémité postérieure.

FAMILLE 9. LES LOMBRICS, *LUMBRICI*.

Des *soies non rétractiles* distribuées par rangs longitudinaux.

28. ENTERION. *Bouche* à deux lèvres rétractiles; la lèvre supérieure avancée. — *Soies* disposées sur huit rangs rapprochés de chaque côté par paires.
29. HYPOGÆON. *Bouche* à deux lèvres rétractiles; la lèvre supérieure avancée. — *Soies* disposées sur neuf rangs : le rang intermédiaire supérieur ; les huit autres disposées de chaque côté par paires.

LES ANNELIDES LOMBRICINES.

VIIIᵉ FAMILLE.

LES ÉCHIURES, *ECHIURI*.

Branchies nulles; l'organe de la respiration s'arrête à la surface de la peau.

Bouche non rétractile, tentaculée, ou du moins pourvue extérieurement d'un appendice charnu et extensible, qui paraît constituer un véritable tentacule.

Pieds ou appendices latéraux remplacés par des rangs circulaires de soies métalliques distribuées sur certains anneaux du corps. *Soies* complètement rétractiles, la plupart très-simples; point de soies à crochets[1].

Genre XXVII. — THALASSEMA.

Bouche très-petite, exactement antérieure, renfermée dans la base d'un large et grand *tentacule* courbé en forme de cuilleron ouvert par-dessous.

Soies droites, plates, lisses, disposées sur deux rangs circulaires à l'extrémité postérieurs du corps. Deux soies plus fortes et crochues, rapprochées et situées sous son extrémité antérieure.

---

[1] *Intestin* très-grêle et très-long, faisant plusieurs replis flottant dans la cavité abdominale, dépourvu de cœcums.

ORDRE 3, FAMILLE 8, LES ÉCHIURES.

Corps mou, cylindrique, obtus en arrière, aminci en devant, composé d'anneaux très-nombreux et très-serrés, entourés chacun d'un cercle de papilles glanduleuses, plus saillantes vers l'extrémité postérieure du corps, qui se termine par un petit anus circulaire [1].

ESPÈCE.

1. Thalassema vulgaris. *Thalassème ordinaire.*

> Lumbricus echiurus. Pall. *Misc. zool.* pag. 146, tab. 11, fig. 1-6; et *Spicil. zool.* fasc. 10, pag. 3, tab. 1, fig. 1-5. — Brug., *Encycl. méth. Helm.*, pl. 35, fig. 3-7. — Gmel., *Syst. naturel*, tom. 1, part. 6, pag. 3085, n°. 9.
> Thalassema echiurus. Cuv., *Bulletin des Sciences;* et *Règne. anim.*, tom 11, pag. 529. — Thalassema rupium. Lam., *Syst. des anim. sans vertèbr.*, pag. 339 (*synonym. exclud.*) — Thalassema echiurus. Lam., *Hist. des anim. sans vertèbr.*, tom. v, pag. 300, n°. 1.
> Thalassema echiurus. Bosc, *Hist. des vers*, tom. 1, pag. 221, pl. 8, fig. 2 et 3, copiées de Pallas.
> Thalassema aquatica. Leach, *Encycl. britann.*, Supplément, tom. 1, pag. 451.
> Espèce non moins commune sur les côtes sablonneuses de l'Océan que l'arénicole, employée de même comme appât par les pêcheurs. Communiquée par M. Cuvier.
> Corps long de trois pouces, formé de segmens peu distincts. *Tentacule* ou *cuilleron* ridé finement en travers, réfléchi en dessus par le bout, plus ou moins obtus : ce tentacule a la consistance de ceux des térébelles et des amphictènes; il n'est pas moins fragile, ni moins sujet à se détacher; en un mot, il semble représenter ces nombreux filets réunis en un seul organe. *Soies* d'un jaune d'or très-brillant. Couleur de la peau cendré, clair. J'ai sous les yeux de petits individus dans lesquels les papilles et les soies métalliques de l'extrémité postérieure du corps ne sont pas visibles.

---

[1] Pallas, qui a décrit le thalassème avec beaucoup de soin, observe que les deux cercles postérieurs de soies métalliques sont interrompus par-dessous. Il remarque ailleurs que les cercles de papilles glanduleuses sont plus grands par intervalles; ce qui tendrait à faire penser que dans ce genre, comme dans l'arénicole, le nombre réel des segmens est inférieur à leur nombre apparent. L'individu que j'examine a des cercles de soies métalliques complets, et des cercles de papilles, à la vérité, sensiblement inégaux, mais qui n'offrent point dans cette inégalité de disposition régulière.

IXᵉ FAMILLE.

LES LOMBRICS, *LUMBRICI* [1].

Branchies nulles ; l'organe respiratoire ne dépassant point la surface de la peau.

Bouche rétractile, à deux lèvres, sans aucune tentacule.

Pieds ou appendices latéraux remplacés par des soies non fasciculées, distribuées sur tous les segmens, et formant par leur disposition des rangées longitudinales sur le corps. *Soies* non rétractiles, sans éclat métallique ; point de soies à crochets [2].

Genre XXVIII. — ENTERION.

Bouche petite, un peu renflée, à deux lèvres : la lèvre supérieure avancée en trompe obtusément lancéolée, fendue en dessous ; l'inférieure très-courte.

Soies courtes, âpres, comme onguiculées, au nombre de huit à tous les segmens, quatre de chaque côté réunies par paires [3] ; formant par leur distribution sur le corps huit rangs longitudinaux, savoir, quatre latéraux et quatre inférieurs.

Corps cylindrique, obtus à son bout postérieur, allongé, composé de segmens courts et nombreux, plus distincts vers la bouche que vers l'anus : six à neuf des segmens compris entre

---

[1] Ἀσκαρίδες (ἐπίγειοι), lumbrici (terrestres) *antiquorum;* ἔντερα γῆς *aristotelis.*

[2] *Intestin* dépourvu de cœcums, allant droit à l'anus.

[3] La paire de soies supérieure répond évidemment, dans ce genre, à la rame dorsale des néréidées ; et la paire inférieure, à leur rame ventrale : mais la soie surnuméraire et impaire du genre suivant ne répond à rien.

ORDRE 3, FAMILLE 9, LES LOMBRICS.

le vingt-sixième et le trente-septième renflés, formant à la partie antérieure et supérieure du corps une sorte de ceinture ; le dernier segment pourvu d'un anus longitudinal.

ESPÈCE.

1. ENTERION terrestre. *Entérion ou lombric terrestre.*

Lumbricus terrestris. LINN. *Syst. nat.* tom. 1, part. 2, pag. 1076, n°. 1 (*varietate* γ *exclusâ*). — GMEL., *Syst. nat.*, tom. 1, part. 6, pag. 3083, n°. 1.
Lumbricus terrestris. MULL., *Hist. verm.*, tom. 1, part. 2, pag. 24, n°. 157.
Lumbricus terrestris. CUV., *Règne anim.*, tom. II, pag. 529.
Lumbricus terrestris. LAM., *Hist. des anim. sans vertèbr.*, tom. V, pag. 299, n°. 1.

Espèce très-connue, commune, à ce que l'on croit, aux deux continens. CORPS long communément de cinq à six pouces, quelquefois de près d'un pied, ayant de cent à deux cents segmens, suivant l'âge. J'ai compté deux cent quarante-huit segmens sur un très-grand individu ; il y avait deux pores sous le quinzième, et douze autres, moins profonds, distribués comme je l'ai dit plus haut. Le nombre des anneaux de la partie antérieure, jusques et compris la ceinture, ne paraît pas beaucoup varier. Couleur rougeâtre.

OBSERVATION. — Le *lumbricus arenarius* d'Othon Fabricius, *Faun. groenl.* n°. 264, et son *L. minutus*, n°. 265, fig. 4, n'ont que deux rangs de soies. Ce caractère me paraît suffire pour les faire distinguer génériquement sous le nom de *clitellio* : on leur adjoindrait provisoirement le *lumbricus vermicularis* du même, n°. 259, quoiqu'il manque la ceinture. La plupart des autres espèces prises pour des lombrics par cet auteur ou par Müller, comme le *lumbricus armiger*, le *L. cirratus*, dont M. de Lamarck fait un genre particulier sous le nom de *cirratulus*, le *L. fragilis*, le *L. squamatus*, etc., paraissent bien être des annelides tout-à-fait étrangères à cet ordre.

Genre XXIX. — HYPOGÆON.

BOUCHE petite, à deux lèvres : la lèvre supérieure avancée en trompe un peu lancéolée, fendue en dessous ; l'inférieure très-courte.

Soies longues, épineuses, très-aiguës, au nombre de neuf à tous les segmens, une impaire et quatre de chaque côté réunies par paires; formant toutes ensemble par leur distribution sur le corps neuf rangs longitudinaux, savoir, un supérieur ou dorsal, quatre exactement latéraux, et quatre inférieurs.

Corps cylindrique, obtus à son bout postérieur, allongé, composé de segmens courts et nombreux, moins serrés et plus saillans vers la bouche que vers l'anus : dix des segmens compris entre le vingt-sixième et le trente-neuvième renflés, s'unissant pour former à la partie antérieure du corps une ceinture ; le dernier segment pourvu d'un anus longitudinal.

ESPÈCE.

1. Hypogæon hirtum *Hypogéon hérissé*.

Espèce des environs de Philadelphie, communiquée par M. Cuvier.
Corps composé de cent six segmens, conformé exactement comme dans le *lombric terrestre*, et de la même couleur. Les quatorze pores sont très-visibles. Toutes les *soies* sont brunes, fragiles et caduques. La ceinture, souvent encadrée de brun en dessus, y est entièrement recouverte de soies inégales, disposées confusément, d'ailleurs semblables aux autres et de même hérissées de petites épines.

ORDRE IV.

LES ANNELIDES HIRUDINÉES,

ANNELIDES HIRUDINEÆ.

Les animaux articulés compris dans ce quatrième ordre ont des *yeux :* ils manquent de pieds et de soies pour la locomotion; mais la cavité préhensile, ou la *ventouse*, qui termine chacune de leurs extrémités, et les vives et faciles contractions de leur corps, y suppléent. La *bouche*, sans trompe musculeuse ni tentacules, et cependant armée de parties qui font l'office de *mâchoires*, est placée au fond de la ventouse antérieure, et l'*anus*, à l'extrémité du dos sur la base de la ventouse postérieure.

Il est à croire que les annelides sans soies constituent une division essentiellement distincte des annelides sétifères. Les *hirudinées* viennent naturellement se placer à la tête de cette seconde division; leurs yeux, leurs mâchoires, la fréquence et l'agilité de leurs mouvemens, prouvent que ces animaux sont aussi favorablement organisés que ceux de notre premier ordre, quoiqu'ils le soient sur un plan différent. Comme ce plan n'admet point les mêmes appendices latéraux extérieurs, les annelides hirudinées sont privées non-seulement de rames et de soies, mais encore d'antennes, de cirres, d'élytres, et le plus souvent de branchies[1].

[1] Des circonstances imprévues ne m'ayant pas permis, à l'époque où je rédigeai ce système, de donner aux généralités du quatrième ordre les développemens nécessaires, je vais tâcher d'y suppléer en mettant en note quelques éclaircissemens.

Le *corps* des hirudinées est, comme celui des autres annelides, formé de plusieurs segmens : mais ces segmens sont quelquefois si peu marqués, qu'il devient impossible de les compter et d'en déterminer exactement le nombre; ils sont presque toujours très-serrés vers la bouche.

Le premier des segmens et quelques-uns des suivans, soit séparés les uns des autres, soit réunis en une seule pièce apparente, composent la *ventouse antérieure* ou *orale* (capula). Cette ventouse a plus ou moins de profondeur, et paraît cependant peu varier dans le nombre réel de ses articulations : on voit, quand elle est de plusieurs pièces distinctes, que ce nombre n'augmente qu'aux dépens de celui des anneaux du corps.

La ventouse orale est donc formée de véritables segmens, qui peuvent être compris et que je comprends en effet parmi ceux qui constituent le corps entier. La *ventouse anale* (cotyla) n'est au contraire qu'une expansion du dernier segment du corps, comme le prouve la position de l'anus, qui est ouvert, non au milieu, mais en avant de cette même ventouse, vers sa base supérieure.

On conçoit aisément comment les *yeux* peuvent être réunis sur un seul segment, quand la ventouse orale est inarticulée; comment, dans le cas contraire, ils peuvent être dispersés sur plusieurs; comment enfin ils peuvent être situés tous sur la ventouse, ou paraître placés, les uns sur la ventouse, les autres plus en arrière.

Les *branchies* sont ordinairement nulles; j'entends par cette expression que les surfaces respiratoires sont intérieures et concaves, ou du moins qu'elles ne sont point convexes et ne font aucune saillie à l'extérieur.

Je dois dire quelques mots des deux pores situés l'un derrière l'autre sous la partie antérieure du corps. Ces pores servent à la génération. Ils ne sont jamais séparés que par un petit nombre d'anneaux : mais leur position, relativement au nombre total des segmens, est assez variable, puisque le premier de ces orifices paraît s'ouvrir, tantôt sous le dix-septième, tantôt sous le vingt-septième, ou plus loin encore; différence qui dépend évidemment, en partie, du nombre des segmens qui sont restés divisés entre eux, ou qui se sont intimement unis pour former la ventouse orale, quand celle-ci est d'une seule pièce.

DISTRIBUTION ET CARACTÈRES

DES

ANNÉLIDES HIRUDINÉES.

FAMILLE 10. LES SANGSUES, *HIRUDINES*.

Corps terminé, à chaque extrémité, par une cavité dilatable, préhensile, faisant les fonctions de ventouse. — *Bouche* située dans la ventouse antérieure ou orale, pourvue de trois mâchoires. — Les yeux.

SECTION Ire. Des *branchies* saillantes. — *Ventouse orale* d'une seule pièce, séparée du corps par un fort étranglement; ouverture circulaire. (SANGSUES BRANCHELLIENNES.)

> 30. BRANCHELLION. *Ventouse orale* très-concave. — *Mâchoires* réduites à trois points saillans. — Huit *yeux* disposés sur une ligne transverse? — *Ventouse anale* ou *postérieure* exactement terminale.

SECTION II. Point de *branchies*. — *Ventouse orale* d'une seule pièce, séparée du corps par un fort étranglement; ouverture sensiblement longitudinale. (SANGSUES ALBIONNIENNES.)

> 31. ALBIONE. *Ventouse orale* très-concave. — *Mâchoires* réduites à trois points saillans. — Six *yeux* disposés sur une ligne transverse? — *Ventouse anale* exactement terminale.
>
> 32. HÆMOCHARIS. *Ventouse orale* peu concave. — *Mâchoires* réduites à trois points saillans. — Huit *yeux* réunis par paires disposées en trapèze. — *Ventouse anale* obliquement terminale [1].

[1] Je ne puis me faire une idée nette des affinités naturelles du genre *phylline* récemment établi par M. Ocken, adopté par M. de La-

SECTION III. Point de *branchies.* — *Ventouse orale* de plusieurs pièces, peu ou point séparée du reste du corps; ouverture tranverse, comme à deux lèvres, la lèvre inférieure rétuse. (SANGSUES BDELLIENNES.)

33. BDELLA. *Ventouse orale* assez concave, à lèvre supérieure demi-circulaire, creusée par-dessous d'un canal en triangle.—*Mâchoires* grandes, ovales, sans denticules. — Huit *yeux* disposés sur une ligne courbe, les deux postérieurs un peu isolés. — *Ventouse anale* obliquement terminale.

34. SANGUISUGA. *Ventouse orale* peu concave, à lèvre supérieure très-avancée, presque lancéolée. — *Mâchoires* grandes, très-comprimées, à deux rangs de denticules nombreux et serrés. — Dix *yeux* disposés sur une ligne courbe, les quatre postérieurs plus isolés — *Ventouse anale* obliquement terminale.

35. HÆMOPIS. *Ventouse orale* peu concave, à lèvre supérieure très-avancée, presque lancéolée — *Mâchoires* grandes, ovales, non comprimées, à deux rangs peu nombreux de denticules. — Dix *yeux* disposés sur une ligne courbe, les quatre postérieurs plus isolés. — *Ventouse anale* obliquement terminale.

36. NEPHELIS *Ventouse orale* peu concave, à lèvre supérieure avancée en demi-ellipse. — *Mâchoires* réduites à trois plis saillans — Huit *yeux :* les quatre antérieurs disposés en lunule ; les quatre postérieurs rangés de chaque côté sur une ligne transverse. — *Ventouse anale* obliquement terminale.

37. CLEPSINE. *Ventouse orale* peu concave, à lèvre supérieure avancée en demi-ellipse — *Mâchoires* réduites à trois plis saillans. — Deux *yeux*, ou quatre à six disposés sur deux lignes longitudinales. — *Ventouse anale* exactement inférieure.
 1. Deux *yeux.*
 2. Plus de deux *yeux.*

marck, et dans lequel je vois figurer l'*hirudo grossa* et l'*hirudo hippoglossi* de Müller. Je présume seulement que la première de ces deux espèces a sa ventouse orale d'un seul article, et que ce caractère, joint à l'absence des branchies, lui assigne une place dans la présente section.

Le genre *trocheta* ou *trochetia*, découvert par M. Dutrochet, et mentionné également par M. de Lamarck, offre des rapports si marqués avec nos sangsues ordinaires, qu'on peut croire qu'il leur ressemble par la multiplicité des articulations de sa ventouse orale, et qu'il doit se ranger avec elles dans la section suivante.

LES ANNELIDES HIRUDINÉES.

Xᵉ FAMILLE.

LES SANGSUES, *HIRUDINES* [1].

Branchies simples ou très-peu compliquées, le plus souvent nulles.

Bouche située dans la cavité antérieure de la ventouse orale, armée de trois papilles dures ou mâchoires, deux latérales et une supérieure, disposées en triangle, longitudinales, lisses ou denticulées, semblables entre elles.

Yeux au nombre de deux à dix, rassemblés sur le premier segment apparent, ou du moins compris dans l'espace occupé par ce premier segment et les cinq qui suivent [2], portés tous, ou à peu près tous, par la ventouse orale, quelquefois peu distincts [3].

Ventouse orale ou antérieure, tantôt d'un seul segment apparent, tantôt de huit à dix, jamais d'un

---

[1] Βδέλλαι, hirudines *antiquorum*.

[2] On peut supposer que, quelles que soient les apparences, il existe réellement dans tout segment oculifère autant de segmens particuliers qu'il y a de paires d'yeux. Mais ceci n'est plus de notre sujet.

[3] Ces yeux se manifesteraient plus souvent à l'observateur, s'il pouvait toujours les chercher sur des individus vivans.

plus grand nombre, à bord supérieur avancé sur l'inférieur.

Ventouse anale ou postérieure plus grande que l'orale, consistant en un disque d'une seule pièce, dilatable, concave et orbiculaire. Ces deux organes préhensiles, en se fixant alternativement sur les plans solides, concourent au mouvement progressif qui s'opère à l'aide de l'extension et de la contraction successives de tous les anneaux du corps; l'aplatissement du corps et ses mouvemens vifs et ondulés suffisent seuls pour faire avancer l'animal dans un milieu liquide [1].

Genre XXX. — BRANCHELLION.

Bouche très-petite, rapprochée du bord inférieur de la ventouse orale.

Mâchoires réduites à trois points saillans.

Yeux au nombre de huit, disposés sur une ligne transverse derrière le bord supérieur de la ventouse?

Ventouse orale d'un seul segment, séparée du corps par un fort étranglement, très-concave; l'ouverture inclinée, circulaire, garnie extérieurement d'un rebord.

Ventouse anale grande, très-concave, dirigée en arrière et très-exactement terminale.

Branchies nombreuses, très-comprimées, très-minces à leur bord, formant autant de feuillets demi-circulaires, insérés sur les côtés des segmens intermédiaires et postérieurs du corps, deux à chaque segment.

Corps allongé, déprimé, formé de segmens assez nombreux: les treize premiers, après la ventouse orale, nus, très-serrés, constituant une partie rétrécie et cylindrique, distinguée du

---

[1] *Intestin* droit, pourvu d'un long estomac divisé en plusieurs cavités opposées et transverses, et généralement garni vers le pylore de deux *cœcums*, qui descendent jusque près de l'anus.

ORDRE 4, FAMILLE 10, LES SANGSUES.

reste du corps par un étranglement; le quatorzième et les suivans portant les branchies, le dernier égalant au moins trois des précédens en longueur ; le vingt-unième et le vingt-quatrième offrant les orifices de la génération [1].

ESPÈCE.

1. BRANCHELLION torpedinis. *Branchellion de la torpille.*

Branchiobdellion. RUDOLPHI, *Collect.*
Espèce marine qui vit sur la torpille, etc.; découverte sur les bords de l'Océan par M. d'Orbigny. La même envoyée de Naples par M. Rudolphi, communiquée par M. Cuvier.
CORPS long de douze à quinze lignes, formé, autant qu'on peut en juger, de quarante-neuf anneaux, la ventouse orale étant comprise, et garni, sur les trente-cinq dont se composent ses quatre cinquièmes postérieurs, de trente-cinq paires de branchies légèrement ondulées, d'ailleurs très-entières. *Ventouse orale* des deux tiers moins grande que l'*anale.* Couleur brun-noirâtre.

OBSERVATION. — On pourrait, en modifiant légèrement le caractère naturel de ce genre, y introduire dans une tribu particulière l'*hirudo branchiata* d'Archibald Menzies [1], sous le nom de *branchellion pinnatum.* Cette curieuse espèce de sangsues porte, de chaque côté, sept branchies à trois divisions linéaires subdivisées chacune en deux autres. Elle est indigène de l'océan Pacifique, où elle vit fixée sur les tortues.

Genre XXXI. — ALBIONE.

BOUCHE très-petite, située dans le fond de la ventouse orale, plus près de son bord inférieur.
Mâchoires réduites à trois points saillans peu visibles.

---

[1] On sait que le premier de ces orifices donne passage à l'organe sexuel mâle.
[2] *Hirudo branchiata, depressa, attenuata, albida, setis (branchiis)* *lateralibus ramosis utrinque septem, interaneis fuscis, bifidis, perlucentibus.* (Arch. Menz. *Trans. linn. soc.* tom. 1, pag. 188, tab. 17, fig. 3.)

Yeux au nombre de six, placés sur une ligne transverse derrière le bord supérieur de la ventouse?

Ventouse orale d'un seul segment, séparée du corps par un fort étranglement, très-concave, en forme de godet; l'ouverture oblique, elliptique et sensiblement longitudinale, garnie d'un rebord.

Ventouse anale très-concave, bordée, exactement terminale.

Branchies nulles.

Corps cylindrico-conique, aminci vers la ventouse antérieure, composé d'anneaux inégaux, hérissés de verrues; les huit anneaux compris entre le quinzième et le vingt-quatrième, courts et serrés, offrant, dans la jonction du dix-septième au dix-huitième et dans celle du vingtième au vingt-unième, les deux orifices de la génération.

ESPÈCES.

1. Albione muricata. *Albione épineuse.*

> Hirudo marina (*sangsues marines*). Rond., *Hist. des poiss.*, part. 2, pag. 77, avec figure.
> Hirudo muricata. Linn. *Mus. Adolph. Frid.* tom. 1, pag. 93, tab. 8, fig. 3, représentant un individu dont la ventouse postérieure semble avoir été mutilée à dessein; et *Syst. nat.* ed. 12, tom. 1, part. 2, p. 1080, n°. 9. — Gmel., *Syst. nat.*, tom. 1, part. 6, p. 3098, n°. 9.
> Hirudo muricata. Cuv., *Règn. anim.*, tom. 11, pag. 532.
> Pontobdella spinulosa. Leach, *Miscell. zool.* tom. 11, pag. 12, tab. 65, fig. 1 et 2.
> Pontobdella muricata. Lam., *Histoire des animaux sans vertèbres*, tom. v, pag. 293, n°. 1.
> Espèce des mers d'Europe, très-commune sur nos côtes, où elle s'attache aux raies et à d'autres poissons.
> Corps long de trois à quatre pouces, très-coriace, formé de cinquante-huit, soixante-trois, soixante-cinq segmens inégaux, portant autant de rangées circulaires de verrues épineuses; les grands segmens généralement séparés de trois en trois par un segment plus petit. *Ventouse orale* garnie à son bord de six verrues semblables aux autres, et de même armées d'une ou plusieurs petites pointes. *Ventouse anale* un peu plus grande que l'orale, peu séparée du corps, légèrement bordée; elle est dirigée en arrière, et très-exactement terminale. Couleur cendré-verdâtre, quelquefois maculé de brun en dessus, avec les verrues d'un gris plus clair.

2. ALBIONE verrucata. *Albione verruqueuse.*

Hirudo piscium. BAST. *Opusc. subs.* tom. 1, lib. 11, pag. 95, tab. 10, fig. 2. — BRUG., *Encycl. méth. Helm.*, pl. 52, fig. 5.
Pontobdella verrucata. LEACH, *Misc. zool.* tom. 11, pag. 2, tab. 6¦, fig. 1, 2.

Espèce distinguée et caractérisée par M. Leach, qui remarque, à ce sujet, que les auteurs ont confondu sous les noms d'*hirudo muricata* et d'*hirudo piscium* plusieurs espèces réellement différentes. Le caractère qu'il regarde comme propre à celle-ci, consiste dans ses rangées circulaires de verrues obtuses. Je crois en découvrir un autre sur la figure citée de Baster, et sur celle que M. Leach lui-même a publiée : il existerait dans la proportion relative des anneaux du corps, dont les plus grands seraient les moins nombreux, et alterneraient avec trois anneaux plus petits ; disposition exactement inverse de celle qu'offre l'espèce précédente.

Genre XXXII. — HÆMOCHARIS.

BOUCHE très-petite, située dans le fond de la ventouse orale, plus près du bord inférieur.

MÂCHOIRES réduites à trois points saillans.

YEUX au nombre de huit, réunis par paires, deux antérieures, deux postérieures, disposées en trapèze sur la base supérieure de la ventouse ; les deux paires antérieures plus écartées.

VENTOUSE ORALE d'un seul segment, séparée du corps par un fort étranglement, peu concave, en forme de coupe ; l'ouverture oblique, elliptique, avec un léger rebord.

VENTOUSE ANALE assez concave, sous-elliptique, non bordée, obliquement terminale.

BRANCHIES nulles.

CORPS cylindrique, légèrement aminci vers la ventouse antérieure, composé d'anneaux point saillans, peu distincts, qui paraissent assez nombreux ; le dix-septième segment, et le vingtième, portant les orifices de la génération.

ESPÈCE.

1. HÆMOCHARIS piscium. *Hæmocharis des poissons.*

Hirudo geometra. LINN. *Faun. suec.* n°. 283 ; et *Syst. nat.* ed. 12, tom. 1, part. 2, pag. 1080, n°. 8.

Hirudo piscium. Mull. *Hist. verm.* tom. 1, part. 11, pag. 43, n°. 172.
— Gmel., *Syst. nat.*, tom. 1, part. 6, pag. 3097, n°. 8.
Hirudo piscium. Roes. *Insect.* tom. iii, pag. 199, tab. 32. — Brug., *Encycl. méthod. Helm.*, pl. 51, fig. 12-19.
Piscicola piscium. Lam., *Histoire des animaux sans vertèbres*, tom. v, pag. 294, n°. 1.

Espèce qui vit dans les eaux douces de l'Europe, et qui paraît s'attacher de préférence aux cyprins. On a remarqué qu'elle se déplaçait en se courbant à la manière des chenilles arpenteuses.

Corps long de dix à douze lignes, grêle, lisse, terminé par des *ventouses* inégales, la postérieure double de l'antérieure, légèrement crénelée.

Yeux noirs; ceux de chaque paire confondus ensemble par une tache brune : les quatre taches représentent en quelque sorte, par leur disposition, les quatre angles tronqués d'un trapèze converti en octaèdre.

Couleur générale, blanc-jaunâtre, finement pointillé de brun, avec trois chaînes dorsales chacune de dix-huit à vingt taches elliptiques plus claires que le fond et non pointillées, la chaîne intermédiaire mieux marquée que les latérales : deux lignes de gros points bruns sur les côtés du ventre, alternant avec les taches claires du dos. La ventouse anale est rayonnée de brun, et marquée entre les rayons de huit mouchetures noirâtres.

Genre XXXIII. — BDELLA [1].

Bouche moyenne, relativement à la ventouse orale.

Mâchoires grandes, dures, ovales, légèrement carénées, dépourvues de denticules.

Yeux peu distincts, au nombre de huit, six sur le premier segment, disposés en ligne demi-circulaire, et deux sur le troisième; ces derniers plus écartés.

Ventouse orale de plusieurs segmens, séparée du corps par un faible étranglement, assez concave et en forme de godet; l'ouverture sensiblement transverse, à deux lèvres : la lèvre supérieure peu avancée, profondément canaliculée en dessous, formée des trois à quatre derniers segmens, le terminal plus grand, très-obtus; la lèvre inférieure rétuse.

---

[1] Βδέλλα, nom de la sangsue chez les Grecs. Les noms génériques créés depuis peu, dans lesquels on a fait entrer celui-ci comme élément, ne me paraissent pas admissibles. *Nomen genericum cui syllaba una vel altera praeponitur, ut aliud planè genus quàm antea significet, excludendum est.* (Linn. *Phil. bot.* 228.)

VENTOUSE ANALE grande, obliquement terminale.
BRANCHIES nulles.
CORPS cylindrico - conique, sensiblement déprimé, allongé, composé de segmens nombreux, courts, très-égaux et très-distincts; le vingt-sept ou vingt-huitième et le trente-deux ou trente-troisième portant les orifices de la génération.

ESPÈCE.

1. BDELLA nilotica. *Bdelle* ou *sangsue du Nil* [1].

BDELLA nilotica. *Annelides gravées*, planche v, figure 4; individu des environs du Kaire.
Espèce nouvelle des eaux douces de l'Égypte. En arabe, *alak*.
CORPS formé, la ventouse comprise, de quatre-vingt-dix-huit segmens carénés sur leur contour, très-égaux. *Ventouse orale* de dix segmens, compris les quatre demi-anneaux de la lèvre supérieure, sous laquelle elle est divisée en deux lobes, par un canal triangulaire, bordé, très-profond, dont la base correspond à la mâchoire impaire. *Ventouse anale* quatre à cinq fois plus grande que l'orale, dirigée obliquement en arrière, mince à la circonférence, à disque lisse et très-simple. Couleur, brun-marron en dessus, roux vif en dessous.

Genre XXXIV. — SANGUISUGA [2].

BOUCHE grande, relativement à la ventouse orale.
 Mâchoires grandes, dures, fortement comprimées, armées sur leur tranchant de deux rangs de denticules très-fins et très-serrés.
YEUX au nombre de dix, disposés en ligne très-courbée, six

---

[1] *Crocodilus, cùm in aqua vitam degat, os fert introrsum hirudinibus*, Βδέλλαις, *refertum* .... *In ejus os trochilus penetrans devorat τὰς βδέλλας*. Herodot. *Histor*. lib. 11, cap. 68.

[2] J'avais d'abord établi ce genre sous le nom d'*hæmopis*, et le suivant sous celui de *sanguisuga*. J'ai pensé depuis qu'une disposition inverse de ces noms contrarierait moins la nomenclature en usage; elle s'accorde mieux d'ailleurs avec ce passage de Pline: *Diversus hirudinum, quas* sanguisugas *vocant, ad extrahendum sanguinem usus est, etc.* (Lib. XIII, cap. 10.)

rapprochés sur le premier segment, deux sur le troisième et deux sur le sixième ; ces quatre derniers plus isolés.

VENTOUSE ORALE de plusieurs segmens, non séparée du corps, peu concave; l'ouverture transverse, à deux lèvres : la lèvre supérieure très-avancée, presque lancéolée[1], formée par les trois premiers segmens, le terminal plus grand et obtus ; la lèvre inférieure rétuse.

VENTOUSE ANALE moyenne, sillonnée de légers rayons dans sa concavité obliquement terminale.

BRANCHIES nulles.

CORPS obtus en arrière, rétréci graduellement en avant, allongé, sensiblement déprimé, composé de segmens nombreux, courts, égaux, saillans sur les côtés, très-distincts; le vingt-sept ou vingt-huitième et le trente-deux ou trente-troisième portant les orifices de la génération.

ESPÈCES.

1. SANGUISUGA medicinalis. *Sangsue médicinale.*

> Hirudo medicinalis. LINN. *Amœnit. academ.* tom. VII, pag. 42 ; et *Syst. nat.* tom. I, part. 2, pag. 1079, n°. 2. — GMEL., *Syst. nat.*, tom. I, part. 6, pag. 3095, n°. 2.
> Hirudo medicinalis MULL. *Hist. verm.* tom. I, part. 2, pag. 37, n°. 167.
> Hirudo medicinalis. CUV., *Règne anim.*, tom. II, pag. 523.
> Hirudo medicinalis. LEACH, *Encyclop. britann.*, Supplément, tom. I, part. 2, pag. 451, tab. 26, fig. 2.
> Hirudo medicinalis. LAM., *Histoire des animaux sans vertèbres*, tom. V, pag. 290, n°. 1.
> Espèce des eaux douces de l'Europe, très-connue à cause de l'utilité et de la fréquence de son emploi pour les saignées locales.

---

[1] La lèvre supérieure des sangsues ordinaires et des hæmopis, toujours plus ou moins lancéolée quand elle s'allonge, devient très-obtuse quand elle se raccourcit, et semble même absolument demi-circulaire lorsqu'elle s'est étendue pour exercer la succion. Si l'animal, tranquillement fixé par son disque postérieur, veut se livrer à une sorte de sommeil, cette même lèvre supérieure s'incline sur l'inférieure, et s'y adapte de manière à fermer hermétiquement l'ouverture de la bouche : les yeux cessent alors d'être saillans. Je crois cette dernière remarque applicable à tous les genres qui suivent.

Corps long de quatre à cinq pouces dans son état moyen de dilatation, mais susceptible de se racourcir ou de s'allonger de plus de moitié, formé (la ventouse antérieure toujours comprise) de quatre-vingt-dix-huit segmens très-égaux, faiblement carénés sur leur contour, hérissés sur ce même contour de petits mamelons grenus qui se manifestent et s'effacent à la volonté de l'animal : il n'en reste aucune trace après la mort. *Ventouses* inégales : la ventouse *orale* plissée longitudinalement sous la lèvre supérieure ; l'*anale* double de l'autre, à disque un peu radié. Couleur, vert foncé sur le dos, avec six bandes rousses ; trois de chaque côté : les deux bandes intérieures plus écartées, presque sans taches ; les deux mitoyennes marquées d'une chaîne de mouchetures et de points d'un noir velouté ; les deux bandes extérieures absolument marginales, subdivisées chacune par une bandelette noire : ventre olivâtre, largement bordé et entièrement maculé de noir.

2. SANGUISUGA officinalis. *Sangsue officinale.*

Autre espèce employée à Paris conjointement avec la précédente, dont aucun auteur ne l'a encore distinguée.
Corps de même grandeur que dans la *sangsue médicinale*, formé du même nombre de segmens, également carénés et susceptibles de se hérisser de petites papilles sur leur carène. Couleur d'un vert moins sombre, avec six bandes supérieures disposées de même, mais très-nébuleuses et très-variables dans leur nuance et dans leur mélange de noir et de roux : le dessous d'un vert plus jaune que le dessus, bordé de noir, sans aucune tache. Les six yeux antérieurs sont très-saillans et paraissent très-propres à la vision.

3. SANGUISUGA granulosa. *Sangsue granuleuse.*

Espèce employée par les médecins de Pondichery, d'où elle a été envoyée par M. Leschenault.
Corps formé de quatre-vingt-dix-huit segmens garnis sur leur contour d'un rang de grains ou tubercules assez serrés. Je compte trente-huit à quarante de ces tubercules sur les segmens intermédiaires. *Mâchoires* et *ventouses* des deux précédentes. Couleur générale, vert-brun, avec trois bandes plus obscures sur le dos.

Genre XXXV. — HÆMOPIS.

BOUCHE grande relativement à la ventouse orale.
Mâchoires grandes, dures, ovales, non comprimées, armées de deux rangs peu nombreux de denticules.

Yeux au nombre de dix, disposés en ligne très-courbée, six rapprochés sur le premier segment, deux sur le troisième et deux sur le sixième; les quatre derniers plus isolés.

Ventouse orale de plusieurs segmens, non séparée du corps, peu concave; l'ouverture transverse, à deux lèvres : la lèvre supérieure très-avancée, presque lancéolée, formée par les trois premiers segmens, le terminal plus grand et obtus; la la lèvre inférieure rétuse.

Ventouse anale de moyenne grandeur, simple, obliquement terminale.

Branchies nulles.

Corps cylindrico-conique, peu déprimé, allongé, composé de segmens nombreux, courts, égaux, très-distincts; le vingt-sept ou vingt-huitième et le trente-deux ou trente-troisième portant les orifices de la génération.

ESPÈCES.

1. Hæmopis sanguisorba. *Hæmopis* ou *sangsue de cheval.*

> Hirudo sanguisuga. Linn. *Amœnit. acad.* tom. vii, pag. 44; et *Syst. nat. ed.* 12, tom. i, part. 2, pag. 1079, n°. 3. — Gmel., *Syst nat.*, tom. i, part. 6, pag. 3093, n°. 3.
> Hirudo sanguisuga. Mull. *Hist. verm.* tom. i, part. 2, pag. 39, n°. 168.
> Hirudo sanguisuga. Bosc, *Histoire des vers*, tom. i, pag. 246, n°. 3.
> Hirudo sanguisorba. Lam., *Histoire des animaux sans vertèbres*, tom. v, pag. 291, n°. 2.
> Grande espèce, fort commune dans les eaux douces de l'Europe, et dont la morsure produit des plaies douloureuses.
> Corps long quelquefois de six pouces, formé de quatre-vingt-dix-huit segmens dans deux individus dont l'un avait au moins trois fois la taille de l'autre; ces segmens obscurément carénés, très-égaux. *Ventouses* lisses; l'*orale* de moitié plus petite que l'*anale*, opaque, à *yeux* peu distincts : je les ai vus cependant, et je suis certain de leur disposition. *Mâchoires* blanches, armées de neuf doubles denticules noirâtres. Couleur noir-verdâtre en dessus, vert-jaunâtre en dessous, maculée de brun sur les côtés et souvent sur le dos; les deux sutures latérales d'un jaune plus clair, du moins dans les jeunes individus.
>> Observation. — On remarque sur le dos de cette espèce des points saillans et diaphanes, rangés transversalement, au nombre de six ou environ, sur certains anneaux; il y en a d'abord sur le neuvième et

ORDRE 4, FAMILLE 10, LES SANGSUES. 459

le douzième, puis sur le dix-septième, le vingt-deuxième, le vingt-septième, et ainsi de cinq en cinq jusqu'au quatre-vingt-douzième inclusivement, après lequel on en trouve encore sur le quatre-vingt-quinzième et le quatre-vingt-dix-septième.

Ces points brillans, qui correspondent précisément aux vingt paires de pores situées sous le ventre, ne sont point particuliers à cette sangsue, ni même au genre *hæmopis*; on les voit très-bien sur les *sangsues médicinale* et *officinale*. Je n'ai point cherché à m'assurer de leur existence sur les espèces des autres genres.

2. HÆMOPIS nigra. *Hæmopis noire.*

Espèce moyenne des environs de Paris; étang de Gentilly.
Corps grêle, presque cylindrique dans son état habituel de dilatation, composé de quatre-vingt-dix-huit segmens. *Ventouse orale* à lèvre supérieure lisse en dessous, demi-transparente, laissant apercevoir dans l'animal vivant les yeux, qui sont noirs et très-distincts. *Ventouse anale* à disque très-lisse. Les *mâchoires*, non comprimées, ont, dans quelques individus, outre leurs denticules, un petit crochet mobile. Couleur, noire en dessus, cendré-noirâtre en dessous, sans taches.

3. HÆMOPIS luctuosa. *Hæmopis en deuil.*

Petite espèce des environs de Paris.
Corps long de douze à quinze lignes, cylindrique, formé de quatre-vingt-dix-huit segmens. *Ventouse orale* à lèvre pellucide et à yeux noirs, très-distincts. *Mâchoires* très-fortes. *Ventouse anale* lisse en dedans. Couleur noire en dessus, avec quatre rangées de points plus obscurs; noirâtre en dessous.

4. HÆMOPIS lacertina. *Hæmopis lacertine.*

Autre petite espèce des environs de Paris.
Corps long de douze à quinze lignes, un peu déprimé, formé de quatre-vingt-dix-huit segmens. *Yeux* noirs, très-distincts. *Mâchoires* fortes. *Ventouse anale* lisse. Couleur, brune sur le dos, avec deux rangées flexueuses de points noirs, inégaux, deux plus gros et plus intérieurs alternant régulièrement avec trois plus petits et plus extérieurs; deux autres rangées latérales de points peu visibles : ventre brun clair.

Genre XXXVI. — NEPHELIS.

BOUCHE très-grande relativement à la ventouse orale.

Mâchoires réduites à trois plis saillans encore très-visibles.

Yeux très-distincts, au nombre de huit, quatre sur le premier segment, en ligne demi-circulaire, et quatre sur les côtés du troisième, en lignes latérales et transverses.

Ventouse orale de plusieurs segmens, non séparée du corps, peu concave ; l'ouverture transverse, à deux lèvres : la lèvre supérieure avancée en demi-ellipse, formée par les trois premiers segmens, le terminal plus grand et obtus ; la lèvre inférieure rétuse.

Ventouse anale de moyenne grandeur, obliquement terminale.

Branchies nulles.

Corps obtus en arrière, rétréci graduellement en avant, déprimé dans son état habituel, allongé, composé de segmens courts, nombreux, égaux, très-peu distincts ; le trente-cinquième segment et le trente-huitième portant les orifices de la génération.

ESPÈCES.

1. Nephelis tessellata. *Néphélis marquetée.*

Hirudo vulgaris. Mull. *Hist. verm.* tom. 1, part. 2, pag. 40, n°. 170. — Gmel., *Syst. nat.*, tom. 1, part. 6, pag. 3096, n°. 4.

Erpobdella vulgaris. Lam., *Histoire des animaux sans vertèbres*, tom. v, pag. 296, n°. 1.

Espèce que les auteurs ont confondue, sous un même nom, avec quelques autres. Trouvée aux environs de Paris, ruisseaux de Gentilly. Elle aime à se balancer en se tenant fixée par sa ventouse postérieure ; habitude qu'elle partage avec les espèces suivantes. Les néphélis ont encore cela de commun, qu'elles semblent redouter le contact de l'air : elles ne sortent jamais de l'eau volontairement, et si on les en retire, elles périssent au bout de quelques minutes.

Corps long de vingt à vingt-quatre lignes, très-déprimé dans son état le plus habituel, composé de cent deux segmens environ. *Ventouse orale* à lèvre supérieure presque triangulaire, pellucide, et à yeux noirs. *Ventouse anale* assez petite, très-simple. Couleur noirâtre en dessus, avec une rangée transversale de points fauves, souvent coalescens, sur chaque segment ; cendrée en dessous.

2. Nephelis rutila. *Néphélis rousse.*

Espèce des ruisseaux des environs de Paris.

ORDRE 4, FAMILLE 10, LES SANGSUES.

Corps long de douze à quinze lignes, très-déprimé, formé d'environ cent segmens. *Yeux* noirs. *Ventouses* très-simples. Couleur rousse, avec quatre rangées d'orsales de points bruns.

3. Nephelis testacea. *Néphélis testacée.*

Espèce des environs de Paris.
Corps long de dix à douze lignes, presque cylindrique, formé d'environ cent segmens. *Yeux* noirs. *Ventouses* très-simples. Couleur testacée, sans taches.

4. Nephelis cinerea. *Néphélis cendrée.*

Autre petite espèce des environs de Paris, trouvée dans les mares de la forêt de Fontainebleau, où elle se tient accrochée aux plantes aquatiques.
Corps long de quinze à seize lignes, composé de quatre-vingt-dix-neuf à cent segmens, un peu plus déprimé que dans l'espèce précédente. *Ventouse orale* pellucide, à *yeux* noirs. *Ventouse anale* assez grande et simple. Couleur cendré clair.

Genre XXXVII. — CLEPSINE.

Bouche grande relativement à la ventouse orale, munie intérieurement d'une sorte de *trompe* exertile, tubuleuse, cylindrique, très-simple [1].

Mâchoires réduites à trois plis peu visibles.

Yeux très-distincts, au nombre de deux, ou de quatre à six disposés sur deux lignes longitudinales.

Ventouse orale de plusieurs segmens, non séparée du corps, peu concave; l'ouverture transverse, à deux lèvres : la lèvre supérieure avancée en demi-ellipse, formée des trois premiers

---

[1] Bergmann est le premier qui ait aperçu cette trompe dans l'*hirudo complanata* de Linné. Müller en a nié l'existence. Kirby, sans en parler, la représente dans la figure que, sous un autre nom, il donne de cette espèce. Je puis affirmer que cette petite trompe, vraisemblablement œsophagienne, existe non-seulement dans l'*hirudo complanata*, mais encore dans l'*hirudo bioculata*, et qu'elle est sans doute commune à toutes les espèces de clepsines. Je conserve dans la liqueur, des individus qui l'ont saillante au dehors de près de deux lignes; ce qui est considérable relativement à la médiocrité de leur taille.

segmens, le terminal plus grand et obtus; la lèvre inférieure rétuse.

VENTOUSE ANALE médiocre, débordée des deux côtés par les derniers segmens, exactement inférieure.

BRANCHIES nulles.

CORPS légèrement crustacé, déprimé, un peu convexe dessus, exactement plat dessous, rétréci insensiblement et acuminé en devant, très-extensible, susceptible, en se contractant, de se rouler en boule ou en cylindre, composé de segmens courts et égaux; les vingt-cinq ou vingt-sixième et vingt-sept ou vingt-huitième portant les orifices de la génération.

ESPÈCES.

Ire Tribu. CLEPSINÆ ILLIRINÆ.

Deux *yeux* situés sur le second segment, un peu écartés. *Corps* étroit.

1. CLEPSINE bioculata. *Clepsine bioculée.*

Hirudo bioculata. BERGM. *Act. Stockh.* année 1757, n°. 4, tabl. 6, fig. 9-11. — BRUG., *Encyclop. méth. Helm.*, pl. 51, fig. 9-11.
Hirudo bioculata. MULL. *Hist. verm.* tom. 1, part. 2, pag. 41, n°. 171. — GMEL., *Syst. nat.*, tom. 1, part. 6, pag. 3096, n°. 5.
Erpobdella bioculata. LAM., *Histoire des animaux sans vertèbres*, tom. v, pag. 296, n°. 2.

Espèce des eaux douces de l'Europe, commune dans les ruisseaux de Gentilly. Elle se tient fortement appliquée contre les pierres, au fond de l'eau, ou elle les parcourt à la manière des chenilles arpenteuses, en formant des anneaux complets. Elle ne s'expose jamais entièrement à l'air sec; mais souvent elle monte à fleur d'eau, pour s'y placer dans une position renversée, et s'y promener à l'aide de ses ventouses. Des individus observés au commencement de juillet portaient chacun, sous la partie moyenne du corps, dilatée et recourbée en voûte, quinze à vingt petits, qui se tenaient fixés par leur disque postérieur.

CORPS long de neuf à dix lignes, large d'une ligne et demie, plat ou concave en dessous, au gré de l'animal, presque gélatineux, pellucide, formé de soixante-dix segmens qui se séparent sur les côtés et les font paraître dentelés. *Yeux* irréguliers, noirs et brillans. *Trompe* d'un blanc de lait, souvent saillante au dehors. *Ventouse anale* exactement horizontale, en forme de bourlet. Couleur, gris livide, parsemé d'atomes roux ou cendrés : une sorte de callosité brune et saillante sur le onzième anneau, remplacée quelquefois par une simple tache blanche. Lorsque l'animal est repu, on aperçoit l'intestin avec ses divisions en croix et ses deux cœcums postérieurs. Les jeunes individus sont entièrement blancs.

J'ai peine à me persuader que l'*hirudo pulligera* de Daudin, *Recueil de Mémoires*, pag. 19, pl. 1, fig. 1-3, n'appartienne point à cette espèce.

IIe Tribu. CLEPSINÆ SIMPLICES.

Six *yeux* rapprochés et placés sur les trois premiers segmens. *Corps* large.

2. CLEPSINE complanata. *Clepsine aplatie.*

Hirudo complanata. LINN. *Faun. suec.* ed. 2, n°. 2082; et *Syst. natur.* ed. 12, tom. 1, part. 2, pag. 1079, n°. 6.
Hirudo sexoculata. BERGM. *Act. Stockh.* ann. 1757, pag. 313, tab. 6, fig. 12-14. — BRUG., *Encycl. méth. Helm.*, pl. 51, fig. 20, 21 et A.
Hirudo complanata. MULL. *Hist. verm.* tom. 1, part. 2, pag. 47, n°. 175. — GMEL., *Syst. nat.*, tom. 1, part. 6, pag. 3097, n°. 6.
Hirudo crenata. KIRBY, *Trans. linn. soc.* tom. II, pag. 318, tab. 29.
Erpobdella complanata. LAM., *Histoire des animaux sans vertèbres*, tom. V, pag. 296, n°. 3.

Espèce des mêmes lieux que la précédente, non moins commune, et qui a les mêmes allures.

CORPS long de huit à neuf lignes, large de trois, presque crustacé, pellucide, formé de soixante-dix segmens, séparés sur les côtés en manière de dentelures. *Yeux* noirs, irréguliers. *Trompe* blanche, rarement saillante. *Ventouse anale* en bourlet. Couleur, cendré-verdâtre ou cendré-roussâtre, parsemé d'atomes bruns, et varié en dessus de raies brunes et de mouchetures blanches; deux rangées dorsales de points blancs et saillans, séparés les uns des autres par deux points bruns, chacun des points répondant à un segment : dessous plus pâle. La transparence de la peau laisse voir l'intestin, dont les divisions en croix figurent une jolie feuille ailée : on aperçoit aussi les œufs.

OBSERVATION. — L'*hirudo hyalina* de Müller me paraît la seule des espèces décrites par cet auteur qui puisse encore entrer dans ce dernier genre.

TABLE ALPHABÉTIQUE

DES NOMS LATINS

EMPLOYÉS OU CITÉS DANS LE SYSTÈME DES ANNELIDES*.

A

	Pages.		Pages.
Aglaura.........	338, 385	Amphinome	
fulgida.............	386	capillata. Brug..........	390
		capillata. Cuv...........	*ibid.*
Albione.........	447, 451	carunculata. Brug.......	393
muricata.............	452	carunculata. Cuv........	*ibid.*
verrucata.............	453	complanata. Brug........	394
		tetraëdra. Brug.........	391
Amphictenæ		tetraëdra. Cuv...........	*ibid.*
cistenæ.............	426		
simplices............	427	AMPHITRITÆ......	401, 404
Amphictene......	403, 424	Amphitrite	
ægyptia.............	427	alveolata. Cuv..........	418
auricoma............	426	auricoma. Brug.........	426
Capensis............	427	auricoma. Cuv..........	*ibid.*
		auricoma. Gmel.........	*ibid.*
AMPHINOMÆ......	338, 387	auricoma. Mull.........	*ibid.*

---

* Les noms sont écrits dans cette table comme dans le corps de l'ouvrage.

1°. Noms employés :
    De famille, GR. CAPIT. ROM.
    Génériques, Pet. capit. rom
    De tribu, Pet. capit. rom.
    Spécifiques, Bas de casse rom.

2°. Noms cités dans la synonymie :
    Génériques, Bas de casse rom.
    Spécifiques, de même.

3°. Noms cités dans les observations ou dans les notes :
    Génériques, *Bas de casse ital.*
    Spécifiques, *de même.*

NOMS LATINS DES ANNELIDES.

Amphitrite
  auricoma. Oth. Fabr..... 426
  belgica. Brug........... ibid.
  Capensis. Brug.......... 427
  Capensis. Cuv.......... 428
  cincinnata Oth. Fabr.... 423
  cirrata. Brug........... 422
  cirrata. Mull........... ibid.
  cirrata. Oth. Fabr....... ibid.
  conchilega. Brug........ 421
  cristata. Gmel.......... 424
  cristata. Mull.......... ibid.
  magnifica. Lam......... 413
  ostrearia. Cuv.......... 418
  penicillus. Lam......... 414
  ventilabrum. Gmel...... 416
  ventilabrum. Lam....... ibid.
  ventricosa. Bosc........ 424
  volutacornis. Lam....... 416
  volutacornis. Leach..... ibid.
  volutacornis. Montag.... ibid.

Amphitrite
  infundibulum. Montag.... 415
  plumosa. Mull.......... 428
  vesiculosa. Montag...... 415

Amymone................ ibid.
Amytis.............. 376
ANNELIDES
  ECHIUREÆ........... 438
  HIRUDINEÆ.. 329, 445, 463
  LUMBRICINÆ. 329, 437, 443
  NEREIDEÆ... 329, 330, 396
  SERPULEÆ... 329, 397, 436
Aonis................ 375
APHRODITÆ....... 335, 339
Aphrodita
  aculeata. Bast........... 344

Aphrodita
  aculeata. Brug.......... 344
  aculeata. Cuv.......... ibid.
  aculeata. Linn.......... ibid.
  aculeata. Pall.......... ibid.
  carunculata. Pall....... 393
  complanata. Pall....... 394
  flava. Pall............ 390
  imbricata. Gmel........ 349
  imbricata. Linn........ ibid.
  rostrata. Pall.......... 391
  squamata. Cuv......... 348
  squamata. Pall......... ibid.

Aphrodita
  cirrosa. Pall........... 352
  cirrata. Oth. Fabr....... ibid.
  clava. Montag.......... ibid.
  longa. Oth. Fabr........ ibid.
  minuta. Oth. Fabr....... ibid.
  punctata. Mull......... 350
  punctata. Mull......... 352
  scabra. Oth. Fabr....... ibid.

ARENICOLA....... 403, 433
  carbonaria............. 435
  piscatorum............. 434

Arenicola
  carbonaria. Leach....... 435
  piscatorum. Bosc....... 434
  piscatorum. Cuv........ ibid.
  piscatorum. Lam........ ibid.
  tinctoria. Leach........ ibid.

ARICIA....... 325, 336, 362
  sertulata............... 364

ARISTENIA........... 396
  conspurcata............ ibid.

B

Bdella.......... 448, 454
  nilotica................ 455

Branchellion.... 447, 451
  pinnatum.............. 451

TABLE DES NOMS LATINS

	Pages.		Pages.
BRANCHELLION		Branchiobdellion. RUDOLPH..	451
torpedinis..............	451		

C

CASTALIA.............	375	CLEPSINE..... 325, 448, 462
		bioculata............... 462
CHLOEIA......... 338, 389		complanata..., ... 463
capillata...............	390	CLITELLIO........... 443
Cirratulus. LAM...........	443	
Cistena		CLYMENE..... 325, 403, 429
Pallasii. LEACH.........	426	amphistoma............. 430
		lumbricalis............. 431
CLEPSINÆ		uranthus............... *ibid*.
ILLIRINÆ..............	462	Corallina
SIMPLICES..............	463	tubularia melitensis. ELL.. 415

D

Dentalium................ 436
Entalis.................. *ibid*.

E

ECHIURI........... 439, 440	EULALIA.............. 375
ENTERION..... 438, 439, 443	EUNICÆ....... 337, 374, 376
terrestre............... 443	Eunice
Erpobdella	gigantea. CUV........... 379
bioculata. LAM.......... 462	EUPHROSYNE.... 338, 388, 395
complanata. LAM........ 463	laureata............... 395
vulgaris. LAM........... 460	myrtosa................ 396
ETEONE............... 375	

G

Galeolaria. LAM........... 410	GLYCERA...... 336, 364, 374
	unicornis............... 365

H

HÆMOCHARIS.... 325, 447, 453	HÆMOPIS...... 448, 455, 459
piscium................ 453	lacertina............... 459

DES ANNELIDES.

HÆMOPIS..... 448, 455, 459
  luctuosa............... 459
  nigra................... *ibid.*
  sanguisorba............ 458

HALITHEA......... 335, 342
  aculeata............... 344
  hystrix................. 345
  sericea................. 344

HALITHEÆ

  HERMIONÆ.......... 345, 348
  SIMPLICES.......... 343, 345

HERMELLA......... 402, 416
  alveolata............... 418
  chrysocephala.......... 419

HESIONE...... 336, 355, 367
  festiva................. 368
  splendida.............. *ibid.*

HIRUDINES......... 447, 449

Hirudines *antiquorum*..... 449

Hirudo
  bioculata. BERGM........ 462
  bioculata. BRUG......... *ibid.*
  bioculata. GMEL..... 461, 462
  bioculata. MULL........ 462
  complanata. GMEL....... 463
  complanata. LINN.... 461, 463
  complanata. MULL....... 463
  crenata. KIRBY......... *ibid.*
  geometra. LINN......... 453

Hirudo
  marina. RONDEL......... 452
  medicinalis. CUV......... 456
  medicinalis. GMEL....... *ibid.*
  medicinalis. LAM......... *ibid.*
  medicinalis. LEACH....... *ibid.*
  medicinalis. LINN........ *ibid.*
  medicinalis. MULL....... *ibid.*
  muricata. CUV.......... 452
  muricata. GMEL......... *ibid.*
  muricata. LINN.......... 452
  piscium. BAST.......... 453
  piscium. GMEL.......... 454
  piscium. MULL.......... *ibid.*
  piscium. ROES........... *ibid.*
  sanguisorba. LAM........ 458
  sanguisuga. BOSC........ *ibid.*
  sanguisuga. GMEL....... *ibid.*
  sanguisuga. LINN........ *ibid.*
  sanguisuga MULL....... *ibid.*
  sexoculata. BERGM...... 463
  vulgaris. GMEL......... 460
  vulgaris. MULL......... *ibid.*

Hirudo
  branchiata. ARCH. MENZ.. 451
  grossa. MULL........... 448
  hippoglossi. MULL....... *ibid.*
  hyalina. MULL.......... 463
  pulligera. DAUDIN....... *ibid.*

HYPOGÆON..... 438, 439, 443
  hirtum................. 444

Hystrix
  marina. RED............ 344

L

LEODICÆ

  MARPHYSÆ............. 382
  SIMPLICES............. 379

LEODICE.......... 337, 377
  antennata.............. 380
  gallica................. 381

LEODICE.......... 337, 377
  gigantea............... 379
  hispanica............... 382
  norwegica.............. 381
  opalina................ 382
  pinnata................ 381
  tubicola................ 383

LEPIDIA............ 374

LUMBRICI......... 439, 442

Lumbrici. *antiquorum*...... 442

Lumbricus
  echiurus. GMEL.......... 441
  echiurus. PALL.......... *ibid.*
  marinus. BARBUT....... 434
  marinus BELL........... *ibid.*
  marinus. GMEL......... *ibid.*
  marinus. LINN......... *ibid.*
  marinus. MULL......... *ibid.*
  marinus. OTH. FABR..... *ibid.*
  papillosus. OTH. FABR.... *ibid.*
  terrestris. CUV.......... 443
  terrestris. GMEL......... *ibid.*
  terrestris. LAM.......... *ibid.*
  terrestris. LINN......... 443
  terrestris. MULL......... *ibid.*

Lumbricus
  *arenari*us. OTH. FABR..... *ibid.*
  armiger. MULL.......... *ibid.*
  capitatus. OTH. FABR..... 432
  cirratus. OTH. FABR...... 443
  fragilis. MULL...... 387, 443

Lumbricus
  minutus. OTH. FABR...... 443
  sabellaris. MULL......... 432
  squamatus. MULL........ 443
  tubicola. MULL.......... 432
  vermicularis. OTH. FABR.. 443

LYCASTIS............ 374

LYCORIS....... 336, 355, 374
  ægyptia................ 358
  folliculata.............. 357
  fucata................. *ibid.*
  fulva.................. 359
  lobulata............... 356
  margaritacea........... 360
  nubila................. 359
  nuntia............ 358, 360
  podophylla............. 357
  pulsatoria.............. 360
  rubida................. 359

LYSIDICE........... 337, 383
  galathina.............. 384
  olympia................ *ibid.*
  valentina............... *ibid.*

M

Magilus. DENIS DE MONTF... 408

MALDANIÆ........ 403, 429

Millepeda
  marina. SEBA........... 393

MYRIANA....... 325, 337, 369
  longissima............. 370

N

NEPHELIS......... 448, 459
  cinerea................ 461
  rutila................. 460
  tessellata.............. *ibid.*
  testacea............... 461

NEPHTHYS..... 336, 355, 361
  Hombergii............. 362

Nephthys
  Hombergii. CUV......... 362

NEREIDES.......... 336, 354

Nereïs
  alba. GMEL............. 365
  alba. MULL............. *ibid.*
  aphroditoïs. PALL........ 379

DES ANNELIDES.

Nereïs
- chrysocephala. PALL...... 419
- cirrosa. LINN........... 422
- conchilega. PALL........ 421
- cylindraria belgica. PALL.. 426
- cylindraria capensis. PALL. 428
- fulva. *Mus*............. 359
- gigantea. LINN.......... 393
- gigantea. *Mus*.......... 379
- Hombergii. *Mus*......... 362
- lumbricoïdes. PALL....... 434
- margaritacea. LEACH..... 360
- norwegica. GMEL........ 381
- norwegica. LINN......... *ibid.*
- pennata. MULL.......... *ibid.*
- pinnata. GMEL.......... *ibid.*
- pinnata. MULL.......... *ibid.*
- pulsatoria. LEACH....... 360
- pulsatoria. MONTAG..... *ibid.*
- sanguinea. MONTAG...... 382
- tubicola. GMEL......... 383
- tubicola. MULL......... *ibid.*

Nereïs
- aphroditoïdes. GMEL..... 361
- armillaris. MULL........ 374

Nereïs
- armillaris. OTH. FABR.... 374
- bifrons. MULL........... 375
- bifrons. OTH. FABR...... *ibid.*
- cœca. OTH. FABR........ 374
- cuprea. BOSC........... *ibid.*
- ebranchiata. PALL....... 387
- fasciata. BOSC.......... 374
- fimbriata. GMEL........ 361
- flava OTH. FABR........ 375
- frontalis. BOSC......... 374
- incisa. GMEL........... 361
- lamelligera. PALL....... 372
- longa. OTH. FABR....... 375
- maculata. MULL......... *ibid.*
- maculata. OTH. FABR.... *ibid.*
- pelagica. GMEL......... 361
- prismatica. MULL....... 376
- prismatica. OTH. FABR... *ibid.*
- prolifera. MULL........ 374
- rosea. OTH. FABR....... 375
- stellifera. MULL........ 374
- versicolor. MULL....... *ibid.*
- viridis. MULL.......... 375
- viridis. OTH. FABR...... *ibid.*

O

ŒNONE............ 338, 386
 lucida................ 387

OPHELIA...... 315, 336, 365
 bicornis.............. 366

P

PALMYRA.......... 335, 341
 aurifera.............. 342

Palmyra
 aurifera. LAM......... *ibid.*

Pectinaria
 belgica. LAM.......... 426
 capensis. LAM......... 428

Penicillum
 marinum. SEBA........ 408

Penicillus
 marinus. RONDEL...... 413

Penicillus............... 435

Phylline. OCKEN......... 446

PHYLLODOCE. 337, 355, 370, 374
 laminosa.............. 371

Physalus. SWAMMERD...... 344

Piscicola
 piscium. LAM.......... 454

	Pages.		Pages.
PLEIONE......	338, 388, 390	POLYNOE...	325, 336, 341, 345
æolides................	393	floccosa........	349, 353, 353
alcyonia...............	394	foliosa.........	349, 353, 353
carunculata............	393	impatiens......	350, 353, 353
complanata............	394	longa..................	352
tetraëdra...............	391	minuta................	ibid.
vagans................	392	muricata................	347
Polydora. Bosc...........	374	punctata................	352
POLYNICE.............	376	scabra.................	ibid.
POLINOÆ		scolopendrina...	350, 353, 353
IPHIONÆ................	347	setosissima.....	351, 353, 353
SIMPLICES..............	348	squamata......	348, 353, 353
POLYNOE....	325, 336, 341, 345	Pontobdella	
clava.................	352	muricata. LAM...........	452
cirrata..................	ibid.	spinulosa. LEACH........	ibid.
cirrosa................	ibid.	verrucata. LEACH........	453
		Psamatotus. GUETTARD.....	418

S

SABELLA..........	402, 411	SABELLÆ	
flabellata...............	414	SIMPLICES................	413
indica..................	412	SPIROGRAPHES...........	415
magnifica...............	413	Sabellaria	
pavonina...............	414	alveolata. LAM..........	418
penicillus...............	413	SANGUISUGA....	325, 448, 455
unispira................	415	granulosa...............	457
ventilabrum.............	416	medicinalis..............	456
volutacornis.............	ibid.	officinalis...............	457
Sabella		Sanguisugæ PLIN...........	455
alveolata. GMEL.........	418	Scolopendra	
alveolata. LINN..........	ibid.	plumosa tubiphora. BAST..	414
belgica. GMEL...........	426	Scolopendræ	
bispiralis. CUV...........	410	marinæ *antiquorum*.......	455
Chrysodon. LINN.........	428	SERPULA.......	325, 401, 405
grandis. CUV............	412	bicornis................	409
granulata. LINN..........	426	bispiralis...............	410
lumbricalis. OTH. FABR...	431	contortuplicata..........	406
penicillus. CUV...........	413	gigantea................	408
penicillus. LINN..........	416	granulata...............	407
unispira. CUV...........	415		
SABELLÆ			
ASTARTÆ................	412		

DES ANNELIDES.

SERPULA...... 325, 401, 405	SERPULÆ
porrecta.............. 407	CYMOSPIRÆ............. 408
spirorbis............. ibid.	SIMPLICES............. 406
stellata.............. 409	SPIRAMELLÆ............ 409
vermicularis.......... 407	*Siliquaria*............. 435
Serpula.	Solen
contortuplicata. Cuv..... 406	fragilis. KLEIN.......... 426
contortuplicata. GMEL.... ibid.	*Spio*
contortuplicata. LAM..... 406	crenaticornis. MONTAG.... 374
contortuplicata. LINN.... ibid.	filicornis. OTH. FABR..... 373
gigantea. Cuv........... 408	seticornis. OTH. FABR..... ibid.
gigantea. GMEL.......... ibid.	Spirographis
gigantea. PALL.......... ibid.	Spallanzanii. VIVIANI..... 415
granulata. OTH. FABR..... 407	Spirorbis
porrecta. OTH. FABR..... ibid.	nautiloïdes. LAM......... 408
spirorbis. MULL......... ibid.	*Spirorbis*. LAM........... ibid.
vermicularis. Cuv....... ibid.	
vermicularis. MULL...... ibid.	
vermicularis. LINN...... ibid.	SYLLIS......... 337, 372, 376
Serpula	monilaris.............. 373
triquetra. LINN......... 410	

T

TELETHUSÆ...... 403, 432	Terebella
TEREBELLA......... 402, 419	flava. GMEL............. 390
cincinnata............. 423	prudens. Cuv............ 421
cirrata................ 422	rostrata. GMEL.......... 391
conchilega............. 421	stellata. ABILDG......... 450
cristata............... 424	stellata. GMEL........... 409
Medusa................ 422	vagans. LEACH........... 392
scylla................. 423	*Terebella*
ventricosa............. 424	cirrata. MONTAG......... 423
Terebella	constrictor. MONTAG...... ibid.
aphroditoïs. GMEL....... 379	gigantea. MONTAG........ ibid.
bicornis. ABILDG........ 409	nebulosa. MONTAG........ ibid.
bicornis GMEL.......... ibid.	venustata. MONTAG....... ibid.
carunculata. GMEL...... 393	TEREBELLÆ
chrysocephala. GMEL..... 419	IDALIÆ................. 423
cirrata. GMEL.......... 422	PHYZELIÆ............... ibid.
complanata. GMEL....... 394	SIMPLICES.............. 421
conchilega. Cuv......... 421	Teredo
conchilega. GMEL........ ibid.	Chrysodon. BERG......... 427

THALASSEMA.... 438, 439, 440
    vulgaris............... 441

Thalassema

    aquatica. LEACH......... 441
    Echiurus. Bosc.......... *ibid.*
    Echiurus. Cuv........... *ibid.*
    Echiurus. LAM.......... *ibid.*
    rupium. LAM............ *ibid.*

Trochetia. DUTROCH........ 448

Tubifex
    marinus. LAM............ 432
Tubipora
    arenosa LINN............ 418
Tubularia
    arenosa. anglica. ELL..... *ibid.*
    magnifica. SHAW......... 413
    penicillus. MULL......... 414
    penicillus. OTH. FABR.... *ibid.*
Tubularia
    fabricia. OTH. FABR...... 415

U—V

Urtica
    marina singularis. SEBA... 410

Vermilia. LAM............ 410

FIN DU TOME VINGT-UNIÈME.

TABLE

DES MATIÈRES DU TOME XXI.

HISTOIRE NATURELLE.

MINÉRALOGIE. — ZOOLOGIE.

MINÉRALOGIE (Suite).

	Pages.
DE *la constitution physique de l'Égypte, et de ses rapports avec les anciennes institutions de cette contrée;* par M. De Rozière, ingénieur en chef au corps royal des mines.	1
QUATRIÈME PARTIE. *Description minéralogique du terrain de grès.*	*Ib.*
Chapitre Ier. Des montagnes de grès.	4
§. Ier. Étendue et nature de ce terrain.	*Ib.*
§. II. Relations des grès avec les terrains voisins.	6
§. III. Considérations sur les probabilités de quelque dépôt de combustible fossile.	13
§. IV. Disposition des couches.	16
§. V. Grès ferrugineux, etc.	18
§. VI. Formation des montagnes de grès.	21
Chapitre II. Observations sur les carrières.	31
Chapitre III. Observations sur les diverses variétés de grès employées dans les anciens édifices.	34
§. Ier. Apollinopolis parva.	35
§. II. Thèbes.	36
§. III. Causes particulières de dégradation.	38
§. IV. Esné.	41
§. V. Temple du nord d'Esné.	42
§. VI. Emploi d'anciens matériaux.	44
§. VII. Edfoû.	47
§. VIII. Ombos.	48
§. IX. Éléphantine, Syène.	50
§. X. Philæ.	*Ib.*
§. XI. Ancienneté des temples.	51

		Pages.
§. XII. Denderah...		54
§. XIII. Considérations générales.........................		56
CINQUIÈME PARTIE. *Des déserts situés à l'est du terrain de grès*..		59
Chapitre Ier. Description minéralogique du banc de syénit au nord et à l'est de Syène..................		*Ib.*
§. Ier. Variétés du syénit rose...........................		60
a. Syénit rose talqueux.........................		61
b. Syénit à cristaux encadrés...................		62
c. Syénit porphyrique..........................		63
d. Syénit rose et jaune.........................		64
§. II. Syénit gris..................................		68
a. Syénit gris commun.........................		69
b. Syénit blanc et noir.........................		*Ib.*
c. Syénit blanc et noir porphyrique.............		71
d. Gneiss porphyrique.........................		73
e. Syénitelle gris et rose veiné.................		*Ib.*
Considérations sur l'emploi des monolithes dans l'architecture.....................................		74
§. III. Syénit noir.................................		77
a. Syénit noir à petits grains...................		*Ib.*
b. Syénit noir porphyrique.....................		78
c. Syénit noir à feldspath jaune................		79
§. IV. Observations sur la dénomination de *syénit*.........		*Ib.*
Chapitre II. Des roches qui avoisinent le syénit...........		85
§. UNIQUE. Des granits................................		92
a. Granit blanc................................		*Ib.*
b. Granit quartzeux..........................		93
Chapitre III. Aperçu sur la géographie physique des déserts à l'orient du Nil........................		94
§. Ier. Disposition générale du terrain...................		*Ib.*
§. II. Vallées transversales...........................		97
§. III. Vallées longitudinales...........................		98
§. IV. Disposition des Montagnes vers la mer.............		106
§. V. Routes qui traversent obliquement le désert........		109
§. VI. Observations sur l'intérieur de ces déserts..........		115
Mines d'émeraudes..........................		116
Anciens volcans.............................		122
§. VII. Des golfes et des îles de la mer Rouge.............		124
Chapitre IV. Des matières amenées en Égypte par les courans.		127
§. Ier. Terrains d'alluvion.............................		*Ib.*

TABLE DES MATIÈRES.

Pages.

§. II. Nature des fragmens roulés..................... 129
§. III. Lydienne, basanite......................... 133
§. IV. Basalte vert antique........................ 140
Chapitre V. Observations minéralogiques sur l'émeraude d'É-
gypte.... 144
     Beautés.................................. 148
     Défauts................................. *Ib.*
     Qualités................................. *Ib.*
     Prix et valeur............................ 149

SIXIÈME PARTIE. *Des brèches et poudingues siliceux exploités par les anciens*............................... 152

Chapitre Ier. Brèche siliceuse agatifère de Syène........... *Ib.*
§. Ier. Composition, emploi de cette roche........... *Ib.*
§. II. Gisement.. 155
§. III. Exploitation................................... 157
§ IV. Genre de dégradation dont cette pierre est susceptible. 160
Chapitre II. Explication d'un ancien phénomène relatif à la
brèche agatifère........................ 163
Chapitre III. Brèche du Kaire, etc...................... 174
     Montagne de grayboun..................... 176
Chapitre IV. Poudingue jaspoïde de la vallée de l'Égarement,
cailloux d'Égypte....................... 178
§. Ier. Vallée de l'Égarement........................ *Ib.*
§. II. Collines de poudingue....................... 179
§. III. Observations sur le caillou d'Égypte.............. 181
Chapitre V. Bois fossiles........................... 189
Chapitre VI. Observations sur quelques autres sortes de brèches
employées par les anciens................. 193

SEPTIÈME PARTIE. *Description de diverses localités de l'Égypte et
des déserts voisins, dans lesquelles il existe
du natron ou carbonate de soude natif*..... 199

Section I. *Description minéralogique d'une petite vallée de la Thébaïde, dans laquelle on exploite le carbonate de soude.* 201

Chapitre Ier. Constitution de la vallée................ *Ib.*
§. Ier. Couches de grès............................ 202
§. II. Couches calcaires........................... 204
Chapitre II. Du natron............................. 205
§. Ier. Gisement du natron....................... *Ib.*

TABLE DES MATIÈRES.

	Pages.
§. II. Gisement du muriate de soude. Origine du carbonate..	209
§. III. Exploitation du natron............................	213
Section II. *Observations sur plusieurs autres localités de l'Égypte qui contiennent aussi du natron*................	215
Chapitre I*er*. Gisemens de natron dans les déserts à l'ouest de l'Égypte..............................	*Ib.*
§. I*er*. Bords du lac Qeroun...........................	*Ib.*
§. II. Fayoum. — Environs d'el-Nezleh.................	219
§. III. Alexandrie....................................	220
§. IV. Indications sur l'existence du natron dans les parties éloignées des déserts de la Libye, etc...........	221
Chapitre II. Gisemens du carbonate de soude à l'orient de l'Égypte.................................	222
§. I*er*. Isthme de Soueys.............................	*Ib.*
§. II. Côte occidentale du golfe de Soueys..............	223
§. III. Déserts à l'orient du golfe de Soueys.............	227
Chapitre III. Formation du natron dans l'intérieur de l'Égypte. Conséquences des faits de ce mémoire.......	229
§. I*er*. Natron dans les lieux habités...................	*Ib.*
§. II. Bassins des ruines de Thèbes....................	230
§. III. Terrains salins à l'orient de Thèbes..............	232
§. IV. Considérations théoriques......................	233
EXPLICATION *des planches de minéralogie,* par M. De Rozière, ingénieur en chef au corps royal des mines. — *Appendice au mémoire précédent*..............................	238.
Observation..	*Ib.*
PLANCHE I. *Syène et les cataractes.* — 1, 2, 3, 4 et 7. Variétés du granit oriental ou syénit des anciens. — 5, 6, 8. Diverses roches primitives............	239
Fig. 1. Syénit rose commun........................	*Ib.*
Fig. 2. Autre variété du syénit rose commun............	241
Fig. 3. Syénit rose à cristaux de feldspath encadrés.......	242
Fig. 4. Syénit rose vernissé...........................	*Ib.*
Fig. 5. Syénit noir et blanc vernissé....................	243
Fig. 6. Seconde variété du syénit noir et blanc...........	244
Fig. 7. Accident du syénit rose felsite.................	245
Fig. 8. Xénit vert, roche granitiforme à feldspath vert, provenant d'un filon............................	246
PLANCHE II. *Éléphantine et environs de Syène.* — Roches pri-	

TABLE DES MATIÈRES.

Pages.

mitives, avec les divers accidens qu'elles présentent... 248
Fig. 1. Syénit blanc et noir à grandes taches.............. *Ib.*
Fig. 2. Syénit noir à contexture porphyrique............. 249
Fig. 3. Syénitelle veiné................................. 250
Fig. 4. Accident du syénit.............................. 251
Fig. 5. Autre accident du syénit........................ 252
Fig. 6. Feldspath compacte, felsite..................... 253
Fig. 7. Syénit blanc et noir à grains moyens............ 254
Fig. 8. Roche graphique à base feldspathique : pegmatite... 255

PLANCHE III. *Nubie, environs de Syène et des cataractes.* — Basalte des anciens, gneiss, syénitelles, etc...... 256
Fig. 1. Syénitelle gris. (*Granitello bigio* des Italiens.)...... *Ib.*
Fig. 2. Syénitelle noir veiné............................ 257
Fig. 3. Basalte noir des anciens : amphibolite.......... 258
Fig. 4. Basalte vert oriental des antiquaires, diabase à grains fins... 260
Fig. 5. Gneiss à petits grains, veiné de mica noir........ 261
Fig. 6. Xénit à deux substances......................... 262
Fig. 7. Accident du syénit.............................. 263
Fig. 8. Gneiss schisteux................................ 264

PLANCHE IV. *Gebel Selseleh et montagne Rouge.* — 1, 2, 3, 4. Poudingue memnonien. — 5. Cailloux d'Égypte. — 6, 8, 9. Grès ferrugineux. — 7, 10, 11, 12. Grès monumental. — 13. Grès à ciment siliceux. 264
Fig. 1. Poudingue siliceux de la montagne rouge......... *Ib.*
Fig. 2. Brèche memnonienne............................ 265
Fig. 5. Cailloux d'Égypte............................... 266
Fig. 6. Grès ferrugineux................................ 267
Fig. 7. Grès monumental des Égyptiens, psammite quartzeux. *Ib.*
Fig. 8. Accident du grès monumental.................... 268
Fig. 9. Autre échantillon de grès ou psammite........... 269
Fig. 10 et 11. Autres variétés........................... *Ib.*
Fig. 12. Grès siliceux compacte de Syène................ *Ib.*

PLANCHE V. *Tombeaux des rois, pyramides de Memphis.* — 1, 2, 3, 4. Pierres siliceuses figurées. — 5, 6, 8, 9. Pierres calcaires employées à la construction des pyramides. — 7, 10, 11, 12. Coquilles fossiles.. 270
Fig. 1, 2, 3 et 4. Silex figurés de la vallée des tombeaux des rois... *Ib.*
Fig. 5. Revêtement de la seconde pyramide de Gyzeh : le Chephren... 271

TABLE DES MATIÈRES.

Pages.

Fig. 6. Pierre de la grande pyramide de Gyzeh, dite le *Chéops*. 272
Fig. 7 et 12. Ostracites... 273
Fig. 8 et 9. Pierre de la grande pyramide................. Ib.
Fig. 10. Échinite... 274
Fig. 11. Pierre des pyramides................................. Ib.

PLANCHE VI. *Déserts voisins de l'Égypte.* — Bois pétrifiés.... 276
    Fig. 1. Fragment des bois fossiles de la vallée des lacs de Natron.. Ib.
    Fig. 2. Autre espèce de bois pétrifié......................... Ib.
    Fig. 3. Bois de seyal, ou acacia des déserts, pétrifié...... 277
    Fig. 4. Partie d'un tronc de palmier pétrifié.............. Ib.

PLANCHE VII. *Route de Syène à la montagne de Baram.* — Roches qui avoisinent d'anciennes mines de cuivre et de plomb........................... 278
    N°. 1. — Felsite.. Ib.
    N°. 2. — Autre variété....................................... Ib.
    N°. 3. — Roche granitiforme de filon (xénit)............ 279
    Fig. 4. Talc schisteux des carrières de Baram............ Ib.
    Fig. 5. Variété de talc schisteux ou stéatiteux........... Ib.
    Fig. 6. Trémolite en masse.................................. 280
    Fig. 7. Trémolite... Ib.
    Fig. 8. Euphotide granitoïde................................ 281

PLANCHE VIII. *Déserts situés entre le Nil et la mer Rouge.* — Variétés de porphyre................................. 282
    Fig. 1. Porphyre... Ib.
    Fig. 2 Porphyre.. 283
    Fig. 3. Mélaphyre (porphyre noir)........................ Ib.
    Fig. 4. Porphyre veiné....................................... 285
    Fig. 5. Porphyre à pâte d'un rouge de brique........... 286
    Fig. 6. Iophyre (porphyre violet)......................... Ib.
    Fig. 7. Porphyre rouge antique............................ 288
    Fig. 8. Diabase compacte................................... 289

PLANCHE IX. *Vallée de Qoçeyr.* — Porphyres, schistes magnésiens et brèche égyptienne......................... 290
    Fig. 1. Felsite (feldspath compacte)...................... Ib.
    Fig. 2. Variété de felsite..................................... 291
    Fig. 3. Schiste argileux de transition..................... 292
    Fig. 4. Brèche ou poudingue antique de la vallée de Qoçeyr. Ib.
    Fig. 5. Autre variété... 293
    Fig. 6. Brèche universelle................................... 294
    Fig. 7. Autre variété de brèche universelle.............. Ib.

TABLE DES MATIÈRES. 479

Pages.

PLANCHE X. *Vallée et port de Qoçeyr, Birket Qeroun.* — Fossiles et concrétions...................... 295
    Fig. 1. Calcaire oolithique........................ *Ib.*
    Fig. 2. Madréporite.............................. 296
    Fig. 3. Albâtre oriental.......................... *Ib.*
    Fig. 4, 5, 6 et 7. Ostracites...................... 297
    Fig. 8. Grès tubulaires.......................... *Ib.*

PLANCHE XI. *Bords de la mer Rouge et vallée de l'Égarement.* — Coquilles fossiles.................. 298
    Fig. 1. Cama gigas.............................. *Ib.*
    Fig. 3. Échinite................................ 299
    Fig. 4. Échinite................................ 300

PLANCHE XII. (Arabie pétrée.) *Vallée de Pharan, mont Horeb.* — 1....9. Roches porphyriques. — 10. Roche de filon............................. 301
    Fig. 1. Sinaïte-porphyre......................... *Ib.*
    Fig. 2. Théphrophyre............................ 302
    Fig. 3. Kératite porphyroïde..................... *Ib.*
    Fig. 4. Diabase porphyrique...................... 303
    Fig. 5. Chlorophyre............................. *Ib.*
    Fig. 6. Ophyte.................................. 304
    Fig. 7. Iophyre................................. *Ib.*
    Fig. 8. Théphrophyre............................ *Ib.*
    Fig. 9. Porphyre................................ 305
    Fig. 10. Xénit.................................. *Ib.*

PLANCHE XIII. (Arabie pétrée.) *Nasb, Gebel el Mokatteb, mont Sinaï.* — Porphyres, sinaïtes, grès, etc....... 306
    Fig. 1. Sinaïte.................................. *Ib.*
    Fig. 2. Porphyre................................ *Ib.*
    Fig. 3. Psammite du Mokatteb.................... 307
    Fig. 4. Calcaire cristallin de transition.......... 308
    Fig. 5. Sinaïte violette......................... *Ib.*
    Fig. 6. Porphyre................................ 309
    Fig. 7. Iophyre................................. 310
    Fig. 8. Sinaïte.................................. *Ib.*
    Fig. 9. Roche granitoïde composée de feldspath et de talc vert. *Ib.*

PLANCHE XIV. (Arabie pétrée.) *Mont Sinaï, mont Horeb.* — 1, 2. Sinaïtes. — 3, 4. Roches granitiques. — 5. Granit orbiculaire. — 6. Roche quartzeuse herborisée.. 311
    Fig. 1. Sinaïte.................................. *Ib.*
    Fig. 2. Autre variété........................... 312

TABLE DES MATIÈRES.

Pages.

Fig. 3. Roche granitique...............................	312
Fig. 4. Granit.......................................	Ib.
Fig. 5. Sinaïte orbiculaire.............................	313
Fig. 6. Quartz talqueux...............................	314

PLANCHE XV ET DERNIÈRE. (Arabie pétrée). *Rás Mohammed et côtes du golfe Élanitique.*) — Diverses roches primitives, madréporites.................. 315

Fig. 1. Mélaphyre.....................................	Ib.
Fig. 2. Sinaïte.......................................	Ib.
Fig. 3. Roche feldspathique micacee...................	316
Fig. 4. Granit noir...................................	Ib.
Fig. 5. Feldspath veiné d'épidote......................	Ib.
Fig. 4. Feldspath et épidote...........................	317
Fig. 7. Madrépores...................................	Ib.
Fig. 8. Madrépores compactes.........................	318
OBSERVATIONS GÉNÉRALES................................	Ib.

ZOOLOGIE. — ANIMAUX INVERTÉBRÉS.

SYSTÈME *des annelides, principalement de celles des côtes de l'Égypte et de la Syrie, offrant les caractères tant distinctifs que naturels des ordres, familles et genres, avec la description des espèces;* par Jules-César Savigny, membre de l'Institut d'Égypte... 325

ORDRES DES ANNELIDES..................................	329
Première division. Des soies pour la locomotion...........	Ib.
Deuxième division. Point de soies pour la locomotion.......	Ib.
ORDRE Iᵉʳ. Les annelides néréidées (*Annelides nereideæ*)......	330
Distribution et caractères des annelides néréidées...........	335
Famille 1. Les aphrodites (*Aphroditæ*).................	Ib.
Famille 2. Les néréides (*Nereides*)....................	336
Famille 3. Les eunices (*Eunicæ*)......................	337
Famille 4. Les amphinomes (*Amphinomæ*)...............	338
LES ANNELIDES NÉRÉIDÉES................................	339
Iʳᵉ *Famille.* Les aphrodites (*Aphroditæ*)..................	Ib.
Genre Iᵉʳ. Palmyra............................	341
Genre II. Halithea............................	342
Genre III. Polynoë...........................	345
IIᵉ *Famille.* Les néréides (*Nereides*).....................	354
Genre IV. Lycoris............................	355
Genre V. Nephthys...........................	361

TABLE DES MATIÈRES.

		Pages.
Genre	VI. Aricia..................................	362
Genre	VII. Glycera................................	364
Genre	VIII. Ophelia...............................	365
Genre	IX. Hesione.................................	367
Genre	X. Myriana.................................	369
Genre	XI. Phyllodoce.............................	370
Genre	XII. Syllis.................................	372

IIIe Famille. Les eunices (*Eunicæ*)..................... 376

Genre	XIII. Leodice...............................	377
Genre	XIV. Lysidice...............................	383
Genre	XV. Aglaura................................	385
Genre	XVI. Œnone.................................	386

IVe Famille. Les amphinomes (*Amphinomæ*)............. 387

Genre	XVII. Chloeïa...............................	389
Genre	XVIII. Pleione..............................	390
Genre	XIX. Euphrosyne............................	395

ORDRE II. Les annelides serpulées (*Annelides serpuleæ*)....... 397
Distribution et caractères des annelides serpulées............ 401
    Famille 5. Les amphitrites (*Amphitritæ*)................ Ib.
    Famille 6. Les maldanies (*Maldaniæ*)................... 403
    Famille 7. Les téléthuses (*Telethusæ*)................... Ib.

LES ANNELIDES SERPULÉES.................................. 404

Ve Famille. Les amphitrites (*Amphitritæ*)................ Ib.

Genre	XX. Serpula.................................	405
Genre	XXI. Sabella................................	411
Genre	XXII. Hermella..............................	416
Genre	XXIII. Terebella.............................	419
Genre	XXIV. Amphictene...........................	424

VIe Famille. Les maldanies (*Maldaniæ*).................. 429

| Genre | XXV. Clymene............................... | Ib. |

VIIe Famille. Les téléthuses (*Telethusæ*)................ 432

| Genre | XXVI. Arenicola............................. | 433 |

ORDRE III. Les annelides lombricines (*Annelides lumbricinæ*)... 437
Distribution et caractères des annelides lombricines.......... 439
    Famille 8. Les échiures (*Echiuri*).................... Ib.
    Famille 9. Les lombrics (*Lumbrici*).................... Ib.

LES ANNELIDES LOMBRICINES................................ 440

TABLE DES MATIÈRES.

	Pages.
VIIIe Famille. Les échiures (*Echiuri*)	440
Genre XXVII. Thalassema	Ib.
IXe Famille. Les lombrics (*Lumbrici*)	442
Genre XXVIII. Enterion	Ib.
Genre XXIX. Hypogæon	443
Ordre IV. Les annelides hirudinées (*Annelides hirudineæ*)	445
Distribution et caractères des annelides hirudinées	447
Famille 10. Les sangsues (*Hirudines*)	Ib.
Les annelides hirudinées	449
Xe Famille. Les sangsues (*Hirudines*)	Ib.
Genre XXX. Branchellion	450
Genre XXXI. Albione	451
Genre XXXII. Hæmocharis	453
Genre XXXIII. Bdella	454
Genre XXXIV. Sanguisuga	455
Genre XXXV. Hæmopis	457
Genre XXXVI. Nephelis	459
Genre XXXVII. Clepsine	461
Table alphabétique des noms latins contenus dans le *Système des Annelides*	464

FIN DE LA TABLE.

TRADUCTION
DES CLASSIQUES LATINS

AVEC LE TEXTE EN REGARD

BIBLIOTHÈQUE LATINE-FRANÇAISE

PUBLIÉE SOUS LES AUSPICES

DE SON ALTESSE ROYALE

MONSIEUR LE DAUPHIN.

C. L. F. PANCKOUCKE, ÉDITEUR.

ON PEUT ACQUÉRIR CHAQUE AUTEUR SÉPARÉMENT.

Toute l'édition est imprimée *in-octavo* sur papier fin avec des caractères neufs de Firmin Didot.

OUVRAGES PUBLIÉS.

VELLEIUS PATERCULUS, 1 vol.; *traduction nouvelle* par M. Després, ancien conseiller de l'Université.

SATIRES DE JUVÉNAL, 2 vol.; traduction de Dusaulx, revue par M. Jules Pierrot.
 Près des deux tiers de cet ouvrage ont été traduits de nouveau.

LETTRES DE PLINE le Jeune, 1er volume; traduction de De Sacy, revue et corrigée par M. Jules Pierrot.

FLORUS, 1 vol.; *traduction nouvelle* par M. Ragon, professeur d'histoire au collège royal de Bourbon, avec une Notice par M. Villemain.

CORNELIUS NEPOS, 1 vol.; *traduction nouvelle* par MM. De Calonne et Pommier.

SOUS PRESSE.

VALÈRE MAXIME, *traduction nouvelle* par M. Frémion, professeur au collège royal de Charlemagne.

CÉSAR, *traduction nouvelle* par M. Artaud, professeur de rhétorique au collège Louis-le-Grand.

STACE, *traduction nouvelle* par M. Rinn, professeur à Sainte-Barbe.

JUSTIN, *traduct. nouv.* par MM. Jules Pierrot et Boitard.

LETTRES DE PLINE le Jeune, 2e volume; traduction de De Sacy, revue et corrigée par M. Jules Pierrot.

On mettra incessamment sous presse les SATIRES DE PERSE; CLAUDIEN; SUÉTONE.

Le prix de chaque volume est de SEPT francs.

Il paraîtra dix à douze volumes par an. Ainsi les Souscripteurs de toute cette belle et unique Collection ne s'engageront qu'à une dépense d'à peu près SIX FR. par mois.

Il a été tiré cinquante exemplaires sur papier Cavalier, grand format, Montgolfier superfin. Cette Collection, de grand format, fait suite aux Classiques français publiés par M. Lefèvre. Le prix est de QUATORZE francs chaque volume. — On doit adresser les demandes à M. C. L. F. PANCKOUCKE, éditeur, rue des Poitevins, n° 14, et chez tous les libraires de la France et de l'étranger. — On ne paie rien d'avance.